"十三五"江苏省高等学校重点教材（教材编号：2017-1-013）
江苏省高校品牌专业建设工程资助项目（项目编号：PPZY2015B167）
面向21世纪高校管理类专业核心课程系列

管理信息系统

研发及其应用（第2版）

主　编　刘秋生
副主编　赵广凤　刘彦斌　李　雯　李　真
主　审　杜建国

东南大学出版社
SOUTHEAST UNIVERSITY PRESS
·南　京·

内容提要

信息技术的高速发展，促进信息系统功能不断完善，应用普及度与日俱增。本书在全面概述管理信息系统基本概念和基础知识的基础上，围绕管理信息系统研发，侧重介绍研发支撑平台、研发全生命周期和研发相关应用领域。全书共分三大部分九个章节，前三章为第一部分，主要介绍管理信息系统的基本概念、基础知识、基本理论、相关支撑技术和基本方法；随后五章为本书核心部分，系统地介绍管理信息系统研发的全生命周期各阶段的过程、理论与方法；第九章为第三部分，概要性地介绍了管理信息系统在各领域的作用与地位。本书在取材上从实际出发，避开了专业性很强的计算机科学与技术上的术语，围绕管理信息系统的基本概念、基础知识和信息系统研发的基本方法深入浅出地予以阐述，既有完整的理论性体系，又有很强的实用性，便于教与学。

本书既可作为普通高校、高等职业技术学校、高等专科院校、职工大学、业余大学、夜大、函授大学、成人教育学院等院校的经济、管理类本科、大专等层次的信息系统分析与设计、管理信息系统、管理信息系统概论等课程的教材，还可以作为广大管理信息系统研发爱好者、系统分析员、数据管理员的自学用书。

图书在版编目(CIP)数据

管理信息系统研发及其应用 / 刘秋生主编. —2 版.
—南京：东南大学出版社，2018.7
ISBN 978-7-5641-7874-1

Ⅰ.①管… Ⅱ.①刘… Ⅲ.①管理信息系统-系统开发-研究 Ⅳ.①C931.6

中国版本图书馆 CIP 数据核字(2018)第 169088 号

管理信息系统研发及其应用(第 2 版)

主　　编　刘秋生
责　　编　张　煦

出版发行　东南大学出版社
出 版 人　江建中
社　　址　南京市玄武区四牌楼 2 号(210096)
经　　销　全国各地新华书店
印　　刷　南京京新印刷有限公司
开　　本　787 mm×1092 mm　1/16
印　　张　20.50
字　　数　390 千字
书　　号　ISBN 978-7-5641-7874-1
版　　次　2018 年 7 月第 2 版　2018 年 7 月第 1 次印刷
定　　价　59.00 元

(本社图书若有印装质量问题，请直接与营销部联系，电话：025-83791830)

前　言

信息系统的概念形成以来，随着信息技术的发展日新月异，其理论更加完善，应用极为广泛，特别是管理信息系统产品层出不穷，相应软件功能十分丰富。管理信息系统应用软件（即ERP、CRM、SCM、PDM等管理信息系统）已经成为企业管理必备工具。信息技术与信息系统成为当今信息时代的基础技术，是经济管理类专业的学生必须掌握的基本技能。

本书是为经济管理类专业培养信息技术能力而构建的课程体系中的核心课程编著的系列教材之一，是我们在查阅大量资料、网络报告，以及多年从事管理信息系统应用软件开发、企业信息化理论与方法研究、教学实践和教学经验积累的基础上编写而成的。

本书的主要特点是：

1. 内容精练。在内容上作了精心的安排，沿着数据、信息、知识和智慧等信息系统建设发展脉络，提炼出管理信息系统的内涵、特征、实现方式、开发方法。全书彰显简便，易掌握和理解。

2. 重点突出。全书围绕理论、方法和应用三个中心，分别重点介绍管理信息系统的基础知识、基本方法和管理信息系统应用分析。

3. 实用性强。强调了理论与实践相结合，并采用图文并茂的方式阐述，便于阅读理解。

4. 系统性强。从数据、信息、知识到智慧的应用着手，认识信息系统全生命周期，全面地介绍了信息的收集、传输、存储、加工、维护和使用的基础知识，以及信息系统的规划、分析、设计、实施、运行管理和评价全生命周期的过程、方法和应用。

5. 适用面广。本书是面向理工类专业学生的教学用书，也可以作为计算机专业学生和其他工程技术人员的自学用书。

全书共分9章。总课时为64学时，其中上机实验课为20学时，有条件的情况下，安排三周的课程设计，同时还应该适当安排学生利用课余时间独立完成信息系统分析与设计训练。各院校可以根据实际情况按上述比例压缩或增加学时。

本书由江苏大学组织编写。整体构思是由江苏大学刘秋生教授完成，并与江苏大学青年骨干教师陈永泰、李守伟、张同建、赵广凤和谢国燕等共同编著，刘晓松负责全书审校。江苏大学硕士研究生胡晓玥、汪小利等为组稿、复核、数据处理等工作付出了大量的精力，并吸收了大量网络资料，在此一并表示衷心感谢！

本书的全体编著人员结合实际科研成果和教学经验，以实用、易懂、突出重点为准则，在内容上反复提炼，精益求精。文字上反复推敲，语言上立足通俗，采用最简练的语言，介绍较先进的技术。依据管理信息系统的动态发展，在2017年对全书进行了重新修订。但是，由于作者的知识有限以及信息技术的快速发展，无法全面、实时、完整地体现本学科的全部理论与方法，如有错误恳请读者批评指正，谢谢！

编　者

2017年11月

目 录

1　概述

1.1　基本概念

1.1.1　管理

管理实践和人类的历史一样悠久，早在几千年以前，被幼发拉底河和底格里斯河所滋润的美索不达米亚平原上生活的人们就开始了最原始的管理活动。公元前17世纪的中国商代，国王已经指挥着几十万的军队作战，管理逾百万分工不同的奴隶进行劳动。但是，把管理作为一门学科进行系统研究，则是近一百年的事。

1. 管理的特点

管理实践有如此悠久的历史，是由人类活动的特点决定的。人类活动具有三个最基本的特点：

(1) 目的性　人类的一切活动都是经过大脑思考，为了达到预期目的而进行的。每个人都有自己的需求和理想，并为此而努力奋斗。

(2) 依存性　人类活动的目的性来源于人对外部环境和人类自身的相互依存关系。人从来就不是孤立的个体，随着社会发展，分工越来越细，人们之间的依存关系也越来越紧密。

(3) 知识性　人类活动的另一个基本特点是能够形成人类独有的知识体系，逐步认识自然和社会的客观规律，有能力为达到目的而建立各种强大的组织。

管理实践的历史虽然悠久，但只是到了工业革命之后，管理才得到普遍的重视，在第二次世界大战之后才形成了世界性的热潮。

现在，人们把科学、技术、管理称为现代社会鼎足而立的三大支柱。我国是一个发展中国家，资源短缺、科学落后，是制约发展的重要因素。如何将有限的资源进行合理的配置和利用，使其成为最有效的社会生产力，是经济管理应当解决的问题。同样，只有通过有效的管理，才能使科学技术真正转化为生产力。

2. 管理的观点

到目前为止，管理一词还没有统一的、为大多数人所接受的定义。研究管理的目的不同，对管理下的定义也就不同。以下是具有代表性的几种观点：

(1) 管理是由计划、组织、指挥、协调及控制等职能为要素组成的活动过程。这是现代管理理论创始人法约尔(H. Fayol)在1916年提出的。90多年来，除职能的提法上有所增减外，这种观点仍是管理定义的基础。

(2) 管理是通过其他人的工作达到组织的目标。这种表述包含三层意思：①管理其他人及其他人的工作；②通过其他人的活动来收到工作效果；③通过协调其他人的活动进行管理。

(3) 管理就是协调人际关系、激发人的积极性,以达到共同目标的一种活动。这种表述突出人际关系,包含三层意思:①管理的核心是协调人际关系;②根据人的行为规律去激发人的积极性;③同一组织中的人具有共同的目标。管理的任务是促进人们相互间的沟通,为完成共同目标而努力。

(4) 管理也是社会主义教育。这是毛泽东在1964年提出的。这种观点强调:①管理的关键是人的精神状态;②管理的根本方法是通过教育提高人的觉悟,激发人的积极性;③管理与社会制度相关。这一观点强调了人的信仰、价值观在管理中的重要作用,而回避了管理的专业技能的一面。

(5) 管理是一种以绩效、责任为基础的专业职能。这是美国哈佛大学德鲁克教授提出的观点。他的观点认为:①管理与权利无关;②管理是专业性工作,管理人员是一个专业的管理阶层;③管理的本质是执行任务的责任。这种观点片面地强调管理的自然属性,而淡化了社会属性。

(6) 管理就是决策。这是西蒙提出的。狭义地讲,决策就是做出决定的意思;广义地讲,决策是一个过程,包括收集信息、制订方案、选择方案、跟踪检查等阶段。任何组织的管理者在管理过程中都要进行决策,所以从这方面看管理就是决策。

(7) 管理就是领导。这种观点强调领导者个人的领导艺术。其出发点是:任何组织都有一定的结构,领导者占据着结构的各个关键职位。组织中一切有目的的活动是否有效,取决于领导者领导活动的有效性。所以,他们认为管理就是领导。

3. 管理的含义

综合前人的研究,一般认为可对管理概念作如下表述:管理是通过计划、组织、控制、激励和领导等环节来协调资源,以期更好地达到组织目标的过程。这个定义有三层含义:

第一层含义是管理的措施,即计划、组织、控制、激励和领导这五项基本活动,又称为管理的五大基本职能。

第二层含义是管理措施的目的,即利用上述措施来协调人力、物力和财力等资源。所谓协调是指同步化与和谐化。只有同步、和谐才能达到组织目标。"一人一把号,各吹各的调",结果只能产生噪音,不可能产生美妙的音乐。

第三层含义是管理的目的,即协调资源是为了使整个组织活动更富有成效。这也是管理活动的根本目的。

1.1.2 数据与信息

数据与信息是管理信息系统的重要概念,如果将信息系统作为制造业,数据是这类制造业的原料,而信息是这类制造业的产品。

1. 数据

“数据”一词是我们日常生活中经常谈到的，如我们经常说“王明的身高是170 cm”，“房子的面积是100 m^2”，“今天的温度是35℃”，通过身高、170 cm、面积、100 m^2、温度、35℃等关键词，我们的大脑里就形成了对客观世界的印象，这些约定俗成的字符或关键词就构成了我们探讨的数据基础。一般意义上讲，数据是对客观实体的属性的表达。如上面谈到的身高“170”就是一个数据。当然，数据不仅仅可以用数字来表示，也可以是文字、符号、图形等，如上面谈到的“王明”也是一个数据。由此，在更大范围上，我们认为一切数字、符号、文字、图形、声音等都是数据。更确切地说，数据是约定俗成的关键词，是记录下来的对某一事物不经解释的最原始的表达，是对客观事物的数量、属性、位置及其相互关系进行抽象的表示。

数据的种类很多，可按多种方式进行分类，且每一类的表现形式也不同。常见的分类有以下几种：按性质进行分类，主要有：①定位的，如各种坐标数据；②定性的，如表示事物属性的数据（居民地、河流、道路等）；③定量的，反映事物数量特征的数据，如长度、面积、体积等几何量或重量、速度等物理量；④定时的，反映事物时间特性的数据，如年、月、日、时、分、秒等。按表现形式进行分类，主要有：①数字数据，如各种统计或量测数据；②模拟数据，由连续函数组成，又分为图形数据（如点、线、面）、符号数据、文字数据和图像数据等。按记录方式进行分类，主要有地图数据、表格数据、影像数据、磁带数据、纸带数据等。一般来说，在信息系统中，数据的选择、类型、数量、采集方法、详细程度、可信度等，取决于系统应用目标、功能、结构和数据处理、管理与分析的要求。表1-1所示是数据的类型和表现形式。

表1-1 数据的类型与表现形式

数据类型	表现形式
数值数据	数、字母或其他符号
图形数据	图形或图像
声音数据	声音、噪音或音调
视觉数据	动画或图片
模糊数据	高、胖、干净等

2. 信息的概念

众所周知，自然界也充满着信息的运动。随着人类社会进入信息时代，大家越来越清晰地认识到了信息的重要性，信息已经逐渐成为人类赖以生存与发展的战略资源之一，在社会生产和人类生活中发挥着日益显著的作用，也就是说，人类的活动离不开信息。然而我们日常谈到的信息是一个不甚精确的概念。有人说信息是消息,是“通知和消息”,有人说“信息是所观察事物的知识”,有人说“信息是人们对事物了解的不定性的减少或消除”(香农,Shannon)等等。信息概念已渗入到信息论、控制论、生物学、管理科学等许多领域,因此信息的定义应有普遍性,应能适应所涉及的一切领域。这里也涉及哲学问题,如信息的实质是什么,它与物质、能量的关系等等。因此,近60年来,许多专家、学者、实践者都曾在理论上对信息进行描述。

1) 信息的定义

人们可以从不同侧面去定义信息,最常见的有如下几种:

(1) 信息是指数据、信号、消息中所包含的意义。

(2) 信息是事物的运动状态和关于事物运动状态的描述。

(3) 信息论的奠基人之一香农提出:信息是“用来消除不确定的东西”。

(4) 控制论的奠基人维纳指出:“信息就是信息,不是物质,也不是能量”。专门指出了信息是区别于物质与能量的第三类资源。

由此可见,信息的概念非常广泛,从不同的角度对信息可下不同的定义。从哲学角度可概述为,信息是物质的一种带有普遍性的关系属性,是物质存在方式及其运动规律、特点的外在表现。从信息传递角度来认识,信息则是关于自然界、生物界和人类社会中一切事物运动状态及关于事物运动状态的报导。总之,信息是自然界、人类社会及人类思维活动中存在和发生的一切宏观和微观现象,大至天体,小至细胞、原子、电子、基本粒子等现象,故一切消息、知识、数据、文字、程序和情报等都是信息。信息是事物的运动状态与方式的反映,是生物体或有一定功能的机器通过感觉器官或设备与外界交换的内容。不同的事物有不同的运动状态与方式,因而会产生不同的信息。

综上所述,信息是用文字、数字、符号、语言、图像等介质来表示事件、事物、现象等的内容、数量或特征,从而向人们(或系统)提供关于现实世界新的事实和知识,作为生产、建设、经营、管理、分析和决策的依据。

2) 信息的概念

在理解信息的概念时,我们应着重理解以下几个方面:

(1) 信息是客观世界中万事万物的各种特征的表现。这就揭示了任何事物都能产生信息,信息是事物的一种属性,由此反映了信息是一种普遍存在,而且具有客观性。

(2) 信息必须通过物质介质与载体进行传递。这一方面说明信息是一个动态的概念,另一方面说明其离不开物质介质和载体。

(3) 信息必为其他物质所需要,所接收,所利用。这揭示了信息的效用性,即信息必须具有能为其他事物所接收和能为其他事物根据自己的需要加以利用的特征。

(4) 信息还揭示了信息是事物存在与发展的必要条件,是事物之间联系和交换的内容。

(5) 信息具有一定的社会性。许多信息,都要能够为人所理解,并能够为人类所服务,不能为人类所接收和使用的信息是没有意义的。信息的不同接收者会产生不同的社会行为,从而使得信息的价值存在不同的主观效用,即信息具有一定的主观性。

信息是一种宝贵资源,它同物质、资源并列,共同推动人类社会向前发展。信息的显著特征是以物质为其存在载体的资源,可进行客观处理和传递,因而具有共享性和开发利用的无限性。但对信息的开发利用很有针对性,与人们情报意识的强弱有着密切关系。对于情报意识强者,信息是有用的,并可以增值;对情报意识弱者,则视而不见,听而不闻,完全失去作用。

3. 信息的属性

根据以上对信息含义的描述,可以明确地看到信息具有以下的一些特征和属性:

(1) 事实性 事实性是信息的第一和基本的性质。信息反映客观事物的属性。信息必须真实、准确、如实地反映客观实际。不符合事实的信息不仅没有价值,而且可能其价值为负值。维护信息的事实性,就是维护信息的真实性、准确性、精确性和客观性,从而达到信息的可信性。

(2) 主观性 这是“信息是社会资源”这一内涵引出的。必须区分信息的载体与内容,使信息有可能在不同的载体之间转化与传递。这里需要强调的是,人们往往将主要注意力集中在信息的载体(例如计算机网络的建设)或技术手段上,而忽略了信息的内容,这种本末倒置现象的产生就源于对信息的抽象性缺乏明确的认识。对于信息和信息处理的任何研究与讨论,都离不开主体的目的或目标。

(3) 系统性 信息必须作为表达客观事物(或系统)的完整描述中的一环,脱离了全局,零碎的信息将毫无意义。然而客观事实的信息通常难以一次就全部获得,它与人们认识事物的程度有着直接关系。由于人们通过感官直接获得周围的信息能力和人们对事物认识程度以及通信渠道的限制,有关客观事物的信息是难以全部得到的。

(4) 共享性 从共享的角度来讲,信息不同于其他资源,它不具有独占性,是非零和的。在一般情况下,信息是可以被共享的。一个信息源的信息可以为多个信息接收者所享用。一般情况下增加享用者不会使原有享用者失去部分或全部信息。有的信息涉及商业的、政治的、军事的秘密,扩大对这类信息的享有者可能影响某些享用者对这类信息的利用,但不会改变信息本身的内容。

(5) 可加工性 信息可以通过一定的手段进行加工,如扩充、压缩、分解、综合、抽取、排序等。加工的方法和目的反映信息接收者获取和利用信息的特定需求。加工后的信息是反映信息源和接收者之间相互联系、相互作用的更为重要和更加规律化的因素。应当注意的是,信息的内容是语法、语义和用语三者的统一体。信息在加工过程中要注意保证上述三者的统一而不致受到损害,以免造成信息的失真,即原始信息(加工前的信息)的有些内容丢失或被歪曲。

(6) 可传输性　这是信息的本质特征。信息的可传输性是指信息可以通过各种局域网、互联网等媒介快速传输和扩展的特性。人们获得的信息是通过信息传递来实现的。与物质传递相比,信息的传递明显地加快了资源的传输,如企业可以利用互联网建立自己的电子商务系统,接受客户的订单,为客户提供相应的产品或服务。这些操作都利用了信息的可传输性。信息可以借助于载体脱离其信息源进行传输。信息在传输过程中可以转换载体而不影响信息的内容。但是在另一方面,信息的任意扩散有时会带来不利的影响。有些人为的信息壁垒,例如保密法、专利法、出版法等,都是保护信息所有权和限制信息扩散的措施。

(7) 时效性　信息的时效是指从信息源发送信息,经过接收、加工、传递、利用的时间间隔及其效率。无论采用多么先进的信息处理设备和处理方法,都不能完全消除这种时间间隔,即所得的信息必然滞后于事实发生本身,这种性质可以称为滞后性。处理和使用信息越及时,使用程度越高,则信息的时效性越强。所谓“信息的延误”是指信息的处理时间超过了信息的使用时间,使有关信息丧失其应有的价值。因此及时性的两个含义是:信息要能随用随有以及信息要保持最新。

(8) 价值性　信息是经过加工并对生产经营活动产生影响的数据,是劳动创造的,是一种资源,因而是有价值的。一方面,获得信息需要付出代价,例如时间和资金等等;另一方面,通过应用信息使组织提高了效率,经过转换实现了信息的价值。如何减少搜集、处理、存贮信息的成本和提高组织的运作效率,以保证信息有较好的经济性,是信息系统设计人员应考虑的问题。由于信息的生命周期很短,转换必须及时。管理者要善于转换信息,实现信息的价值。

(9) 真伪性　信息有真伪之分,客观反映现实世界事物的程度是信息的准确度。人们希望获得正确的信息,但是人们获得的信息有时是正确的,有时是不恰当的或是不完全的,甚至有时候是不正确的。符合事实的信息可以为人们的决策起到积极的作用。不符合事实的信息则是假的信息,不仅没有价值,而且可能在决策过程中具有负价值。

(10) 等级性　信息是分等级的。信息和管理层一样,一般分为战略层、策略层和执行层三个层次。不同层次的信息,其特色也不相同。战略层的信息大多来源于企业外部,使用频率较低,保密要求很高;而执行层的信息大多来源于企业的内部,使用频率较高,保密要求却很低;策略层的信息则介于二者之间,内外都有,使用频率和保密要求也介于二者之间。管理系统在客观上是有层次的(如公司级、工厂级、车间级等)。

(11) 可存储性　信息借助于载体可在一定条件下存储起来。信息的可存储性为信息的积累、加工和不同场合下的应用提供了可能。

(12) 可压缩性　通过各种模型,将大量具有一定规律的数据加以压缩。

总之,可以认为,信息是对客观世界中各种事物的变化和特征的反映;是客观事物之间相互作用和联系的表征;是客观事物经过感知或认识后的再现。

4. 信息的分类

信息的分类是我们针对不同种类的信息应当使用不同的处理方法的依据。研究表明,作为反映物质属性的信息,其类型非常广泛,但总体上可以有以下的一些分类:

(1) 按照信息来源,可以分为宇宙信息、自然信息、社会信息、思维信息等。

(2) 按照载体的特征,可分为语音信息、图像信息、文字信息、数字信息等。

①语音信息:是一种最普遍的信息表现形式,如人讲话,实际上是大脑的某种编码形式的信息转换成语音信息的输出;音乐也是一种特殊的声音信息,它是通过演奏方式表达出来的丰富多彩的信息内容。

②图像信息:图像是一种视觉信息,它比文字信息直接,易于理解。人工创造的图像,如一张纸、一幅画、一部电影、大自然的客观景象等都是抽象或间接的图像信息。随着多媒体技术的发展,各类图像信息库将会极大地丰富人类的生活。

③文字信息:文字是人们为了实现信息交流、通信联系所创造的一种约定的形象符号。广义的文字还包括各种编码,如ASCII码、汉字双字节代码、国际电报与单元代码以及计算机中的二进制数字编码等。

④数字信息:数字信息是指“信息的数字形式”或“数字化的信息形式”。

(3) 按社会中的应用领域,又可分为地理信息、军事信息、经济信息、管理信息、科技信息、文化信息、体育信息等。图1-1所示就是这种分类。

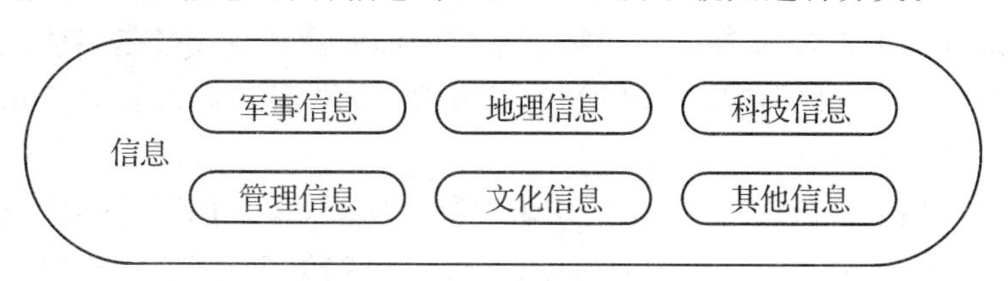

图1-1　按社会中的应用领域进行的信息分类

(4) 按内容分有:①状态信息:指关于事物的状态、属性等存在方式,如花红草绿、天冷天热等,它们往往是从观察实验中获得的。②规律信息:反映事物的运动规律和某种特定常性,如万有引力定律、太阳的东升西落等。由于科学理论一般都包含了规律性的描述,有时也可称之为理论信息、知识信息,它们是从对状态信息的动态分析中获得的。③指令信息:指行动的方向和方式,如向前走、停止等命令或指令。它是结合前两种信息并考虑到一定的目的性和约束条件以后得出来的。

(5) 按存在的领域来分有:①物质信息:它与一切物质的存在形态有关;②生物信息:指仅存在于生物界和人类社会之中的信息。

(6) 按形态品位来分有:①基本信息:与物质对时间和空间的分布与差异有关的信息;②交换信息:与物质的相互作用和关联有关的信息;③遗传信息:存在于生物遗传过程中的信息;④演算信息:存在于算术和逻辑过程中的信息;⑤语言信息;⑥情感信息。

这里,需要注意的一点是,由于各应用领域相互关联,各类信息在范围与内容上相互交叉与重叠,如管理信息就涉及政治、经济、科技、文化等领域。本书着重讨论管理信息,即与人类的管理活动,特别是与企业管理活动有关的信息。

1.1.3 知识与智慧

知识与智慧都是信息加工后的产品,是为了满足用户的需要对信息的深加工。数据、信息、知识和智慧之间存在着紧密关联。

1. 知识

知识历来是哲学中认识论研究的对象,故常见的有关知识的定义是从哲学的角度提出的。我国《教育大辞典》中流行的对知识的定义是:"对事物属性与联系的认识。表现为对事物的知觉、表象、概念、法则等心理形式。"或者《中国大百科全书·教育卷》中的则更具体:"所谓知识,就它反映的内容而言,是客观事物的属性和联系的反映,是客观世界在人脑中的主观映象。就它反映活动的形式而言,有时表现为主体对事物的感性知觉或表象,属于感性知识;有时表现为关于事物的概念或规律,属于理性知识。"

感性认识是认识的初级阶段,是人们在实践的基础上,客观事物直接作用于人的感官而产生的一种关于事物现象、事物外部联系、事物各个片面的认识,只能认识事物的现象,不能认识事物的本质。形象性和直接性是感性认识的特点。感性认识有三种形式,即感觉、知觉、表象。感性认知阶段得到的知识为感性知识。

相比于感性认识,理性认识是认识的高级阶段,是人们对感性认识的材料进行抽象和概括而产生的一种对事物的本质、事物的全体、事物的内部联系的认识。它以感性认识为基础,能够认识事物的本质。抽象性、间接性是理性认识的特点。理性认识有三种形式,即概念、判断、推理。理性认知阶段得到的知识为理性知识。

Harris(1996) 将知识定义为:知识是信息、文化脉络以及经验的组合。其中,文化脉络为人们看待事情时的观念,会受到社会价值、宗教信仰、天性以及性别等影响;经验则是个人从前所获得的知识;而信息是在数据经过储存、分析以及解释后所产生的,因此信息具有实质内容与目标。

从知识本身的属性讲，知识是指劳动人民智力活动的物化，是客观的，是经过选择的信息，具有一定的目的性和明确的作用。当人们“记忆”信息时，实际上是在积累知识。这种知识对于他们来说是有用的，但不是为了某种目的，其中可能含有更多的知识。这从当代最著名的认知心理学家皮亚杰的论述中也可以得到验证，他认为：“知识是主体与环境或思维与客体相互交换而导致的知觉建构，知识不是客体的副本，也不是由主体决定的先验意识。”根据皮亚杰的思想和当代信息加工心理学的观点，可将知识定义为主体通过与其环境相互作用而获得的信息及其组织。

对知识概念表述确切而又容易被接受的是：知识是人们在改造世界的实践中所获得的认识和经验的总和，是人的大脑通过思维重新组合的系统化的信息集合。知识来源于信息，是对信息加工后获得的产品，体现了信息的本质、原则和经验，它们能够积极地指导任务的执行和管理，进行决策和解决问题。从这里可以看出，知识是让从定量到定性的过程得以实现的、抽象的、逻辑的东西。知识是需要通过对信息使用归纳、演绎等方法得到。知识只有在经过广泛深入的实践检验，被人消化吸收，并成了个人的信念和判断取向之后才能成为知识。另外，一些学者认为知识是一种流动性质的综合体，其中包括结构化的经验、价值以及经过文字化的信息。在组织中，知识不仅存在于文件与储存系统中，也蕴含在日常例行工作、过程、执行与规范中。知识来自信息，信息转变成知识的过程中，均需要人们亲自参与。

知识之所以在数据与信息之上，是因为它更接近行动，它与决策相关。我们认为这些知识的经典定义都有其价值和意义，信息虽给出了数据中一些有一定意义的东西，但它往往会在时间效用失效后其价值开始衰减，只有通过人们的参与对信息使用归纳、演绎、比较等手段进行挖掘，使其有价值的部分沉淀下来，并与已存在的人类知识体系相结合，这部分有价值的信息就转变成知识。例如：北京 7 月 1 日，气温为 30 度；12 月 1 日，气温为 3 度。这些信息一般会在时效性消失后，变得没有价值，但当人们对这些信息进行归纳和对比就会发现北京每年的 7 月气温会比较高，12 月气温比较低，于是总结出一年有春夏秋冬四个季节，有价值的信息沉淀并结构化后就形成了知识。

知识是信息的一部分，是人类的第二资源，具有指导与推动人们开发和利用第一资源（物质资源）的作用。也就是说，知识是用于解决实际问题的结构化的有价值的信息。

2. 智慧

在希腊语中，“智慧”一词出于伊雄语，其有三种理解：一是聪明与谨慎，二是敏于技艺，三是学问与机智。古希腊哲学家德谟克利特认为：“从智慧中引申出这三种德性：很好地思想、很好地说话和很好地行动”。智慧是个体面对现实情境解决问题，以求得更好的生存、发展和享受的机智和策略。

智慧是一种推断和非确定、非或然的过程。它调动了所有的意识,尤其是人所具有的特殊的意识,如道德和伦理规范等。它使人们理解以前未曾理解的东西,以此来达到超越理解本身的目的。它是一种基本的哲学探索。智慧回答关于没有答案或者不能轻易得出答案的问题。在某种意义上说,也可能是处于未知答案的时期。因此,智慧是通过人们的观察,判断是与非和好与坏的过程。智慧是人类独有的能力。智慧需要灵魂,它就像人的心脏一样存在于人的大脑中。智慧乃以知识为根基,加上个人的运用能力、综合判断、创造力及实践能力来创造价值。

智慧是一种处理信息的生理与心理潜能,这种潜能在某种文化环境之下,会被引发去解决问题或是创作该文化所重视的作品。我们经常看到一个人满腹经纶,拥有很多知识,但不通世故,被称作"书呆子"。也会看到有些人只读过很少的书,却能力超群,能够解决棘手的问题。我们会认为后者具有更多的智慧。因此我们认为智慧是人类基于已有的知识,针对物质世界运动过程中产生的问题,根据获得的信息进行分析、对比、演绎找出解决方案的能力。这种能力运用的结果是将信息的有价值部分挖掘出来并使之成为已有知识架构的一部分。

从这些定义中我们可以总结出以下这些共识:智慧是人类解决问题的一种能力,智慧是人类特有的能力。智慧的产生需要基于知识的应用,根据这些共识并沿袭知识层次的前三个概念——数据、信息、知识。

3. 数据、信息、知识和智慧的关系

对于数据、信息、知识和智慧之间的关系,不少学者都进行了大量的分析、研究和解释,并形成了较为统一的观点。本节依据这些学者的观点,做些总结和综述。

英国学者G.贝林杰等将数据、信息、知识和智慧之间的联系与跃迁理解为如图1-2所示的模式,并且认为理解支持了从每一个过程到下一个过程的跃

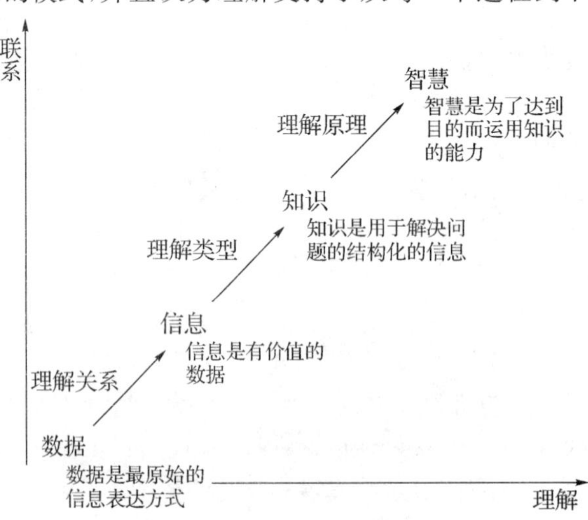

图1-2 数据、信息、知识和智慧的联系及跃迁

迁，理解本身并不是一个独立的层次。国内学者荆宁宁和程俊瑜(2005)对数据、信息、知识和智慧做了较为详细的讨论。

数据、信息、知识和智慧是人类认识客观事物过程中不同阶段的产物。从数据到信息到知识再到智慧，是一个从低级到高级的认识过程，层次越高，外延、深度、含义、概念化和价值不断增加。在数据、信息、知识和智慧中，一方面，低层次是高层次的基础和前提，没有低层次就不可能有高层次；另一方面，数据是信息的源泉，信息是知识的子集或基石，知识是智慧的基础和条件。总之，信息是数据与知识的桥梁，知识反映了信息的本质，智慧是知识的应用和生产性使用。

1.2　管理信息与信息管理

1.2.1　管理信息

1. 管理信息的定义

管理信息是组织在管理活动过程中采集到的原始数据经过加工处理、分析解释、明确意义后对组织生产经营活动、管理决策产生影响的各种数据的总称。管理信息反映组织所进行的生产经营活动以及与之相关的外部环境的状况，是专门为某种管理目的和管理活动服务的信息，是现代组织管理工作的依据。一般地，管理信息可分为组织内部信息和组织外部信息。管理信息可以通过实物指标、劳动指标、价值指标与文字图表等形式来表示，如报告、报表、单据、进度图、计划书、协议、标准及定额等。管理信息有以下特征：

(1) 有效性　有效性是管理信息的首要特征和中心价值。这是因为管理信息在组织管理活动的预测、计划目标、战略决策、组织结构、人员配备、监督控制等都要有用，包括信息在时间上要及时，数量上要适当，质量上要准确，内容上要适用；反之，这种信息不仅无益，反而有害。

(2) 共享性　这就是现在通常所说的资源共享的重要内容。从管理信息角度来说，它的共享性主要表现在不同领域、不同层次、不同部门、不同单位往往都可共同使用某种信息资源。正确认识和顺应这一特征，对于建立管理信息系统并发挥其重要作用具有重要的意义，也可充分发挥信息的共同作用，避免在信息的收集、加工、传输、储存等方面的重复劳动。在现代社会中，信息资源的国际共享，国际互联网的建立，信息高速公路的诞生，使信息的共享性达到前所未有的程度。

(3) 等级性　信息既有有效性和共享性，但是管理信息又是分级的，同时处在不同级的管理者对同一事物所需要的信息也不同，就是同一单位不同层次的管理者对信息的需要也有明显差异，从信息需要的重要性上可分为战略级、战术级和作业级。战略级主要指高层管理者需要的关系到全局和长期利益的信息,例如决定医院的新建、改建、扩建或停止等;战术级为部门负责人需要的关系局部和中期利益的信息,例如医务处(科)、护理部对每月业务工作情况的计划和运行情况结果的比较分析、控制质量标准等;作业级是关系基层医疗业务的信息,例如每天门急诊和住院人次以及各种统计数据、考勤等。

(4) 不完全性　对于某种客观事实的真实情况往往是不可能完全得到的,数据的收集或信息的转换与主观思路关系甚大,所以只有舍弃无用的和次要的信息才能正确地使用信息,这也就是信息的综合性,管理必须全面地收集信息并进行综合分析、加工,才能充分认识和考虑各种内外因素引起的积极的或消极的影响程度,才能保证信息在决策、计划、控制等科学管理上发挥重要作用,做到统筹兼顾、综合平衡、协调发展。

(5) 经济性　所谓信息的经济性就是信息同样存在着投入产出的问题,对于信息的投入是必要的,但也要重视成本效益的分析,要求花费成本尽可能少而获取的信息数量和价值量尽可能大,这就要求管理者既要重视对信息部门的经济投入,强调它们对于管理的重要性,健全信息管理组织和人员配备,又要注意信息的经济性和实用性。

(6) 滞后性　信息是由数据转换而来的,因此它不可避免地落后于数据,而且信息的使用价值必须经过转换才能得到,这种转换也必须从数据到信息再到决策,最后取得效果,它们在时间关系上是:从前一个状态转换为后一个状态的时间间隔总不会是零,这就是信息的滞后性。同时,由于信息是有寿命的,许多信息衰老得很快,因此要重视及时转换,否则信息难以转换,而不转换就失去了信息的价值。

(7) 信息量大　企业中有大量的原材料信息、物资设备信息、生产信息、人事信息、产品信息、市场信息、政策法规信息等等。

(8) 来源分散　企业内各部门与各产、供、销环节,企业外的市场、客户、政府部门、上级主管部门、同行及相关企业都有对企业有用的信息。这使得信息的收集困难化、复杂化。

2. 管理信息的分类

管理信息可以按信息源和信息性质两种方式分类,其分类结构如图1-3所示。

(1) 按信息的来源分类,可以分为企业外部信息和企业内部信息。企业外部信息又称外源信息,它是从企业外部环境传输到企业的各种信息,包括上级主管部门、财政金融部门、有关信息服务中心、国内外市场、供货单位、销售单位的信息。企业内部信息又称内源信息,它是在企业生产经营管理过程中产生的各种信息,如原始记录、定额、指标、统计报表以及分析资料等等。

(2) 按信息的性质分类,可以分为常规性信息和偶然性信息。常规性信息又称固定信息,它反映企业正常的生产经营活动状况,在一定时期内按统一程

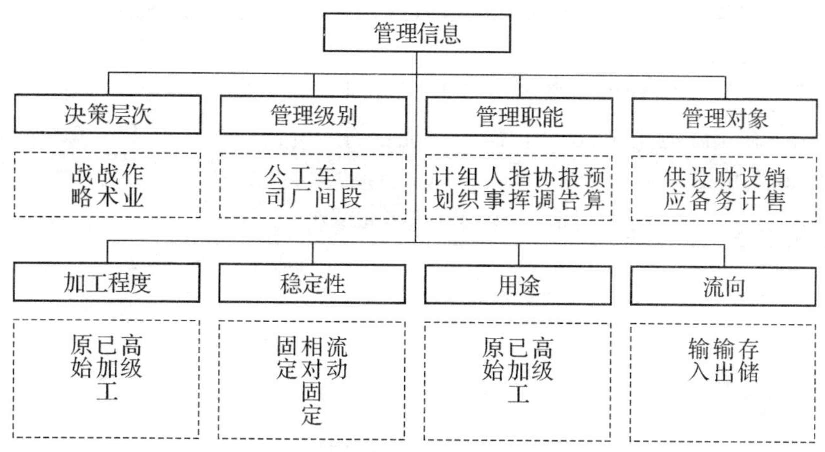

图 1－3　管理信息的分类结构

序或格式重复出现和使用，而不发生根本性的变化。例如，职工的工资、固定资产折旧费等一般都不会发生太大的变化，类似这样的信息就属于常规性信息。偶然性信息又称突发性信息，它是反映企业非正常事件的无统一规定或格式的非定期信息。例如，原材料的价格大幅度波动，竞争对手的战略调整，这些都是偶然的管理信息。常规性信息是企业生产经营活动的主要依据，而偶然性信息对企业进行风险决策具有重要意义。

3. 管理信息的层次

信息作为一种资源的必要条件，需要对其进行有效的管理。没有信息管理，信息可能带来许多意想不到的问题。对信息及其相关活动因素进行科学的计划、组织、控制和协调，实现信息资源的充分开发、合理配置和有效利用，是管理活动的必然要求。

管理信息包括战略信息、战术信息和作业信息三个层次。

(1) 战略信息　又称为决策信息，主要用于确立企业组织的目标，提高企业的产品和服务质量，改变企业的运作方式和经营理念，制定公司长远的发展规划等。例如，厂长或经理一级的企业高层利用战略信息来决策企业生产产品的方向、投资去向等。

(2) 战术信息　又称为管理控制信息，它是企业中层管理人员进行生产经营过程控制所需要的信息，主要用于生产管理、物资管理等。通过运用战术信息，企业主要对运营过程进行控制和调整，以保证原定的计划得到实施。例如，企业的生产调度部门、设备管理部门、财务会计部门各自统管企业的某一业务领域，它们利用战术信息，对各自部门的资源做出计划并合理使用。因而，战术信息一般是对日常执行部门的信息进行汇总、统计与综合所得到的信息。

(3) 作业信息　是反映企业日常生产和经营管理活动的信息，它来自企业的基层部门，主要为企业掌握生产进度、制定和调整生产计划提供依据。例如，对生产车间及仓库进行的基本的记录或登记。这些信息一般是周期性重复的,具有一定的规律性。

这三个层次的管理信息各有特点,在企业的决策和运行中,它们起着不同的作用。在实际应用中,这些信息相互配合、相互协调,是企业不可或缺的重要资源,如表1-2所示。

表1-2 管理信息的层次特点

信息特性	决策种类		
	作业性(基层)	战术性(中层)	战略性(决策层)
主要来源	内部	⟶	外部
范围	较小	⟶	较广
频率	高	⟶	低
精确度	高	⟶	低
时间性	历史的	⟶	预测的
可知性	预知的	⟶	突发的
寿命	短	⟶	长
保密要求	低	⟶	高
加工方法	固定	⟶	灵活
组织	严谨	⟶	松散

注:⟶表示过渡

信息管理不仅是一种活动,一种管理理念,还是备受关注的学术领域。信息科学、信息工程和信息管理密切相关,已经逐步形成了学科与专业,直接影响国家宏观经济的发展和企业生存与新型能力的提升。

1.2.2 信息管理

1. 信息管理的内涵

信息管理(Information Management,简称IM)是管理信息系统的主要功能之一,也是为了更加有效地开发和利用信息资源,运用现代信息技术对信息资源进行计划、组织、领导和控制等一系列活动的总称。简单地说,信息管理就是在整个管理过程中,人们收集、加工和输入、输出信息的总称。信息管理的过程包括信息收集、信息传输、信息加工和信息储存,对信息资源和信息活动的管理,也是人们运用各种技术的、经济的、政策的、法律的和人文的等方式方法对信息全生命周期进行控制,以提高信息利用效率、最大限度地实现信息价值为目的的一种活动。更是人类社会信息活动的各种相关因素(主要是人,信息,技术和机构)进行科学的计划、组织、控制和协调,以实现信息资源的合理开发与有效利用的过程。它既包括微观上对信息内容的管理,即信息的组织、检索、加工、服务等,也包括宏观上对信息机构和信息系统的管理。

信息管理需要制定和完善信息管理制度,以保证信息资料的完整状态,确保信息系统在“信息输入—信息输出”的循环中正常有效的运作。信息管理涉及人类为了收集、处理和利用信息而进行的社会活动。它是科学技术的发展、社会环境的变迁、人类思想的进步所造成的必然结果和必然趋势。

随着计算机、全球通信和因特网等信息技术的飞速发展及广泛应用,使科技、经济、文化和社会正在经历一场深刻的变化。20 世纪 90 年代以来,人类已经进入到以“信息化”、“网络化”和“全球化”为主要特征的经济发展的新时期,信息已成为支撑社会经济发展的继物质和能源之后的重要资源,它正在改变着社会资源的配置方式,改变着人们的价值观念及工作与生活方式。了解信息管理、信息科学、信息技术和信息社会,把握信息资源和信息管理,对于当代管理者来说,就像把握企业财务、人力资源和物流管理等一样重要。

2. 信息管理的对象

了解信息管理对象可以更好地明确信息管理目标和采用更加有效的方式与手段。信息管理的主要对象是信息资源和信息活动。

(1) 信息资源　它是信息生产者、信息、信息技术的有机体。信息管理的根本目的是控制信息流向,实现信息的效用与价值。但是,信息并不都是资源,要使其成为资源并实现其效用和价值,就必须借助“人”的智力和信息技术等手段。因此,“人”是控制信息资源、协调信息活动的主体,是主体要素,而信息的收集、存储、传递、处理和利用等信息活动过程都离不开信息技术的支持。没有信息技术的强有力作用,要实现有效的信息管理是不可能的。由于信息活动本质上是为了生产、传递和利用信息资源,信息资源是信息活动的对象与结果之一。信息生产者、信息、信息技术三个要素形成一个有机整体——信息资源,是构成任何一个信息系统的基本要素,是信息管理的研究对象之一。

(2) 信息活动　它是指人类社会围绕信息资源的形成、传递和利用而开展的管理活动与服务活动。信息资源的形成阶段以信息的产生、记录、收集、传递、存储、处理等活动为特征,目的是形成可以利用的信息资源。信息资源的开发利用阶段以信息资源的传递、检索、分析、选择、吸收、评价、利用等活动为特征,目的是实现信息资源的价值,达到信息管理的目的。单纯地对信息资源进行管理而忽略与信息资源紧密联系的信息活动,信息管理的研究对象是不全面的。

3. 信息管理过程

信息管理事实上是指在整个管理过程中,从某种意义上讲信息系统根植于管理系统,信息管理过程体现了整个管理过程。在实际生活中,每个人每时每刻都在不断地收发信息、加工信息和利用信息,都在与信息打交道。组织规模越大,结构越复杂,对信息的渴求就越加强烈,组织要形成统一的意志,统一的步调,各要素之间必须能够准确快速地相互传递信息。管理者对组织的有效控制,都必须依靠来自组织内外的各种信息。信息管理的过程包括信息收集、信息传输、信息加工和信息储存。

随着科学技术特别是信息工程、计算机技术等高技术的飞速发展和普及,当今世界已进入到了信息时代。组织要求信息处理的数量越来越大,速度越来越快。为了让管理者及时掌握准确、可靠的信息,以及执行之后构成真实的反馈,必须建立一个功能齐全和高效率的管理信息系统。管理信息系统以计算机为主体设备,通过网络互连,以保证迅速、准确、及时地收集情况和下达命令。

4. 信息管理特征

(1) 管理特征　信息管理是管理的一种,因此它具有管理的一般性特征。例如:管理的基本职能是计划、组织、领导、控制,管理的对象是组织活动,管理的目的是为了实现组织的目标等等,这些在信息管理中同样具备。

(2) 时代特征　随着经济全球化,世界各国和地区之间的政治、经济、文化交往日益频繁;组织与组织之间的联系越来越广泛;组织内部各部门之间的联系越来越多,以至信息大量产生。同时,信息组织与存储技术迅速发展,使得信息储存积累可靠便捷;由于信息技术的飞速发展,使得信息处理和传播的速度越来越快,信息处理和传播速度更快。

(3) 信息的处理方法日益复杂　随着管理工作对信息需求的提高,信息的处理方法也就越来越复杂。早期的信息加工,多为一种经验性加工或简单的计算。加工处理方法不仅需要一般的数学方法,还要运用数理统计、运筹学和人工智能等方法。

(4) 信息管理所涉及的研究领域不断扩大　从科学角度看,信息管理涉及管理学、社会科学、行为科学、经济学、心理学、计算机科学等;从技术上看,信息管理涉及计算机技术、通信技术、办公自动化技术、测试技术和缩微技术等。

5. 信息管理分类

信息管理的广泛性和复杂性,对信息管理的分类带来困难,从不同的侧面可以分成不同类型的信息管理。

(1) 按信息管理层次分类:宏观信息管理、中观信息管理和微观信息管理;

(2) 按信息管理内容分类:信息生产管理、信息组织管理、信息系统管理和信息产业管理和信息市场管理等;

(3) 按信息应用范围分类:工业企业信息管理、商业企业信息管理、政府信息管理和公共事业信息管理等;

(4) 按信息管理手段分类:手工信息管理、信息技术管理和信息资源管理等;

(5) 按信息内容分类:经济信息管理、科技信息管理、教育信息管理和军事信息管理等。

1.3 系统与信息系统

1.3.1 系统

1. 系统的概念

系统的概念可以最早追溯到20世纪30年代,当时人们在一些学科的科学研究中,尤其是生物学、心理学和社会学中,发现系统的一些固有的性质与个别系统工程无关。也就是说,若以传统的科学分类为基础研究,则无法发现和搞清楚系统的主要性质。在二次大战前不久,路德维希·冯·贝塔朗菲提出了一般系统的概念和一般系统理论,系统才被人们逐渐认为是一种综合性的科学。之后,系统科学得到了广泛的应用和发展。如今系统理论及系统工程的方法已经渗入到一切领域,甚至渗入到人们的日常生活。

一般认为,系统是由一些部件组成的,这些部件间存在着紧密的联系,通过这些联系达到某种目的,即系统是由处于一定的环境中为达到某一目的,由若干相互联系和相互制约的元素结合在一起并形成具有某种特定功能的有机整体。这种有机整体有四层含义:第一,这些元素是为了达到某个或某些共同的目标而结合的;第二,这种结合要遵循某些规则;第三,这种结合意味着这些元素之间存在着较强的相互依存和相互作用的关系,往往不可轻易地分割为独立单元;第四,系统的整体功能大于各部分功能之和,即 $1+1>2$。

图1-4所示是系统的一般模型。一个系统有输入、处理和输出三个部分,系统与外部环境之间的边界叫作系统边界,它用来划分系统功能,系统边界以外的部分叫作系统的环境。一个系统作为抽象模型来看,有其共同的基本组成部分。

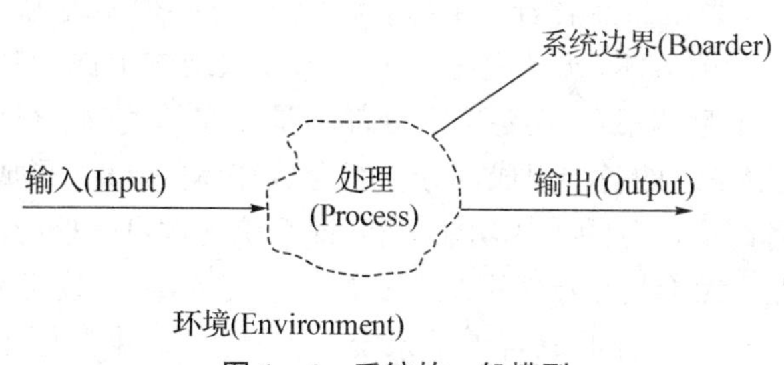

图1-4 系统的一般模型

(1) 系统的基本组成

系统必须有两个以上要素,各要素和整体之间、整体和环境之间存在一定的有机联系。系统由输入、处理、输出这三个基本要素组成,如图1-5所示。

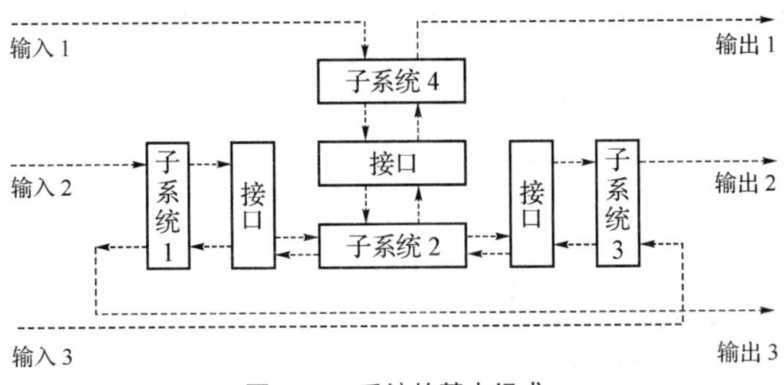

图1-5 系统的基本组成

(2) 系统的构成必须具备三个条件

①机构(要素):要素是基础,是系统功能和目标实现的保证。这些要素可能是一些个体、元件、零件,也可能其本身就是一个系统(或称之为子系统)。如运算器、控制器、存储器、输入/输出设备组成了计算机的硬件系统,而硬件系统又是计算机系统的一个子系统。

②功能:系统的功能是指系统与外部环境相互联系和相互作用中表现出来的性质和能力。不同的系统具有不同的功能,如企业管理信息系统的功能是对企业日常生产中的信息进行收集、整理、传输和存储,并在此基础上帮助企业管理者进行决策。

③结构:一个系统是其构成要素的集合,这些要素相互联系、相互制约。系统内部各要素之间相对稳定的联系方式、组织秩序及失控关系的内在表现形式,就是系统的结构。例如钟表是由齿轮、发条、指针等零部件按一定的方式装配而成的,但一堆齿轮、发条、指针随意放在一起却不能构成钟表;人体由各个器官组成,各单个器官简单拼凑在一起不能称其为一个有行为能力的人。

2. 系统的特征

系统一般有以下几个特征:

(1) 整体性　系统虽然有若干个部分组成,但它必须体现为一个总和,或者说是一个整体。所谓整体,就是说各个组成部分从结构上或者从关系上来说,有机地组成为一个整体集合,而各个部分都不是孤立的,它们之间相互不可割。所谓总和,还表明系统的各个组成部分在组合成整体的同时,形成整体性功能,这种功能大于各组成部分的个体功能之和,即系统观点:1+1>2。

(2) 层次性　无论是在自然系统还是社会系统中,除少数情况外,组成一个系统的各要素又相互组合形成若干子系统。大至星系,小至原子,除一些暂时情况外,每一系统都有一个主系统。太阳系的主系统是太阳,计算机的主系统是CPU。通常,上层系统都是下属系统的控制系统。

(3) 联系性　一切事物之间都有普遍联系性是辩证唯物主义的基本原理,所以说,系统要素之间存在联系或叫关联并不是系统这一事物的特有属性。但是，每一个具体系统内各要素之间的联系相对于它们与外部系统的联系具有特殊性，正是这一特殊性形成了这个具体的特殊系统。所以，我们要全面掌握一个系统的运动规律，就必须找出它的特殊性。系统内各要素之间一定的联系方式形成了系统一定的结构，所以说，所谓系统的结构就是系统内各要素之间的联系方式特征。

（4）适应性　对于环境的适应性也是每一个系统的重要特性。每一个系统都处在一定的环境中。环境不断地变化，系统与环境的联系也就要发生变化，从而内部各要素之间的联系也或多或少要发生变化。这些变化有些是支持系统的继续存在与发展的，有些是破坏或减弱系统继续存在的条件使系统进一步走向瓦解的。

（5）目的性　目的性是系统工程中系统的首要特性。任何一项系统工程要设计和建造的系统都有特定的目的。一项系统工程的目的对整项工程具有重要的决定作用。认准认清了一项系统工程的目的就等于抓住了整个系统工程的纲，纲举目张。

系统的目的通常是一个层次系统。比如，投资建立一个企业，其根本目的或最高目的是以同等数量的资金获取最大化的利润，而次一级的目的或直接目的则是以特定产品为对象，建立一个一定规模的生产工厂，能生产出适销对路的产品。一个系统的最高层次目的通常只有一个，有时在一个主目的之下有一些次要的或从属的目的。

上述种种系统的特征，决定了系统得以形成的条件。不过，一个系统的形成并非要包罗所有特征，因为系统是有不同类别的，不同的类别只需不同的系统特征。

3. 系统的分类

从不同的角度，系统的分类有不同的方法，但以下几种分类方式是常用的。

（1）按系统的抽象程度分类

可把系统分为三类，即概念系统、逻辑系统和实在系统。

①概念系统。概念系统是最抽象的系统，它是人们根据系统工程的目标和以往的知识初步构思出的系统的雏形，它在各个方面均不完善，有许多地方很含糊，也有可能不能实现，但是它表述了系统的主要特征，描绘了系统的大致轮廓，从根本上决定了以后系统的成败。

②逻辑系统。逻辑系统是在概念系统的基础上构造出来的原理上可行的系统，它考虑到总体的合理性、结构的合理性和实现的可能性。它确信，现在的技术、设备等都能够实现系统所规定的要求，但它没有给出实现的具体元件，所以逻辑系统是摆脱了具体化实现细节的合理化系统。

③实在系统。实在系统也可以称为物理系统，它是完全确定的，如果是计算机系统，那么机器是什么型号、用多少终端、放在什么位置等应当完全确定。

(2) 按系统的功能分类

可把系统分为社会系统、经济系统、军事系统、企业管理系统等。这种分类是按照系统的服务领域进行的,因此各类系统都具有不同的特点。

(3) 按照系统和外界的关系分类

可把系统分为封闭式系统和开放式系统。

①封闭式系统就是可以把系统和外界的关系分开,外界不影响系统主要现象的复现。完全封闭的系统是罕见的,而常见的是相对封闭的系统。

②开放式系统是指不可能与外界分开的系统,即环境总是对系统有影响的,如商店等。这种系统有能力接受未预料的输入,而且常常具有适应性,即能随着环境的变化而变化。

(4) 按照系统的结果分类

可把系统分为肯定型系统和非肯定型系统。

①肯定型系统的行为可以完全预料到,这种系统也可称之为线性系统。

②非肯定型系统的行为不能完全预料,其行为是非线性的。非肯定型系统一般都是开放系统,即输入输出都相当复杂或很复杂,因而不能完全预料到系统的行为。

(5) 按照复杂程度分类

系统又有简单和复杂之分。系统的分类主要是取决于系统内各个组成部分之间关系及系统所包含的组成部分的个数。例如,一台电动洗衣机就是一个简单系统,因为其中部件不多,且部件之间的关系也不复杂。而一个企业就是一个复杂系统,一个大企业则是一个很复杂的系统。

分析研究一个大型复杂的系统时,要详尽而具体地了解系统的运行状态,就有必要把这种系统分解为若干部分,即子系统或分系统,而且可逐层分解下去。当然还能反过来,逐级集成,最后回到原来系统的整体。

综上所述,信息系统工程中所研究的系统是人为的,一般是大型复杂的、非肯定型的、开放的系统。分析研究一个系统,要从以下几个方面着手:

①明确系统的目的,即系统是干什么的或完成什么任务的,也就是系统的输出是什么。

②分析系统的目的是如何达到的,即系统运行经过输入、处理与输出的流程。

③区分系统与环境,确定系统的界限或范围。系统与环境的关系是通过输入与输出实现的,环境对系统所加的限制也是通过输入与输出来实现的。分析输入与输出、划清系统的界限,有助于对系统的深入了解:环境因素是不可控制的,而系统内部的运行状态一般是可以控制和自动调节的;系统外部因素的作用则是对系统的约束,系统必须顺应它而被动调节。

④系统的分合性,既可将系统分割为若干个子系统,又可反过来再合并为

一个整体。

上述四个方面均适用于划分与分析系统的子系统。

⑤系统的自顶向下层次结构。复杂系统是很难一下子了解清楚的，按上述第④条，把系统分解为若干个子系统后，仍有可能难以掌握和不易了解清楚。因此有必要再进一步把子系统分解为若干子子系统，子子系统又可再分解为若干个子子子系统，如此类推，一直分解到便于掌握和易于了解为止。

⑥注意系统的因变性与适应性，特别是在信息系统的分析研究中更不容忽视。因为信息系统作为一种人为系统，随环境与情况的改变，需作相应的改变。

1.3.2 信息系统

1. 信息系统的概念

信息流始终存在于一个组织之中，而且是对其他流进行控制的根据。一个组织及其职能子系统要充分有效地进行工作，就必须利用信息，而上下级及平行各级之间能否在同一领导下彼此有效地工作，关键就在于他们之间的信息流是否被很好地组织起来。在企业的生产生产经营活动中，伴随着物资流、事务流等的产生，总是产生一个相应的信息流。这就表明在一个组织的全部活动中存在着各种各样的信息流，而且不同的信息流用于控制不同的业务活动，若几个信息流联系在一起，服务于同类的控制和管理目的，就形成信息流的网，称之为信息系统。

根据以上分析，我们可以这样理解：信息系统是一个收集、传输、加工、存储、利用信息的人造系统。它由人、硬件、软件和数据资源组成，通过及时正确地收集、加工、存储、传递和提供信息，从而实现组织中各项活动的管理、调节和控制。信息系统（从抽象模型角度分）有以下三个过程：输入过程、处理过程、输出过程。图 1-6 所示是信息系统的基本模型。

输入 → 信息系统 → 输出

图 1-6 信息系统的基本模型

2. 信息系统的功能

信息系统必须完成人们的信息需求任务。一个信息系统的基本功能是将输入转换为输出，这种转换过程就是一种加工处理的过程，这就是信息系统的功能。从信息的产生过程来看，信息系统主要有数据的收集、加工、传输、存储等功能。

(1) 信息的收集

任何信息系统，如果没有实际的信息，那么它理论上的功能再强，也是没有任何实用价值的。信息系统要确定该系统管辖下的数据源，确定标准的数据收集方式，确定数据格式，并将收集的数据加以检验，把分布在组织内部的各种有关信息收集起来转换成系统需要的形式。收集工作是整个系统的基础,也是系统能否正常工作的前提。信息收集时要注意信息的准确性和及时性,要有检验的方法,采集的手段要方便可行。

一般根据数据源的不同,信息收集功能主要实现对原始数据的收集和对二次信息的收集。原始信息收集是指在信息或数据发生的当时当地,从信息或数据所描述的实体上直接把信息或数据取出,并用某种技术手段在某种介质上记录下来。二次信息收集则是指收集已记录在某种介质上,与所描述的实体在时间与空间上已分离开的信息或数据。这两种收集在许多问题上是有原则性区别的。

原始信息收集的关键是完整、准确、及时地把所需要的信息收集起来,记录下来,做到不漏、不错、不误时。因此它要求时间性强、校验功能强、系统稳定可靠。由于它是信息系统与信息源直接联系,而信息源又具有本身业务的特殊属性,因此在技术手段与实现机制上常常具有很大的特殊性。

二次信息收集则是在不同的信息系统之间进行的,其实质是从别的信息系统得到本信息系统所需要的关于某种实体的信息(实际上往往不是两次传递,而是经过多次传递),它的关键在于两个方面:有目的地选取或抽取所需信息和正确地解释所得到的信息。由于这时所得的信息从时间上和空间上已经离开了所描述的实体,从严格的意义上讲,已无法进行校验。所谓正确地解释是指不同的信息系统之间在指标含义、统一口径等方面有统一认识,以防止误解。

(2) 信息的加工处理

信息加工处理是信息系统的一项主要职能。除了极少数最简单的信息系统,如简单的小型查询系统外,一般来说,系统总需要对已经收集到的信息进行某些处理,以便得到某些更加符合需要或更加反映本质的信息,或者使信息更适于用户使用,这就是信息加工处理,如图1-7所示。

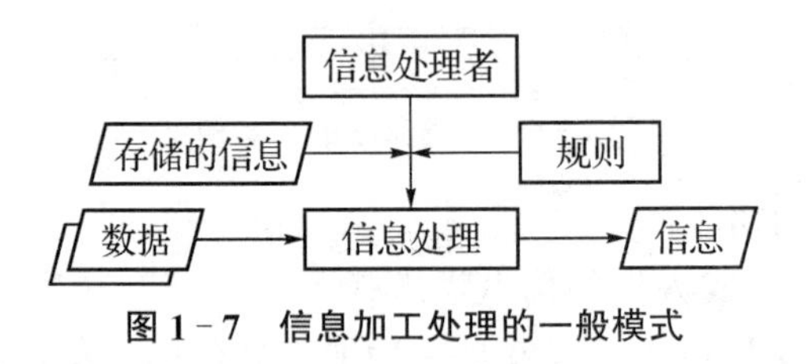

图1-7　信息加工处理的一般模式

信息加工处理可以分为两个基本层次:信息的初步处理和二次处理或深处理。信息的初步处理同事务处理的概念相关,包括统计、排序等;信息的二次处理同信息系统的业务处理和决策处理有很大的关系。一般认为,信息经过加工后,更加集中、更加精炼、更加反映本质。信息加工处理过程是人们按照自己已有的认识对信息去粗取精的过程,因此必然舍弃了某些自己认为“粗”的、带偶然性的内容。然而这一取舍是否得当,往往是需要事后验证的。因此,对于信息加工处理的结果，我们应该持比较谨慎的态度。

(3) 信息的传输

为了收集和使用信息，需要把信息从一个子系统传送到另一个子系统，或者从一个部门传送到另一个部门，即数据通信。信息的传输并不只是一个简单的传输问题。它依据人们对信息的需求，在时间、种类、数量、频率、可靠性等方面都有一定的要求。

(4) 信息的存储

信息系统必须具有某种存储信息的功能，否则它就无法突破时间与空间的限制而发挥信息的作用。无论哪一种信息系统，在涉及信息的存储问题时，都要考虑存储量、信息格式、存储方式、使用方式、存储时间、安全保密等问题。简单地说，信息系统的存储功能就是保证已得到的信息不丢失、不走样、不外泄，同时还要整理得当、随时可用。

根据数据内在的结构和应用者对信息的各种要求，信息系统的存储功能主要有物理存储和信息的逻辑组织两个方面的问题。

信息的物理存储是指将信息存储在适当的介质上，如纸张、磁盘等。物理存储可以分为两个层次来考虑，即设计层次和开发层次。在设计层次上，对组织信息系统应考虑各个数据库存放在哪个部门或哪台机器上，在开发层次上，则考虑每个数据的物理组织形式。

信息的逻辑组织是指按照信息的逻辑内在联系和使用方式，把大批的数据组织成合理的结构，从而提高寻找信息的速度，这一般依靠数据库技术。信息的逻辑组织有两个层次：一个是设计意义上的数据逻辑关系，主要反映信息系统各个子系统之间的输入和输出关系；第二个层次是在系统的开发层次上的逻辑关系，指的是数据库模式和数据库内在文件的组织结构和文件结构。逻辑组织还要考虑降低数据的重复存储及冗余度，保持数据库的一致性、安全性和完整性。

1.3.3 信息技术

信息技术不仅内涵丰富，而且动态性强。依据摩尔定律，每隔 2 年信息技术就会发生质的飞跃，其性价比快速提升。

1. 信息技术的内涵

信息技术(Information Technology，简称 IT)是指用于管理和处理信息所采用的各种技术的总称。它主要是指应用计算机科学和通信技术来设计、开发、安装和实施信息系统及应用的硬件与软件，如图 1－8 所示。因此，学会管理信息系统研发，首先要掌握信息技术涉及的相关技术基础，请参考相关技术的专业著作或教材。

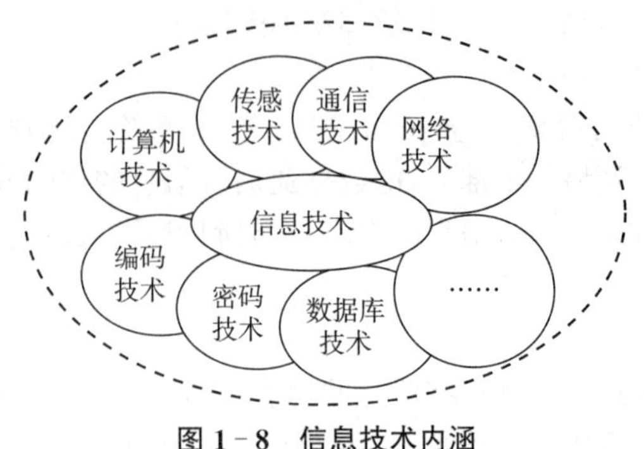

图1-8　信息技术内涵

随着信息技术应用的快速渗透,管理信息系统已广泛部署应用在各行各业,用户对管理信息系统的使用不断增加,依赖性越来越高,尤其是大中型企业和国家机构的管理信息系统建设已经形成体系规模。管理信息系统由前台信息终端和后台数据中心构成,前台信息终端提供了简便、易用的人机界面,比如银行自动存取款机、商场刷卡机、办公计算机、家用电脑、个人手机等;而后台数据中心负责对前台信息终端提交的信息进行相应的处理,并将处理结果返回前台信息终端显示出来。

2. 信息技术的特征

信息技术是当前改变人类文明进程的关键技术。它既有一般技术的特征,又区别于其他技术特点。信息技术体现出社会各项活动的数字化、网络化、多媒体化、智能化和虚拟化。

(1) 一般技术性　信息技术包含的所有技术都来自一般技术,同样具有方法的科学性,对应生产设备的先进性,对掌握技能人员具有熟练性和经验的丰富性等差异,而且在生产活动过程中体现出作用过程的快捷性、功能的高效性等特点。

(2) 特殊技术特征　即信息性,具体表现为信息技术围绕数据处理,为用户提供信息服务,以数据加工形成信息为核心功能,通过信息技术相关设备提高数据处理与信息利用的效率、效益。由信息的秉性决定信息技术还具有普遍性、客观性、相对性、共享性、可变换性等特性。

(3) 相溶性　信息技术往往可以很方便地与其他技术相结合,并推动其他相关技术的创新发展。为其他技术提供提升水平的平台,同时也为信息技术的应用拓宽领域。信息技术发展至今已经成为影响人类文明进程最大的技术,

(4) 动态性　所有技术都在动态向前发展,但是信息技术的动态发展大大地超出其他技术的发展,并成为促进其他技术发展的主要因素。这种动态的极速发展改变人们生活、工作、学习、沟通等活动的方式方法、理念和制度。深刻地影响国家、地区和居民的生活质量。

信息技术代表着当今先进生产力的发展方向,信息技术的广泛应用使信息

的重要生产要素和战略资源的作用得以发挥，使人们能更高效地进行资源优化配置，从而推动传统产业不断升级，提高社会劳动生产率和社会运行效率。

3. 信息技术的作用

信息技术的作用不仅体现在由信息技术形成的各类信息设备功能与性能为人们提供的服务能力，而且直接影响其他相关技术装备的工作效率和效益。机械加工设备通过信息技术的应用，可以将功能单一的设备改造成为能集成的加工中心，实现柔性加工，提高生产灵敏度，达到“智造”水平。

(1) 推动着企业升级　通过两化融合，利用计算机辅助设计技术和网络设计技术应用，不仅提高企业的技术创新能力，加速产品更新换代，而且利用计算机辅助制造技术或工业过程控制技术实现对产品制造过程的自动控制，可明显提高生产效率、产品质量和成品率。利用信息系统实现企业经营管理的科学化，统一整合调配企业人力、物力和资金等资源，实现整体优化；利用互联网开展电子商务，进行供应链和客户关系管理，促使企业经营思想和经营方式的升级，可提高企业的市场竞争力和经济效益，推动着企业的转型升级，不断提升新型能力。

(2) 人力资源结构产生巨变　随着信息技术的广泛利用，生产环境的变化，直接影响就业结构，尤其如经济发展中的农业人口为主的中国，正在从农村走向城市，从事工业生产，由于工业生产环境的变化，人们正在从一般工业生产工作向从事信息相关工作转变。特别在服务业中，除了极少部分传统服务业外，绝大多数是从事与信息处理、信息服务有关的职业。信息产业已经成为国家的主导产业。对信息工作者的需求迅速膨胀，信息人力资源结构多样化。

(3) 促进人类文明的进步　信息技术在全球的广泛使用，不仅深刻地影响着经济结构与经济效率，而且作为先进生产力的代表，对社会文化和精神文明产生着深刻的影响。

4. 信息技术的分类

从信息技术的内涵可知，信息技术本身涵盖和延伸各种各样的技术，同时信息技术与其他技术整合演化出众多复杂的交叉、边缘的科学技术。因此从不同视角可以分成不同的技术种类。

(1) 从信息技术表现形态看，总体上可分为硬技术与软技术。硬技术是指各种信息设备体现的信息处理和提供新功能，如计算机、打印机、智能电话机、通信卫星、智能设备等。软技术指有信息采集、加工、传递等需要的规则、标准、知识、方法与技能，如编码标准，程序设计语言、图文表达技术、数据统计分析技术、规划决策技术、计算机软件技术等。

(2) 从信息技术工作流程的基本环节可分为信息采集技术、信息传递技术、信息存储技术、信息加工技术及信息标准化技术等。

(3) 从信息技术形成的设备可分为电话技术、电报技术、广播技术、电视技术、复印技术、缩微技术、卫星技术、计算机技术、网络技术等。

(4) 从信息的传播模式可分为传递信息处理技术、信息通道技术、接受者信息处理技术、信息抗干扰技术等。

(5) 从信息技术的功能层次可分为基础层次的信息技术,如新材料技术、新能源技术;支撑层次的信息技术,如机械技术、电子技术、激光技术、生物技术、空间技术等;主体层次的信息技术,如感测技术、通信技术、计算机技术、控制技术;应用层次的信息技术,如文化教育、商业贸易、工农业生产、社会管理中用以提高效率和效益的各种自动化、智能化、信息化应用软件与设备。

5. 信息技术的发展趋势

信息技术应用的深刻影响,促使世界各国致力于信息化建设,而信息化的巨大需求又驱使信息技术高速发展。

(1) 微电子技术和软件技术　仍然是信息技术发展的核心基础。集成电路的集成度和运算能力、性能价格比继续按原规律呈几何级数增长,强有力地支持信息技术的发展。软件技术正在朝着"硬件软化"趋势发展,软件无线电和软交换,以及嵌入式软件的发展使软件促使多种工业产品和民用产品智能化程度提高。

(2) 三网融合　依据电话网、有线电视网和计算机网的三网的特点,在数字化的基础上在网络技术上走向融合,在业务内容上相互支持和覆盖。通过Internet网络可以通电话、看电视、远程操作,打破了原有的行业界限,引起产业的重组与政策的调整。

(3) 物联网　互联网连接点到点不仅可以是计算机,还可以是智能设备。电视机、手机、遥控器等家用电器装备和个人信息设备都采用互联网协议标准,成为网络智能终端设备,使网络终端智能设备呈多样性和个性化,为计算机上网遥控规程智能设备提供基础,使电子商务、电子政务、远程教育、电子媒体、网上娱乐技术走进人们的社会环境中,互联网日益完善的社会化服务体系,使信息技术日益广泛地进入社会生产、生活各个领域,从而促进了网络经济的形成。

(4) 云计算(Cloudcomputing)　这是一种由互联网提供的分布式计算技术。透过网络将庞大的计算处理程序自动分拆成无数个较小的子程序,再交由多部服务器所组成的庞大系统经搜寻、计算分析之后将处理结果回传给用户。这样可以在数秒之内,达成处理数以千万计甚至亿计的信息,达到和"超级计算机"同样强大效能的网络服务,为信息技术的发展开辟的全新的发展思路,

(5) 大数据(Bigdata)　随着云时代的来临和信息技术的广泛应用,记录数据的日积月累,自然显现出大数据的现象,面对大数据,需要采用新的处理模式才能具有更强的决策力、洞察发现力和流程优化能力的海量、高增长率和多样化的信息资产。大数据必然无法用单台的计算机进行处理,必须采用分布式架构。它的特色在于对海量数据进行分布式数据挖掘,但它必须依托云计算的分

布式处理、分布式数据库和云存储、虚拟化技术。大数据需要特殊的技术，以有效地处理大量的，可容忍时间内的数据。适用于大数据的技术，包括大规模并行处理(MPP)数据库、数据挖掘电网、分布式文件系统、分布式数据库、云计算平台、互联网和可扩展的存储系统。

1.4 管理信息系统发展历程

管理信息系统从诞生之日起，由于其采用技术的先进性，应用对象和领域的广泛性以及影响因素的复杂性，其发展历程丰富多彩。正可谓："不识庐山真面目，只缘身在此山中"。人们可以从不同的视角探究管理信息系统的发展历程。

1.4.1 从信息使用的视角

美国管理信息系统专家 Richard L. Nolan(理查德·诺兰)通过对 200 多个公司、部门发展管理信息系统的实践和经验的总结，在其《数据处理过程中的风险管理》一文中指出，数据处理的发展包括技术和应用的发展、计划和控制的战略变化以及用户的参与程度变化。在数据处理发展的阶段中，他描述了一条不可逾越的学习曲线。诺兰认为，组织有必要了解与每一发展阶段相关的成长特点。由于每个发展阶段都与某一学习过程相互关联，因而是不可逾越的，了解这种曲线有利于帮助组织有效地实施信息化建设，诺兰于 1973 年总结了这一规律，并于 1980 年进一步进行了完善，形成了所谓的诺兰阶段模型，如图 1-9 所示。这一模型从信息使用的角度阐述了管理信息系统的发展历程。

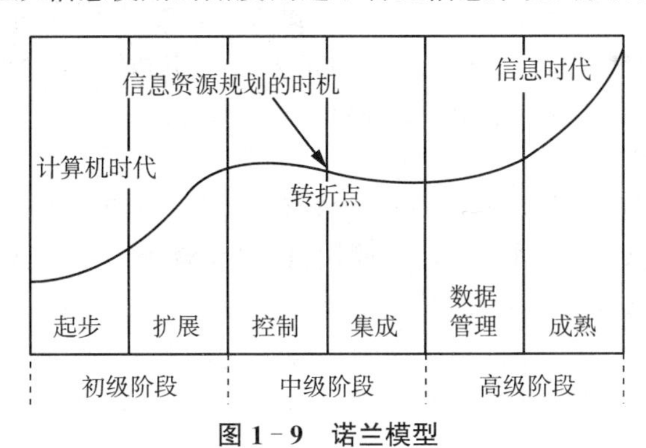

图 1-9 诺兰模型

诺兰认为，任何组织由手工信息系统向以计算机为基础的信息系统发展时，都存在着一条客观的发展道路和规律。1979 年诺兰将计算机信息系统的发展道路划分为两个时代 6 个阶段。诺兰强调信息系统的发展都必须从一个阶段发展到下一个阶段，不能实现跳跃式发展。

管理信息诺兰模型的 6 个阶段分别是：起步阶段、扩展阶段、控制阶段、集成阶段、数据管理阶段和成熟阶段，前三个阶段称为计算机应用时代，后三个阶段称为信息时代。

1. 起步阶段

在这个阶段很难产生明显的经济效益，这是组织引入了如应收账款和工资这样的数据处理子系统，各个职能部门(如财务)的专家致力于发展他们自己的系统。人们对数据处理费用缺乏控制，信息系统的建立往往不讲究经济效益。用户对信息系统也是抱着敬而远之的态度。

2. 扩展阶段

信息技术应用开始扩散，数据处理专家开始在组织内部鼓吹自动化的作用。这时，组织管理者开始关注信息系统方面投资的经济效益，但是实质的控制还不存在。

3. 控制阶段

出于控制数据处理费用的需要，管理者开始召集来自不同部门的用户组成委员会，以共同规划信息系统的发展。管理信息系统成为一个正式部门，以控制其内部活动，启动了项目管理计划和系统发展方法。此时的应用开始走向正规，并为将来的信息系统发展打下基础。

4. 集成阶段

这时，组织从管理计算机转向管理信息资源，这是一个质的飞跃。从第一阶段到第三阶段，通常产生了很多独立的实体。在第四阶段，组织开始使用数据库和远程通信技术，努力整合现有的信息系统。

5. 数据管理阶段

信息系统开始从支持单项应用发展到在逻辑数据库支持下的综合应用。组织开始全面考察和评估信息系统建设的各种成本和效益，全面分析和解决信息系统投资中各个领域的平衡与协调问题。

6. 成熟阶段

中层和高层管理者开始认识到，管理信息系统是组织不可缺少的基础，正式的信息资源计划和控制系统投入使用，以确保管理信息系统支持业务计划。信息资源管理的效用充分体现出来。

诺兰模型总结了发达国家信息系统发展的经验和规律。一般认为模型中的各阶段都是不能跳跃的。因此，无论是在确定开发管理信息系统的策略，还是在制定管理信息系统规划的时候，都应首先明确本单位当前处于哪个阶段，进而根据该阶段特征来指导管理信息系统建设。

1.4.2 从信息技术视角

自1946年计算机诞生以来，随着信息技术的发展和应用拓宽，计算机的应用逐渐由科学计算发展到过程控制和数据处理。1954年美国通用电气公司首次利用计算机计算职工的薪金，拉开了计算机应用到经济管理的序幕。计算机开始应用到数据处理领域，产生了管理软件，计算机被用到了企业信息管理之中，即最简单的信息系统。自此以后，世界各国开始着手管理信息系统的开发。到20世纪60年代末，计算机用于企业信息管理在西方逐步普及。从信息技术应用发展至今，计算机在企业信息管理中的应用已从简单的单项业务数据处理发展到了协同电子商务。

我国1979年财政部拨款500万元在长春第一汽车制造厂开发管理信息系统，开启了我国计算机用于管理的里程碑。我国计算机用于管理虽然起步较晚，但经过30多年发展，已经得到了广泛应用，管理信息系统成为当前企业管理的重要手段。

1. 单项业务处理阶段

这时也称为管理信息系统的起步阶段。无论是信息技术最发达的美国，还是起步较晚的中国，计算机在管理上的应用都以工资核算为典例，充分发挥计算机的计算功能，实现快速精确的数据处理。早期的管理信息系统均以基于DOS平台的单项核算财务软件为主。此时的管理信息系统不仅功能简单，而且仅服务于特定部门，信息源与信息使用者处理相同部门，信息资源不丰富，信息利用价值不高。管理信息系统的功能主要体现在提高人工管理的效率和精确度上。

2. 综合业务处理阶段

随着信息技术的发展，开始出现了局域网，人们对管理软件的应用要求不断提高，应用范围不断拓宽。由单项的财务核算发展到整个财务核算，包括账务、工资、成本、材料、报表等。开始将分散在不同区域的同类业务通过网络系统集中处理，也出现了通过管理信息系统将部门之间的信息进行实时沟通，极大地提高信息的完整性和可利用率。企业开始构建网络、尝试远程通信和综合处理业务。

3. 企业集成管理阶段

随着网络技术的不断成熟，TCP/IP协议的应用，消除了不同计算机之间连通的壁垒。管理信息系统不再局限于某一区域，局限于某种计算机兼容，而是跨地区的城域被采纳。在财务管理上会计电算化成熟，企业可以利用核算型财务软件产生的数据提供给相关部门进行财务统计、查询，产生了包括全面核算财务的管理型财务软件。

随着全球经济的一体化，仅仅实现财务管理信息化已经不能满足企业管理的需要，必须对企业的所有资源进行管理，企业的竞争已不再是一个企业与另一个企业之间的竞争，而是一个企业的供需链与另一个企业的供需链之间的竞争，因此必须加强对供需链上合作伙伴的管理，降低成本，实现利润最大化。供应部门提出了供需链管理（Supply Chain Management，简称SCM），供需链是指相互间通过提供产品与服务而使厂家、供应商、零售商等组成的网络。供需链管理则是对供需链中的信息流、物流和资金流进行设计、规划和控制,从而增强竞争实力,提高供需链中各成员的效率和效益。它是确保顾客满意的一个主要环节,即保证在正确的时间把正确的产品/服务送到正确的地方。它是在企业资源规划(ERP)的基础上发展起来的,它把公司的制造过程、库存系统和供应商产生的数据合并在一起,从一个统一的视角展示产品制造过程中的各种影响因素,把企业活动与合作伙伴整合在一起,成为一个严密的有机体。SCM 帮助管理人员有效配置资源,最大限度提高效率和减少工作周期。

当前的市场竞争是基于时间的竞争,竞争方式已从以前的“大鱼吃小鱼”变到现在的“快鱼吃慢鱼”,因此必须减少供需链上任何环节的停滞,要在供需链的每一个环节上,通过协同运作来保持供应率同需求率均衡一致。

供需链的源头是客户的需求,因此为了保持现有的市场,争夺和开拓新的市场,我们要发现潜在客户群体,通过分析客户的购买愿望、感受、行为,提供各种手段来吸引新客户和保持旧客户的忠诚度。在销售部门提出了客户关系管理(Customer Relation Management,简称 CRM)。这是指通过采用信息技术,使企业市场营销、销售管理、客户关怀、服务和支持等经营环节的信息有序地、充分地、及时地在企业内部和客户之间流动,实现客户资源有效利用的管理软件系统。

随着 SCM、CRM 等的出现,管理信息的定义正在悄悄地变化。近 1～2 年来,很多文献上已经将管理信息系统定义为制造企业事物处理的中枢(transaction back bone),它将企业的各种业务功能(如人力资源、财务、制造、会计、分销等等)链接到一个共同的系统中,使企业业务流程流畅和事物处理工作自动化。这种定位实际在强调管理信息的集成和作为数据源的作用。管理信息系统趋向于作为应用软件的集成框架。具有优化决策功能的业务作业由 SCM、CRM 等软件来完成。

4. 工业 4.0 时代

自 2013 年汉诺威工业博览会以来,“工业 4.0(Industry4.0)”这一理念已从德国传播到中国。同智慧地球、工业互联网等词汇一样,工业 4.0 再一次把生产制造业的未来作为其关注点。按照德国西门子股份公司工业业务领域总裁鲁思沃博士的说法,“工业 4.0”的基础是分布式自组织式的生产流程与大规模单件生产趋势日益融合。因此,人、机器和数据相互连接构成信息物理融合系统(CPS)。这些互联互通的智能体通过基于互联网的技术进行通讯,自行决定可行的最佳生产路径。

简单来说,“工业 4.0”项目主要分为两大主题,一是“智能工厂”,重点研究智能化生产系统及过程以及网络化分布式生产设施的实现;二是“智能生产”,主要涉及整个企业的生产物流管理、人机互动以及 3D 打印技术在工业生产过程中的应用等。

虽然作为德国高科技战略的一部分，“工业 4.0”的发展得到了政府的大力支持，德国政府为该项目的投入高达 2 亿欧元。鲁思沃博士仍然认为，尽管如此，该领域不会出现技术性爆发，而是会经历数十年的发展。并且将会出现许多需要解决的问题，包括合适的迁移路径、如何定义标准、传感器技术的进一步发展、安全措施以及概念和策略的发展等，如图 1－10 所示。

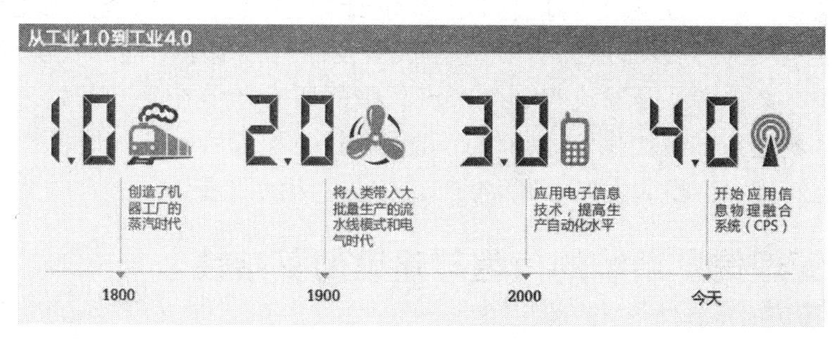

图 1－10　工业化与信息化发展

“只有经历了工业革命之后，回顾过去，才能说使用‘第四次工业革命’这个词是否合适。但与之前的工业革命相比，过程无甚差异。”鲁思沃博士说。

作为世界上“最大的工厂”，中国在制造领域发挥着巨大的作用。在中国经济需要转型升级的当下，中国的制造业正在从“中国制造”向“中国创造”迈进。

但是，面对发达经济体如火如荼的再工业化运动，以及东盟国家、印度及拉美国家试图超过中国的形势之下，保持增长，同时促进产业升级，对于中国制造业领域来说，仍然是最大的挑战。

鲁思沃博士建议，通过发展技术创新，促进绿色制造，转型为以服务为基础的制造业，中国就能沿着全新的道路走向以高技术含量、优异的产品质量、低能源消耗以及高经济效率和充分利用人力资源优势为特征的工业化和信息化的融合。同时，他认为，提高生产力、加快产品上市、灵活的生产模式以及提高资源效率，是从“中国制造”转向“中国创造”的关键因素。

为了实现这一转变，需要先进的技术和高效的生产体系。因此，制造企业应该逐步转向信息化、数字化和智能化，从而将生产水平提升到一个新的高度，为“引领制造业未来”做好准备。

而数字化的企业平台，就是企业实现全生命周期两化融合的途径。西门子（中国）有限公司执行副总裁、工业业务领域总裁吴和乐博士认为，数字化企业平台是实现数字制造的载体。它可以实现包括产品设计、生产规划、生产工程，到生产执行和服务的全生命周期的高效运行，以最小的资源消耗获取最高的生产效率。

该平台的实现需要企业以数字化技术为基础，在物联网、云计算、大数据、工业以太网等技术的强力支持下,集成目前最先进的生产管理系统及软件和硬件,如产品生命周期管理(PLM)软件和制造执行系统(MES)软件以及控制和驱动技术等。

在提升资源效率层面,制造业企业首先需要考虑设备层面的资源效率提升方案,例如高效电机、变频器等进行设备层面的节能。同时,企业需要将眼光放远,关注能够使全生命周期资源效率提升的整体解决方案。

所谓整体解决方案,指将现有的技术和创新全部整合到一个数字化企业平台中,从企业层面到设备层面给出"基于成本设计"及"基于节能和资源设计"的完整资源方案。产品开发流程和生产流程中的所有环节在生产开始之前就已在虚拟环境达到了最优化。产品设计和生产任务配置所消耗的时间、人力、设备和原材料资源会得到大幅缩减,生产流程也会大大改进。

1.5 管理信息系统的角色与建设的复杂性

1.5.1 管理信息系统的角色

管理信息系统在今天的全球商业环境中扮演着什么角色,它到底能起到什么作用?在开发和应用 MIS 的过程中,人们会遇到什么风险与挑战?在学习和运用 MIS 的过程中,人们在认识上存在什么误区?在学习 MIS 时,对这些问题有一定的认识是十分必要的。

将管理信息系统建设与一般技术工程相比较,我们看到,管理信息系统建设的困难不仅来自技术方面,还来自企业内外环境。影响管理信息系统成败的有体制、政策、法规、观念、技术等多种因素。技术不是唯一因素,甚至不是主要因素。在相当长的一段时间里,人们把管理信息系统看作是计算机技术在某个组织的应用,认为信息系统开发是一个技术过程,视开发项目为"交钥匙工程"。用户认为开发是技术人员的事,而开发人员认为用户应当陈述清楚他们的需求,由此出发开发系统,除此之外用户不要过多干预。以这种方式开发系统,往往造成双方误解,到"交钥匙"时,用户认为"你开发的系统不是我所要的系统",延误了开发时间,浪费资源,或者因维护困难而使系统短命。

管理信息系统建设的实践,使人们越来越重视社会人文因素对管理信息系统建设的影响。管理信息系统是人机交互系统,其开发、维护都离不开人的参与。管理信息系统开发过程本质上是一个社会过程。从社会行动观点看,管理信息系统开发是人类活动的协调序列,是多种参与者的协作过程。在管理信息系统开发过程中,用户、系统管理者、系统分析员、技术专家、程序员等参与者相互联系,相互影响。他们的通力合作,是系统建设成功的基础。但是,由于这些人员的知识背景、经历不同,影响彼此沟通。通信的误解是系统成功的隐患。更重要的是,管理信息系统建设不可避免地要改变某些业务流程乃至组织机构，这将影响某些部门和人员的工作方式、权力关系，引起部门之间、人员之间的利益冲突。有人会担心丢掉自己熟悉的工作，感到自己的传统地位和能力受到威胁；由于缺乏计算机知识，有人感到难以适应现代信息系统的运行。这些担心，常常造成系统开发的阻力。

管理信息系统不只是单纯的计算机系统，而是辅助企业管理的人机系统。人是信息管理的主体。由于人的作用是一种高级而复杂的因素，有人参与并由人控制决策的社会系统，往往会使本应理性的行为变得富有感情、复杂多变。但是，离开了人，再好的计算机系统，也不过是价格昂贵的装饰品而已。因此，把管理信息系统的开发、应用、管理看作纯技术过程，许多问题永远得不到解决。只有从更深层次探讨，重视非技术因素，才有可能解决长期困扰人们的"软件危机"。

1.5.2 管理信息系统建设的复杂性

管理信息系统的建设具有一定的复杂性。这主要体现在以下几个方面：

(1) 技术手段复杂

管理信息系统是信息技术与现代管理理论结合的产物，它试图用先进的技术手段解决社会经济问题。计算机硬件和软件、数据通信与网络技术、人工智能技术、各类决策方法都是当今发展最快的技术，是管理信息系统借以实现各种功能的手段。掌握这些技术手段，合理地应用以达到预期效果，是管理信息系统建设的主要任务之一。

(2) 内容复杂，目标多样

面向管理是信息系统最重要的特征。管理系统需要的信息量大面广、形式多样、来源复杂。一个综合性的管理信息系统要支持各级多部门的管理，规模庞大，结构复杂，非一般技术工程所能比拟。企业各部门和管理人员的信息需求不尽相同，甚至相互冲突，因而协调困难，不易求得各方面都满意的方案。有些需求是模糊的，不易表达清楚。对一般技术工程，往往可以通过具体模型或样品试验解决设计中的问题并完善设计，而管理信息系统的样品就是产品，在实际运行前无法进行现场试验，系统开发中的问题只有投入运行后才能充分暴露。加之系统开发周期长，容易造成人力、物力和时间的浪费。

(3) 投资密度大，效益难以计算

管理信息系统的建设，包括开发和维护，都需要投入大量的资金。管理信息系统采用大量的先进技术，但如今开发的自动化程度低，仍需要投入大量的人力进行系统分析、设计和编写程序。管理信息系统的建设是一种高智力的劳动密集型项目，简单劳动所占比例极小。这也是一般技术工程所不能比的。另一方面，管理信息系统给企业带来的效益主要是无形的间接效益，不像一般技术工程取得的效益那样直接和容易计算。

(4) 环境复杂多变

管理信息系统要成为企业竞争的有力武器,必须适应企业的竞争环境。这就要求管理信息系统的建设者必须十分重视、深刻理解企业面临的内外环境及其发展趋势,考虑到管理体制、管理思想、管理方法和手段,考虑到人的习惯、心理状态以及现行的制度、惯例和社会、政治等诸多因素。

对于大多数企业来讲,以上的复杂性直接导致组织在实施管理信息系统时的风险增加,因此也带来了诸多的挑战。我们必须承认,发展管理信息系统并获利是一条漫长而艰巨的路程。许多企业以往的大多数项目虽然也有计划,也提供了软件工程要求的一系列文档,然而,由于项目缺乏有效管理与控制的方法,不少项目尽管花费了大量的人力、物力与财力,但最后却是或超出预算、质量低劣,或系统根本没有实现原来的目标,仅起到打印机的作用。随着计算机技术的发展和应用领域的扩大,软件规模越来越大,复杂程度不断增加,使得软件生产的质量、周期、成本更加难以预测和控制,出现了软件危机。现在,人们逐渐认识到:管理信息系统既是技术问题,又是管理问题,并且管理需求的多样性、复杂性仅是问题的一个侧面,把技术与应用环境结合是开发 MIS 必须考虑的问题。对于软件产品来说,不易管理有诸多原因,其中包括主观和客观原因,主要有:

①设计的管理信息系统不符合企业的目标。一些企业具有昂贵但使用不便的信息系统,选择过于复杂又难以使用的信息系统,会给企业增加限制和负担。

②管理信息系统需要和管理流程融合企业才能从中获利。一些企业建立管理信息系统仅仅是对原有的流程自动化,这样显然是没有充分发挥信息技术的潜力。

③需求不明确,变化因素多。由于软件产品的特殊性,用户需求不易表述准确,修改和变化是必然的。到现在为止,没有一种办法证明软件是完全正确的,测试的目的不是证明软件是正确的,而是尽量找到错误。用户的需求不断变化、管理信息系统依赖的技术平台不断地升级和发展等都是变化的因素。

管理信息系统的实施是项涉及面广,参加人员多的复杂系统工程。管理信息系统不仅是技术问题,更不仅仅是编程问题,而是需要领导、用户、开发者以及监理的通力配合,需要管理支撑的团队行为。

在管理信息系统的开发过程中,会面临来自外界和内部的风险,包括社会风险、经济风险、技术风险、管理风险等等。社会风险包括战争和内乱、国际关系、国家政策、外汇汇率、通货膨胀、新技术发展、同行竞争等引起的风险。经济风险包括设备价格、税收变化、工资变动、人员的变化、工期变化等因素引起的风险。技术风险包括系统规划、分析、实施、文档编制、维护阶段的风险。管理风险包括领导素质、计划、人员组成、准备、协调等方面的风险。

本章小结

本章主要介绍管理、数据、信息、知识、智慧、系统、管理信息以及信息系统的基本概念等内容。通过本章的学习，读者应充分认识到管理信息系统的三要素，即管理、信息和系统的基本概念，特别是数据、信息、知识和智慧的联系与区别，这些内容为后续学习管理信息系统的基本概念以及管理信息系统的规划、分析、设计奠定基础。

思考题

1. 信息有哪些特性？
2. 信息流在企业中有什么作用？
3. 信息系统由哪几部分组成？
4. 说说你对系统方法的理解。
5. 数据、信息、知识和智慧之间的联系是什么？如何理解它们之间的联系？
6. 系统的基本概念是什么？系统及其边界、环境之间的关系是什么？

2 管理信息系统研发基础

2.1 管理信息系统

2.1.1 管理信息系统的含义

1. 管理信息系统的定义

管理信息系统(Management Information System,简称 MIS)作为信息系统的重要分支之一,是依赖于管理科学、技术科学以及系统科学的发展而形成的。经过 30 多年的发展,管理信息系统已经成为一个具有自身概念、理论、结构、体系和开发方法的覆盖了管理科学、系统理论、计算机科学的系统性边缘学科。随着时代的发展、技术进步以及人们对企业管理理论及管理实践的不断理解,管理信息系统也处在一个不断的演化进程中,因此其概念至今尚无统一的定义。管理信息系统的创始人、明尼苏达大学卡尔森管理学院戴维斯教授认为:

管理信息系统是一个利用计算机软硬件件、手工作业、分析、计划、控制和决策模型以及数据库的用户-机器系统。它能提供信息,支持企业或组织的运行、管理和决策功能。

1) 管理信息系统的概念性含义

显然,通过这个定义,我们可以明确地看出:

(1) 管理信息系统是一个以计算机技术为基础的人机系统,它把一个组织看作一个系统,管理信息系统是对这个系统服务的信息处理系统。

(2) 管理信息系统是一个社会技术系统。这个理解要求我们要把管理信息系统不仅仅看作是一个能对管理者提供帮助的基于计算机的人机系统,而且要把它看作一个社会技术系统。也就是说,要将管理信息系统放在组织与社会这个大背景去考察,并把考察的重点从科学理论转向社会实践、从技术方法转向使用这些技术的组织与人、从系统本身转向系统与组织、环境的交互作用等方面。

(3) 系统观点、现代管理理论和信息技术是管理信息系统的三个要素。管理信息系统是以系统科学理论和方法为基础的现代管理理论与信息技术的有机整合体。

2) 管理信息系统的功能性含义

关于管理信息系统的定义,还可以从不同角度理解:

(1) 就其功能来说,管理信息系统是组织理论、会计学、统计学、数学模型及经济学的混合物,这许多方面都同时展示在先进的计算机硬件和软件系统中。这个领域的中心问题是扩展视野,综合政府部门和民间组织的决策,这些组织必须控制其内部活动和由该组织的规模与复杂程度所引起的种种功能要求。

(2) 一个管理信息系统是能够提供过去、现在和将来预期信息的一种有条理的方法,这些信息涉及内部业务和外部情报。它按适当的时间间隔供给格式相同的信息,支持一个组织的计划、控制和操作功能,从全局出发辅助企业进行决策,利用信息控制企业的行为,帮助企业实现其规划目标。

(3) 管理信息系统是一个具有高度复杂性、多元性和综合性的人机系统,它全面使用现代计算机技术、网络通信技术、数据库技术以及管理科学、运筹学、统计学和各种最优化技术,为经营管理和决策服务。

(4) 管理信息系统是通过计算机系统建立一个全面的、统一的信息处理系统,包括信息的收集、处理、存储、传输等功能,在实现全系统信息共享的基础上,为决策科学化提供应用技术和基本工具,即管理信息系统是为管理决策服务的信息系统。

通过上述表述,图 2-1 表示了管理信息系统的基本含义。

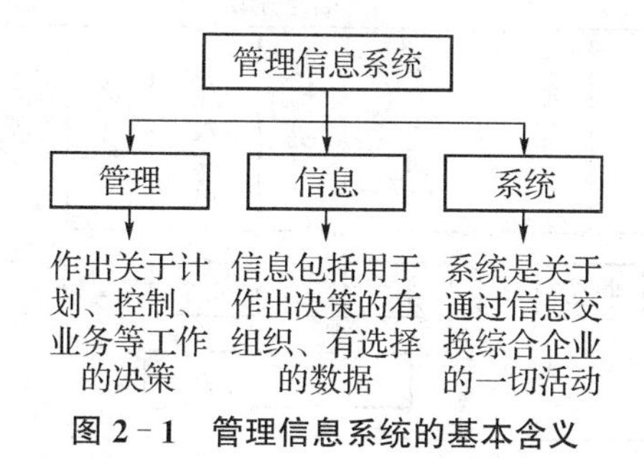

图 2-1　管理信息系统的基本含义

2. 管理信息系统的管理对象

企业在整个生产经营活动中,人、财、物、技术、信息等因素构成了多种多样的"流",具体包括物流、资金流、事务流以及信息流等。其中,信息流起着至关重要的作用。对这些"流"的管理是管理信息系统的主要工作。

(1) 物流　这是指物品从供给地向接收地的实体流动过程。在生产加工型企业中,物流是指物资在企业内部的加工处理过程。物流管理将运输、储存、装卸、搬运、包装、加工、配送、信息处理等活动有机结合,实现对采购、生产、销售等各个环节的全面管理。对于商业性企业来说,物流过程是指商品在企业内部的进—存—销的过程。当我们把生产流程与原材料的供应环节集成,强调原料保障与供应关系时,物流逐步演化成供应链管理。

(2) 资金流　这是以货币的形式反映企业经营状况的主要形式。具体包括收款、付款、记账、转账等资金流动的过程。

(3) 事务流　这是指企业在处理内部或外部活动中产生了各种经营管理行为,这些行为的过程构成了事务流。具体包括管理方法与操作流程、上下级之间的请示报告与命令等。

(4) 信息流　这是指除去物流、资金流和事务流的物理内容外的信息的流动过程。如生产计划、销售计划及各种各样的文件、统计、报表构成的信息处理过程。

在企业中信息流起着至关重要的作用,具体表现在:

①伴随着物流等其他流的产生,都有与之相应的信息流产生。

②信息流反映其他流的状态,并且对其他流具有控制和调节作用。因此,我们必须深刻地理解这个概念。

下面,以供—产—销的生产过程,说明物流和信息流的相互关系,如图2-2所示。

从图2-2可以看出,原材料运入仓库,由仓库到车间进行加工,制成产品,最后投放市场进行销售,形成了物流。在物流形成的同时,产生出各类信息。例如,原材料入库形成“入库单”;根据“加工计划单”领取原材料形成“领料单”等,这一系列信息的流动形成信息流。

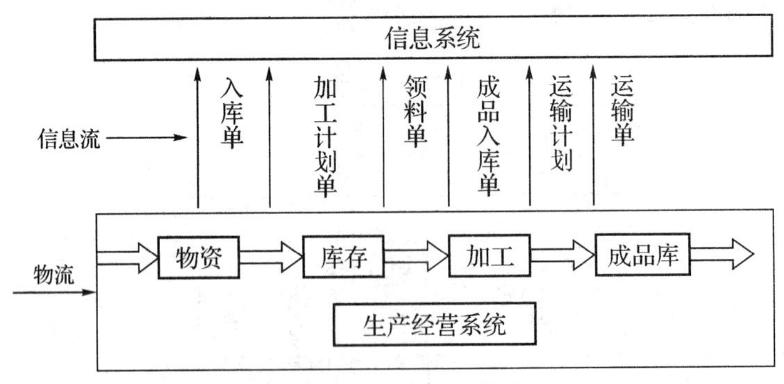

图2-2　物流与信息流

企业管理者可以利用管理信息系统对企业的全部物流和信息流做统一管理,保证数据的准确性和实时性。同时,物流是单向而不可逆的,而信息流则有反馈功能。企业通过反馈信息对生产经营和管理活动进行控制和调节,使企业中的物流有条不紊地流动。在企业管理中,有以下几种信息流动的情况需要注意:首先,受信息的采集与传递方式的影响,信息流滞后于物流,一般都是在物流发生后,信息流才发生;其次,信息加工通常在部门与部门交接处存在着重复内容(冗余),信息需要统一、规范;再次,信息在层层传递中通常存在着失真的现象,这也是导致企业在贯彻政策时失败的主要原因。显然,滞后和失真的信息达不到有效地控制和调节物流的效果。

2.1.2　管理信息系统的结构

近代管理学家分析了管理工作的不同特点,一般将管理工作的主要任务分为高层、中层和基层,其中高层管理者主要面对的是非结构化决策,主要有企业组织的战略管理;基层管理者则面对的是结构化决策,主要是企业的业务处理;

中层管理者面对的决策类型既有非结构化的也有结构化的，是高层管理者和基层管理者进行联系的中间层次，主要包括管理控制（战术管理）和运行控制两个方面的内容。上述内容可用一个金字塔式的结构来描述，如图2-3所示。

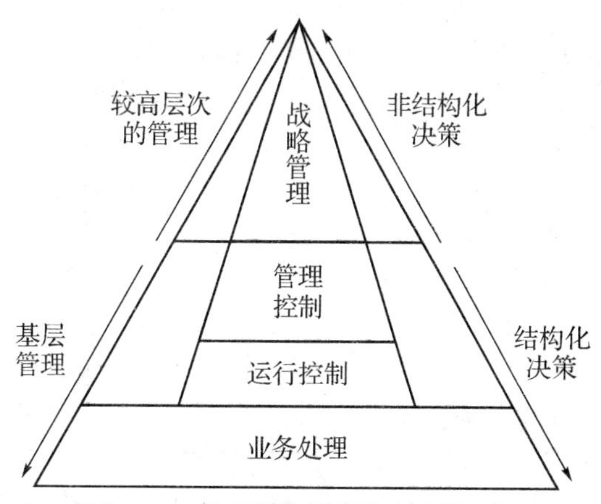

图2-3 管理信息系统的金字塔结构

由图2-3可以看出，高层管理的主要任务是进行战略决策，即确定企业组织的目标、取得达到目标的各种资源和决定这些资源的输入方向，对于一个企业组织来说，这无疑是最重要的管理工作。为了做好高层管理工作，需要的信息量非常大，涉及的范围也非常广，而且这些信息常常也是非结构化的，同时为了比较各种方案，常常还需要依据模型理论模式或历史经验进行模拟和预测。因此面向高层管理工作的信息系统必须具有很强的功能，不仅要收集系统内外、历史与现在、经济技术以及各种环境的大量信息，而且要能够进行相当复杂的分析与处理工作，最后还要以最高领导便于使用的方式把结果提供给他们。

中层管理的任务是根据高层管理者做出的战略决策，具体安排资源的使用，确定战术方案与具体实施的步骤，以保证目标的实现。在中层管理中也有决策的问题，但是都比较具体，决策原则也比较简单。这些问题都确定以后，中层管理的工作人员就将具体安排投资的阶段、实施计划以及产品的研究测试。中层管理的特点是既有大量的例行的规范化任务，也有需要灵活处理的不够规范化的决策问题。在管理工作中，它处于承上启下的关键地位，目前国内大量开发的正是完成这一层次任务的应用系统。

基层管理工作的主要任务是执行已经制定的计划，组织生产等其他具体的活动。基层管理工作面向系统的内部，工作的目标、计划、步骤已经由上面确定。因此这一管理工作一般来说并不与系统之外的实体打交道，而是与本系统具体的过程等业务的流程密切相关。基层管理工作需要的信息是系统内部的、与直接业务有关的各种信息。这种信息的规范化程度较高、数量大，而且反映当前情况，需要及时处理。

综上所述,企业组织中各个管理层次的主要内容和任务如表2-1所示。

表2-1 企业组织中各个管理层次的主要内容和任务

层次	内容	任务
高层管理	战略管理	规定企业的目标、政策和总方针 企业的组织层次 决定企业的任务
中层管理	管理控制 (战术管理)	资源的获得与组织 人员的招聘与训练 资金的监控
	运行控制	有效的利用现有的设备和资源 在预算限制内活动
基层管理	业务处理	涉及企业的每一项生产经营和管理活动

管理信息贯穿于企业管理的全过程,同时又覆盖了管理业务的各个层次,因此其结构必然是一个包含各种子系统的广泛结构。管理信息系统就是把各种职能的各个管理层次的业务组织在一起,纵向沟通了上下级,使各级管理层次之间信息通畅。

1. 管理信息系统的总体结构

管理信息系统的总体结构反映的是管理信息系统中管理与信息技术结合的全貌。一个管理信息系统必须要有一个数据库以及数据库管理软件,一套相应的模型和处理方法,以及从数据库中检索查询数据的功能、运行模型和一般性数据处理的计算机软硬件系统。在复杂情况下,该系统由上述很多元素组成。图2-4是管理信息系统的总体结构。

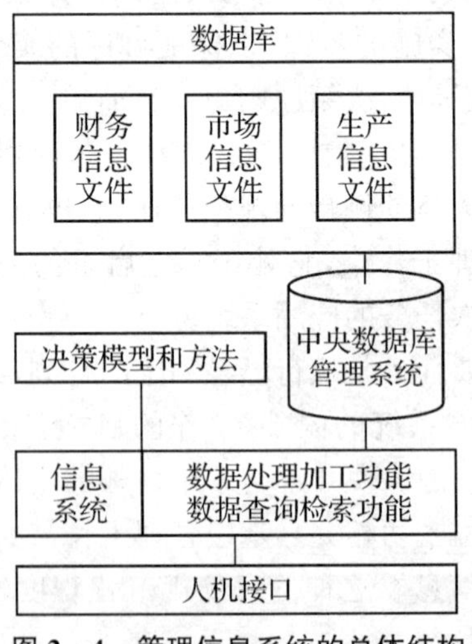

图2-4 管理信息系统的总体结构

2. 管理信息系统的功能结构

管理信息系统的功能结构描述的是一个企业管理信息系统的目标和主要功能。该结构主要回答某一具体的管理信息系统是“为什么而建立”,即反映系统的目标、使命、功能及边界范围。图 2-5 是管理信息系统的功能结构。

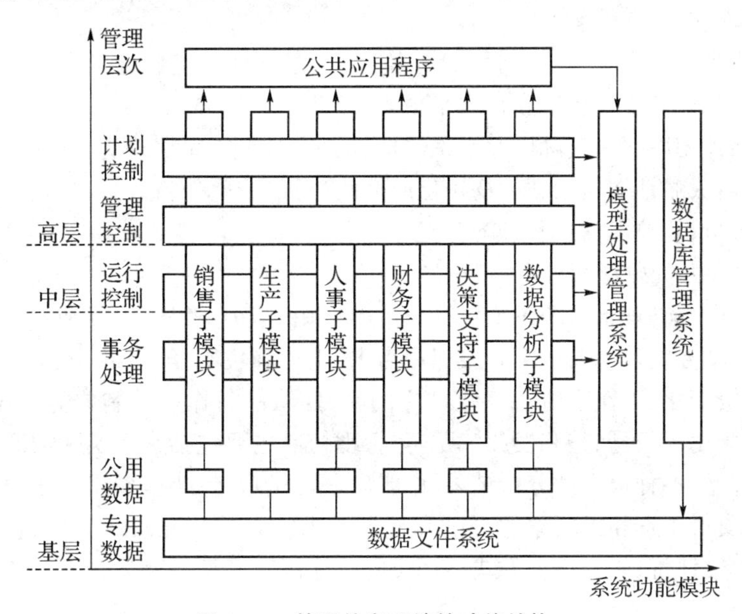

图 2-5　管理信息系统的功能结构

在图 2-5 中,每一列代表一种管理功能,其实这种功能没有标准的分法,因组织不同而异。图中的每一行表示一个管理层次,行列交叉处表示每一种功能子系统。从使用者的角度看,管理信息系统是由多种功能组成的,这些功能通过信息的使用和产生形成联系,并构成一个有机的整体,表现出系统的特征。管理信息系统的子系统主要有以下几个:

(1) 市场销售子系统

市场销售子系统包括销售、推销以及售后服务的全部活动。该子系统的事务处理主要是销售订单、广告推销等;该子系统的运行控制主要包括销售人员的雇用和培训、销售或推销的日常调度以及按区域、产品、顾客的销售量定期分析等;该子系统的管理控制涉及总的市场销售成果与市场计划的比较,该部分所用的信息有顾客、竞争者、竞争产品和销售力量要求等;该子系统的战略计划主要包括新市场的开拓和新市场的战略,它使用的信息主要有客户分析、竞争者分析、客户调查、收入预测、产品预测和技术预测等。

(2) 生产管理子系统

生产管理子系统的功能包括产品的设计、生产设备计划、生产设备的调度和运行、生产人员的雇用与训练、质量控制和检查等。生产管理子系统中,典型的事务处理是生产指令、装配单、成品单、废品单和工时单等的处理;运行控制主要包括将实际进度和计划比较并找出薄弱环节;管理控制方面主要包括进行总调度、单位成本和单位工时消耗的计划比较等;在战略计划方面需要考虑的内容主要有加工方法和自动化的方法等。

(3) 物资供应子系统

物资供应子系统主要包括采购、收货、库存管理和发放等管理活动。该子系统的事务处理主要包括库存水平报告、库存缺货报告、库存积压报告等;管理控制包括计划库存与实际库存水平的比较、采购成本、库存缺货分析、库存周转率分析等;战略计划包括新的物资供应战略、对供应商的新政策、"自制与外购"的比较分析、新技术信息和分配方案等。

(4) 人力资源管理子系统

人力资源管理子系统主要包括人员的雇用、培训、考核、工资和解聘等。该子系统的事务处理主要产生有关雇用需求、工作岗位责任、培训计划、职员基本情况、工资变化、工作小时和终止聘用的文件及说明;作业控制要完成聘用、培训、终止聘用、工资调整和发放津贴等;管理控制主要包括进行实际情况与计划的比较、产生各种报告和分析结果、说明雇用职员数量、招聘费用、技术构成、培训费用、支付工资和工资率的分配和计划要求符合的情况;战略计划包括雇用战略和方案评价、职工培训方式、就业制度、地区工资率的变化及聘用留用人员的分析等。

(5) 财务会计子系统

财务会计子系统主要管理企业组织的资金运行。财务和会计既有区别,又密切相关。财务的职责是在尽可能低的成本下保证企业的资金运转;会计的主要工作则是进行财务数据分类、汇总、编制财务报表、制定预算和成本数据的分类与分析。该子系统中,与财务会计有关的事务处理包括处理赊账申请、销售单据、支票、收款凭证、付款凭证、日记账以及分类账等;作业控制需要每日差错报告和例外报告、处理延迟记录及未处理的业务报告等;管理控制包括预算和成本数据的比较分析;战略计划关心的是财务的长远计划、减少税收影响的长期税务会计政策以及成本会计和预算系统的计划等。

(6) 信息管理子系统

信息管理子系统的作用是保证其他功能有必要的信息资源和信息服务。该子系统的事务处理有工作请求、收集数据、校正或变更数据和程序的请求、软硬件情况的报告以及规划和设计建议等;作业控制包括日常任务调度、统计差错率和设备故障信息等;管理控制包括计划和实际的比较,如设备费用、程序员情况、项目的进度和计划的比较等;战略计划包括整个信息系统计划、硬件和软件的总体结构、功能组织是分散还是集中等。

(7) 高层管理子系统

高层管理子系统为组织的高层领导服务，主要包括决策支持子系统和数据分析子系统等。该子系统的事务处理活动主要是信息查询、决策咨询、处理文件、向组织其他部门发送指令等；作业控制内容包括会议安排计划、控制文件和联系记录等；管理控制要求各功能子系统执行计划的当前综合报告情况；战略计划要求广泛的综合的外部信息和内部信息，这里可能包括特别数据检索和分析以及决策支持系统，它所需要的外部信息可能包括：竞争者信息、区域经济指数、顾客喜好、提供的服务质量等。

一般地，管理信息系统的功能结构还可以运用功能结构树来表示，如图 2－6 所示的某工业企业的管理信息系统的功能结构树。在功能结构树中，可以通过对管理活动的细分划分出各个子系统的功能模块，如图 2－7 所示的用树形结构表示的某工业企业管理信息系统的功能模块划分。

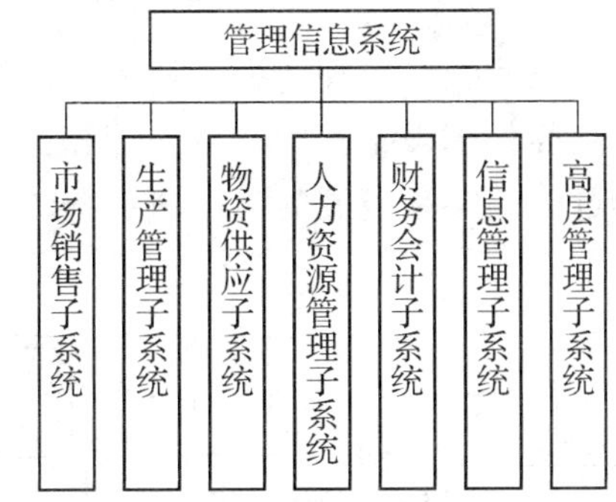

图 2－6　某工业企业的管理信息系统的功能结构树

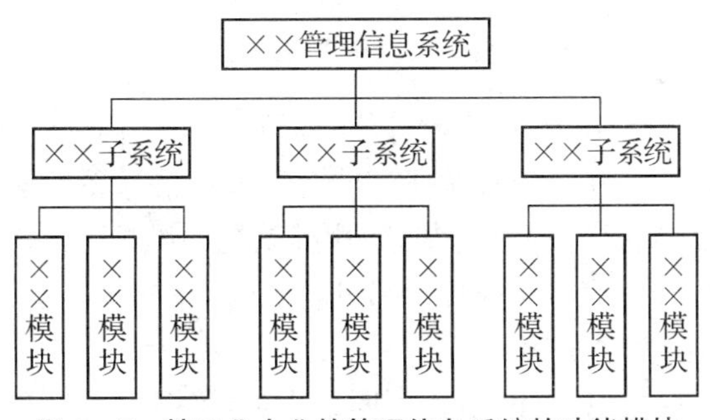

图 2－7　某工业企业的管理信息系统的功能模块

在构建管理信息系统的功能结构时，还要考虑如何实现该系统，即“这件事情怎么干”。通常需要考虑以下三个方面的内容：

（1）为达到目的所需要的最合理的信息源。意在要建立管理信息系统，为此必须首先了解用户的信息需求，即系统的设计必须满足这些需求。但由于用户的需求具有很大的不确定性，所以要求在进行系统的逻辑设计时一定要注意灵活性，避免浪费信息资源。

(2) 为达到目的所进行的最合理的信息处理过程。主要是要处理数据与功能之间的关系,而不考虑实际的物理操作,但同时也要为物理结构提供相应的素材和创造有利于物理实现的条件。

(3) 处理过程和相应数据的合理分类,以及归并成大小合适的逻辑模块。这是软件工程的内容,在软件工程理论中,模块化的程序设计是一般软件开发的主要设计思想和方法,这就要求在管理信息系统的设计与开发时,要把管理信息系统的功能划分成多个功能相对单一的小的模块,以减少程序的重复开发并易于管理信息系统开发的项目管理。

3. 管理信息系统的物理结构

管理信息系统的物理结构主要回答的问题是"用什么来做",是指系统的硬件、软件、数据等资源在空间的分布情况。物理结构可分为集中式结构和分布式结构两大类。

集中式系统是资源在空间上集中配置的系统。单机系统是典型的集中式系统,它将软件、数据和主要外部设备集中在一套计算机系统之中。由分布在不同地点的多个用户通过终端共享资源的多用户系统,也归类于集中式系统,如图2-8所示。

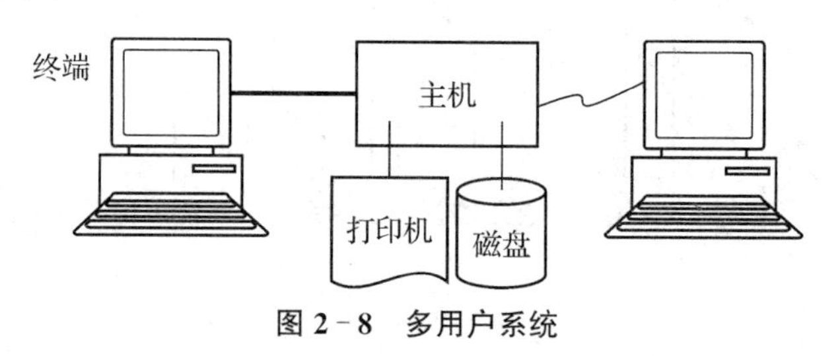

图2-8 多用户系统

集中式系统由于资源集中,便于管理,资源利用率高。专业人员也相对集中,有利于他们发挥作用及培训提高。早期的管理信息系统多采用这种形式。随着系统规模的扩大,系统越来越复杂,这种系统的维护管理越来越困难,也不利于发挥用户开发、管理的积极性。另外,资源过于集中,系统比较脆弱,主机一旦出现故障,可能使系统瘫痪。

分布式系统通过计算机网络把不同地点的计算机硬件、软件、数据等资源联系在一起,服务于一个共同的目标。实现不同地点的资源共享,是这种系统的一个主要特征。各地的计算机系统既可以在网络系统的统一管理下工作,又可以脱离网络环境利用本地资源独立工作。分布式系统又可分为一般分布式和客户机-服务器(Client/Server)模式。

一般分布式系统中的服务器只提供软件和数据的文件服务,各计算机系统可以根据规定服务的权限存取服务器上的数据文件和程序文件。客户机-服务器模式的系统中,网络上的计算机系统分为客户机和服务器两大类。服务器可以包括文件服务器、数据库服务器、打印服务器等等。网络节点上的其他计算机系统都称为客户机。用户通过客户机向服务器提出服务请求,服务器根据请求向用户提供经过加工过的信息。当然,客户机本身也承担本地的信息处理工作。

分布式系统可以根据应用需求来配置资源,提高了系统对用户需求和环境变化的应变能力,系统扩展方便,健壮性好,网络上某个节点出现故障的话一般不会导致全系统瘫痪。它的不足之处是,由于资源分散,且一般分属各个子系统,系统维护管理的标准不易统一,协调比较困难,不利于安全保密。

现在的企业组织结构朝着扁平化、网络化方向发展。管理信息系统必须适应这种发展趋势。随着计算机网络和通信技术的迅速发展,分布式系统已成为信息系统结构的主流模式。根据需要,可以把分布式和集中式两种结构结合起来,即网络上的部分节点采用集中式(分时终端)结构,其余的按分布式配置。这种结构又称为分布集中式结构。

2.1.3 管理信息系统的分类

管理信息系统的应用领域现在已经扩展到方方面面,应用系统则是多种多样,在概念上进行分类,有利于深化对管理信息系统的理解。

根据管理信息系统的功能、目标、特点和服务对象不同,从层次上可以分为业务管理系统、管理信息系统和决策支持系统;从系统的功能和服务对象,可分为国家经济信息系统、企业管理信息系统、事务型管理信息系统、行政机关办公型管理信息系统和专业型管理信息系统等。

1. 国家经济信息系统

国家经济信息系统是一个包含各综合统计部门(如国家计委、国家生产委员会和国家统计局)在内的国家级信息系统。这个系统纵向联系各省市、地市、县直至各重点企业的经济信息系统,横向联系外贸、能源、交通等各行业信息系统,形成一个纵横交错、覆盖全国的综合经济信息系统。国家经济信息系统由国家经济信息中心主持,在“统一领导、统一规划、统一信息标准”的原则下,按“审慎论证、积极试点、分批实施、逐步完善”的十六字方针边建设、边发挥效益。

国家经济信息系统的主要功能是:

(1) 收集、处理、存储和分析与国民经济有关的各类经济信息,及时、准确地掌握国民经济运行状况,为国家经济部门、各级决策部门及企业提供经济信息。

(2) 为统计工作现代化服务,完成社会经济统计和重大国情国力调查的数据处理任务,进行各种统计分析和经济预测。

(3) 为中央和地方各级政府部门制定社会、经济发展计划提供辅助决策手段。

(4) 为中央和地方各级经济管理部门进行生产调度、控制经济运行提供信息依据和先进手段。

(5) 为各级政府部门的办公事务处理提供现代化的技术。

2. 企业管理信息系统

企业管理信息系统面向工厂、企业,主要进行管理信息的加工处理,这是一类最复杂的管理信息系统。企业复杂的管理活动给管理信息系统提供了典型的应用环境和广阔的应用舞台,大型企业的管理信息系统都很大,"人、财、物""产、供、销"以及质量、技术应有尽有,同时技术要求也很复杂,因而常被作为典型的管理信息系统进行研究,从而有力地促进了管理信息系统的发展。

3. 事务型管理信息系统

事务型管理信息系统面向事业单位,主要进行日常事务处理,如医院管理信息系统、饭店管理信息系统、学校管理信息系统等。由于不同应用单位处理的事务不同,这些管理信息系统的逻辑模型也不尽相同,但基本的处理对象都是管理事务信息,决策工作相对较小,因而要求系统具有很高的实时性和数据处理能力,数学模型使用较少。

4. 行政机关办公型管理信息系统

国家各级行政机关办公管理的自动化,对提高领导机关的办公质量和效率,改进服务水平具有重要意义。办公管理系统的特点是办公自动化和无纸化,其特点与其他各类管理信息系统有很大不同。在行政机关办公服务系统中,主要应用局域网、打印、传真、印刷、缩微等办公自动化技术,以提高办公事务效率。行政机关办公型管理信息系统对下要与各部门下级行政机关信息系统互联,对上要与行政首脑决策服务系统整合,为行政首脑提供决策支持信息。

5. 专业型管理信息系统

专业型管理信息系统指从事特定行业或领域的管理信息系统,如人口管理信息系统、材料管理信息系统、科技人才管理信息系统、房地产管理信息系统等。这类信息系统专业性很强,信息相对专业,主要功能是收集、存储、加工、预测等,技术相对简单,规模一般较大。

此外,还有一类专业性很强的管理信息系统,如铁路运输管理信息系统、电力建设管理信息系统、银行信息系统、民航信息系统、邮电信息系统等,其特点是综合性很强,包含了上述各种管理信息系统的特点,也称为"综合型"信息系统。

2.1.4 管理信息系统的功能

管理信息系统掌握同企业有关的各种事6件和对象的信息,并将这种信息提供给企业内外的系统用户。为了达到提供有用信息的目的,系统内必须实现某些过程,特别是信息联系过程和变换过程。系统接收各种数据,将它们转变为信息,将数据和信息加以存储并提供给用户。总之,管理信息系统的功能可从两个方面进行阐述，一是从管理的角度，二是从信息系统的角度。

从管理的角度来看，管理信息系统具有辅助计划、控制、预测和辅助决策等功能。

(1) 计划功能

根据现存条件和约束条件，提供各职能部门的计划，如生产计划、财务计划、采购计划等。然后按照不同的管理层次提供相应的计划报告。

(2) 控制功能

根据各职能部门提供的数据，对计划执行情况进行监督、检查，比较执行与计划的差异，分析差异及产生差异的原因，辅助管理人员及时加以控制。

(3) 预测功能

运用现代数学方法、统计方法或模拟方法，根据现有数据预测企业未来的发展前景，从而规划企业的发展目标和方向。

(4) 辅助决策功能

采用相应的数学模型，从大量数据中推导出有关问题的最优解和满意解，辅助管理人员进行决策，以期合理利用资源，获取较大的经济效益。

从信息系统的角度来看，管理信息系统是企业的子系统，它收集数据并向管理人员提供信息，与管理人员一道在整个企业中起着反馈控制的作用。由于企业采取了划分成许多子系统的组织结构，各个子系统往往注意追求本子系统利益的最优化，而把局部目标置于整体目标之上，从而引起各子系统行动上的不协调，使企业整体利益受到损害。因此，协调企业内部各子系统的行动，优化整体利益是企业取得成功的关键。管理信息系统作为企业的一个特殊的子系统，正是在这一点上起着十分重要的作用。管理信息系统具有数据的输入、传输、存储、处理、输出等基本功能。

1. 信息的采集和输入

信息处理界有句口头禅:“输入的是垃圾，输出的必然是垃圾”。它说明了系统输入的极端重要性。要把分布在企业各部门的信息收集起来，碰到的第一个问题是识别信息。由于信息的不完全性，想得到反映客观世界的全部信息是不可能的，也是不必要的。确定信息需求要从调查客观情况出发，根据系统目标，确定信息收集范围。

1) 信息识别方法

信息收集最基本的问题是识别信息，只有明确了要收集什么，才能开始收集信息。

(1) 由决策者识别。决策者最清楚系统的目标，也最清楚信息的需求。可以用发调查表或交谈的方法向决策者进行调查。

(2) 系统分析员亲自观察识别。有时决策者对他们的决策过程不很清楚，因而不能准确地说明其信息需求，这时系统分析员可以从了解其工作过程人手,从旁观者的角度分析信息的需求。

(3) 先由系统分析员观察得到基本信息,再向决策人员调查,加以修正、补充。

2) 信息采集方法

信息采集事实上是开展调查、整理工作,针对不同的目的往往采用不同的方法。

(1) 自下而上地广泛收集,如收集各种月报、季报、年报,这种收集有固定的时间周期。

(2) 有目的地进行专项调查,如进行人口调查,可全面进行,也可随机抽样。

(3) 采用随机积累法,只要是“新鲜”的事就积累,以备后用。

将收集的数据,按系统要求的格式加以整理,录入并存储在一定的介质上(如卡片、磁带、硬盘等),并经过一定的校验后,即可输入系统进行处理。

2. 信息的传输

信息传输包括计算机系统内和系统外的传输,实质是数据通信。其一般模式如图2-9所示。

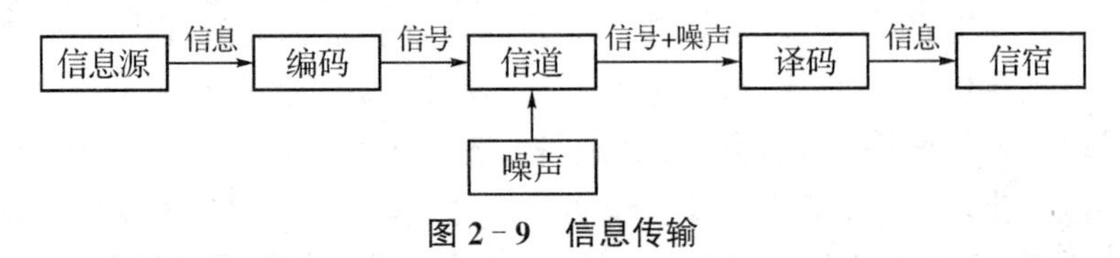

图2-9 信息传输

(1) 信息源。即信息的来源,可以是人、机器、自然界的物体等等。信息源发出信息时一般以某种符号(文字、图像等)或某种信号(语言、电磁波等)表现出来。

(2) 编码。是指把信息变成信号。所谓码,是指按照一定规则排列起来的,适合在信道中传输的符号序列。这些符号的编排过程就是编码过程。信号有多种多样,如声音信号、电信号、光信号等。

(3) 信道。就是信息传递的通道,是传输信息的媒质,分明线、电缆、无线、微波、人工传送等。信道的关键问题是信道的容量。信道也担负着信息的存储任务。

(4) 噪声。无论信道质量多么好,都可能有杂音或干扰,这就是噪声。它或由自然界雷电形成,或由同一信道中其他信息引起。在人工信道内的干扰中,还包括各个环节人的主观歪曲。

(5) 译码。信号序列通过输出端输出后,需要翻译成文字、图像等,成为接收者需要了解的信息。译码是编码的反变换,其过程与编码相反。

(6) 信宿。即信息的接收者,可以是人、机器或另一个信息系统。

3. 信息的存储

信息存储设备目前主要有三种:纸、胶卷和计算机存储器。这三种设备各有优点。

纸已有几千年的历史,至今仍是储存数据的主要材料。其主要优点是存量大,体积小,便宜,永久保存性好,不易涂改。此外,它存储数字、文字和图像都一样容易。缺点是传送信息慢,检索不方便。

胶卷的主要优点是存储密度大,其缺点是阅读时必须通过接口设备,使用不方便,且价格昂贵。

计算机存储器是存放变化快的控制信息和业务信息的主要形式。随着技术的进步,成本不断下降,有人估计将来用计算机存储器存储信息的成本将比纸低。计算机存储器按功能分为内存和外存。内存存取速度快,可随机存取存储器中任何地方的数据。外存的存储量大,但必须由存取外存的指令整批存入内存后,才能为运算器所使用。

对数据存储设备的一般要求是:存储数据量大,价格便宜。在某些情况下还有特殊要求,如易改性和不易改性。

信息存储的概念比数据存储的概念广。主要问题是确定存储哪些信息,存多长时间,以什么方式存储,经济上是否合算。这些问题都要根据系统的目标和要求确定。

4. 信息的加工

信息加工的范围很大,从简单的查询、排序、归并到复杂的模型调试及预测。这种功能的强弱显然是信息系统能力的一个重要方面。现代信息系统在这方面的能力越来越强(特别是面向高层管理的信息系统),在加工中使用了许多数学及运筹学的工具,涉及许多专门领域的知识,如数学、运筹学、经济学、管理科学等。许多大型的系统不但有数据库,还有方法库和模型库。技术的发展给数据处理能力的提高提供了广阔的前景,例如,发展中的"人工智能"科学研究机器正部分地代替创造时的脑力劳动,比如诊断、决策、写文章等。

5. 信息的维护

保持信息处于合用状态叫信息维护。这是信息资源管理的重要一环。狭义上讲,它包括经常更新存储器中的数据,使数据保持合用状态;广义上讲,它包括系统建成后的全部数据管理工作。信息维护的主要目的在于保证信息的准确、及时、安全和保密。

6. 信息的使用

从技术上讲,信息的使用主要是高速度和高质量地为用户提供信息。系统的输出结果应易读易懂,直观醒目。输出格式应尽量符合使用者的习惯。

信息的使用,更深一层的意思是实现信息价值的转化,提高工作效率,利用信息进行管理控制,辅助管理决策。支持管理决策,是管理系统的重要功能,也是最困难的任务。

2.2 管理信息系统运行基础

管理信息系统(MIS)是一门新兴的科学,其主要任务是最大限度地利用现代计算机及网络通信技术加强企业的信息管理,通过对企业拥有的人力、物力、财力、设备、技术等资源的调查了解,建立正确的数据,并加工处理编制成各种信息资料及时提供给管理人员,以便进行正确的决策,不断提高企业的管理水平和经济效益。MIS作为一个基于计算机的系统,其数据分析、软件开发等都离不开信息技术的支持。一个电子数据的系统涉及的信息技术包括计算机硬件、软件(操作系统、数据库管理系统等)、网络、通信以及其他监控和保障等技术。

2.2.1 计算机系统

管理信息系统是一个以计算机技术为基础的人机系统,利用计算机硬件、软件进行数据的收集、加工、维护和使用,实测企业的各种运行情况,提供信息,支持企业或组织的运行、管理和决策等功能。企业或组织通过计算机系统可以建立一个全面的、统一的信息处理系统,包括信息的收集、处理、存储、传输等功能,进而实现全系统的信息共享。

1. 计算机系统的组成

计算机系统具有接收和存储信息、按程序快速计算和判断并输出处理结果等功能,由计算机硬件系统和软件系统两部分组成。

硬件系统主要由中央处理器、存储器、输入输出控制系统和各种外部设备组成。中央处理器是对信息进行高速运算处理的主要部件。存储器用于存储程序、数据和文件,常由快速的主存储器和慢速的海量辅助存储器组成。输入输出系统和各种外部设备是人机间的信息转换器,由输入输出控制系统管理外部设备与主存储器(中央处理器)之间的信息交换。

软件系统分为系统软件和应用软件两大类。

系统软件是用来管理计算机中央处理器、存储器、通信连接以及各种外部设备等所有硬件资源的程序。

应用软件是用于完成用户所要求的数据处理任务或实现特定功能的程序,例如文字处理软件、图像处理软件等。

2. 计算机系统的层次结构

图2-10为计算机系统的层次结构。内核是硬件系统,是进行信息处理的实际物理装置。最外层是使用计算机的人,即用户。人与硬件系统之间的接口是软件系统。软件系统是计算机的运行程序和相应的文档,包括系统软件和应用软件,其中应用软件又划分为支撑软件和实用软件两个层次。

软件系统的最内层是系统软件，它由操作系统、编译系统和数据库管理系统等组成。其中，操作系统实施对各种软硬件资源的管理控制，它在软件系统的最内层，紧接着底层硬件；编译系统的功能是把用户用汇编语言或某种高级语言所编写的程序翻译成机器可执行的机器语言程序；数据库管理系统(DBMS)是对计算机中所存放的大量数据进行组织、管理、查询并提供一定处理功能的大型系统软件。

支撑软件包括网络通信程序、多媒体支持软件、硬件接口程序、实用软件工具以及软件开发工具等，支持多机的环境，提供软件研制工具。其中，网络通信程序完成计算机网络通信功能；多媒体支持软件协助计算机系统实现对图形、图像、语音和视频等多媒体信息的处理；硬件接口程序提供与各种计算机外部设备的连接支持。

实用软件是用户按其需要自行编写的专用程序，它借助系统软件和支撑软件来运行，是软件系统的最外层。

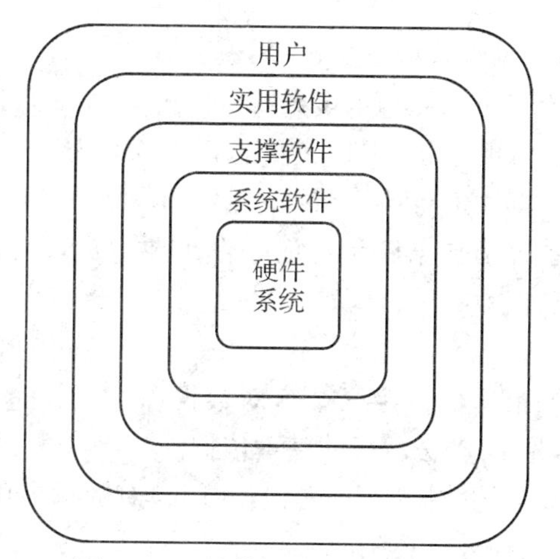

图 2－10　计算机系统的层次结构

2.2.2　数据库技术

数据的组织方式及内在联系的表达方式决定了数据处理的效率。它决定着管理信息系统能否有效地为用户提供及时、精确与有关的信息。数据管理技术的发展大致经历了人工管理、文件系统管理和数据库系统管理三个阶段。数据库系统是目前应用更为广泛、更为有效的数据组织技术。

1. 数据库系统的组成

数据库系统(Data Base System，简称 DBS)是实现有组织地、动态地存储大量关联数据，由方便用户访问的计算机软硬件资源组成的具有管理数据库功能的计算机系统，是存储介质、处理对象和管理系统的集合体。从广义上讲，数据库系统由计算机硬件、有关软件、数据库和人员组成。

(1) 硬件

包括主机、内存、外存、输入输出设备、网络设备等。

(2) 人员

包括数据库管理员、系统分析员、系统设计人员、应用程序员和最终用户。

(3) 数据库(DataBase,DB)

数据库存储在计算机辅助存储器中的有组织的,可共享的大量数据集合。

数据库中的数据按一定的数据模型组织、描述和存储,具有较小的冗余度、较高的数据独立性和易扩展性,并可以供各种用户共享。整个数据库的建立、运用和维护由数据库管理系统统一管理、统一控制。用户能方便地定义数据和操纵数据,并保证数据的安全性、完整性、多用户对数据的并发使用及发生故障后的数据库恢复。一个数据库反映了客观事物的某些方面,而且需要与客观事物的状态始终保持一致。

(4) 软件

包括操作系统、数据库管理系统、应用程序等。

数据库管理系统(DataBase Management System,简称 DBMS)是对数据库进行统一的管理与控制的系统软件,是数据库系统的核心,介于应用程序和操作系统之间。它对数据库进行统一的管理和控制,以保证数据库的安全性和完整性。数据库管理系统是数据库系统的一个重要组成部分,其主要功能有:数据定义、数据操纵、数据库的运行管理、数据组织、存储和管理、数据库建立和维护等。

①数据定义功能指用数据定义语言对数据库的结构进行描述。这些定义存储在数据字典中,是 DBMS 运行的基本依据。

②数据操纵功能指用数据操纵语言实现用户对数据库中数据的基本操纵,包括对数据库的检索、插入、更新和删除等。

③数据库的运行管理包括多用户环境下的事务管理和自动恢复、并发控制和死锁监测、安全性检查和存取控制、完整性检查和执行、运行日志的组织管理等。这些功能保证了数据库系统的正常运行。

④数据组织、存储和管理功能包括数据字典、用户数据、存取路径等。其主要目标是要确定以何种文件结构和存取方式组织这些数据,如何实现数据之间的联系,以提高存储空间利用率和存取效率。

⑤数据库的建立和维护功能包括数据库的初始建立、数据的转换、数据库的存储和恢复、数据库的重组织和重构造以及性能检测分析等。

2. 数据库系统的特点

20 世纪 60 年代末期,随着计算机技术的发展,为了克服文件管理系统的缺点,人们对文件系统进行了扩充,研制出了一种结构化的数据组织和处理方式,即数据库系统。数据库系统建立了数据与数据之间的有机联系,实现了统一、集中、独立地管理数据,使数据的存取独立于使用数据的程序,实现了数据的共享。其数据处理主要特点有:

(1) 数据结构化

数据库中的数据不再像文件系统中的数据那样从属于特定的应用,而是按照某种数据模型组织成为一个结构化的数据整体。它不仅描述了数据本身的特性,而且描述了数据与数据之间的种种联系,这使数据库具备了复杂的内部组织结构。

(2) 实现数据共享,减少数据的冗余度

数据共享既可使所有用户可同时存取数据库中的数据,又可使用户用各种方式通过接口使用数据库,并提供数据共享。由于数据库实现了数据共享,从而避免了用户各自建立应用文件,减少了大量重复数据,减少了数据冗余,维护了数据的一致性。

(3) 数据的独立性高

数据的独立性包括物理独立性和逻辑独立性。数据库系统阶段数据与程序相互独立,互不依赖,不因一方的改变而改变另一方,这大大简化了应用程序设计与维护的工作量,同时数据也不会随程序的结束而消失,可长期保留在计算机系统中。此外,数据物理结构的变化不影响数据的逻辑结构。

(4) 数据实现集中控制

在传统数据管理方式中,数据处于一种分散的状态,不同的用户或同一用户在不同处理中其文件之间毫无关系。利用数据库可对数据进行集中控制和管理,并通过数据模型表示各种数据的组织以及数据间的联系。

(5) 数据的一致性和可维护性,以确保数据的安全性和可靠性

主要包括:

①安全性控制:防止数据丢失、错误更新和越权使用;

②完整性控制:保证数据的正确性、有效性和相容性;

③并发控制:在同一时间周期内,允许对数据实现多路存取,防止用户之间的不正常交互作用;

④故障的发现和恢复:由数据库管理系统提供一套方法,可及时发现故障和修复故障,从而防止数据被破坏。

3. 管理信息系统中数据库技术的应用

数据库技术是计算机科学与技术的重要分支。从20世纪50年代中期开始,计算机应用从科学研究部门扩展到企业管理及政府行政部门,人们对数据处理的要求也越来越高。1968年,世界上诞生了第一个商品化的信息管理系统(Information Management System, 简称IMS),从此,数据库技术得到了迅猛发展。现在数据库已经成为信息管理、办公自动化、计算机辅助设计等应用的

主要软件工具之一。不管是个人、家庭、公司或大型企业,还是政府部门,都需要使用数据库来存储数据信息,数据库技术的应用领域越来越广泛。随着信息时代的发展,面对新的数据形式,人们提出了丰富多样的数据模型(层次模型、网状模型、关系模型、面向对象模型等),同时也提出了众多新的数据库技术(XML数据管理、数据流管理、Web数据集成、数据挖掘等)。在Web背景下的各种数据库,如多媒体数据库、移动数据库、空间数据库、专家决策系统等,成为人们关注的热点。

数据库技术是通过研究数据库的结构、存储、设计、管理以及应用的基本理论和实现方法,并利用这些理论来实现对数据库中的数据进行处理、分析和理解的技术。如今各种信息系统都是以数据库为基础,其主要控制对象就是数据库。数据库技术研究和解决信息系统中数据如何有效地组织和存储,如何在系统中减少数据存储冗余、实现数据共享、保障数据安全以及高效地检索数据和处理数据,快速而有效地为不同的用户和各种应用程序提供需要的数据,以便人们能更方便、更充分地利用数据这种宝贵的资源。因此,数据库技术既是管理信息系统的基础也是其核心。

2.3 管理信息系统运行环境

2.3.1 网络技术

计算机网络技术自20世纪60年代以来就一直被广泛应用于各种各样的信息系统中。如20世纪60年代,美国就有了ARPA网,70年代初期诞生了以太网,而第一块可以安装在PC机ISA插槽上的网卡由3COM公司在20世纪80年代初研制成功。80年代中后期,许多企业开始使用以太网,并在局域网上开发信息管理系统,计算机专业的学生也开始有了接触实际网络的机会。20世纪90年代,计算机网络,尤其是因特网(Internet),开始进入普通人的生活。网络技术给企业经营和各类商务活动带来了极大的影响。它打破了传统工业化社会的时空局限,使分散于不同地理位置的管理信息系统能够彼此互联,进行数据交换和资源共享,实现管理控制上的统一协调。

1. 计算机网络的组成

网络是计算机技术和现代通信技术相结合的产物。它是将地理位置不同、具有独立功能的多个计算机系统,通过通信设备和通信线路连接起来,利用功能完善的网络软件实现网络资源共享的系统。其中,计算机系统是网络的资源,通信设备和通信线路是网络进行数据通信的手段和途径。

计算机网络系统由计算机系统、通信设备和通信线路等组成,具体包括如下五个要素:

①一群计算机。

②网络适配器:其功能是传送和接收网络数据。

③电缆线:传送数据的实际通道。

④网络外围设备:如打印机、传真机、调制解调器等设备。

⑤网络软件:包括网络操作系统、网络通信软件、网络协议软件、编程语言、数据库管理系统与用户程序。

2. 网络的分类及拓扑结构

1) 网络分类

通常,按照计算机网络覆盖的范围可以将其分为局域网、广域网、城域网和因特网。

(1) 局域网

局域网(Local Area Network,简称 LAN)是指在较小的地理范围内,把通信设备互联起来的计算机网络。局域网由连接各台计算机及工作站所需要的软件和硬件组成,主要功能是实现资源共享、信息交换、负载均衡和综合信息服务等,覆盖范围约在 10 公里以内。作为计算机网络的一个独立分支,局域网产生于 20 世纪 60 年代,发展于 20 世纪 70 年代,成熟于 20 世纪 80 年代,现在正处于飞速发展和广泛应用阶段。

(2) 广域网

广域网(Wide Area Network,简称 WAN)是将地理位置相距较远的多个计算机系统或局域网通过通信线路互联从而实现数据通信的网络。广域网可以覆盖几十公里到几千公里的范围,是连接一个国家、地区或几个洲际的国际远程网。随着计算机远程通信要求的不断提高和通信技术的不断发展,广域网目前大多采用以分组交换为基础的数据通信网络,可以实现较高性能的数据传输。

(3) 城域网

城域网(Metropolitan Area Network,简称 MAN)是将几十公里范围内的企业、单位、多个局域网进行互联而形成的通信网络。它是介于局域网和广域网之间的一种高速网络,主要用于建筑物群的主干网、校园网的主干网等。

(4) 因特网

因特网(Internet)又称国际互联网,是一种由多个网络互联而成的网际网。一个企业有一个用于将企业内网络终端互联的企业网,而一个城市又有一个用于将城市内各个企业网及个人网络终端互联的城市网,全国又有用于将多个城市网互联的国家网,而每一个国家网只有接入 Internet 主干网才能实现相互通信。

2) 网络拓扑结构

计算机网络的拓扑结构表示的是网络中节点与通信线路之间的几何关系,反映了网络中各实体之间的结构关系。拓扑结构的设计是各种网络协议的实现基础,对网络的效率、可靠性、通信成本等都有很大影响。网络拓扑结构主要有星型、总线型、环型等。

(1) 星形拓扑

星形拓扑(Startopology)是所有的计算机都连接在一个中心站点上。星型网络的中心通常被称为集线器(Hub),能够从发送的计算机接收数据,并把数据传输到合适的目的地。

(2) 环状拓扑

环状拓扑(Ringtopology)是将计算机连接成一个封闭的圆环。一根电缆连接第一台计算机与第二台计算机,另一根电缆连接第二台计算机与第三台计算机,依次类推,直到一根电缆连接到最后一台计算机与第一台计算机。

(3) 总线拓扑

总线拓扑(Bustopology)是用一根长电缆连接所有的计算机。在总线拓扑结构中,总线网络的末端必须被终止,否则电信号会沿着总线反射。总线上的任何一台计算机都能通过总线发送信号,所有的计算机也都能接收信号,即任何计算机都能向其他计算机发送数据。总线上的计算机必须相互协调,以保证在任何时候只有一台计算机在发送信号,否则会发生冲突。

3. OSI参考模型

计算机网络除了具备系统硬件和网络软件之外,还需要配备完整的、标准的网络通信协议。网络通信协议是一种用于网络之间相互通信的技术标准,是一门大家都公认并必须遵守执行的“共同语言”,其主要功能是协调整个网络系统,实现信息的发送和接收,并对通信过程进行控制,从而使整个系统的用户能够进行数据通信和共享网络资源。

计算机网络中的通信是一个十分复杂的过程。在计算机网络系统中,存在着许多相互连接的计算机、自动交换机、存储转发器、中继器、网桥、网关、路由器、集线器和传输媒体,这些网络设备之间要不断进行着数据交换。因此,如果要实现两个相互通信的计算机系统之间的数据交换,每台计算机和中间设备需要在信息内容、格式和传输顺序等方面遵循统一的规则。

OSI参考模型是国际标准化组织ISO于1981年发布的一套理论意义上的开放系统互联参考模型(Open System Interactive,简称OSI)。它是一个逻辑上的定义,一个规范,它把网络从逻辑上分为了7层(物理层、数据链路层、网路层、传输层、会话层、表示层和应用层)。每一层都有相关及相对应的物理设备,比如路由器、交换机。OSI参考模型是一种框架性的设计方法,其主要目的是为解决异种网络互联时所遇到的兼容性问题,将服务、接口和协议这三个概念明确地区分开来。OSI参考模型最主要的功能是通过七个层次化的结构模型使不同的系统不同的网络之间实现可靠的通讯,如表2-2所示。OSI参考模型反映了通信结构多层次之间的基本逻辑关系,为计算机互联提供了一个标准框架。

表 2－2 OSI 七层模型

OSI 层次	OSI 每层的主要功能
应用层	确定进程之间通信的性质及接口，以满足客户的需要
表示层	处理两个通信系统中信息交换的表示方式
会话层	组织两个会话进程之间的通信，并管理数据的交换
传输层	向用户提供可靠的端到端的服务，并向高层屏蔽下层数据通信的细节，数据传送以报文为单位
网络层	提供链接和路由选择，数据传送以分组或包为单位
数据链路层	建立数据链接，保证以帧为单位有效地传送数据
物理层	利用通信介质，提供物理连接，以便接发比特流

2.3.2 信息安全技术

1. 信息系统的安全需求

随着通信技术与计算机网络技术的快速发展以及管理信息系统应用步伐的加快，网络信息的安全受到威胁，信息系统隐患问题越来越凸显出来。由于信息系统存在自身的安全脆弱性，信息系统的安全需求正是面向这些脆弱性而出现的安全准则。信息系统的安全脆弱性体现在以下三个方面：

（1）网络开放性

而今 Internet 已成为全球重要的信息传播工具，网络信息系统也是非法入侵者主要攻击的目标。开放分布或互联网络存在的不安全因素主要体现在如下几方面：

①协议的开放性。网络协议的开放性方便了网络互联，同时也为非法入侵者提供了方便。非法入侵者可以冒充合法用户进行破坏，篡改信息，窃取报文内容。如 TCP/IP 协议就不提供安全保证。TCP/IP 协议用 IP 地址来作为网络节点的唯一标识，许多 TCP/IP 服务，包括 Berkeley 中的 R 命令、NFS、XWindow 等，都是基于 IP 地址对用户进行认证和授权的。然而 IP 地址存在许多问题，此协议的最大缺点就是缺乏对 IP 地址的保护，缺乏对 IP 包中源 IP 地址真实性的认证机制与保密措施。这也就是引起整个 TCP/IP 协议不安全性的原因。

②Internet 主机上业务的不安全性，如远程访问。许多数据信息是以明文形式传输，明文传输既提供了方便，也为入侵者提供了窃取条件。入侵者可以利用网络分析工具实时窃取到网络上的各种信息，甚至可以获得主机系统网络设备的超级用户口令，从而轻易地进入系统。

③Internet 连接基于主机上社团的彼此信任，只要侵入一个社团，其他的就

可能受到攻击。

(2) 操作系统自身存在漏洞

根据软件工程的思想,程序设计人员在开发软件的过程中必然存在着漏洞。因此,不仅是操作系统软件,各种应用软件都隐含了很多漏洞,使黑客容易进入。针对操作系统自身漏洞,出现了操作系统型病毒,专门攻击操作系统,这种病毒用自己的程序意图加入或取代部分操作系统进行工作,具有很强的破坏力,可以导致整个系统的瘫痪。圆点病毒和大麻病毒就是典型的操作系统型病毒。

(3) 黑客和病毒等恶意程序的攻击泛滥

从20世纪50年代末60年代初,从美国电话电报公司(AT&T)贝尔实验室中的"磁芯大战"游戏,到60年代末70年代早期出现的"兔子"程序,再到著名的"梅丽莎"病毒席卷全球,如今病毒程序每天都会涌现出新的品种和变形形式。

同时,对计算机有着狂热的兴趣和执着追求的黑客,也在不断地研究计算机和网络知识,意图发现计算机和网络中存在的漏洞。他们喜欢挑战高难度的网络系统并从中找到漏洞,而且编写代码投放到网络上。正是因为上述原因的存在,信息系统每时每刻都面临着巨大的安全威胁。

2. 信息安全技术的应用

信息安全是一个涉及计算机科学、网络技术、通信技术、密码技术、信息安全技术、应用数学、数论、信息论等多种学科的边缘性综合学科。

信息安全的发展历史伴随着计算机技术的发展,早在二战时期出现的第一台计算机,就涉及对文件数据进行简单的加密处理。到20世纪60年代末,出现了世界上第一个采用分组交换技术的计算机网络ARPANet(Internet的前身),网络互联的信息安全问题随之出现。但是这一阶段主要的安全威胁是外部的窃听、接收破译及内部操作员的违规通信。在70到80年代的计算机系统安全阶段,则主要采用密码技术、访问控制技术、身份鉴定技术等安全措施来保障信息的保密性和完整性,保障计算机系统为授权用户所使用。这一阶段的主要威胁来自外部的非法访问、操作员使用脆弱口令等。90年代以后,随着计算机网络尤其是因特网的发展,构建网络信息系统的安全保障系统不仅需要确保信息系统存储、处理、传输信息数据的保密性、完整性和可用性,还要为合法用户提供服务和限制非授权用户的操作,解决身份的真实性,解决信息传输过程的不可否认性。此外,信息系统还要设置必要的防御攻击措施。这阶段的主要威胁是外部的网络入侵、病毒破坏、信息对抗以及内部的违规操作和恶意报复。

综上所述,信息安全是指信息网络的硬件、软件及其系统中的数据受到保护,防止信息由于偶然的或者恶意的原因而遭到非授权泄露、更改、破坏或使信息被非法的系统辨识、控制;系统连续可靠正常地运行,信息服务不中断;避免攻击者利用系统的安全漏洞进行窃听、冒充、诈骗等有损于合法用户的行为。

信息安全的根本目的就是使内部信息不受外部威胁，可通过加密技术来实现对信息的保密存储和传输。为了保障信息的安全，要求对信息源进行认证，对访问者进行访问控制，不能有非法软件驻留，不能有非法操作。信息安全的本质是保护用户的利益和隐私。

2.3.3 编码技术

1. 编码的概念

编码是用预先规定的方法将文字、数字或其他对象编成代码，或将信息、数据转换成规定的电脉冲信号。编码技术在计算机、电视、遥控和通信等方面广泛使用。编码是信息从一种形式或格式转换为另一种形式的过程，其逆过程是解码。编码有信源编码和信道编码之分。

（1）信源编码

信源编码是一种以提高通信有效性为目的而对信源符号进行的变换，即针对信源输出符号序列的统计特性来寻找某种方法，把信源输出符号序列变换为最短的码字序列，使后者的各码元所负载的平均信息量最大，同时又能保证无失真地恢复为原来的符号序列，其目的是减少或消除信源剩余度。信源编码包括信息的数字表示和数据压缩。信源输出多为模拟信号，用脉冲编码调制（PCM）技术可以将模拟信号变换为数字信号。数字表示的原始信息含有重复的东西，即有冗余性。例如，语音和图像信号都有冗余性，可以根据它们的统计特性进行变换，以达到数据压缩。在一定的保真度的前提下表示同一个信号，数据量越少则传输和处理的效率就越高。

（2）信道编码

信道编码是通过信道编码器和译码器实现的用于提高信道可靠性的理论和方法。信道编码包括检错编码和纠错编码。信息在传递过程中会遇到干扰而发生差错。在数字信号串中加入一些数字来校验，可以发现或纠正差错。这样做会降低信息传输效率，但可提高可靠性。能发现错误的编码称为检错编码，能发现并纠正错误的编码称为纠错编码。一般信号功率越大，则误码率越低。

2. 信息编码

信息编码（Information Coding）是为了方便信息的存储、检索和使用，在进行信息处理时赋予信息元素以代码的过程。即为计算机中的数据与实际处理的信息之间建立联系，提高信息处理的效率。信息编码必须标准化、系统化，设计合理的编码系统是关系信息管理系统生命力的重要因素。

信息编码的作用有：

（1）鉴别　编码是鉴别信息分类对象的唯一标识。

(2) 分类　当分类对象按一定属性分类时,对每一类别设计一个编码,这时编码可以作为区分对象类别的标识。这种标识要求结构清晰,语义精准。

(3) 排序　由于编码所有的符号都具有一定的顺序,因而可以方便地按此顺序进行排序。

(4) 专用含义　由于某种需要,当采用一些专用符号代表特定事物或概念时,编码就提供一定的专用含义,如某些分类对象的技术参数、性能指标等。

信息的表现形式多种多样,因而编码的方案也非常多。一般应用的代码有两类,一类是有意义的代码,即赋予代码一定的实际意义,以便于分类处理;一类是无意义的代码,仅仅是赋予信息元素唯一的代号,以便于对信息的操作。常用的代码类型有顺序码、区间码、记忆码等。信息编码在逻辑上既要满足使用者的要求,又要适合于处理的需要,结构易于理解和掌握,要有广泛的适用性,易于扩充。

2.4 管理信息系统应用支持技术

2.4.1 云计算技术

继20世纪80年代大型计算机到客户机-服务器的大转变之后,云计算的出现又引发着巨变。云计算应用领域在互联网相关行业早已风生水起,诞生了Amazon、Google、Apple、Salesforce等一大批知名的企业。云计算是网格计算、分布式计算、并行计算、效用计算、网络存储、虚拟化和负载均衡等传统计算机和网络技术发展融合的产物。

1. 云计算的含义

云计算(Cloudcomputing)是基于互联网的相关服务的增加、使用和交付模式,通常涉及通过互联网来提供动态、易扩展且经常是虚拟化的资源。“云”是网络、互联网的一种比喻说法。过去在图中往往用云来表示电信网,后来也用来表示互联网和底层基础设施的抽象。狭义云计算指IT基础设施的交付和使用模式,指通过网络以按需、易扩展的方式获得所需资源;广义云计算指服务的交付和使用模式,指通过网络以按需、易扩展的方式获得所需服务,这种服务可以是IT和软件、互联网相关,也可是其他服务。云计算的核心思想,是将大量用网络连接的计算资源统一管理和调度,构成一个计算资源池向用户按需服务。提供资源的网络被称为“云”。“云”中的资源在使用者看来是可以无限扩展的,并且可以随时获取,按需使用,随时扩展,按使用付费。

云计算通过使计算分布在大量的分布式计算机上而非本地计算机或远程服务器中,使企业数据中心的运行与互联网更相似。这使得企业能够将资源切换到需要的应用上,根据需求访问计算机和存储系统。这好比是从古老的单台发电机模式转向了电厂集中供电的模式。它意味着计算能力也可以作为一种商品进行流通，就像煤气、水电一样，取用方便，费用低廉。与水电等最大的不同在于，它是通过互联网进行传输的。云计算常与网格计算、效用计算、自主计算相混淆。网格计算也是分布式计算的一种，是由一群松散耦合的计算机组成的一个超级虚拟计算机，常用来执行一些大型任务；效用计算是IT资源的一种打包和计费方式，比如按照计算、存储分别计量费用，像传统的电力等公共设施一样；自主计算是具有自我管理功能的计算机系统。

事实上，许多云计算部署依赖于计算机集群（但与网格的组成、体系结构、目的、工作方式大相径庭），也吸收了自主计算和效用计算的特点。

2. 云计算的服务模式

一般认为云计算包括以下几个层次的服务：基础设施即服务（IaaS）、平台即服务（PaaS）和软件即服务（SaaS），如图2-11所示。

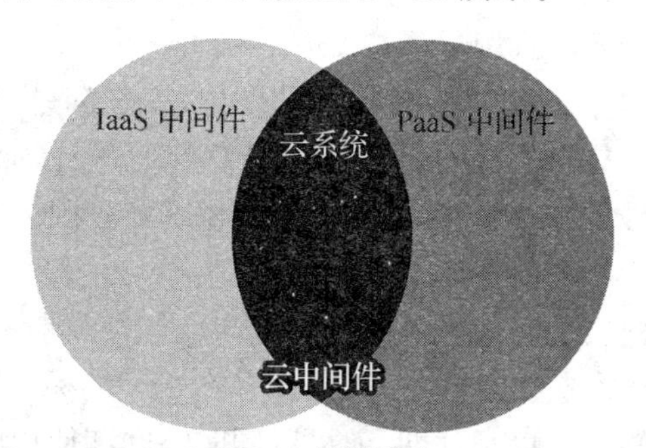

IaaS 和 PaaS 都脱胎于 SaaS

图 2-11 云计算的服务模式

（1）IaaS（Infrastructure-as-a-Service）：基础设施即服务，消费者通过Internet可以从完善的计算机基础设施获得服务。

（2）PaaS（Platform-as-a-Service）：平台即服务，它实际上是指将软件研发的平台作为一种服务，以SaaS的模式提交给用户。因此，PaaS也是SaaS模式的一种应用。但是，PaaS的出现可以加快SaaS的发展，尤其是加快SaaS应用的开发速度。

（3）SaaS（Software-as-a-Service）：软件即服务，它是一种通过Internet提供软件的模式，用户无需购买软件，而是向提供商租用基于Web的软件来管理企业经营活动。

3. 云计算的特征

云计算是一种基于互联网的商业计算模式，是网格计算、分布式处理、并行处理、虚拟化等传统计算机和网络技术发展融合的产物。这里的“云”就是存在于互联网上的服务器集群上的资源，它包括硬件资源（服务器、存储器、CPU等）和软件资源（如应用软件、集成开发环境等）。从用户角度来看，云计算具有以下特征：

(1) 安全、可靠的数据存储

云计算提供了安全、可靠的数据存储中心,终端用户不必担心数据丢失与病毒入侵等麻烦。数据通过云后端专业的管理可自动同步传递,并可通过Web在所有的设备上使用。同时,可靠的储存技术和严格的权限策略可以使用户放心地使用云计算的服务。

(2) 使用方便,服务无处不在

云计算对用户端的设备要求最低,使用起来也很方便。用户具备使用云服务的需求,但是并不具备独立提供云服务的经济或者技术条件。譬如说某些企业需要定期地进行大规模的运算,但是并不值得专门为此购置一台具备大规模运算能力的计算设备。超算中心通过发展客户群让多个用户来分担超级计算机的成本,使得其用户能够在不拥有计算设备的情况下以较小的成本完成计算任务。通过云计算服务模式用户不需要安装和升级电脑上的各种应用软件,因为在“云”的另一端,有专业的IT人员维护硬件,安装和升级软件,防范病毒和各类网络攻击。用户只需要一台具备基本计算能力的计算设备以及一个有效的互联网连接,就可以随时随地使用云计算提供的各种服务。

(3) 数据共享

云计算可以轻松实现不同设备间的数据与应用共享服务,能够跨越不同的平台。在云计算的网络应用模式中,数据保存在“云”的另一端,只有一份,用户的所有电子设备只需要连接互联网,就可以同时访问和使用同一份数据。

(4) 强大的计算能力

云计算为网络应用提供了个人电脑或其他电子设备无法提供的无限量的计算能力。在“云”的另一端,由成千上万台甚至更多服务器组成的庞大的集群可以轻易地完成普通计算难以达到的各种业务要求,云计算的潜力几乎是无限的。

2.4.2 物联网技术

1. 物联网的概念

物联网的概念是在互联网的概念基础上,将其用户端延伸和扩展到任何物品与物品之间,进行信息交换和通信的一种网络概念,是新一代信息技术的重要组成部分。

物联网是指通过射频识别(RFID)、红外感应器、全球定位系统、激光扫描器等信息传感设备,按约定的协议,把任何物品与互联网相连接,进行信息交换和通信,以实现智能化识别、定位、跟踪、监控和管理的一种网络概念。它具有两层含义:一是物联网的核心和基础仍然是互联网,是在互联网基础上的延伸和扩展的网络;二是其用户端延伸和扩展到了任何物品与物品之间,进行信息交换和通信。

把网络技术运用于万物，组成“物联网”，如把感应器嵌入装备（如油网、电网、路网、水网、建筑、大坝等）中，然后将“物联网”与“互联网”整合起来，实现人类社会与物理系统的整合。由超级计算机群对“整合网”的人员、机器设备、基础设施实施实时管理控制，以精细、动态的方式管理生产生活，提高资源利用率和生产力水平，改善人与自然关系。

2. 关键技术

物联网是物与物、人与物之间的信息传递与控制。物联网技术的核心和基础仍然是互联网技术。在物联网应用中的关键技术有：

（1）传感器技术

这也是计算机应用中的关键技术。传感器是一种检测装置，能将感受到的模拟信号转换成数字信号。传感器负责物联网信息的采集，它是实现自动检测和自动控制的首要环节，是物联网服务和应用的基础。传感器技术广泛应用于工业生产自动化、国防自动化、航空技术、能源开发、环境保护与生物科学等领域。

（2）射频识别(RFID)

它也是一种传感器技术，是融无线射频技术和嵌入式技术为一体的综合技术。以简单 RFID 系统为基础，结合已有的网络技术、数据库技术、中间件技术等，构筑一个由大量联网的阅读器和无数移动的标签组成的，比 Internet 更为庞大的物联网成为 RFID 技术发展的趋势。物联网用途广泛，在自动识别、物品物流管理方面有着广阔的应用前景，遍及智能交通、环境保护、政府工作公共安全、平安家居、智能消防、老人护理、个人健康等多个领域。

（3）智能嵌入技术

嵌入技术是在 Internet 的基础上产生和发展的，它以应用为中心，以计算机技术为基础，将软件固化集成到硬件系统中，适用于应用系统对功能、可靠性、成本、体积、功耗有严格要求的专用计算机系统，一般由嵌入式微处理器、外围硬件设备、嵌入式操作系统以及用户的应用程序等四个部分组成，用于实现对其他设备的控制、监视或管理等功能。随着电子信息技术的不断发展和应用领域的不断扩大，嵌入式技术正在变成最基本的电子系统设计技术。

3. 物联网技术的信息安全

物联网一方面可以提高经济效益，大大节约成本，另一方面可以为全球经济的复苏提供技术动力。目前，美国、欧盟等国家和地区都在投入巨资深入研究探索物联网技术。我国也正在高度关注、重视物联网的研究，工业和信息化部会同有关部门，在新一代信息技术方面正开展研究，以形成支持新一代信息技术发展的政策措施。

物联网的安全问题和互联网的安全问题一样，永远都会是一个被广泛关注的话题。由于物联网连接和处理的对象主要是机器或物以及相关的数据，其

"所有权"特性导致物联网的信息安全要求比以处理"文本"为主的互联网要高,对"隐私权"保护的要求也更高。此外还有可信度问题,包括"防伪"和DOS(Denial of Services)[即用伪造的末端冒充替换(eavesdropping等手段)侵入系统,造成真正的末端无法使用等],因此有很多人呼吁要特别关注物联网安全问题。

物联网系统的安全和一般IT系统的安全基本一样,主要有八个尺度:读取控制,隐私保护,用户认证,不可抵赖性,数据保密性,通信层安全性,数据完整性,随时可用性。前四项主要处在物联网DCM三层架构的应用层,后四项主要位于传输层和感知层。其中"隐私权"和"可信度"(数据完整性和数据保密性)问题在物联网体系中尤其受关注。

本章小结

本章主要介绍管理信息系统的内涵、结构和发展历程,重点介绍支持管理信息系统运行的计算机系统、数据库技术、网络技术、信息安全技术、编码技术、云计算和物联网技术等相关基础知识,为后续学习管理信息系统规划、分析、设计奠定基础。

思考题

1. 管理信息系统的主要有哪些功能?
2. 看管理信息系统的内涵,请揭示管理信息系统的发展。
3. 简述管理信息系统组成层次与管理层次性的关系。
4. 谈谈数据库管理系统在管理信息系统研发中的作用。
5. 管理信息系统运行状态主要受哪些因素影响?
6. 云计算与物联网对管理信息系统发展有何影响?

3 管理信息系统研发方法

随着管理信息系统应用的广泛普及,以及对人们工作、学习和生活等的影响,其研发方法从整体到某一研发阶段和单一活动均在不断改进,至今还在不断涌现新的研发方法。因此,管理信息系统的研发方法种类繁多,细分困难。本章仅侧重介绍从全过程视角的研发方法。

3.1 管理信息系统的研发思路

管理信息系统发展至今,其理论与方法不断完善,形成了独立的研究学科和专业。研发一个管理信息系统,除了一些部门为某一岗位提供一些简单的功能模块外,均是一项十分复杂的系统工程。

3.1.1 开发管理信息系统的条件

开发管理信息系统的复杂性、动态性和对人们影响的深远等因素,迫使我们在研发管理信息系统前必须慎重考察用户是否具备条件,避免投资无效,以及由此产生严重损失。

1. 高层决策者支持

管理信息系统只有融入管理,才能发挥作用,产生效益,而且因其开发周期长、耗资大,且涉及管理方法的变革,主要领导必须亲自抓才能成功。因此,首先要考虑企业的高层管理者对管理信息系统的认识、信息化工程的领导能力和执行力。

(1) 领导重视落在实处。管理信息系统的开发是一项庞大的系统工程,它涉及组织日常管理工作的各个方面,需要领导出面组织力量,协调各方面的关系,还需要资金保证。没有领导的支持,在开发过程中将面临巨大的阻碍,系统的开发很难成功。

(2) 领导还应当具备管理信息系统开发各阶段的决策能力。系统规划方案、系统分析报告、系统进度控制等工作都需要高层决策者亲自决断。因此,领导必须掌握管理信息系统的基础知识,才能正确地把控方向,避免最终交付的管理信息系统偏离需求。

2. 管理基础

只有在合理的管理体制、完善的规章制度、规范化的报表体系、科学的管理方法和可靠完整的数据资料的基础之上,才能有效地开发管理信息系统,管理信息系统才能发挥应有的作用。

(1) 规范管理制度。为了适应管理信息系统开发的要求,必须完善管理的基础工作,实现基础管理的规范化,管理业务的程序化,指标和定额的科学化,报表文件的统一化,代码名称的标准化。

(2) 理顺管理业务。管理信息系统是基于管理业务,又要优化管理业务,计算机化的管理信息系统,或用计算机代替人工作业的方式既不能发挥管理信息系统的作用,也不能提高管理效益。更无法回收管理信息系统建设的投入。只有在理顺、优化和重组业务的基础上,管理信息系统才有可能产生效益。

(3) 明确业务数据。数据作为管理信息系统的原料,想得到质量高的信息产品,必须保证原料的质量。如果缺乏数据原料,或只有低劣数据原料,是无法生产出高质量的信息产品的。因此,数据建设是管理信息系统研发基础的基础,必须先做好基础数据的整理工作。

3. 队伍建设

在管理信息系统的开发过程中,必须建立一支由既懂计算机又懂管理的计算机技术和业务管理两方面人员组成的开发队伍,只有计算机技术人员和业务管理人员的紧密配合,才能开发出一个良好的管理信息系统。缺乏业务管理人员参与开发的管理信息系统,即使设计、编码工作做得很出色,至多只是代替手工、完成部分手工劳动的系统。这支队伍包括:系统分析员、系统设计员、程序员、操作员、数据管理员、系统维护人员、信息控制人员和管理人员。

系统分析员起着举足轻重的作用,他要主持整个系统开发,确定工作目标及确定实现目标的具体方案。系统分析员的知识水平和能力决定了管理信息系统的质量,系统分析员必须具备专业技术及组织管理的才能。缺乏称职的系统分析员是目前制约管理信息系统开发质量的重要原因之一。

3.1.2 管理信息系统开发原则

影响管理信息系统研发成败的因素众多,不同组织、不同规模、不同平台、不同需求直接影响管理信息系统开发方法的选用。因此,在确定管理信息系统研发方法前,必须要与用户充分沟通,并预先制定开发原则,提高其开发的成功率。

(1) 创新性,也称为先进性原则。管理信息系统开发前,需要及时了解相关的新技术,已经提供可用的新环境。采用新技术,减少研发弯路,使目标系统快速成型,最大限度地满足用户需求。

(2) 整体性,也称为完整性原则。管理信息系统服务于某一组织的某些功能,均可以从一般概念上理解为一个合理的数据加工“闭环”系统。目标系统应当是对这个“闭环”系统的完善。

(3) 体现超前性,即不断发展原则。为了提高使用率,有效地发挥管理信息系统的作用,应当注意技术的发展和环境的变化。管理信息系统在开发过程中应注重不断发展和超前意识。

(4) 经济性,也称为实用性原则。决定管理信息系统成败的关键因素是系统实施前后将产生的效率、效益和效应,实用、有用和好用是研发管理信息系统必须遵守的基本原则。大而全和高精尖并不是成功管理信息系统的衡量标准。事实上许多失败的管理信息系统正是忽视了其实用性,忽视了本单位的技术水平、管理水平和人员素质。

3.1.3　管理信息系统研发一般过程

选用不同的研发方法,其开发过程不尽相同,但是不管选用什么方法,一般都需要做好开发前的准备,组织开发团队,明确管理信息系统的目标与需求,针对用户需求设计逻辑系统,然后依据逻辑系统进一步设计成物理系统,通过系统实施交付给使用单位,最后进入收尾结束工作,如图 3-1 所示。一个管理信息系统开发成功交给用户后,这个系统进入了漫长的运行管理、评价和维护阶段。这个阶段的工作是持久的,不断提出需求和改进的过程,而系统的研发是阶段性的,必须按时按需求验收结束。

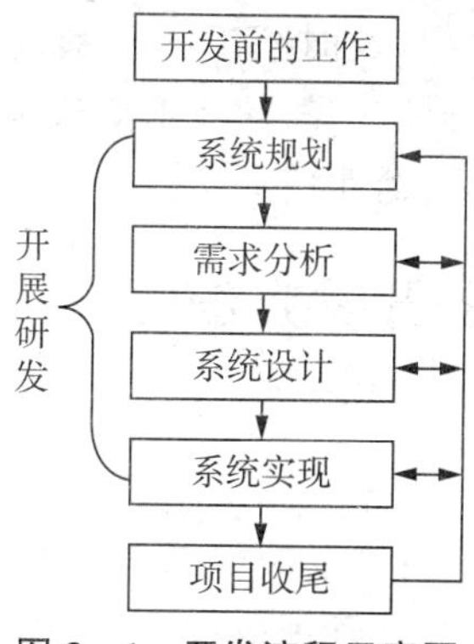

图 3-1　开发流程示意图

1. 前期准备

管理信息系统研发的前期准备工作十分重要,直接影响到以后的工作是否能正常开展。不仅要充分重视准备工作,还要严密检查、管控准备工作。前期准备工作的主要内容是明确研发任务、选择研发方法、计划研发进程、组建研发团队等,前期准备工作的具体内容和要求在后续章节中将会详细介绍。

2. 开展研发工作

无论选择什么研发方法,其前期准备工作基本相同。但是具体的研发工作与选用的开发方法的相关性很大。因此,本章仅介绍一般都会经历的工作内容。研发工作主要包括系统规划、需求分析、系统设计和系统实现。系统研发工作内容分别在系统规划、系统分析和系统设计相关章节中介绍,在此不再重复。

3. 项目收尾

项目收尾对系统研发的双方都很重要，通过收尾工作结束项目，并给出研发工作结论性意见。项目收尾的主要工作是项目验收、人员培训和交接等工作。

(1) 项目验收。在系统研发准备阶段就需要明确系统的目标和研发的内容，并选定系统评价的标准和依据，选择合理的指标和评价方法。在验收阶段依据事先的约定，即需求人员提供的原始资料及《软件开发设计方案》，对软件的各项功能进行全面的核查，如无异议，验收后签署"验收确认书"。

(2) 人员培训。由于管理信息系统的先进性和复杂性，对管理信息系统的培训应当有一个周密的计划，针对系统运行管理不同人员，在系统开发的不同阶段进行培训，在项目结尾阶段培训的人员主要是系统操作人员。要求用户能独立使用系统提供的信息，并发挥信息资源的作用。

(3) 交接。系统交接是一项关键性工作，将管理信息系统由研发单位交付给使用单位的过程从理论上讲十分简单。研发单位是否完全交接管理信息系统的有关文档资料、接受者对这些技术资料是否能理解、掌握，当系统运行过程中发生异常后是否能识别原因，及时解决等一系列问题一直困扰着收尾工作。研发方不仅要为业务需求方提供书面的技术支持承诺，认真执行，落到实处，并且很有必要提供2至3年的辅助性技术支持。

3.2 管理信息系统的开发方法

3.2.1 方法分类

管理信息系统的开发是一项复杂的系统工程。它涉及的知识面广、部门多，不仅涉及信息技术，而且涉及管理业务、组织和行为。系统开发方法至今已有十几种，有些方法的基本思想存在很大差别，有些方法只是相互间存在细小的差异。总体来说，系统开发方法基本可分为两大类，一类是以开发系统的时间过程进行分类，另一类是按系统的分析要素进行分类。

按系统开发的时间过程，可以把系统开发方法归为两类：

①生命周期法；

②原型法。

任何系统都会经历一个发生、发展和消亡的过程，管理信息系统也不例外。一个系统经过系统分析、系统设计和系统实施，投入使用以后，经过若干年，由于新情况、新问题的出现，人们又提出了新的目标，要求设计更新的系统。这种周而复始、循环不息的过程被称为系统的生命周期。所谓生命周期法，就是按照管理信息系统生命周期的概念，自上而下，由全局出发全面规划分析，严格按照系统生命周期的各个阶段规定的步骤去开发系统。原型法则是一开始不进行全局分析，而是抓住一个系统，经设计实现后，再不断改进扩充，使其成为全局的系统。

按系统的分析要素，可以把系统开发方法分为三类：

①面向功能(FO)方法；

②面向数据(DO)方法；

③面向对象(OO)方法。

FO(Function Oriented)方法，是在系统分析时，首先搞清系统的功能，据功能收集系统要求，据功能划分子系统。DO(Data Oriented)方法，就是首先分析系统的信息需求，建立系统的信息模型，然后再建立系统的共享数据库，整个方法以系统的数据为中心。OO(Object Oriented)方法，则是首先分析系统中的对象，把描述对象的数据和对象操作封装在一起，以实现对象的各种操作特性。多个对象还可以构成对象类，对象类可以有子对象，子对象可以调用某父类所定义的数据和操作。

通常，可不严格地将管理信息系统的开发方法分为结构化系统开发(SSA&D)方法、原型法、面向对象开发(OOA&D)方法和CASE方法等几大类。

3.2.2 SSA&D方法

结构化系统开发方法(Structured System Development Methodology)，亦称SSA&D(Structured System Analysis and Design)方法，是自顶向下的结构化方法、工程化系统开发方法和生命周期法的结合，它是迄今为止的开发方法中应用最普遍、最成熟的一种。

1. 结构化系统开发方法的基本思想

结构化系统开发方法的基本思想是：用系统工程的思想和工程化的方法，按用户至上的原则，结构化、模块化、自顶向下地对系统进行分析与设计。具体来说，就是先将整个信息系统开发过程划分成若干个相对独立的阶段，如系统规划、系统分析、系统实施等。在前三个阶段坚持自顶向下地对系统进行结构化划分。在系统调查或理顺管理业务时，应从最顶层的管理业务入手，逐步深入至最基层。在系统分析，提出新系统方案和系统设计时，应从宏观整体考虑入手，即先考虑系统整体的优化，然后再考虑局部的优化问题。在系统实施阶段，则应坚持自底向上逐步实施原则。也就是说，组织人力从最基层的模块做起，然后按照系统设计的结构，将模块一个个拼接到一起进行调试，自底向上逐渐地构成整体系统。

2. 结构化系统开发方法的特点

与生命周期法相比，结构化系统开发方法更强调开发人员与用户的紧密结合，而且在开发策略上强调“从上到下”，注重开发过程的整体性和全局性。强调在信息系统的开发过程中,按照规定的步骤,可在结构化、模块化的基础上进行,使用一定的图表工具。结构化系统开发方法适合于大型信息系统的开发,它有以下特点:

(1) 面向用户的观点

在开发过程中,吸收用户(管理人员和业务人员)参加,并与用户及时交流、讨论开发中的各种问题,用户的需求是研制工作的出发点与归宿。面向用户的观点将提高系统质量,使新系统更加科学、合理,具有实用价值。

(2) 重视调查研究和系统分析

对现行系统做充分细致的全面调查,进行系统分析,从整体出发确定新系统的最佳方案。其中要对现行系统进行模拟、改建,以便于计算机处理。这是用户观点的描述,建立能反映实际事务活动的功能模型。

(3) 逻辑设计与物理设计分开进行

系统的逻辑设计在系统分析阶段进行。开发人员利用图表工具,构成新系统的逻辑模型,好像建筑图纸一样,看到新系统的梗概。这是设计者观点的描述,建立能反映新系统的逻辑模型。采用的方法是模块化层次型设计方法:系统(公司)—分系统(业务部门)—子系统(职能部门)。

系统的物理设计在系统设计阶段进行,它依据新系统的逻辑模型,提出详细的技术实施方案,如数据库设计、代码设计等。这是开发者观点的描述,建立能反映新系统的工艺技术模型。

分阶段设计的结果,使得逻辑设计部分不受物理设施的限制,从而能更好地实现新系统的目标。

(4) 自顶向下的结构化方法

即由系统—分系统—子系统—功能模块逐级细化,形成一个层次型结构,且每个阶段都按此进行。自顶向下的结构化方法使得新系统的各部分相对独立,各系统之间、各过程之间的接口及界面清晰,便于设计、实施、维护和修改。

(5) 开发过程按阶段进行

开发过程分为若干阶段(系统调查、系统分析、系统设计、系统实施、系统运行),每个阶段都有明确的目标,后面阶段的工作以前面阶段的成果为依据。这样基础扎实,不易返工。

(6) 工作文件标准化和文献化

新系统开发过程中的工作内容(研究记录、分析报告等)都必须形成固定规格的文本,各种图表工具都要求标准化。标准化文献供用户参考使用,供开发者查阅,便于开发的连续性、再扩充。

3. 结构化系统开发方法的阶段划分及任务

虽然各种业务信息系统处理的具体内容不同,但所有新系统的开发过程,都可以划分为系统规划、系统分析、系统设计、系统实施和系统维护、运行与评价五个主要阶段,如图 3-2 所示。

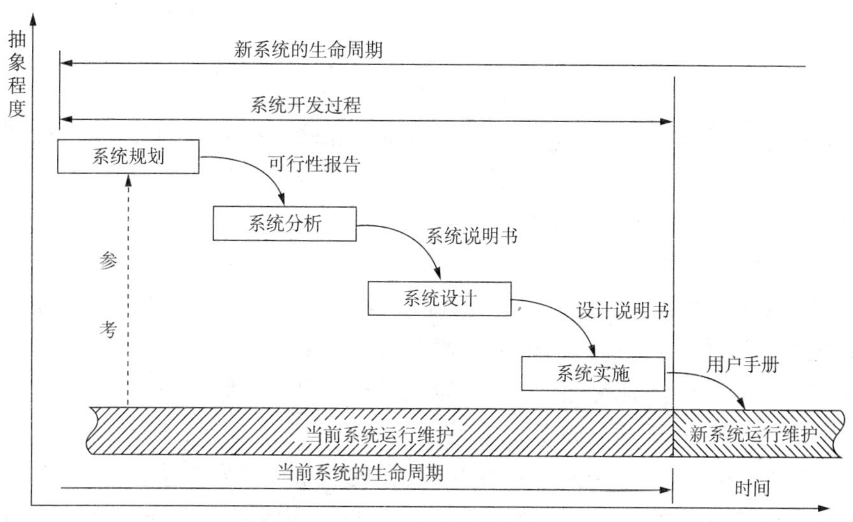

图 3-2 MIS 生命周期模型

(1) 系统规划阶段

本阶段的任务是组建规划小组,根据用户的系统开发请求进行初步调查,了解企业的概况、目标、边界、环境、资源,确定企业目标及信息系统目标,然后进行可行性分析,若认为可行,则提出信息系统的主要结构、开发方案、进度计划、资源投入计划等,写出可行性分析报告。

(2) 系统分析阶段

本阶段的任务是进行新系统的逻辑设计。首先对企业进行详细调查,了解用户需求、业务流程,了解信息的输入、处理、存储和输出,然后建立新系统的逻辑模型。借助数据流程图、数据字典及文字说明写出新系统逻辑设计文档(系统分析说明书)。

(3) 系统设计阶段

本阶段分总体设计阶段和详细设计阶段。总体设计阶段的主要任务是系统模块结构设计、软硬件平台选型、数据库和数据文件设计、编码设计、I/O 设计、模块接口设计等,详细设计阶段主要是进行模块设计及模块内部的算法设计。最后写出系统设计说明书。

(4) 系统实施阶段

本阶段的任务包括购置计算机硬件、系统软件并安装调试、程序设计、程序及系统的调试、用户培训、编写各种文档等。

本阶段要进行多种文件和数据库的建立工作,需要投入大量人力进行数据收集、整理和录入。系统调试和转换也是艰巨的任务,通常在试运行后,新系统即可交付使用。

(5) 系统维护、运行与评价阶段

系统本身的复杂性决定了调试工作结束后,不能马上转入正常运行,需要一段修改、改进和考验的时间。这期间的修改内容是多方面的,如系统的处理过程、程序、文件、数据,甚至某些设备和组织的变动。

评价系统的优劣,主要是系统的工作质量和经济效益。例如,输出信息的准确性、系统可靠性和运行质量,系统的开发费用、使用费用、维护费用、经济效益,以及工作效率的提高和服务质量的改善等。

维护和评价反复进行多次,最后给出新系统评价分析报告。

在新系统开发的各阶段中,最关键的是系统分析阶段,该阶段的成果——新系统逻辑设计说明书,相当于产品的总体设计,是新系统开发的重要依据。系统实施阶段工作量最大,投入人力、物力、财力最多,时间最长。

4. 结构化系统开发方法的优缺点

结构化系统开发方法是在对传统的、自发的系统开发方法批判的基础上,通过很多学者的不断探索和努力而建立起来的一种系统开发方法。这种方法的突出优点就是它强调系统开发过程的整体性和全局性,强调在整体优化的前提下来考虑具体的分析设计问题,即自顶向下的观点。此外,它强调严格地区分开发阶段,一步一步地严格地进行系统分析和设计,每一步工作都及时地总结,发现问题及时地反馈和纠正,从而避免了开发过程的混乱状态。这是一种目前被广泛采用的系统开发方法。

但是,随着时间的推移,这种开发方法也逐渐暴露出了很多缺点和不足。最突出的缺点是它的起点太低,所使用的工具落后,致使系统开发周期过长。另外,这种方法要求系统开发者在调查中就充分地掌握用户需求、管理状况以及预见可能发生的变化,这不符合人们循序渐进地认识事物的规律性。因此,在实际工作中实施起来有一定的困难。

3.2.3 原型法

在信息系统的开发过程中,明确的需求是非常重要的,但是要想事先给系统一个明确的描述又是比较困难的。这是因为人们对自己的工作和计算机在企业中的应用都有一个认识的过程,随着系统开发的不断深入,会有新的需求不断产生。用传统的结构化系统开发方法时要求系统分析阶段完成后冻结需求,那么适应变化是很难做到的。因此,随着计算机软件技术的发展,特别是关系数据库(RDBMS)、第四代程序生成语言(4GL)和各种系统开发生成环境产生的基础之上,人们提出了一种从设计思想到工具、手段都全新的系统开发方法,即原型法。原型法根据用户提出的基本需求,采用快速技术,在短时间内开发出一个简单的带有实践性、可执行的系统原型交给用户试用,开发人员根据用户反馈的信息,对系统原型进行修改、完善后再交给用户试用,重复这个过程，直至产生用户满意的系统原型为止。

1. 原型法的开发过程

如图3-3所示，原型法的开发过程包括四个基本步骤：确定用户对系统的基本需求，开发初始原型，运行、评价初始原型，修改与完善原型系统。过程中各步骤的基本目标和主要任务如下：

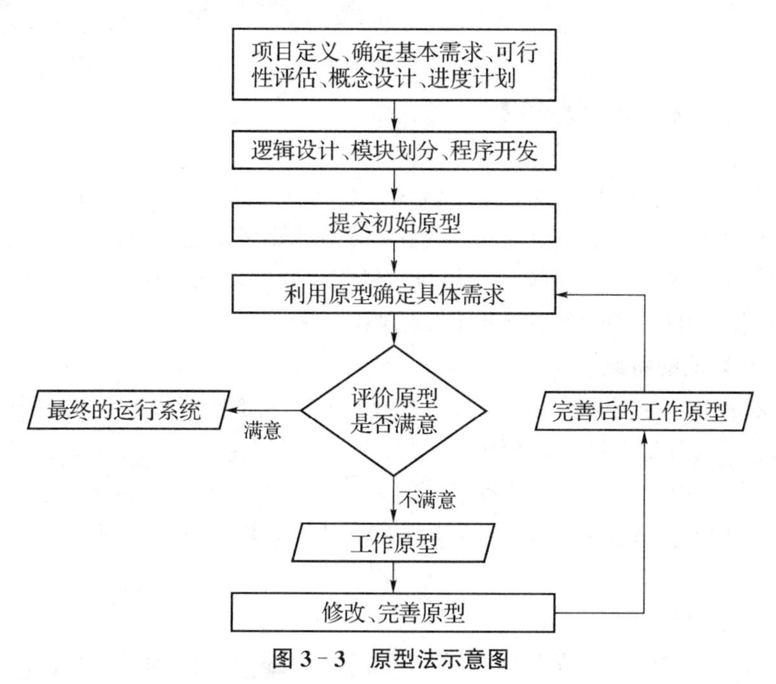

图3-3 原型法示意图

(1) 确定用户对系统的基本需求

在这个阶段中，系统开发人员首先进行详细的系统调查，识别出新系统的基本需求，如：系统功能、人-机界面、输入输出、运行环境、性能及安全可靠性。这一步工作的基本内容类似于SSA&D方法中的系统定义阶段，目的在于通过有关信息的获取，确定用户的基本需求，为初始原型的开发打下基础。在这个阶段用户和开发者对系统功能需求的认识是不完善的，这种不完善可以在今后的循环过程中加以弥补或纠正。

(2) 开发初始原型

根据用户的基本需求，开发人员迅速建立起一个初始原型，该模型是在计算机上初步实现的信息系统。初始原型开发的目的在于尽快建立起一个满足已经明确的基本需求的工作原型，以检查用户是否清楚地说明了对系统的要求，开发者是否正确理解并实现了这些要求。该原型只包括一部分功能或概括性的功能，只是一个反映基本要求的样品，目的是为了进行讨论并从它开始迭代。工作原型的开发是整个开发过程中一个十分重要的步骤。在这步中，应当在满足系统基本要求的前提下,把开发速度摆在十分重要的位置上,尽快地建立起初始工作原型,同时要求原型系统具有较好的用户友好性。

(3) 运行、评价初始原型

原型系统的运行与评价是系统进化过程的重要步骤,让用户亲自使用原型,对原型进行检查、评价和测试,指出原型的缺点和不足,提出改进意见和需求。运行、评价的目的是听取用户对原型系统的看法和改进意见,进一步确定用户对系统的实际需求,无此步骤就无法对系统进行有针对性的改进和完善,原型系统也就无法继续进化成为最终系统。

(4) 修改、完善原型系统

这步工作的目标是依赖前一步由双方共同确定的具体意见,对原型进行修改、扩充、完善。对原型的使用和修改是一个不断地循环迭代的过程。从图3-3可以看到,每开发一个系统原型都要交付用户使用,如果用户不满意就修改原型,直到用户满意为止,否则就要不断循环地修改。

2. 原型法的特点

在采用原型法开发系统时,需要掌握这种方法的特点,在开发过程中正确地使用它。与SSA&D方法相比,原型法的特点在于:

(1) 易于用户接受

原型法更多地遵循了人们认识事物的规律,因而更容易被人们掌握和接受。

(2) 强调用户的参与

开发人员始终一贯地与用户密切合作,为双方的交互提供了有力手段,将传统的系统调查、系统分析和系统设计合为一体。

(3) 提倡使用开发工具

使用与原型法相适应的模型生成、修改、运行等一系列的系统开发生成环境,使得整个系统的开发过程摆脱了老一套的工作方法,时间、效率、质量等方面的效益都大大提高了,系统对内外界环境的适应能力大大增强了。

(4) 开发过程是一个对原型不断修改、不断评价的过程

在开发过程的各周期序列中,设计、实现与评价本身就是评价与修改,这是由原型开发本身决定的。这种修改是有目的的修改,其结果使系统得以进化,其评价也是有针对性的。系统开发中出现的问题或不足,大多数是由于开发人员不能完整而准确地确定用户的需求,很少是由于技术原因。原型开发则可以减少这些问题的出现。

(5) 缩短了系统的开发时间

原型法的开发过程中较早地和用户确认需求,减少修护总工作时间。原型法充分利用了最新的软件工具,强有力地支持了原型法的开发思路。

但是,频繁的需求变化也会使开发进程难以管理。由于需求依赖用户修改

意见，如果用户本身考虑不周，可能会造成系统偏离开发方向。

原型法比较适合于用户需求不清、业务理论不确定、需求经常变化的情况，系统规模不大也不太复杂时也适于采用该方法。

3. 原型法开发过程中应注意的问题

（1）应重视开发过程的控制

由于原型法缺乏统一规划和对系统开发的分析设计，只是按照"构造原型—修改—再修改"等粗略过程反复迭代，用户可能提出过多甚至无关紧要的新修改要求，如果没有约束原型完成和资源分配的规定标准，从而使开发过程难以控制，项目的管理和系统的维护比较困难。为此，用户和开发者不仅要达成一个具体的开发协议，规定一些开发的标准和目标，还要建立完整的、准确的文字档案，特别在每一次原型的改进、完善中都必须做好相应的文档记录和整理。

（2）应将原型法与生命周期法有机结合

在具体的开发中，为了得到有效的应用软件，在整体上仍可使用生命周期法，以弥补原型法的不足。系统规范化是管理信息系统开发的关键，开发应做到完整一致和准确。我们可以把原型作为需求描述的补充和量化，以代替传统的数字审核、确认来提高需求描述的质量。再就是把系统分析设计和建造原型结合起来，在分析的同时也要考虑设计的要求和目标。实实在在的系统原型能给用户和开发人员一个直观的对象，便于在系统早期认识和评价系统，从而打破使用与开发的封闭。

（3）应充分了解原型法的使用环境，掌握开发工具

原型法比其他方法有更多的优点，相应地它对开发环境要求更高。开发环境包括软件环境、硬件环境和开发人员，最主要的是软件环境，尤其是需要支持开发过程中主要步骤的工程化软件支撑环境，以解决原型的快速构造，以及从原型系统到最终系统形成的各种变换以及这些变换的一致性。没有充分了解和掌握这些软件环境工具，原型法的所有优点都难以实现。一般认为，第四代语言(4GL)和软件开发工具是支持原型法开发的有力工具。

3.2.4　OOA&D 方法

面向对象是 20 世纪 90 年代软件开发方法的主流。面向对象的概念和应用已超越了程序设计和软件开发，扩展到很广的范围，如数据库系统、交互式界面、应用结构、应用平台、分布式系统、网络管理结构、CAD 技术、人工智能等领域。

1. 面向对象方法的基本思想

面向对象方法是一种运用对象、类、继承、封装、聚合、消息传递、多态性等概念来构造系统的软件开发方法。它的基本出发点和基本原则是尽可能模拟

人类习惯的思维方式,使软件的开发方法与过程尽可能接近人类认识世界、改造世界的方法与过程,也就是在软件开发中描述问题的问题域与客观世界的表现空间在结构上尽可能一致。面向对象方法认为客观世界是由各种对象组成的,任何事物都是对象,复杂的对象可以由比较简单的对象以某种方式组合而成。面向对象的软件系统是由对象组成的,软件中的任何元素都是对象,复杂的软件对象由比较简单的对象组合而成。在面向对象的方法中,把所有对象都划分成各种对象类(简称类,Class),每个对象类都定义一组数据和一组服务,它封装了空间对象存在的状态和对象的空间行为;根据对象类与对象之间的关系,可由若干个对象组成一个类层次关系,在类层次之间体现了继承关系;在对象与对象之间通过传递消息实现通信。

(1) 基本概念

①对象　是系统构成的基本单位,是系统中用来描述客观事物的一个实体。一个对象由一组属性和对这组属性进行操作的一组服务构成。

②类　是对象的抽象,是对一类相似对象的描述,这些对象具有相同的属性和行为、相同的变量(数据结构)和方法实现。

③继承　把若干个对象类组成一个具有层次结构的系统,下层的子类具有和上层的父类相同的特性,称为继承。

④封装　每一个对象具有其自身的属性和服务,把对象的属性和服务结合在一起,可形成一个独立的不可分割的单位,构成一个封装体。

⑤消息　对象之间的相互作用是通过消息发生的。消息由某个对象发出,请求其他某个对象执行某一处理或回答某些信息。对象之间只能通过外部接口传递消息来相互联系。

(2) 基本思想

①走访用户、调查客观世界的应用领域(问题域),获取用户需求。

②以对象作为系统的基本构成单位,事物的静态特征用对象的属性表示,事物的动态特征用对象的服务表示,对象的属性和服务结合为一体构成一个独立的实体,对外屏蔽其内部的细节,用统一建模符号描述系统中的对象并构造对象模型。

③识别与问题有关的类、类与类之间的联系以及与解决方案有关的类,把具有相同属性和相同服务的对象归为一类。类是这些对象的抽象描述,每个对象是其类的一个实例。通过不同程度的抽象,可以得到较一般的类和较特殊的类,特殊类继承一般类的属性和服务。对象之间、类之间通过消息进行通信以实现它们的动态联系,通过关联表达它们之间的静态联系。

④对涉及的类及其联系进行调整,使之如实地表达问题域中事物之间实际存在的各种关系,并对类及联系进行编码,测试即可得到直接映射问题域的系统结构。

2. 面向对象方法的开发步骤

面向对象方法开发的一般步骤为：

(1) 系统调查和需求分析

第一步要对系统将要面临的具体管理问题以及用户对系统开发的需求进行调查研究，即先弄清“要干什么”的问题。

(2) 面向对象分析(Object-Oriented Analysis，简称 OOA)

在系统调查资料的基础上，将面向对象方法所需的素材进行归类、分析和整理。面向对象分析模型包括对象模型、动态模型和功能模型三个层面，主要的任务是：首先，通过对用户需求陈述的分析，识别出问题的实质及所涉及的对象、对象间的关系和服务等，建立对象模型；然后，以对象模型为基础，将对象的交互作用和时序关系等建立动态模型；最后，进一步设计有关对象功能的功能模型。

(3) 面向对象设计(Object-Oriented Design，简称 OOD)

从 OOA 到 OOD 是一个逐渐扩充模型的过程，OOA 模型反映问题域和系统任务，OOD 模型则进一步反映需求的实现，填入或扩展有关需求的信息。OOD 的工作内容主要包括主体部件设计和数据管理部件设计。

(4) 面向对象编程(Object-Oriented Program，简称 OOP)

OOP 的任务是为实现 OOD 各对象应完成的预定功能而编程，分为可视化设计和代码设计两个阶段。可视化设计阶段主要是进行用户界面设计，代码设计阶段的主要任务是为对象编写所需要响应的事件代码，建立不同对象间的正确连接关系等。

3. 面向对象方法的优缺点

(1) 面向对象方法的优点

①与人们思维习惯一致。面向对象以对象为核心，按照人类对现实世界的认识将现实世界中的实体抽象为对象，避免了其他方法可能出现的客观世界问题域与软件系统结构不一致的问题。

②稳定性好。面向对象方法基于构造问题域的对象模型，而不是基于算法和应完成功能的分解。当系统功能需求发生变化时，并不会带来软件结构的整体变化。

③可重用性好。对象固有的封装性、多态性等特点使对象内部的实现和外界隔离，因而具有较强的独立性，为可重用性提供支持。类和对象提供了面向对象软件系统的模块化机制，大大提高了类的可重用性，这种重用也较为规范。

④可维护性好。面向对象的软件容易理解、修改、测试、调试，从而缩短了开发周期并有利于系统的修改维护。

(2) 面向对象方法的缺点

目前，面向对象方法需要有一定的软件环境支持，对系统开发的人力、财力、物力要求也比较高。由于面向对象的视角缺乏全局性的控制,若不经自顶向下的整体划分,而是一开始就自底向上地采用OO方法开发系统,可能会造成系统结构不合理、各部分关系失调的问题。面向对象方法特别适合于图形、多媒体和复杂的系统。由于存在上述不足,在大型信息系统开发中,要将OO方法和结构化系统开发方法进行互补使用,以防止系统结构不合理的情况发生。

3.2.5 CASE方法

计算机辅助软件工程(Computer Aided Software Engineering,简称CASE)方法是一种自动化或半自动化的方法,能够较全面地支持除系统调查外的每一个开发步骤。它是20世纪80年代末从计算机辅助编程工具、第四代语言及绘图工具发展而来的一个大型综合计算机辅助软件工程开发环境,为具体的开发方法提供了支持开发过程的专门工具。采用CASE工具进行系统开发,必须结合一种具体的开发方法,如结构化系统开发方法、面向对象方法或原型法等。随着技术的发展和人们认识的深化,CASE已逐步朝着可以进行各种需求分析、功能分析、结构图生成的方向发展,进而成为支持整个系统开发全过程的一种大型综合系统。

1. CASE方法的特点

①既支持自顶向下的结构化系统开发方法,又支持自底向上的原型开发方法,更加实用。

②解决了由现实世界到软件系统的直接映射问题,强有力地支持信息系统开发的全过程。

③简化了软件管理维护,使开发者从繁杂的分析设计图表和编辑工作中解放出来。

④自动生成文档和程序代码,使系统产生了统一的标准化文档。

⑤着重于分析与设计,具有设计可重用性,使软件开发的速度加快而且功能进一步完善。

2. CASE平台上的信息系统开发工具

目前,信息系统自动化开发工具朝着集成化方向发展,形成集成开发环境。软件集成开发环境是一组软件工具按照一定的软件方法或遵循一定的软件生产和维护模型组织起来的有机开发平台。主要工具包括:

(1) 系统分析、设计工具

系统分析、设计工具为系统生命周期前、中期提供支持,处在信息系统开发过程的中上游,辅助定义需求,进行系统分析,产生一套分层的数据流程图、数据字典及文字说明,共同组成新系统逻辑设计的文档资料。此外,还可以辅助设计人员生成新系统的控制结构图和功能模块图,共同组成系统物理设计的文档资料，成为后续工作的依据。

(2) 代码生成工具

代码生成工具主要支持软件编程工作，适用于系统生命周期的后期工作，处在信息系统开发过程的下游。在程序设计阶段，它可以为程序员提供各种便利的编程作业环境，有些工具还可以自动生成程序代码，为系统开发提供便利。

(3) 测试工具

软件测试是系统开发正确性的必要保证，测试工具能通过执行程序发现系统中存在的错误，从而避免了不必要的损失。测试工具涉及测试的全过程，包括测试用例的选择、测试程序和数据的生成、测试执行及结果评价等等。

(4) 项目管理工具

项目管理是保证开发项目顺利进行所必要的对开发范围、时间、成本、人员、质量等方面的管理。项目管理工具能够协助项目管理人员进行有效的管理和控制，这类工具主要有 PERT 图、Gantt 图、软件配置管理工具等。

3.2.6 其他方法

管理信息系统的研发方法还有许多种，从上可知生命周期法与原型法具有明显不同的特点，基本上这两种方法的优点与缺点相反。为此，以生命周期法为基础，兼顾原型法的优点进行改进，或以原型法为基础，兼顾生命周期法的优点进行改进，形成了一系列的研发方法。

1. 瀑布模型

瀑布模型是温斯顿·罗伊斯(Winston Royce)1970 年提出的管理信息系统研发方法之一，在 20 世纪 80 年代成为最受欢迎的研发方法。是被广泛采用的软件开发模型。该模型将管理信息系统研发生存周期各项活动按固定顺序连接若干阶段工作，形如瀑布流水，如图 3-4 所示。

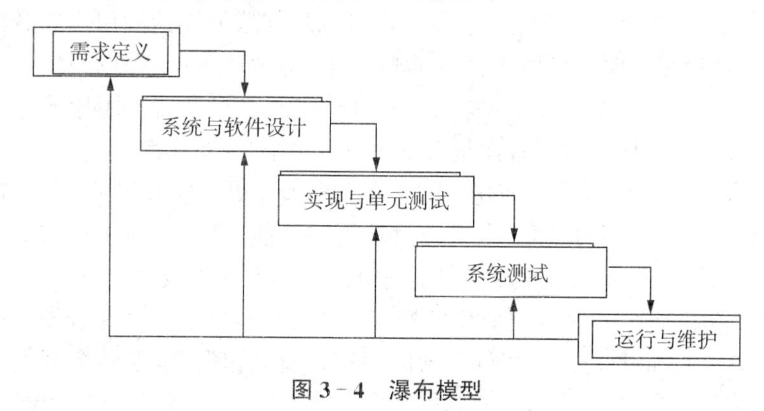

图 3-4 瀑布模型

瀑布模型核心思想是采用结构化的分析与设计方法，将软件生命周期划分为制定计划、需求分析、软件设计、程序编写、软件测试和运行维护等六个基本活动。将研发工序化简,把管理信息系统功能的实现与设计分开,即将逻辑实现与物理实现分开,便于分工协作。

瀑布模型的特点是从上一项活动接收该项活动的工作对象作为输入,利用这一输入实施该项活动应完成的内容给出该项活动的工作成果,并作为输出传给下一项活动。同时评审该项活动的实施,若确认,则继续下一项活动;否则返回前面,甚至更前面的活动,通过各阶段之间的循环,避免把错误带入后续活动,造成信息系统研发失败。可见,这种方法对于经常变化的研发项目而言,瀑布模型是不太适应的。

2. 演化模型

演化模型是基于生命周期,兼顾原型法的迭代开发方法。根据用户的基本需求,通过快速分析构造出该软件的一个初始可运行版本,这个版本称为原型,也是完成了第一次研发。然后,根据用户在使用原型过程中提出的意见和建议对原型进行改进,获得原型的新版本。重复这一过程,最终可得到令用户满意的软件产品。实际上,就是从初始的原型逐步演化成最终软件产品的演化过程,如图3-5所示。

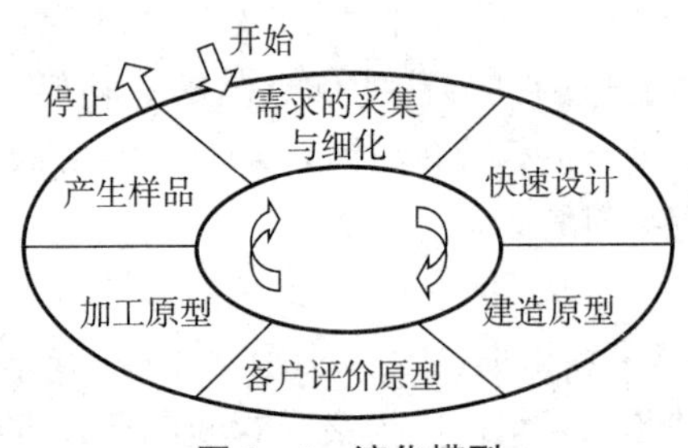

图3-5 演化模型

软件开发人员的研发过程也是一个迭代过程。每次迭代都需要经过需求、设计、编码、测试、集成等阶段,不断完善,扩展功能,最终达到用户满意的一个新系统。这种开发模式采取了分批循环办法,每循环一次,完成开发一部分的功能,后续工作是这个产品原型上新增功能。于是,设计就不断地演化出新的系统。因此,这个模型也可看作是重复执行的多个"瀑布模型"。

(1) 演化模型的优点。演化模型与瀑布模型比更适应人们对新技术的认知和掌握规律,逐步完善管理信息系统的功能与性能,最终形成用户需要的高质量的软件系统。降低了研发过程中不确定因素导致的失败风险,提供机会去采取早期的预防措施,增加项目成功的概率。还可以早期建立产品开发的配置管理,产品构建(build),自动化测试,缺陷跟踪,文档管理。均衡整个开发过程的负荷。

(2) 演化模型的缺点。如果所有的产品需求在一开始并不完全弄清楚的话,会给总体设计带来困难及削弱设计产品的完整性,并因而影响产品性能的优化及产品的可维护性。同时,如果缺乏严格的过程管理的话,这个生命周期模型很可能退化为一种原始的无计划的“试-错-改”模式。无法预知最终软件系统的功能与性能,没有明确的系统目标,最终造成研发项目收尾困难。

3. 螺旋模型

螺旋模型是巴利・玻姆(Barry Boehm)于1988年提出的管理信息系统研发方法,这种方法采用了周期性的方法进行管理信息系统研发,有机地将瀑布模型和快速原型模型结合起来,充分发挥这两种模型的优点,最大限度地避免两者的弱点,强调了其他模型所忽视的风险分析,特别适合于大型复杂的系统,其研发过程如图3-6所示。

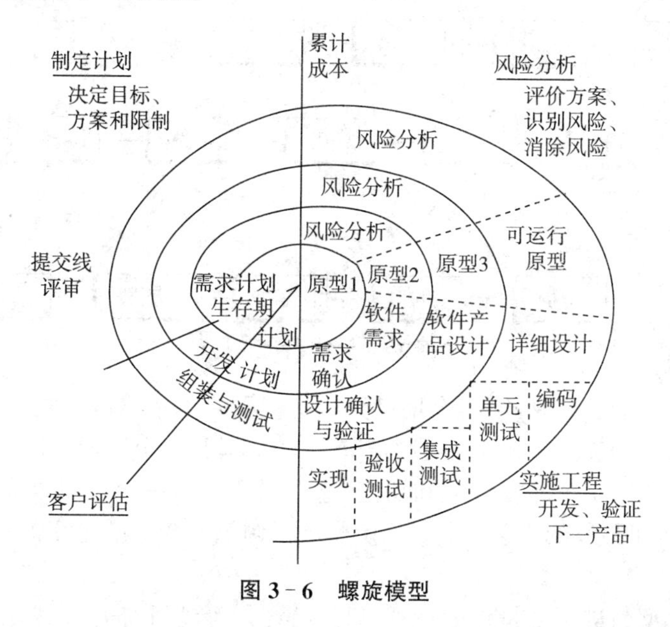

图3-6　螺旋模型

管理信息系统研发的风险是软件开发不可忽视且潜在的不利因素,它可能在不同程度上损害软件开发过程,影响软件产品的质量。减小软件风险的目标是在造成危害之前,及时对风险进行识别及分析,决定采取何种对策,进而消除或减少风险的损害。螺旋模型强调风险分析,使得开发人员和用户对每个演化层出现的风险有所了解,继而做出应有的反应。该方法具有如下特点:

(1) 以小的分段来构建大型系统,设计上的灵活性,可以在项目的各个阶段进行变更,同时成本计算变得简单容易。

(2) 用户始终参与研发的每个阶段,确保项目不偏离正确方向,提高了项目的可控性。随着项目推进,用户始终掌握项目的最新信息,从而他或她能够和管理层有效地交互。同时研发团队内部,以及研发方与应用方带来良好的沟通,可能提高产品软件系统的质量。

螺旋模型很大程度上体现了研发过程中风险驱动体系,在每个阶段之前及经常发生的循环之前,都必须首先进行风险评估,然后确定下一步的工作。

4. 增量模型

增量模型融合了瀑布模型的基本成分(重复应用)和原型实现的迭代特征,该模型采用随着日程时间的进展而交错的线性序列,每一个线性序列产生软件的一个可发布的“增量”,如下图3-7所示。增量模型与原型实现模型和其他演化方法一样,本质上是迭代的,但与原型实现不一样的是其强调每一个增量均发布一个可操作产品。早期的增量是最终产品的“可拆卸”版本,但提供了为用户服务的功能,并且为用户提供了评估的平台。

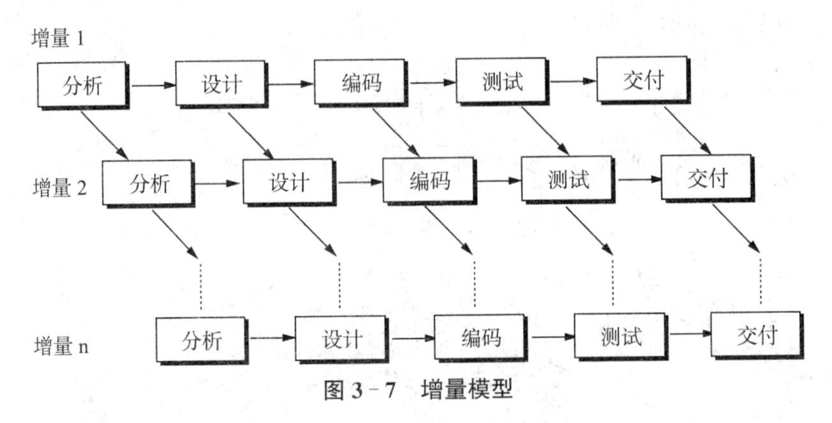

图3-7 增量模型

当使用增量模型时,第1个增量往往是核心的产品,即第1个增量实现了基本的需求,还有很多的特征还没有发布。用户对每一个增量的使用和评估都作为下一个增量发布的新特征和功能,这个过程在每一个增量发布后不断重复,直到产生了最终的完善产品。增量模型强调每一个增量均发布一个可操作的产品。

增量模型引进了增量包的概念,研发者无须等到所有需求都出来,只要依据用户提出的某个需求的增量包即可进行开发。虽然这些增量包可能还需要进一步适应客户的需求并且更改,但只要这个增量包足够小,其影响对整个项目来说是可以承受的。

(1) 增量模型的优点。人员分配灵活,刚开始不用投入大量人力资源。如果核心产品很受欢迎,则可增加人力实现下一个增量。当配备的人员不能在设定的期限内完成产品时,它提供了一种先推出核心产品的途径。这样即可先发布部分功能给客户,对客户起到镇静剂的作用。此外,增量能够有计划地管理技术风险。

(2) 增量模型的缺点。管理信息系统各个构件是逐渐并入已有的软件体系结构中的,因此,后加入的构件必须不破坏已构造好的系统部分,这需要软件开发平台与已经形成的软件系统必须具备开放式的体系结构。在开发过程中,增量模型必须灵活地适应用户需求的变化,系统边界确定困难,从而难于控制系统的整体性。如果增量包之间存在相交的情况且未很好处理,则必须做全盘系统分析。这种模型将功能细化后,适应于需求经常改变的软件开发过程。

5. 喷泉模型

喷泉模型是一种以用户需求为动力,以对象为驱动的模型,适用于采用对象技术的软件开发项目。该模型的软件开发过程是自下而上周期地将各阶段相互迭代,并达到无间隙的。也就是说在研发过程中,软件的某个部分常常被重复工作多次,相关对象在每次迭代中随之加入渐进的软件成分。在管理信息系统研发各项活动之间无明显边界,如分析和设计活动之间没有明显的界线,由于对象概念的引入,表达分析、设计、实现等活动只用对象类和关系,从而可以较为容易地实现活动的迭代和无间隙,使其开发自然地包括复用,如图 3-8 所示。

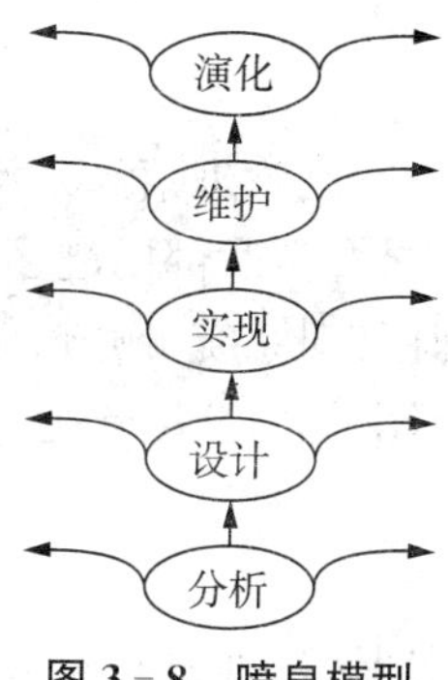

图 3-8 喷泉模型

喷泉模型不像瀑布模型那样,需要分析活动结束后才开始设计活动,设计活动结束后才开始编码活动。该模型的各个阶段没有明显的界线,开发人员可以同步进行开发。

(1) 喷泉模型的优点。可以提高软件项目开发效率,节省开发时间,适应于面向对象的软件开发过程。

(2) 喷泉模型的缺点。由于各个开发阶段重叠,需要大量的开发人员,因此不利于项目的管理。此外,面对随时加入各种信息、需求与资料,要求严格管理、审核文档难度加大。

3.3 管理信息系统研发方法的选择

管理信息系统研发方法的存在都有合理性和适用性,不同方法往往具有不同的应用前提条件或研发背景,也就是说各个方法有其独特的一面,也不存在完全通用的方法。所以选用好的开发方法,可以提高系统研发质量和速度,还能降低研发成本与风险。

3.3.1 选择依据

选择管理信息系统研发方法的依据有许多因素，这不仅是管理信息系统研发历时长、影响深、投资大，而且需要多个部门协调、多种人员配合，除非是为某一部门的某些业务提供服务的简单小系统的研发，可以很方便地选用某一研发方法。对于企业或组织全局层面的管理信息系统研发都需要充分考虑管理系统的稳定性、复杂度和技术等多种因素。

1. 管理系统稳定因素

所有管理系统都在动态发展和时刻变化之中，管理系统稳定往往是相对的，而变化是绝对的。在管理信息系统研发过程中需要其管理系统稳定，只有这样才能明确系统功能、结构和目标。管理系统越不稳定，研发过程越短，需要提供新系统的时间越短。

2. 管理系统复杂因素

管理系统的复杂程度直接影响到管理信息系统研发方法的选择，系统越复杂，研发时间越长、需要资源、人员和涉及部门越多，研发过程的资源配置、部门协调和进度计划越困难。这时往往对系统分解成子系统，同时采用多种开发方法。但是在管理信息系统研发团队内需要制定更加详细的工作计划和管控措施。

3. 技术因素

技术的载体是人与物。也就是说，通过相关人员技术能力去正确理解和运用其研发方法；通过信息技术的对应装备实现其功能，满足用户的需求。研发团队的技术水平越高，研发方法可选择机会越多，否则，需要加大培训力度，增加研发时间，影响研发系统的质量。

4. 其他因素

影响管理信息系统研发方法选择的因素还有很多，在实际研发方法选择时机根据具体情况确定。例如企业组织结构越复杂，管理信息系统研发过程中需要系统分析越具体；企业对信息化的认识不足，往往会导致研发后交付使用的信息系统不能发挥其应有的作用；数据越混乱研发难度越大。

3.3.2 选择方法

管理信息研发很难做出最佳的选择，这不是其研发方法种多的原因，而是其方法选择的重要依据不稳定，也就是说选择研发方法的因素会变化。因此，其选择方法只能是一个相对合理。有时会把相关方法结合使用。

管理信息系统研发活动的起点是组织研发团队，或该团队接受研发任务。然后考虑研发方法的选用。在研发方法选择时，需要充分考虑研发方法的特点和所接受研发任务的特点，分析影响管理信息系统研发成败的关键因素。一般情况下按管理信息系统的研发过程，可以参考表 3－1 所示要求。

在选择管理信息系统开发方法时，表 3－1 提供的方法往往是方向性的参考。事实上，随着信息技术的快速发展，面向对象的方法已经成为管理信息系统研发的首选，而且尽可能地使用 CASE 提供的工具，帮助管理信息系统研发过程中的标准化、规范化的实现，提高研发档案产生的效率和效应。

表 3－1 按研发过程选择

因素 研发方法	稳定性	复杂性	其他
生命周期法 ↓ 原型法	稳定 ↓ 不稳定	复杂 ↓ 简单	1. 管理系统的数据比较完整、可靠的情况下，可以选择面向数据方法(FD) 2. 管理系统的需求明确，功能固定且简单，可以选择面向功能的方法(FO) 3. 在研发管理过程中尽可能采用计算机辅助软件工程(CASE)

本章小结

本章简要地介绍了管理信息系统研发的基础条件、需要遵守的原则和一般过程。重点介绍了 SSA&D、原型法、OOA&D 和 CASE 等管理信息系统研发方法，并探索性地陈述了管理信息系统研发方法选择依据与方法，为信息系统研发人员更高效地开发管理信息系统应用软件提供参考

思考题

1. 名词解释

(1) 生命周期法　　(2) 原型法　　(3) 面向对象的系统分析与设计

(4) CASE 方法　　(5) 螺旋模型　　(6) 结构化系统分析与设计

2. 问答题

(1) 研发管理信息系统需要具备什么条件?

(2) 研发管理信息系统遵循哪些原则?

(3) 描述管理信息系统研发的过程。

(4) SSAD 与原型法各有何优缺点?

(5) 管理信息系统研发主要有哪些方法? 各有何特点?

(6) 如何选择管理信息系统研发方法?

4 系统规划

4.1 系统规划概述

系统规划是对企业或组织总的信息系统目标、战略、信息系统资源和开发工作的一种综合性计划,是决策者、管理者和开发者共同制定和共同遵守的建立信息系统的纲领。进行系统规划,就是要根据企业的目标和发展战略以及信息系统建设的客观规律,考虑企业面临的内外环境,科学地制定信息系统的发展战略、总体方案,并以此合理安排系统建设的进程。

4.1.1 信息系统发展规律

1. 诺兰模型

美国管理信息系统专家诺兰(NoLan)通过对200多个公司、部门发展信息系统的实践和经验的总结,提出了著名的信息系统进化的阶段模型,即诺兰模型,如图4-1所示。

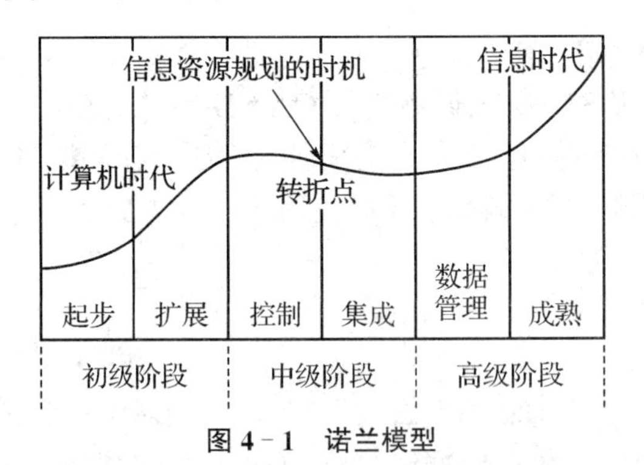

图4-1 诺兰模型

1) 概述

计算机应用到一个组织的管理中,一般要经历从初级到不断成熟的成长过程,诺兰于1973年总结了这一规律,并于1980年进一步进行了完善,形成了所谓的诺兰阶段模型。

诺兰在其《数据处理过程中的风险管理》一文中指出,数据处理的发展包括技术和应用的发展、计划和控制的战略变化以及用户的参与程度变化。在数据处理发展的阶段中,他描述了一条不可逾越的学习曲线。诺兰认为,组织有必要了解与每一发展阶段相关的成长特点。由于每个发展阶段都与某一学习过程相互关联,因而是不可逾越的,了解这种曲线有利于帮助组织有效地实施信息化建设。

2）诺兰模型的六阶段

诺兰认为,任何组织由手工信息系统向以计算机为基础的信息系统发展时,都存在着一条客观的发展道路和规律。数据处理的发展涉及技术的进步、应用的拓展、计划和控制策略的变化以及用户的状况四个方面。1979 年,诺兰将计算机信息系统的发展道路划分为六个阶段。诺兰强调,任何组织在实现以计算机为基础的信息系统时都必须从一个阶段发展到下一个阶段,不能实现跳跃式发展。

诺兰模型的六个阶段分别是:初始阶段、普及阶段、控制阶段、集成阶段、数据管理阶段和成熟阶段。

(1) 第一阶段:初始阶段

组织引入了像管理应收账款和工资这样的数据处理系统,各个职能部门(如财务)的专家致力于发展他们自己的系统。人们对数据处理费用缺乏控制,信息系统的建立往往不讲究经济效益。用户对信息系统也是抱着敬而远之的态度。

(2) 第二阶段:普及阶段

信息技术应用开始扩散,数据处理专家开始在组织内部鼓吹自动化的作用。这时,组织管理者开始关注信息系统方面投资的经济效益,但是实质的控制还不存在。

(3) 第三阶段:控制阶段

出于控制数据处理费用的需要,管理者开始召集来自不同部门的用户组成委员会,以共同规划信息系统的发展。管理信息系统成为一个正式部门,以控制其内部活动,启动了项目管理计划和系统发展方法。目前的应用开始走向正规,并为将来的信息系统发展打下基础。

(4) 第四阶段:集成阶段

这时,组织从管理计算机转向管理信息资源,这是一个质的飞跃。从第一阶段到第三阶段,通常产生了很多独立的实体。在第四阶段,组织开始使用数据库和远程通信技术,努力整合现有的信息系统。

(5) 第五阶段:数据管理阶段

信息系统开始从支持单项应用发展到在逻辑数据库支持下的综合应用。组织开始全面考察和评估信息系统建设的各种成本和效益,全面分析和解决信息系统投资中各个领域的平衡与协调问题。

(6) 第六阶段:成熟阶段

中上层和高层管理者开始认识到,管理信息系统是组织不可缺少的基础,正式的信息资源计划和控制系统投入使用,以确保管理信息系统支持业务计划。信息资源管理的效用充分体现出来。做一条学习曲线,深入地理解这条学习曲线,将会有助于组织更有效地管理这个进化过程。

诺兰阶段模型总结了发达国家信息系统发展的经验和规律。一般认为模型中的各阶段都是不能跳跃的。因此,无论是在确定开发管理信息系统的策略,还是在制定管理信息系统规划的时候,都应首先明确本单位当前处于哪一生长阶段,进而根据该阶段特征来指导MIS建设。

2. 米歇尔模型

在诺兰模型的基础上,20世纪90年代由米歇尔(Mischel)提出的管理信息系统建设的米歇尔模型更能够反映当代信息技术发展的新特征。

米歇尔对诺兰模型提出了补充意见,他认为:在诺兰模型中,作为前后两个阶段的集成阶段与数据管理阶段其实是不可分割的,集成阶段的实质和主要特征恰恰就是以数据集成为核心的数据管理。因此米歇尔模型认为信息化的一般路径是由起步、增长、成熟和更新这样四个阶段所构成,如图4-2所示。

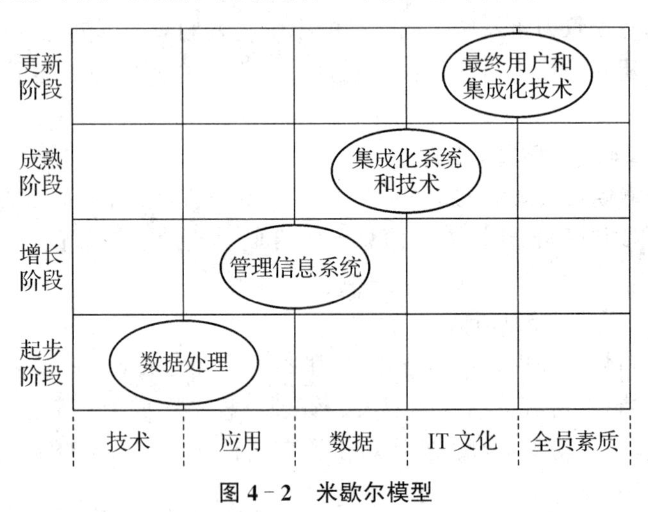

图4-2 米歇尔模型

3. 渐进模型

渐进模型基于C. E. 林德布罗姆的"渐进调适(The Science of Muddling Through)的科学"理论,要求决策者必须保留对以往政策的承诺;政策制定要以现行政策为基础,不能推倒重来;注重研究现行政策的缺陷;注重对现行政策的修改与补充,以弥补现行政策的缺陷。

渐进模型同时又强调微调,强调目标与方案之间的相互调适不是一步到位、一劳永逸的,要注意反馈调节,不断微调。各政策主体通过妥协调适、良性互动实现政策的动态均衡,渐进调适,探索前进,直至满意或达到目标。

4.1.2 系统规划的任务与原则

1. 系统规划的任务

(1) 制定管理信息系统的发展策略

管理信息系统的发展策略必须与整个企业的策略目标协调一致。制定管理信息系统的发展策略时,首先要分析企业的目标和发展策略时,评估现行信息系统的功能、环境和应用状况;然后在此基础上确定管理信息系统的发展方向,制定其目标及相关政策。

(2) 制定管理信息系统的整体方案,安排项目开发计划

在调查分析企业信息需求的基础上,提出管理信息系统的整体结构方案。根据发展策略和管理信息系统整体结构方案,确定系统和应用项目的开发次序及时间安排。

(3) 制定管理信息系统建设的资源分配计划

提出执行开发计划所需要的硬件、软件、技术人员、资金等资源以及整个系统建设的概算,进行可行性分析。

2. 系统规划的原则

管理信息系统的规划应遵循如下原则:

(1) 支持企业的总体目标

企业的策略目标是系统规划的出发点。系统规划从企业目标出发,分析企业管理的信息需求,逐步导出管理信息系统的战略目标和总体结构。

(2) 满足企业各管理层次的要求

系统规划针对战略层、控制层和业务层这三个不同管理层的活动了解信息需求,特别注意对管理会产生影响的决策支持。

(3) 摆脱管理信息系统对组织机构的依从性

首先着眼于企业执行。企业最基本的活动和决策可以独立于任何管理层和管理职责。对企业运营过程的了解往往从现行组织机构入手,但只有摆脱对它的依从,才能提高管理信息系统的应变能力。

(4) 在系统结构上有良好的整体性

管理信息系统的规划和执行的程序大体上是一个"自上而下规划,自下而上执行"的过程。系统规划采取自上而下的方法,可保证系统结构的整体性和信息的一致性。

(5) 便于实施

系统规划应给后续工作提供必要的指导,要便于实施。宜选择最经济、简单、易于执行的方案。技术方法强调实用,不片面崇洋媚外、盲目求新。

4.1.3 系统规划的一般过程

系统规划是一个复杂过程,需要遵循系统工程的方法,逐步完成。系统规划的一般过程如图4-3所示。

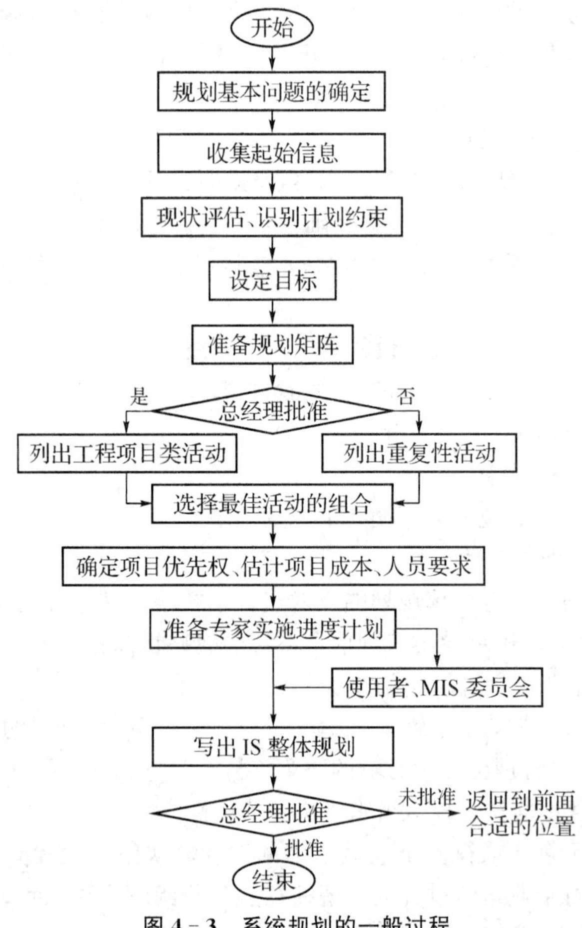

图4-3 系统规划的一般过程

(1) 规划基本问题的确定

应包括规划的年限、规划的方法、是集中式还是分布式规划以及是进取型还是保守型规划的确定。

(2) 收集起始信息

包括从各级主管、同行业的其他企业、本企业内部、各种文件以及书籍和杂志中收集信息。

(3) 现状评估和识别计划约束

包括目标、系统开发方法、计划活动、现存硬件及其质量、信息部门人员、执行和控制、资金、安全措施、人员经验、手续和标准、中期和长期优先级、外部和内部关系、现存软件和质量以及企业的文化和道德状况。

(4) 设定目标

这实际上应由总经理和管理信息系统委员会来设定，它应包括服务的质量和范围、政策、组织以及人员等。它不仅包括管理信息系统的目标，还应有整体企业的目标。

(5) 准备规划矩阵

这实际上是管理信息系统规划内容之间的相互关系所组成的矩阵。这些矩阵列出后，实际上就确定了各项内容以及它们执行的优先级。

(6) 选择最佳活动的组合

确定这些活动是一次性的工程项目性质的活动，还是一种重复性的经常进行的活动。由于资源有限，不可能所有项目同时进行，只有选择一些最优的项目先进行，要正确选择工程类项目和日常重复类项目的比例，正确选择风险大的项目和风险小的项目的比例。

(7) 确定项目优先权、估计项目成本、人员要求

以此可编制项目总的执行进度计划，然后把策略长期规划书写成书面格式，在此流程中还要不断与用户、信息系统工作人员以及管理信息系统委员会的主管交换意见。

(8) 总经理批准

写出的规划要经总经理的批准才能生效，并声明策略规划任务的完成。如果总经理没批准，只好再重新进行规划。

4.1.4　系统规划的主要方法

用于管理信息系统规划的方法有很多种。在管理信息系统发展的过程中，许多学者从不同的角度提出不同的系统规划方法，主要有企业系统规划法、关键成功因素法、战略数据规划法等。

1. 企业系统规划法

企业系统规划(Business System Planning，简称 BSP)法是 IBM 在 20 世纪 70 年代提出的，旨在帮助企业制定管理信息系统的规划，以满足企业近期和长期的信息需求。它较早运用面向过程的管理思想，是现阶段影响最广的方法。它自上而下识别系统目标、企业过程和数据，然后再自下而上设计系统以支持目标，如图 4－4 所示。

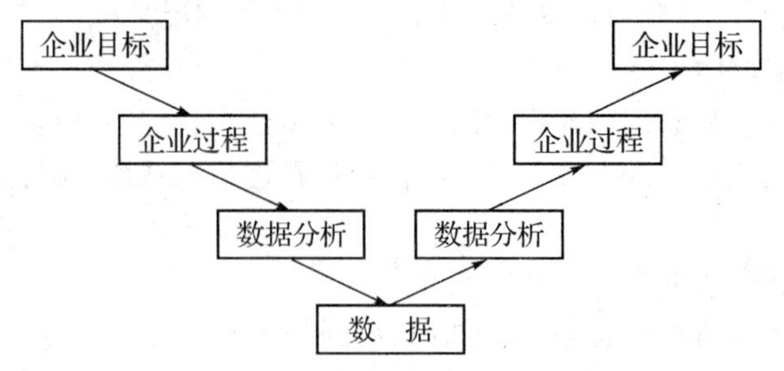

图4-4 企业系统规划法示意图

(1) 概述

BSP法是把企业目标转化为信息系统(IS)规划的全过程。它支持的目标是企业各层次的目标,其工作步骤如图4-5所示。

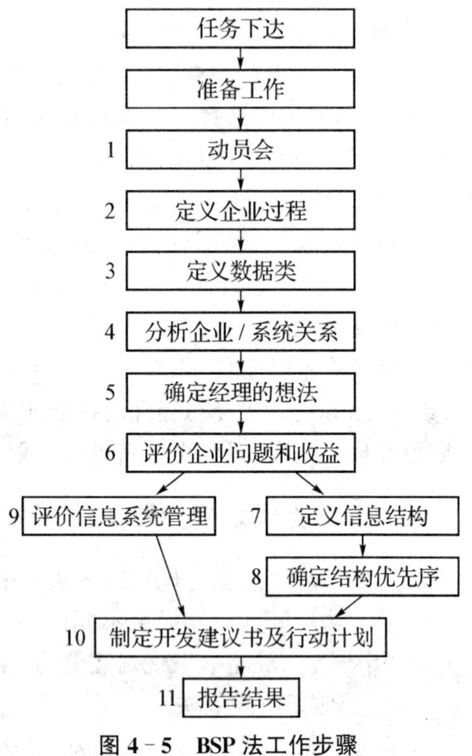

图4-5 BSP法工作步骤

进行BSP工作是一项系统工程性工作,要很好地准备。准备工作包括接受任务和组织队伍。一般接受任务是由一个委员会承担。这个委员会要明确规划的方向和范围,在委员会下应有一个系统规划组,其组长应全时工作并具体参加规划活动。委员会委员和系统组成员思想上要明确"做什么"(What)、"为什么做"(Why)、"如何做"(How)以及"希望达到的目标"是什么。要准备必要的条件:一个工作控制室、一个工作计划、一个采访交谈计划、一个最终报告的提纲,还有一些必要的经费。所有这些均落实后,还要得到委员会主任的认可。在这里我们要再强调一下准备工作,如果准备工作没做好,不要仓促上阵。我国许多企业现在仍存在未认真做准备工作就上马管理信息系统的情况,结果是欲速则不达,危害整个工程。

BSP法的基本思路是要求所建立的管理信息系统支持企业目标;表达所有管理层次的要求;向企业提供一致性信息;对组织机构的变革具有适应性实质。

BSP法从企业目标入手,逐步将企业目标转化为管理信息系统的目标和结构,从而更好地支持企业目标的实现。

(2) BSP法的作用

BSP法是一种能够帮助规划人员根据企业目标制定出MIS战略规划的结

构化方法。通过这种方法可以做到：

①确定未来信息系统的总体结构，明确系统的子系统组成和开发子系统的先后顺序。

②对数据进行统一规划、管理和控制，明确各子系统之间的数据交换关系，保证信息的一致性。

BSP 法的优点在于利用它能保证信息系统独立于企业的组织机构，使信息系统具有对环境变更的适应性。即使将来企业的组织机构或管理体制发生变化，信息系统的结构体系也不会受到太大的冲击。

(3) BSP 法的基本原则

①必须支持企业的战略目标。

②应当表达出企业各个管理层次的需求。

③应该向整个企业提供一致性信息。

④应该经得起组织机构和管理体制变化。

⑤先"自上而下"识别和分析，再"自下而上"设计。

(4) BSP 法在应用中存在的问题

①BSP 法的核心是识别企业过程，在识别阶段，由于过于注重局部，没有强调从全局上描述整个企业业务流程，因此不能保证功能的完整性和整体性。在定义数据类时，比较常用的是分析每一过程使用什么数据，产生什么数据，同样没有从全局上考虑整个数据流程，无法保证数据的一致性和数据流程的畅通性。

②BSP 在需求分析阶段带有一定的盲目性，例如在识别企业过程时，它要求尽可能地列出更多的过程，不管这些过程是否符合逻辑，大小是否一致，而这一点正是后期合并和调整过程阶段浪费时间的原因，列出的过程过多、过于琐碎导致分析矩阵过大而难以对其进行分析，也因此增加了对企业问题的评价和子系统划分的难度。

③由于信息系统开发时间长，在此期间企业某些生产方式和管理方式可能会发生变化，原有的信息系统需求计划没有充分考虑到这一点，导致在系统开发阶段又反复修改需求计划，浪费大量的人力物力。

2. 关键成功因素法

(1) 概述

关键成功因素(Key Success Factors，简称 KSF)法是信息系统开发规划方法之一，于 1970 年由哈佛大学教授 William Zani 提出。

关键成功因素是在探讨产业特性与企业战略之间关系时常使用的概念，是指结合本身的特殊能力，对应环境中重要的要求条件，以获得良好的绩效。

关键成功因素法是以关键因素为依据来确定系统信息需求的一种 MIS 总体规划方法。在现行系统中，总存在着多个变量影响系统目标的实现，其中若干个因素是关键的和主要的(即成功变量)。通过对关键成功因素的识别,找出实现目标所需的关键信息集合,从而确定系统开发的优先次序。

在这里关键成功因素指的是对企业成功起关键作用的因素。关键成功因素法就是通过分析找出使得企业成功的关键因素,然后再围绕这些关键因素来确定系统的需求并进行规划。

(2) 关键成功因素的来源

关键成功因素的重要性置于企业其他所有目标、策略和目的之上,寻求管理决策层所需的信息层级,并指出管理者应特别注意的范围。若能掌握少数几项关键因素(一般关键成功因素有5～9个),便能确保相当的竞争力,它是一组能力的组合。如果企业想要持续成长,就必须对这些少数的关键领域加以管理,否则将无法达到预期的目标。即使是同一个产业中,企业也会存在不同的关键成功因素。关键成功因素有四个主要的来源:

①个别产业的结构

不同产业因产业本身特质及结构的不同,而有不同的关键成功因素,此因素决定于产业本身的经营特性,该产业内的每一公司都必须注意这些因素。

②竞争策略、产业中的地位及地理位置

企业的产业地位是由过去的历史与现在的竞争策略所决定的,在产业中每一公司因其竞争地位的不同,其关键成功因素也会有所不同。对于由一或两家大公司主导的产业而言,领导厂商的行动常为产业内小公司带来重大的影响,所以对小公司而言,大公司竞争者的策略可能就是其生存竞争的关键成功因素。

③环境因素

外在因素(总体环境)的变动会影响企业关键成功因素。如在市场需求波动大时,存货控制可能就会被高阶主管视为关键成功因素之一。

④暂时因素

暂时因素大部分是因企业内特殊的理由而引起,是在某一特定时期对企业的成功产生重大影响的活动领域。

(3) 关键成功因素的确认方法

①环境分析法

包括将要影响和正在影响产业或企业绩效的政治、经济、社会等外在环境的力量,换句话说,即重视外在环境的未来变化比公司或产业的总体变化来得重要。此方法实际应用到产业或公司上会产生困难。

②产业结构分析法

应用Porter所提出的产业结构五力分析模型作为此分析法的基础。此架构由五个要素构成,每一个要素和要素间关系的评估可提供分析者客观的数据,以确认及检验产业的关键成功因素。产业结构分析法的一个优点是此架构提供一个很完整的分类，另一个优点则是以图形的方式找出产业结构要素及其间的主要关系。

③产业/企业专家法

向产业专家、企业专家或具有知识与经验的专家请教，除可获得专家累积的智慧外，还可获得客观数据中无法获得的信息。此方法因缺乏客观的数据导致实证或验证上的困难。

④竞争分析法

分析公司在产业中应该如何竞争，以了解公司面临的竞争环境和态势。研究焦点的集中可以提供更详细的资料，且深度的分析能够有更好的验证性，但其发展受到特定的限制。

⑤产业领导厂商分析法

该产业领导厂商的行为模式可当作产业关键成功因素重要的信息来源，因此对领导厂商进行分析，有助于确认关键成功因素。此方法对于其成功的解释仍会受到限制。

⑥企业本体分析法

此方法乃针对特定企业，对某些构面进行分析，如优劣势评估、资源组合、优势稽核及策略能力评估等。虽然透过对各功能的扫描确实有助于关键成功因素的发展，但实在耗费时间且数据相当有限。

⑦突发因素分析法

此方法亦是针对特定企业，透过对企业相当熟悉的专家协助。此方法虽然较主观，却常能揭露一些其他传统客观技术无法察觉到的关键成功因素，且不受功能的限制，甚至可以获得一些短期的关键成功因素。不过这些短期的关键成功因素难以验证。

⑧市场策略对获利的影响分析法

针对特定企业，以 PIMS(Profit Impact of Market Strategy)研究报告的结果进行分析。此方法的主要优点为其实验性基础，而缺点在于“一般性的本质”，即无法指出这些数据是否可直接应用于某一公司或某一产业，也无法得知这些因素的相对重要性。

(4) 关键成功因素法的步骤

①确定企业或 MIS 的战略目标。

②识别所有的成功因素。主要是分析影响战略目标的各种因素和影响这些因素的子因素。

③确定关键成功因素。不同行业的关键成功因素各不相同，即使是同一个行业的组织，由于各自所处的外部环境的差异和内部条件的不同，其关键成功因素也不尽相同。

④明确各关键成功因素的性能指标和评估标准。

关键成功因素法的优点是能够使所开发的系统具有很强的针对性,能够较快地取得收益。应用关键成功因素法需要注意的是,当关键成功因素解决后,又会出现新的关键成功因素,就必须再重新开发系统。

行业关键成功因素是在竞争中取胜的关键环节。可以通过判别矩阵的方法定性识别行业关键成功因素。其具体操作过程是采取集中讨论的形式对矩阵中每一个因素打分,一般采用两两比较的方法,如果 A 因素比 B 因素重要就打 2 分,同样重要就打 1 分,不重要就打 0 分。在对矩阵所有格子打分后,横向加总,依次进行科学的权重分配。一般权重最高的因素就成为行业关键成功因素。下表为运用判别矩阵的方法设计的行业关键成功因素分析表。

表 4-1 行业关键成功因素分析表

得分矩阵	权重
A 因素得分矩阵 =(1,1,2,0)	权重 = 0.25
B 因素得分矩阵 =(1,1,2,0)	权重 = 0.25
C 因素得分矩阵 =(0,0,1,0)	权重 = 0.062 5
D 因素得分矩阵 =(2,2,2,1)	权重 = 0.437 5(因素 D 为行业关键成功因素)

3. 战略数据规划法

1) 概述

所谓战略数据规划(Strategic Data Planning,简称 SDP)就是指遵循数据库的规则,挖掘信息以及信息间的规律,经过科学的规划和设计,建立面向实际业务的数据库系统结构,以保证数据的准确性、一致性和安全性,增进信息共享,方便实际应用的过程。

在传统工业企业内,战略数据规划主要是对管理型信息的规划,是伴随企业信息系统集成而产生的全局性规划。其目的是通过明确的信息资源管理标准从根本上治理混乱的企业信息环境,解决“信息孤岛”现象,提高信息共享水平,从而方便信息系统的开发和 IT 系统的建设,最终提高信息价值。在这个过程中产品型信息的规划很少或仅仅占据了整个企业信息资源的一小部分。

在信息服务企业内,产品型信息是企业的战略资源,战略数据规划主要是对产品型信息的规划。因为信息服务业的核心商业资源就是信息资源,战略数据规划会直接影响到企业的市场及商业战略,所以其战略信息规划必须着眼于建立高档次的企业信息环境,必须具有全局性的观点、整体性的策略和统一的标准。规划不是单个部门的调整和变革,它涉及企业的多个部门和环节,是企业级的战略规划。

2) 战略数据规划的提出

明确提出“战略数据规划”这一概念的是美国的詹姆斯·马丁(James Martin)教授。他认为:战略数据规划是通过一系列步骤来建造组织的总体数据模型,而总体数据模型是按实体集群划分、针对管理目标、由若干个主题数据库概念模型构成的统一体,在实施战略上既有集中式又有分布式,分期分批地进行企业数据库构造。按照马丁对战略数据规划的定义,战略数据规划的概念应当涵盖如下内容:

①是一个实体集群;

②是由主题数据库构成的概念模型;

③是针对企业经营管理目标的;

④应对数据的分布有所考虑;

⑤应对实施的进度和步骤有所安排。

应当说,马丁所提出的战略数据规划是针对整个组织,而不仅仅是针对组织中特定信息系统建设的,但对于这一点,Martin 教授也并没有明确指出。随后人们在使用这一概念和方法时,也没有关注这一点,而是把精力过多地集中于方法的技术层面,以致出现了各种各样的对战略数据规划的理解和认识。最为突出的是把战略数据规划仅仅看作针对组织内部某一特定信息系统建设的规划。比如认为:总体数据规划是 MIS 建设的重要组成部分,总体数据规划是系统设计中的重要一环。如此,将战略数据规划的概念限制于组织的某一特定信息系统,把人们的思维更多地限制在了采用什么样的技术来进行数据规划上,而较少地从管理和逻辑概念层次上对组织的信息进行考虑和优化。同时由于仅仅是对某一信息系统的规划,对组织需要的众多信息系统缺乏全盘考虑,从而导致不同信息系统之间数据格式不一、数据冗余等问题。这在一定程度上,制约了组织的信息化进程。

3) 战略数据规划的过程

马丁指出,系统规划的基础内容包括三个方面:企业业务战略规划、企业信息技术战略规划、企业数据战略规划。

战略数据规划的工作步骤包括(如图 4-6 所示):

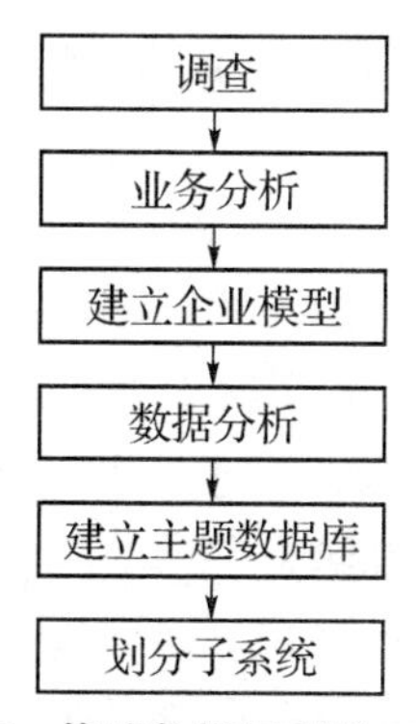

图 4-6　战略数据规划的工作步骤

(1) 进行业务分析,建立企业模型

①由系统分析员向企业中各层管理人员、业务人员进行调查。

②在调查的基础上进行业务分析,分析企业的现行业务及逻辑关系。

③通过业务分析,建立起企业模型。

(2) 进行数据分析,建立主题数据库

在具体操作上,又可分为两个阶段:

①信息过滤

对大量来自系统内外的各种信息进行过滤,识别出对系统有用的信息。

②主题数据库定义

信息过滤后,从全局出发,根据管理需求将信息按照不同的主题进行"分类",然后定义每一个主题数据库。

(3) 划分子系统

根据主题数据库和业务过程,来规划新系统。整个系统划分为若干个子系统,子系统之间通过主题数据库实现信息的交换。

4) 战略数据规划的内涵

战略数据规划是针对整个组织的数据规划,而不仅仅是针对组织中某一特定信息系统建设所需数据的规划。一方面,组织出于各种不同的目的和用途,需要建设各种不同的信息系统,如财务管理系统、库存管理系统、生产管理系统等,如果仅仅是在这些各不相同的系统建设之时才对这些特定的信息系统所需的数据进行规划,那么势必会导致组织内系统数据收集困难,系统之间数据格式不一、数据共享性差、数据冗余等一系列的问题。另一方面,通过战略数据规划,对组织的信息侧面进行较为透彻的分析,可以为组织的信息化打下良好的基础。

战略数据规划的结果——整个组织或决定组织目标实现的几个关键部门的信息模型,是整个组织的一个侧面。其与组织的业务模型是对同一事物从信息和业务两个方面进行的描述,二者相辅相成,同等重要。分析信息模型离不开业务模型,分析业务模型同样也离不开信息模型。

整个组织的信息模型建立之后,组织为满足某一特定目的而要建设的信息系统可以在这一信息模型的基础上,根据组织的实际情况,有目的、有计划、有步骤地完成。可以说,组织战略数据规划是组织信息化的前提和基础。

战略数据规划是在概念和逻辑层次上对组织的数据进行规划,不考虑物理层的实现问题。战略数据规划的结果绝不是一个数据库系统。而实际上,建设一个针对全组织的完全统一的数据库系统也是极不现实的。马丁就指出:20世纪60年代后期,曾经出现过一种梦想,企图建立一种完全统一的数据库,这种完全一体化的数据库后来被证明根本不能工作,为大企业建立一个统一的整体数据库系统的任务,其复杂程度简直是难以想象的。在当时,这样的任务已经远远超出了任何一个设计单位的能力，即使能够设计出一个这样的系统，从机器的性能考虑，它也无法进行工作(除非在一个小型的企业中)。

所以，战略数据规划不是要建立一个覆盖全组织的数据库系统，而是通过对组织的信息过程的分析，对整个组织的数据进行规划，分析组织中适应组织目标的各种信息及各种信息之间的关系，建立一个符合组织性质，适应组织目标，进行了一定优化的组织信息模型，为今后进行组织的信息系统建设打下良好的基础。

5）战略数据规划法述要

(1)“必须有最高层管理人员介入”

马丁在《战略数据规划方法学》一书的前言中指出：“虽然许多企业早已认识到对信息资源进行规划的必要性，但很少有人知道如何实现这样的规划。某些咨询公司强调了制定这类规划的重要性，但又拿不出什么有效的办法来指导所需信息资源的设计。”按照马丁的观点，一个企业要搞信息化，首要任务应该是在企业战略目标的指导下做好企业战略数据规划，不要急着去购置设备、马上组织软件开发和上网。一个好的企业战略数据规划应该是构成企业核心竞争力的重要因素，它具有非常明显的异质性和专有性，将成为企业在市场竞争中的制胜法宝。

我国许多企业的领导虽然也知道搞好企业战略数据规划的重要性，但却又总是搞不好。这是为什么呢？问题就出在认识上。一些企业领导往往把战略数据规划看作一项具体的业务工作，认为只要安排给业务部门去做就万事大吉了。其实，这种认识和做法是不正确的。马丁指出：“在 20 世纪 70 年代，人们就已看清，对企业和其他组织而言，计算机化的信息乃是具有很高价值的资源。人们还看清了，这种信息资源的开发必须有来自最高层的规划，而实施这样的规划又迫切需要一套正规化的，并且最好是与数据库设计相联系的易于用计算机处理的方法学。”马丁的结论是：企业战略数据规划“必须有最高层管理人员介入”，“必须在最高层制定总体规划”。

一个企业的战略数据规划其实就是企业总体发展战略的视图和窗口，二者在本质上应是一致的。而企业总体发展战略只有企业最高层管理人员才能了解和把握。如果企业的部门业务人员在没有企业高层的指导和介入的条件下关起门去做企业战略数据规划，必然造成企业的战略数据规划与企业总体发展战略成为两层皮。显然，用这样的战略数据规划来指导企业的信息化，就不会产生好的结果。

(2) 重在沟通

当今，信息技术发展快速，日新月异。由此形成了信息技术人员与企业的其他成员在专业上的鸿沟，有人用“无形的城堡”来形容这种状况。城堡里面的人使用着几乎与外界不通的语言。外面的人说到“bus”，那一定是公共汽车，而里面的人说到“bus”,那一定是总线;外面的人谈论成本、费用、收益率津津有味,而里面的人听起来如坠入云雾之中。美国媒体权威R.尼葛洛庞帝在《数字化生存》中把现实分为两个世界,一个是物质世界,处理对象是原子;一个是数字世界,处理对象是比特。不难看出,城堡内比特多一些,而城堡外原子多一些。对于这个无形的城堡造成的隔阂,马丁进行了深入的分析,并将其比作建造巴别塔。这是圣经中的一个故事,讲的是:洪水大劫后,诺亚家族团结一心,要建造直通上天的高塔——巴别塔。上帝为了不让他们成功,就以神魔搅乱他们的语言,使建造塔的示拿人彼此听不懂对方的语言,遂使造塔工程失败。可见,企业在做战略数据规划时,一定要做好信息技术人员与其他人员的有效沟通。这些沟通包括三个层次:一是在最高层次上,企业的CIO即信息主管与其他高层管理者之间的沟通;二是信息技术部门领导与其他中层领导之间的沟通;三是信息技术人员与其他业务人员之间的沟通。

(3) 业务人员必须全程参与

企业的战略数据规划的重要性和复杂性决定了它的制定过程既不能时间很长,但也不能太短。经验表明,中型以上企业的战略数据规划制定的周期一般在半年左右。

由于企业战略数据规划是企业信息系统建设的前期和基础工作,而且信息系统建成后也必然要由企业的各方面业务人员,特别是管理人员来使用。因此在制定企业战略数据规划的过程中,必须有业务人员全程参加。这件事情做得好不好,将决定企业信息化的成功与否。有媒体曾经载文称“ERP成功率为零”,当然这样的说法有点过,但其成功率低确是不争的事实。究其原因,大部分是由于缺少业务人员的参与。

(4) 做好业务活动过程分析

马丁总结了计算机数据处理发展阶段的正反两方面的经验与教训,发现了企业数据处理中一个基本规律——数据类和数据之间内在联系是相对稳定的,而对数据的处理过程和步骤是经常变化的。由此创建了用途广泛的一门新学科——信息工程,明确地提出了它的基本原理:数据位于现代数据处理的中心;数据是稳定的,处理是多变的。具体地说,一个企业所使用的数据实体的类型是基本不变的,除了少量加入几个新的实体外,变化的只是这些实体的属性值。因此,应该以数据为中心制定企业战略数据规划。但必须指出,以数据为中心并不等于不管过程、忽略过程,恰恰相反,企业在制定战略数据规划的过程中必须在数据分析的基础上,做好企业的业务过程分析,特别是要做好企业核心业务和主导流程分析。

(5) 选择好主题数据库

我们知道,任何一个企业,无论是工业企业、商业企业,还是金融企业,也不管其业务特点和业务内容有何不同,但有一点是共同的:每一个企业都有其核心业务和主导流程。信息工程特别强调如何规划与组织整个信息系统,并且摒弃了传统的"以处理为中心"的信息系统开发思路,转变为"以数据为中心"的数据环境建设上。那么,"以数据为中心"的战略数据规划怎样才能实现呢?就是将重点放在核心业务和主导流程的数据环境建设上。对于围绕企业核心业务和主导流程的数据环境建设,马丁称其为企业主题数据库建设。

国内外经验表明,选择好主题数据库应是企业战略数据规划的重点和中心任务。经过科学的规划设计与数据分析,建立具有共享性和一致性的主题数据库,并以主题数据库为主的数据环境才是集成化的数据环境。只有在这种数据环境中,才能开发和运行集成化的信息系统。

主题数据库是企业管理数据库应该面向的业务主题,而不是那些单证、报表等数据处理结果。主题数据库具有稳定的结构,它不受企业机构部门变动的影响,不仅能满足本企业领导者、管理人员的工作需要,也能为业务伙伴和广告客户提供高效的信息服务。

大型企业的业务往往极其复杂,由许多环节组成,而且必然与其他企业以及政府和社会各方面之间进行频繁的信息交换,其信息面广量多,所以信息流本身就是网络化的。信息流是伴随物流、人流、资金流而产生并为其服务的。如果对这些信息不能科学、严谨、细致地进行系统分析,优化企业数据环境,就很难用电子信息技术来支持它的网络化流动,开发出来的计算机应用系统也不能很好地为企业生产、经营、管理、市场化运营和发展服务。因此,为了提高企业的信息化水平,应在做好战略数据规划的基础上,做好应用开发,使企业信息化沿着正确、健康之路前进。

4.2 系统初步调查

初步调查用户的功能需求情况、业务过程、现实环境,包括技术、经济、资源、基础条件等方面,分析系统开发的可行性,制定出实用、先进的总体规划方案,是系统总体规划阶段的主要目标。

4.2.1 系统初步调查的目的与任务

初步调查的目的是确定对信息系统开发项目的各种要求是否合理有效,是否可行,然后做出如下的某种建议:

(1) 为满足用户的要求,需要建立新的信息系统应用项目,可能还要请组织以外的有关专家来参加工作。

(2) 为满足用户的要求,需要对用户现有的信息系统进行修改或维护。

(3) 为满足用户的要求,需要在现有的信息系统中增加服务项目,扩大服务范围。

(4) 拒绝接受用户提出的不合理要求。

4.2.2 系统初步调查的主要内容

一旦用户提出的项目申请经过委员会的评审获得批准后,系统分析人员就要开始对此项目进行初步调查。初步调查工作主要根据用户提出的申请,对需求进行进一步的细化,这自然包括一部分信息收集工作。初步调查中的信息收集工作是属于初步调查阶段的工作,是很笼统地了解有关信息,不属于详细调查的范围。

初步调查涉及组织、人员、设备、软件、业务处理等较广的范围。

1. 初步调查的内容

①企业概况和功能要求(企业的组织结构、目标、任务、规模、经营效果、管理水平等);

②企业运行情况、存在的问题和薄弱环节;

③资源调查(人力、物力、设备资源、技术资源);

④信息系统开发的条件。

2. 初步调查的两个途径

(1) 查阅资料

系统分析师应首先了解组织内涉及项目的部分或受该项目影响的部分,从而查阅这些部分的有关资料。如有关的操作规程,系统的输入输出内容等。

(2) 进行面谈

书面的文件资料会使系统分析师理解系统的某一部分,但文件资料不会详细陈述用户对目前系统状况的看法和有关细节。为了了解这些细节,系统分析师要采用面谈的方式。在整个面谈过程中,系统分析师可以从用户那里更多地了解有关项目申请的实质和提出项目申请的理由。初步调查过程中的面谈活动一般只涉及各部门的管理人员。

4.2.3 系统初步调查报告

在系统初步调查结束后,应形成相应的调查报告。它不仅可以帮助系统分析师监测系统初步调查所做的工作,而且还是系统分析师进行全面深入的可行性研究的重要依据。系统初步调查报告一般包括以下内容:

1. 概要说明

描述有关项目申请的基本目的、基本需求、期望达到的结果、对所在组织及部门的影响等。

2. 用户的需求说明

主要是用户对信息的需求,这种需求往往体现在用户对信息系统的输出方面。用户往往会说明要求信息系统能产生何种报表,提供何种信息,此外也应列出为了要使信息系统能够产生所需要的报表或数据,用户能够提供给信息系统的有关数据及数据格式。

3. 新旧系统的关系

在提出新的项目申请中,必须说明要建立的信息系统应用项目与现在的信息系统的关系。如果新项目申请不是单一的应用项目,那么还必须说明其中各有关部分的相互关系。

4. 存在的问题

在用户提出的项目申请中,对不能自行解决的问题或还未解决的问题必须给予说明。按照项目申请中的要求去建设有关系统,可能会与现有的某些操作规程或某些政策发生矛盾,那么应该列出这些难点。

5. 初步的时间与费用估计

根据系统分析师具备的经验,在较充分地了解项目背景及意义之后,应对申请的项目估计所需要的时间和所花的费用。这里的时间和费用只要给出大致的数量级即可。详细的工作将在可行性研究中给予充分的估计。

6. 提出有关建议

根据初步调查了解到的现状、开发项目具备的条件以及用户提出的要求,建议项目委员会组织进一步的可行性研究最后确定究竟是建立新系统还是维护老系统,并且提供有关时间及费用的大致计划供委员会及可行性研究小组参考。

4.3 BSP 法

4.3.1 BSP 法的工作流程

用 BSP 制定规划是一项系统工程,其主要的工作步骤为:

(1) 准备工作。成立由最高领导牵头的委员会,下设一个规划研究组,并提出工作计划。

(2) 调研。规划组成员通过查阅资料,深入各级管理层,了解企业有关决策过程、组织职能部门的主要活动存在的主要问题。

(3) 定义企业过程(又称业务过程或管理功能组)。定义企业过程是 BSP 法的核心。企业过程指的是企业管理中必要且逻辑上相关的、为了完成某种管理功能的一组活动。

(4) 企业过程重组。企业过程重组是在定义企业过程的基础上,找出哪些过程是正确的,哪些过程是低效的,需要在信息技术支持下进行优化处理,还有哪些过程不适合采用计算机信息处理,应当取消。

(5) 定义数据类。数据类是指支持业务过程所必需的逻辑上相关的数据。对数据进行分类是按企业过程进行的,即分别从各项企业过程的角度将与该企业过程有关的输入数据和输出数据按逻辑相关性整理出来并归纳成数据类。

(6) 定义信息系统总体结构。定义信息系统总体结构的目的是刻画未来信息系统的框架和相应的数据类。其主要工作是划分子系统,具体实现可利用U/C矩阵。

(7) 确定子系统开发优先顺序。即对信息系统总体结构中的子系统按先后顺序排出开发计划。

(8) 完成BSP研究报告,提出建议书和开发计划。

BSP法的工作流程如图4-7所示。

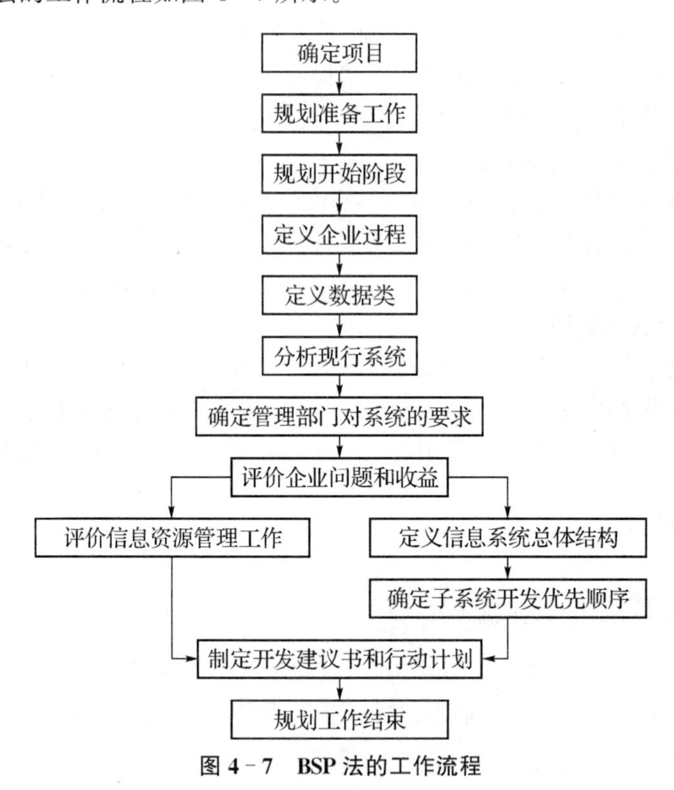

图4-7 BSP法的工作流程

4.3.2 定义企业过程

定义企业过程是BSP法的核心。对于企业过程,系统组每个成员均应全力以赴识别它们、描述它们,对它们要有透彻的了解,只有这样BSP才能成功。企业过程定义为逻辑上相关的一组决策和活动的集合,这些决策和活动是管理企业资源所需要的。

整个企业的管理活动由许多企业过程组成。识别企业过程可对企业如何完成其目标有个深刻的了解;识别企业过程可以作为信息识别构成信息系统的基础;按照企业过程所建造的信息系统,在企业组织变化时可以不必改变,或者说信息系统相对独立于组织。识别企业过程的步骤见图4-8。

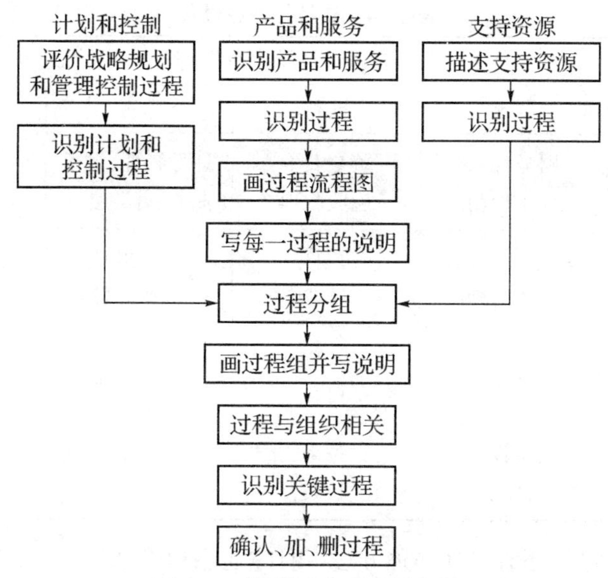

图 4-8 识别企业过程的步骤

任何企业的活动均由三方面组成:一方面是计划和控制;另一方面是产品和服务;再一方面是支持资源。这可以说是三个源泉,任何活动均由这里导出。

1. 计划和控制过程

定义企业战略规划和管理控制方面的过程,如表 4-2 所示。

表 4-2 战略规划和管理控制方面的过程

战略规划	经济预测、组织计划、政策开发、生产线模型、预测管理、目标开发
管理控制	市场与生产预测、工作资金预测、员工水平计划、运营计划、测量与评估

2. 产品和服务过程

首先识别产品和服务,再按照产品和服务的生命周期,即要求、获得、服务、退出等各个阶段识别过程,如表 4-3 所示。

表 4-3 产品和服务过程

阶段	所需过程
要求阶段	市场计划、市场研究、预测、定价、材料需求、能力计划
获得阶段	工程设计、产品说明、材料购置、生产运作与调度
服务阶段	库存控制、订单处理、质量检测
退出阶段	销售、订货、运输

3. 支持性资源过程

支持性资源是指企业为完成其目标的消耗品和使用的人财物,主要包括资金、人员、材料和设备等。识别支持性资源过程,其方法类似于产品和服务过程。我们由资源的生命周期出发列举企业过程,如表 4-4 所示。

表4-4 支持性资源过程

资源	生命周期四个阶段			
	要求	获得	服务	退出
资金	财务计划 成本控制	资金获取 应收款项	证券管理、银行 业务、普通会计	会计支付
人事	人员管理 工资管理	招募 转业	福利报酬 专业开发	终止合同书 退休
材料	需求生产	采购 接收	库存控制	订购控制 运输
设备	资金设备 计划	设备采购 建筑物管理	机器维护 装修	设备处理与安排

识别企业过程还有另外一种方法,叫作"通用模型法"。它首先引用一个较粗糙、较通用的模型,如图4-9所示。

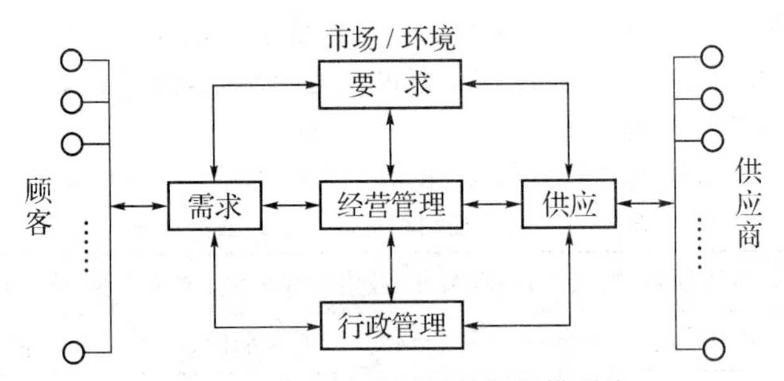

图4-9 识别企业过程的通用模型法

这个模型可不断扩展,以适应特殊企业的需要。例如"需求"可以扩展成"商品化"和"销售","需求"联系于使产品或服务生效的过程,其外部接口是顾客。如果说以前我们所讲的识别过程的方法是由微观到宏观的枚举综合,那么这种方法就是由宏观到微观的分解。

识别过程是BSP法成功的关键,主要有以下几个方面:

①一个过程组及过程表。

②每一过程的简单说明。

③一个关键过程表,即识别满足目标的关键过程。

④产品和服务过程的流程图。

⑤系统组成员能很好地了解整个企业的运营是如何管理和控制的。

4.3.3 定义数据类

数据类是指支持企业过程所必需的逻辑上相关的数据。定义数据类的目的主要是了解当前支持企业过程的数据的准确性和提供的及时性;识别在信息总体结构中要使用的数据类;发现企业过程间目前的和潜在的共享数据;发现每个过程所产生、使用和缺少的数据;发现需要改进的系统;确定企业数据政策等。

定义数据类的基本方法,是在对企业的基本活动进行研究的基础上,采用实体法和功能法,归纳出数据类。

1. 实体法

实体法是先识别系统的实体,然后用四种类型的数据类描述每一个实体,这四种类型的数据为计划、统计、存储和业务,然后把实体和数据类列在一张表上,如表 4-5 所示。

表 4-5 实体和数据类

	记账凭证	设备	物料	人员
计划	资金筹措计划	设备使用、添置、维修、保养	材料需求	人员需求规划
统计	统计销售收入、成本、应收、应付	设备使用率	材料耗用	各类人员统计
存储	凭证文件	设备维护使用记录	材料入库、出库记录	员工文件
业务	记账	设备进出记录	采购订货、收发	调动、晋升记录

2. 功能法

系统中的每个功能都有相应的输入输出数据类。功能法是按照产品和服务的生命周期顺序,构造一系列如图 4-10 所示的数据类图。

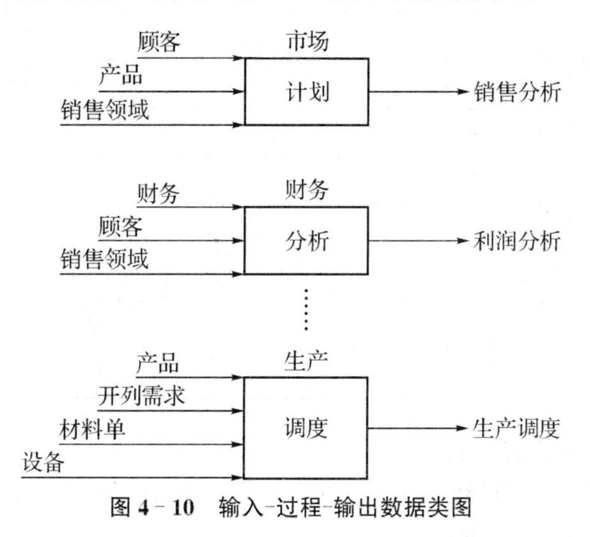

图 4-10 输入-过程-输出数据类图

4.3.4 定义系统总体结构并确定子系统开发顺序

企业过程和数据类都定义好以后,可以得到一张过程/数据类表格,该表格又可称为过程/数据类关系矩阵或U/C矩阵,其表达过程与数据类之间的关系,如表4-6所示。过程与数据类的交叉点上标以C,表示这个数据类由相应的过程产生;标以U,表示这个过程使用这个数据类。

表4-6 过程/数据类矩阵

过程 \ 数据类	客户	订货	产品	操作顺序	材料表	成本	零件规格	物料库存	成品库存	员工	销售区域	财务	计划	机器负荷	物料供应	工作命令
经营计划						U						U	C			
财务计划						U				U		U	C			
资产规模												C				
产品预测	U										U		U			
产品设计开发	U		C		U	U		C								
产品制造			U		C	C		C	U							
库存控制									C	C					U	U
调度			U											U		C
生产能力计划				U										C	U	
材料需求			U			U									C	
操作顺序				C										U	U	U
销售区域管理	C	U	U													
销售	U	U	U									C				
订货服务	U	C	U													
发运		U	U							U						
通用会计	U		U								U					
成本会计		U					C									
人员计划											C					
人员招聘考核											U					

1. 定义系统总体结构

在过程/数据类矩阵的基础上,我们就可以定义管理信息系统的结构,步骤如下:

（1）调整过程/数据类矩阵。首先，“过程”这一列按过程组排列，每一过程组中按资源生命周期的四个阶段排列。其次，排列“数据类”这一行，使得矩阵中C尽可能靠近主对角线。过程的分组并不绝对，在不破坏过程分组的逻辑性基础上，可以适当调配过程分组，使U也尽可能靠近主对角线。调整后的过程/数据类矩阵如表4-7所示。

表4-7 调整后的过程/数据类矩阵

过程＼数据类	计划	财务	产品	零件规格	材料表	物料库存	成品库存	工作命令	机器负荷	物料供应	操作顺序	客户	销售区域	订货	成本	员工
经营计划	C	U													U	
财务计划	C	U													U	U
资产规模		C														
产品预测	U		U									U	U			
产品设计开发			C	C	U							U				
产品制造			U	C	C	U										
库存控制						C	C	U		U						
调度			U					C	U							
生产能力计划									C	U	U					
材料需求			U							C						
操作顺序								U	U	U	C					
销售区域管理			U									C		U		
销售			U									U	C	U		
订货服务			U									U		C		
发运			U				U							U		
通用会计			U													U
成本会计														U	C	
人员计划																C
人员招聘考核																U

(2) 画出过程组对应的方框,并起个名字,这就是子系统,如表4-8所示。

表4-8 划分子系统

	过程 \ 数据类	计划	财务	产品	零件规格	材料表	物料库存	成品库存	工作命令	机器负荷	物料供应	操作顺序	客户	销售区域	订货	成本	员工
经营计划	经营计划	C	U													U	
	财务计划	C	U													U	U
	资产规模		C														
技术准备	产品预测	U		U									U	U			
	产品设计开发			C	C	U							U				
	产品制造			U	C	C	U										
生产制造	库存控制						C	C	U		U						
	调度			U					C	U							
	生产能力计划									C	U	U					
	材料需求			U							C						
	操作顺序								U	U	U	C					
销售	销售区域管理			U									C		U		
	销售			U									U	C	U		
	订货服务		U										U		C		
	发运			U				U							U		
财会	通用会计			U												C	U
	成本会计												U				
人事	人员计划																C
	人员招聘考核																U

2. 确定子系统开发顺序

由于资源的限制,系统的开发总有个先后次序。因此划分子系统之后,应根据企业目标和技术限制确定子系统开发的先后次序。一般而言,对企业贡献大的、需求迫切的、容易开发的优先开发。确定子系统开发顺序的原则有:

(1) 子系统需求程度与潜在的效益评估

基于对管理人员、决策者的调查访问,进行定性评估。根据评估准则(如潜在效益、对企业的影响、迫切性等),对每个子系统在管理人员和决策人员中用评分的办法进行评估,每个子系统的得分作为考虑优先级的参考。

(2) 技术限制分析

对子系统之间的关联,可用表 4-8 分析。利用该表很容易评出每个子系统产生的数据有多少被其他子系统所共享。有较多子系统共享的数据应较早执行。同时还要考虑数据的重要性及关联的紧密程度。

4.4 系统规划方案的开发可行性研究

4.4.1 可行性研究的定义

可行性研究,也称为可行性分析,是决策部门在采取一项重大改革或投入行动之前,对该项目的必要性和可能性进行分析与论证的活动。现代管理中,经济效益的评价是一个很重要的方面,在进行投资之前,最关心的问题就是该项目能否取得效益,能取得多大效益。为了避免盲目投资,减少不必要的损失,就要进行可行性研究。

管理信息系统的建设是一项投资大、时间长的复杂工程,可行性研究尤为重要。可行性分析的意义在于:它是确定项目开发的依据;它是划定下阶段工作范围、编制工作计划、协调各部门活动的依据;它是分配资源的依据;它是系统开发的准则。

4.4.2 可行性研究的内容

可行性分析从必要性和可行性两方面入手,而可行性方面又涉及经济可行性、技术可行性和组织管理可行性方面的内容。

1. 必要性

必要性分析是可行性分析的前提,是从企业管理对信息系统的实际需求出发,根据现行信息系统的可满足性,分析新系统的开发是否必要。若现行的信息系统满足不了日益发展的管理要求,则认为系统开发是必要的。若开发是必要的,则需要进一步从技术、经济、组织管理上分析其可行性。

2. 可行性

1) 经济可行性

(1) 费用的估算

新系统的开发、使用的费用包括以下几个方面:

①设备费:包括计算机的硬件、软件、空调、电源、机房等设备的费用。

②人工费用:指系统的开发费用、人员的训练费用及测试执行等方面所需的费用。

③变动费用:指系统投入使用以后,系统的使用所需要消耗的材料费以及管理费等。

(2) 效益的估算

效益的估算可以从直接经济效益、间接经济效益两方面进行分析。

①直接经济效益。考察若加强费用的控制,费用降低情况;若加强成本分析与控制,成本降低的情况;若加强库存管理,库存资金降低情况;节约人员情况。

②间接经济效益。提高管理水平、提高企业信誉、提供决策支持以及管理信息的采集、加工、处理、使用的及时性所带来的经济效益。

2) 技术可行性

从设备条件、技术能力等方面分析执行系统的可行性。

(1) 设备方面

从计算机的硬软件条件以及互联网能力等方面分析是否满足管理信息系统数据处理的要求,数据传送与通信能否满足要求等。

(2) 技术能力方面

主要考察从事系统开发与维护工作人员的技术能力。管理信息系统在开发、使用、维护等各个阶段需要各种专业人才,需要考察这些人员是否满足技术要求。

3) 组织管理可行性

最后,还要从组织管理上分析新系统开发的可行性:

(1) 企业领导、部门主管对新系统开发是否支持,态度是否坚决。

(2) 管理人员对新系统开发的态度如何,配合情况如何。

(3) 管理基础工作如何,现行管理系统的业务处理是否具有标准运行程序等。

(4) 新系统的开发执行导致管理模式、数据处理方式及工作习惯的改变,这些改变的数量如何,管理人员能否接受。

4.4.3 可行性研究报告

可行性研究报告是开发人员对现行系统的调查、分析和规划的结论,是系统开发过程中的第一个正式文件。可行性研究报告的内容包括以下几个方面:

1. 引言

引言包括:

(1) 摘要。包括新系统名称、目标和基本功能。

(2) 背景。包括客户公司,新系统承担单位或组织,本系统与其他系统或机构的关系。

(3) 定义。本报告中使用的专业术语及其定义。

(4) 参考数据。本报告所引用的文件及技术数据。

2. 可行性分析的前提

可行性分析的前提包括:

(1) 要求。
(2) 目标。
(3) 条件、假设和限制。
(4) 进行可行性分析的方法。

3. 对现行系统的分析

对现行系统的分析包括:
(1) 企业的目标与任务。
(2) 组织机构及管理制度。
(3) 现行管理的状况。
(4) 可供利用的资源及限制条件。
(5) 存在的主要问题及缺点。

4. 新系统的方案

新系统的方案包括:
(1) 新系统的目标
(2) 新系统的功能。
(3) 新系统的结构。
(4) 计算机系统的部署。
(5) 新系统开发的进度计划,包括各阶段的人力、资金、设备的需求。
(6) 新系统运营后对组织机构、管理模式的影响。

5. 可行性分析

可行性分析包括:
(1) 开发新系统的必要性。
(2) 开发新系统的经济性。
(3) 支出、收益、收益投入比、投资回收期。
(4) 开发新系统技术上的可行性,即设备条件和技术力量。
(5) 组织管理上的可行性。

6. 可行性分析结论

根据以上的可行性分析,得出项目是否可行的结论。

可行性研究报告是系统规划阶段工作的结论,它反映了系统研发人员对研发工作的看法。可行性分析报告一旦通过,这个报告就不再是系统开发人员自己的看法,而是整个组织的领导、管理人员和系统开发人员的共同认识了。这样的一个文件是以后工作的依据,因此必须有一个正式的报告文本和可行性论证会的结论。

本章小结

本章详细介绍进行管理信息系统开发的规划问题。介绍了几种信息系统发展的规划模型、系统规划的任务与原则、系统规划的一般过程,并介绍了系统规划的三种主要方法。

其中,本章就企业系统规划法进行了详细的介绍,包括其工作流程、定义企业过程和数据类、定义系统总体结构和确定子系统开发顺序。

系统初步调查是系统规划的基础。系统初步调查的主要工作包括:搜集系统的背景资料,了解现行系统概况,从总体上了解企业和组织的概况、基本功能、资源情况、系统开发条件等内容。

可行性研究是系统规划后、系统开发前的一项非常重要的工作。本章主要介绍了可行性研究的必要性、定义、内容以及有关可行性研究报告的编写内容。

思考题

1. 诺兰模型的实用意义何在?它把信息系统的成长过程划分为哪几个阶段?

2. “自下而上”和“自上而下”两种 MIS 的开发策略各有何优缺点?

3. 进行管理信息系统规划的目的是什么?信息系统规划的特点是什么?

4. 做出信息系统规划过程示意图。

5. 简述信息系统规划初步调查的一般过程。

6. 简述信息系统规划的主要方法以及各自的优缺点。

7. 说明企业系统规划法的过程以及如何用企业系统规划法确定子系统的结构。

8. 为什么要进行可行性研究?可行性研究的过程是什么?

9. 如何编制系统的可行性研究报告?编制过程中应注意的问题有哪些?

5 信息系统分析

系统分析是管理信息系统项目开发第一阶段的工作，也是实施系统规划目标的关键性工作。系统分析工作是在系统分析员的组织、协调和领导下，会同企业业务管理员、数据管理员和系统设计人员共同构建管理信息系统的逻辑方案。

5.1 系统分析概述

系统分析(Systems Analysis)一词最早是在20世纪30年代提出的。兰德公司认为：系统分析是一种研究方略，它能在不确定的情况下，确定问题的本质和起因，明确咨询目标，找出各种可行方案，并通过一定标准对这些方案进行比较，帮助决策者在复杂的问题和环境中做出科学抉择。系统分析因在管理信息系统开发过程中获得了成功，所以到了20世纪40年代得到了进一步的发展。当前系统分析已经成为管理信息系统开发的一个重要阶段，无论是研究大系统的问题，还是建立复杂的系统，都广泛应用系统分析的思想与方法。

5.1.1 系统分析的主要任务

系统分析的主要任务是在系统规划的指导下，通过系统详细调查，全面地描述现阶段(规划指定工程期内的目标与任务)组织结构、业务流程和数据流程，进一步了解系统现状以及在生产经营管理中存在的主要问题，分析造成问题的原因和用户开发管理信息系统的需求；以组织管理学、业务流程重组理论和数据结构与数据库原理为依据，运用系统分析方法、U/C矩阵、系统建模等手段明确系统目标，开展系统逻辑设计，写出系统分析报告和可行性分析报告，最终提交信息系统建设委员会审批。

在系统分析过程中要将系统详细调查所得到的文档资料集中到一起，对组织内部整体管理状况和信息处理过程进行分析，并从业务全过程的角度进行分析。主要分析业务和数据的流程是否通畅，是否合理；数据、业务过程和实现管理功能之间的关系；对旧系统管理模式的改革和新系统管理方法的实现是否具有可行性等等。系统分析侧重于将用户的需求及其解决方法确定下来，这些需要确定的结果包括：开发者关于现有组织管理状况的了解；用户对信息系统功能的需求；数据和业务流程；管理功能和管理数据指标体系；新系统拟改动和新增的管理模型等等。系统分析所确定的内容是今后系统设计、系统实现的基础。系统分析阶段独立于系统实现环境，可以保证建立起来的系统结构具有相对的稳定性，便于系统维护、移植或扩充。在系统分析阶段，系统的逻辑结构应从信息、行为和表示三方面全面反映系统的功能与性能。

5.1.2 系统分析的主要方法

系统分析方法来源于系统科学。系统科学是20世纪40年代以后迅速发展起来的一个横跨各个学科的新的科学体系,它从系统的着眼点或角度去考察和研究整个客观世界,为人类认识和改造世界提供了科学的理论和方法。它的产生和发展标志着人类的科学思维由主要以"实物为中心"逐渐过渡到以"系统为中心",是科学思维的一个划时代突破。

对应不同的信息系统开发方法,其系统分析方法也会存在差异。因此,从不同的角度可以分成不同系统分析方法。从信息系统开发的角度可以分成结构化的系统分析方法和面向对象的系统分析方法。

1. 结构化的系统分析方法

这是系统开发过程一个重要的阶段性工作。一般情况下,首先要做好系统分析,然后才能开展下一步的系统设计。系统分析是系统设计的前提,系统分析为后续工作打下了基础。也就是说,一旦系统分析出现问题,将严重地影响系统设计的有效性和系统的质量。结构化的系统分析方法也有许多种,最常用的有JAD和RAD两种。

(1) JAD技术。JAD(Joint Application Development,简称JAD)是一种基于讨论和交流的开发组方式,在20世纪70年代由IBM的Chuck Morris和Tony Crawford提出,在JAD中,管理人员、开发人员和需求分析人员组成联合的开发团队。由该团队定义并详细说明目标系统的逻辑需求和技术可选方案,用户全程参加,增加满意度。

运用JAD技术的主要优点是节省沟通时间、在系统分析过程可以各自发表意见,可以更好地识别系统需求,减少阻力,提高系统的适应性和成功率。但是存在的主要缺点是需要协调人员(系统分析员)具有很强的协调能力,系统分析的参与人员要有积极性和沟通能力。

(2) RAD技术。RAD(Rapid Application Development,简称RAD)是James Martin在20世纪80年代末提出的,适用于系统目标缺乏共识的情况下,快速交互性地开发原型,借以发现并跟踪需求变化,从而加强开发者与用户之间的沟通,降低开发成本,提高用户满意度。

RAD技术需要需求规划、用户设计、系统构建和系统转换流程来完成系统的分析工作,涉及的成功关键因素是大胆地制定系统目标、对每一个"步骤/重复周期"设置时间表和期限。这使开发人员方便地在原型中增加或删除功能,相关的活动无须大量重写代码。

2. 面向对象的系统分析方法

面向对象的系统分析方法不仅可以简明扼要、翔实地描述现实世界,而且还能运用特定的工具(XML、UML 等)分析现实世界的问题域,设计软件系统,实现企业管理信息化。

面向对象的系统分析方法将管理信息系统项目以对象和类描述实体,以属性、事件和方法描述实体的姿态与行为特征,以对象和类的继承性、多态性及封装性描述实体之间的关联规则,采用用例、状态变迁、消息传送机制等方法描述实体的业务活动过程,这样不仅简化了信息系统的开发过程,而且在整个开发过程中具有很好的连贯性和一致性。

5.1.3 系统分析的一般过程

系统分析的具体步骤包括:明确系统边界、确定目标、调查研究和收集数据、提出备选方案和评价标准、评估备选方案和提出最可行方案。

1. 明确系统边界

也称为限定问题,是在系统规划指定现阶段目标的范围内,弄清现实情况与规划目标或理想状态之间的差距。系统分析的核心内容是对现状进行"诊断",即找出存在的问题及其原因;然后进行系统逻辑设计,即提出解决问题的最可行方案。因此明确系统边界,就是要明确系统待解决的问题,以及问题的本质、特性、范围和影响程度、问题产生的时间和环境、问题的症状和原因等。明确系统边界是系统分析关键的第一步,需要直接与相关业务主管领导沟通,才能明确系统开发的业务范围。

2. 确定目标

在系统规划时虽然已经为现阶段初步拟定了系统目标,但是这个目标是从宏观层面制定的,无法直接实现,还需要进一步细化。再说,实际系统的现状时刻在发生变化,所以系统分析的关键工作是确定系统目标,这个目标直接影响系统的可行性、质量和今后的验收。因此,应该根据客户的要求和对需要解决问题的理解加以确定,而且可能的话应尽量通过指标表示,以便进行定量分析。对不能定量描述的目标也应该尽量用文字说明清楚,以便进行定性分析和评价系统分析。

3. 调查研究和收集数据

调查研究和收集数据应该围绕问题起因进行,一方面要验证由限定问题阶段形成的假设,另一方面要探讨产生问题的根本原因,为下一步提出解决问题的备选方案做准备。调查研究方式有许多种,阅读文件资料、访谈、观察和调查等方式较适用于系统分析。在系统调查中要及时收集数据,收集的数据和信息包括事实(fact)、见解(opinion)和态度(attitude)。要对数据和信息去伪存真,交叉核实,保证真实性和准确性。

4. 提出备选方案和评价标准

通过深入调查研究,使真正有待解决的问题得以最终确定,使产生问题的主要原因得到明确,在此基础上就可以有针对性地提出解决问题的备选方案。备选方案是解决问题和达到咨询目标的可供选择的建议或设计,应提出两种以上的备选方案,以便进行进一步评估和筛选。为了对备选方案进行评估,要根据问题的性质和客户具备的条件,提出约束条件或评价标准,供下一步应用。

5. 评估备选方案

根据上述约束条件或评价标准,对解决问题备选方案进行评估。评估应该是综合性的,不仅要考虑技术因素,也要考虑社会、经济等因素,评估小组的成员应该有一定代表性,除咨询项目组成员外,也要吸收客户组织的代表参加。根据评估结果确定最可行方案。

6. 提出最可行方案

最可行方案并不一定是最佳方案,它是在约束条件之内,根据评价标准筛选出的最现实可行的方案。如果客户满意,则系统分析达到目标,如果客户不满意,则要与客户协商调整约束条件或评价标准,甚至重新限定问题,开始新一轮系统分析,直到客户满意为止。

5.2 系统详细调查

系统详细调查是相对于系统初步调查而言的,两者的主要差异在收集数据、信息、流程、制度、方式、模型等的详细程度不同。在实际调查过程中,往往不分初步调查与详细调查,而是采用多种方式同时收集一切可能获得的资料,为系统开发提供真实的系统原样。

5.2.1 系统详细调查的任务与过程

系统调查是系统分析的基础性工作,也是系统分析的最直接有手段。通过调查正确、全面地了解系统存在的问题、新系统所涉及用户的需求。

1. 系统详细调查的任务

系统调查不仅对新系统的建立关系重大,而且费时费钱。在开展系统调查前,必须明确任务,做好计划和准备,并分工落实。调查的主要任务是以求真求实,全面、细致为目的,运用一切方式方法用规范的形式正确地记录反映实际系统的各项细节。

2. 系统详细调查的过程

系统详细调查是系统分析的一个重要组成部分,直接影响系统分析结果。因此,必须把系统调查作为系统分析的一项重要环节来抓。系统详细调查的全过程如下:

(1) 建立调查组织,落实调查人员。系统调查组级别和人员数量与系统规模相关。如果开发一个单项业务处理系统(TPS),通常由系统开发组的系统分析员负责,会同数据员和相关部门的管理人员开展调查工作。调查组人员一般控制在3～5人。如果是为企业一体化的管理信息系统开发进行调研，则不仅组织级别高（需要企业高层领导负责），而且需要人员多，但是系统分析员、数据员和业务管理人员是调查组的核心力量。

（2）选择调查方式。不同调查方式所需要的时间和费用是不一样的。在选择调查方式时，不仅要考虑时间与费用，还要根据调查对象、调查内容和调查要求等因素决定。不同的调查方式，其调查结果也会存在差异。

（3）开展调查，做好调查过程记录。系统调查往往由多个部门共同参与，并且需要分别调查不同部门的不同人员。系统调查有时长达几个月，为了合理调查分析，为系统分析提供全面正确的翔实资料，在开展调查过程中做好调查计划和调查记录是十分必要的。特别是调查记录，往往经多人、多次汇集而成的，需要明确调查人员分工内容和记录规定标记图符。

（4）整理调查记录。调查记录的整理是以调查小组为单位集体组织开展的，通常是在每次调查结束后，由调查组组长组织对本次调查结果进行整理，形成正式的调查报告，当需要对某一单位进行全面多次调查时，在该单位的调查结束后组织整理。在整理调查结果时主要检查核心调查是否达到预期目标，存在哪些遗漏，是否还需要补充调查，还是在一个部门或单位可以弥补缺失。同时还要寻找调查计划是否存在不足，对下次调查是否需要调整。

（5）写出调查报告。调查报告是系统调查的结束标志，也是系统分析的阶段性成果，需要作为正式文档保留，以作为系统分析与设计的重要依据。调查报告的主要内容如下：

①调查组人员，被调查的对象，开展调查的形式、时间和地点。

②调查内容。采用问卷调查法时，需要附调查问卷。如果是走访式调查，则需要详细记录所提问题和系统实际运作状况。

③调查结果分析。对原系统运作状况需要调查人员做一个主观的评价，提出对信息系统建设的需求功能与性能的分析。

④改进建议。这为系统逻辑方案的制订提供依据，或为系统可行性分析提供评价依据。

例如：在学生成绩管理信息系统开发过程中，进行了详细的系统调查。分别走访了教务处主管领导、教务科、学分管理科、教研科、教材科、招生办、学院的教务秘书和教学院长、系的教学副主任和老师等部门与个人。在调查过程中发现教材科与学生成绩管理系统的相关度最低，得到的调查报告如图5-1所示。

学生成绩管理信息系统

系统调查报告

调查组人员：李红贵、王华
时　　间：2001.12.2
地　　点：江苏大学教材科
调查部门人：眭科长

江苏大学信息管理系
2001.12.4

调查记录：

1. 请谈教材科在教学中的作用、所涉及的相关业务。

教材科是教学的保障部门，每学期结束前五周征订下下学期使用教材，开学前三周发放教材。假期期间采购教学用书和核算学生已用书的费用。

2. 请谈教材科在学生成绩管理中的作用、所涉及的相关业务和数据处理内容。

答：教材科是学生成绩管理的间接单位，没有直接联系，教学科做好开课教材的准备工作，不影响学生的学习需要。

记录人：王华
记录时间：2001.12.1

图5-1　调查报告样式

5.2.2　系统详细调查的调查方法

系统调查是一项繁杂的工作，需要认真细致，同时还要选择恰当的方法。不同的方法需要的时间、费用、正确性、可靠性也不同。因此，很有必要了解各种调查方法的特点。

1. 查阅资料

查阅资料、阅读文献是系统分析的准备性调查方法，这种方法几乎不需要大量的费用，只要我们用心去寻找所需的资料，认真学习、记录，就可以达到调查目的，为其他调查做好知识储备。具体调查过程请参阅信息检索方面的相关教材。

(1) 查阅资料法的优点

这种方法的主要优点是方法简单、容易掌握，费用少，渠道灵活。尤其是在网络平台下可以通过文献数据库快速、大量地收集到相关资料。

(2) 查阅资料法的缺点

该方法收到的都是已经定型的理论与知识，是过时的资料，不能了解最前沿或正在研究的内容，不能了解系统用户实际的观点与事务。

因此，查阅资料法是系统调查不可或缺的重要方法，也是所有系统开发人员普遍运用的方法，但不能完全依赖于查阅资料，需要进一步了解实际系统。

2. 问卷调查法

问卷调查是社会抽样调查中最常用的方法。这种方法的关键是问卷的设计，有了问卷才能通过不同的渠道开展调查(往往有网络调查、电话调查、手机调查、发调查问卷、走访填写问卷和集中填写问卷等形式)。然后对调查问卷进行大量的数据处理，统计出调查结果。具体调查过程请参阅社会调查方面的相关教材。在此将问卷调查法与其他调查方法相比综述其特点。

（1）问卷调查法的优点

这种方法的主要优点是涉及的调查对象可以面广和量大。尤其是网络调查可以收集到广大关注人员的观点与建议，扩大系统分析的新思路，有利于创新，可达到集思广益的效果。

（2）问卷调查法的缺点

该方法的主要缺点是正确性难于掌握，问卷回收率低。当问卷涉及面广，问题较多时，往往需要调查员走访，既费时还花钱，问题较专业时，还要做大量的解释。

因此，这种方法适用于概貌性定性调查，或调查内容较单一时。特别是在问卷设计时，定性问题尽可能采用选择题，题量不能太多，尽量不超过三页。

例如：对局级信息化规划时开展了问卷调查，调查问卷如图 5-2 所示。

XX 局信息化规划方案调查问卷

一、基本情况　　　　第 1 页

单位名称			
单位地点			
联系人		联系电话	
在职员工人数		其中：在编人数	

二、经济与项目情况

指标	2005 年	2006 年	2007 年上半年
拥有资产（亿元）			
合同签约（亿元）			
完成产值（亿元）			
利润（千万元）			
项目签约数（项）			
完成项目数（项）			
最多开工项目数（项）			
最少开工项目数（项）			
投入经费（万元）			

三、人员结构（机关管理人员）情况

指标		2005 年（人）	2006 年（人）	2007 年上半年（人）
类别	等级			
学历	大学本科及以上			
	大学专科			
	高中及中专			
	中小学			
职称	高级			
	中级			
	初级			
	其他			

四、信息化建设

1. 基本情况 第2页

信息化建设		
主管部门名称		
专业管理人员数		
负责人职称		
负责人学历		
信息化建设专业	□有	□无

2. 建设情况

拥有微电脑总数(台套数)		
电脑役龄2年及以下(台套数)		
电脑役龄3～4年(台套数)		
电脑役龄5年及以上(台套数)		
拥有服务器总数(台套数)		
建有内部局域网	□有	□无
内部局域网建立时间		
有何网络安全措施		

图5-2 调查问卷样式

3. 重点询问法

重点询问法也称为走访调查,这是系统最常用的详细调查方法,也是系统分析必不可少的一种调查方法。在确定使用重点询问法后,需要做好如下准备工作:

(1) 选择访问对象。在系统分析过程中为了了解系统现状,需要重点询问与系统相关的部门与人员。具体落实询问哪些部门、哪些人员要在走访事先确定。一般情况下根据系统所涉及的业务范围(即系统边界),首先要询问主管领导对信息系统的期望,然后询问与系统相关的业务管理人员。

(2) 确定访问时间与地点。无论是访问者还是被访问者都有很多的事务要处理,事先确定时间、做好沟通,可以避免不必要的路途往返。调查地点一般是在用户的现场或用户指定办公室。

(3) 确定访问大纲。虽然不能将调查内容全部准备好,调查中随时会出现预想不到的新问题,但是在访问前做好调查提纲很有必要,而且最好与被调查者沟通，做好事先准备。对于不同层的管理员，即不同的系统用户，将来需要了解的内容或能正确获得信息的内容是不一样的，例如对业务主管可能了解企业目前在计划制定、运行管理、决策过程等相关问题。而对业务层操作人员可以了解业务流程、流量、数据形式、流程、流量、密级等问题。

重点询问法不仅可以了解系统各类用户对系统现状确定的描述，深入了解各类业务具体的细节，往往还可以发现一些新的问题和用户需求，是问题发现的有效手段，还是信息系统应用创新的启迪和源泉，同时给系统的设计和实施提供更科学、合理、有效的依据，提高系统开发的成功率。但是这种调查范围有限，需要花费大量的人力、资金和时间，因此重点访问点的选择十分重要的。

4. 深入实习调查法

信息系统的开发实施过程是信息技术人员与业务人员知识的融合，技术载体（人员）的转移，完全可以是知识转移过程。因此信息技术人员需要认真学习管理业务知识，了解具体企业的物流、资金流、信息流、数据流、事务流和工作流等内容机制；业务管理人员需要了解信息系统的功能、性能，以及计算机、网络等相关设备的原理、特点和作用知识。特别是体现企业核心竞争力的管理思想、管理方法、核心业务、核心流程等不是靠一两次的沟通就能完全掌握的，通过一两次就能沟通的往往也不能形成核心竞争力。为此，调查组需要抽调对于这类业务、技术容易掌握的骨干人员深入业务岗位实习，这样更能全面正确地了解其内部机理。

（1）深入实习调查法的优点

这种方法比上述任何一种方法的调查结果更正确、有效，能深入到业务全过程，掌握业务知识，明确业务对信息系统的特殊要求，使系统分析和逻辑设计更可靠。

（2）深入实习调查法的缺点

该方法所需要的时间不确定，往往因人因业务的复杂程度而有异，与上述几种方法相比，它需要更长的时间，所以要在调查困难的业务与岗位时采用这种方法。

事实上，调查过程是双方学习、沟通的过程。特别是参加实习不仅要学习业务知识、管理知识，还要学习企业的文化、习俗、传统。每个企业既有通识化的管理模式，又有其特殊化的管理理念、管理风格和管理传统，这些往往是采用一般的调查方法无法了解或感受透彻的。

5.2.3 系统详细调查的内容

系统详细调查的内容十分庞杂，在调查前先要梳理出一个主线或路径。从不同的侧面可以列出不同的调查内容。

1. 调查内容的维度

总体上，可以从时间、层次和空间（岗位职能）等维度开展调查。

(1) 时间维度。在调查的内容设计、准备和实施过程中都要考虑过去、现在和将来的情况。调查过去的情况,往往是从历史档案记录获取,这是提供信息、知识和智慧深加工的原料;调查现在的情况是为系统数据输入、信息输出、职能部门运行管理与控制提供依据,一般作为正式文件随同系统一起安装;而调查将来的情况是反映企业规划、计划和预测的结果,是企业日常管理的重要依据。

(2) 层次维度。信息系统的服务对象、处理内容都是按照轻重、缓急、加工深度、影响面等因素分级的,这个级别体现了信息的层次性、信息系统功能与性能的重要性,从层次维度上都可以分成低层的业务日常工作、中层的计划与控制和高层的长远规划、战略决策等管理内容。每个企业、每个部门的所有管理活动都可以按等级划分成上述三种不同的层次。

(3) 空间(岗位职能)维度。时间与层次维度都在调查内容设计时必须考虑的重要因素,而空间(岗位职能)维度是开展调查的重要依据,我们往往按组织结构、地理分布逐个部门的开展调查。也就是说,我们要去与信息系统相关的各个职能部门调查过去、现在与将来的需求、数据、信息、活动、业务、控制、计划与决策等不同层次的管理内容。

2. 调查内容的确定

系统调查不仅涉及面广,而且数据繁多。调查内容可以从不同的角度去确定。

(1) 从信息系统的角度,调查信息系统输入数据、数据保存、数据处理要求、信息查询和信息输出。在调查系统输入数据时,要了解数据的组织形式、数据的用途、数据流量、数据特性和数据权限;在调查数据保存时,要了解数据结构、数据有效期、数据引用频率和数据传送的条件;在调查数据处理要求时,要了解企业管理规章制度、管理模式、数据变换、数据挖掘和信息转换等内容;在调查信息查询时,要了解信息组成、查询用户、查询频率、查询时间、查询方式、查询权限和查询去向;在调查信息输出时,要了解信息输出的形式,如文字、图形、图像、语音、图文等,以及信息输出需要的相关设施和信息输出的格式,如报表、标签、动画、信号或其他格式。

(2) 从信息系统应用对象的角度,调查信息系统实现用户需求的功能与性能。调查往往从管理层次由高层到低层,逐个部门调查,要密切关注企业上墙的各种管理制度、组织结构、岗位设置、岗位职责、人员分工、业务流程、会议记录、计划层次、单据、企业资源配置等。在调查管理制度时,要了解管理制度内容、责任单位、主管人员、执行状况;在调查组织结构时,要了解组织名称、组织宗旨、组织形式、组织关系、组织责任和组织能力;在调查岗位设置时,要了解岗位名称、岗位所属组织、岗位任务、岗位职责,岗位员工状况;在调查人员分工时,要了解人员管理方式、人员类别、人员考核方式和内容;在调查业务流程时,要了解业务的起源、经历、归属、所涉及的部门和人员、业务处理条件和处理内容、业务完成验收标准、时间与速度要求等相关内容;在调查会议记录时,要了解会议记录格式、作用、保存方式、日后查询条件等;在调查计划层次时,要了解企业的经营规划、生产规划、主生产计划、物料需求计划、能力需求计划、成本控制计划、资金使用计划等在企业管理中的实际运用情况、各层计划的相互关系、计划的依据、制定方法、执行的情况等;在调查单据时,要了解单据的形式、种类、发生与管理部门、单据之间的关联情况等;在调查企业资源配置时,要了解企业资源的种类、资源使用的约束、资源配置的依据、方法和过程控制等。

(3) 从总体角度,调查信息系统应用企业的外部因素和企业总体状况。在调查企业外部因素时,要了解企业性质、经营方式、所属行业、行业排名、在供应链的位置与状况、客户关系状况、发展战略状况以及政府、政策、行规对企业的约束;在调查企业总体状况时,要了解企业的产值、产量、年销售量、营业额、利税、企业规模、固定资产、设备新度和完好状况、产品和生产设备技术水平、企业员工数量和技术状况等。

5.3 结构化的系统分析

结构化的系统分析思想来源于结构化的程序设计方法,其宗旨是将一个复杂的大系统分解成若干个简单的小系统。它采用从总体到具体或从全局到局部的方法了解系统、分析系统、设计逻辑方案。分析结束后,需要提交设计的逻辑方案和可行性分析报告给主管领导审批,领导批准后才进入下一个开发阶段。

5.3.1 组织结构与系统体系分析

组织结构分析要从系统全局出发,立足系统宏观层面的信息流。特别是大型系统,必须全面地分析系统所涉及的各类组织在系统中的角色、组织对系统的作用和影响程度,为设计系统的功能、性能的提供依据。对于单项业务的小型管理信息系统,虽然不需要进行复杂的组织结构分析,但还是需要充分考虑系统涉及的相关业务管理部门,以及系统运行时系统与相关部门之间的相互约束。

1. 绘制组织结构图

在进行信息系统分析时,要绘制的组织结构图不是一般意义上的管理组织结构图,这个图不仅通过规范化结构图展示公司的内部组成及职权、功能关系,而且要从宏观层面描述各组织之间的物流、资金流、事务流、数据流和信息流。每个公司都同时具有正式的和非正式的行政组织结构,这个图是绘制组织结构图的基础。一些常见的正式组织结构有如图 5-3 所示的等级式结构(多为规模较小的、创业型企业所采用),如图 5-4 所示的直线职能式结构,如图 5-5 所示的功能式结构或部门式结构(基于功能、产品/服务、顾客类型、地理区位)、如图 5-6 所示的矩阵式结构(双重汇报体系)等。

这些正式的行政组织结构关系都可以通过组织结构图来展示,英语称之为Organization Chart,或Organizational Chart,Organigram,Organogram,Org Chart,均表示同样的意思。它能够简洁明了地展示组织内的等级与权力、角色与职责、功能与关系。组织结构图还有助于帮助新员工了解和认识公司。(所谓非正式的组织结构是指存在于日常工作中的组织层级之间的真实关系。)

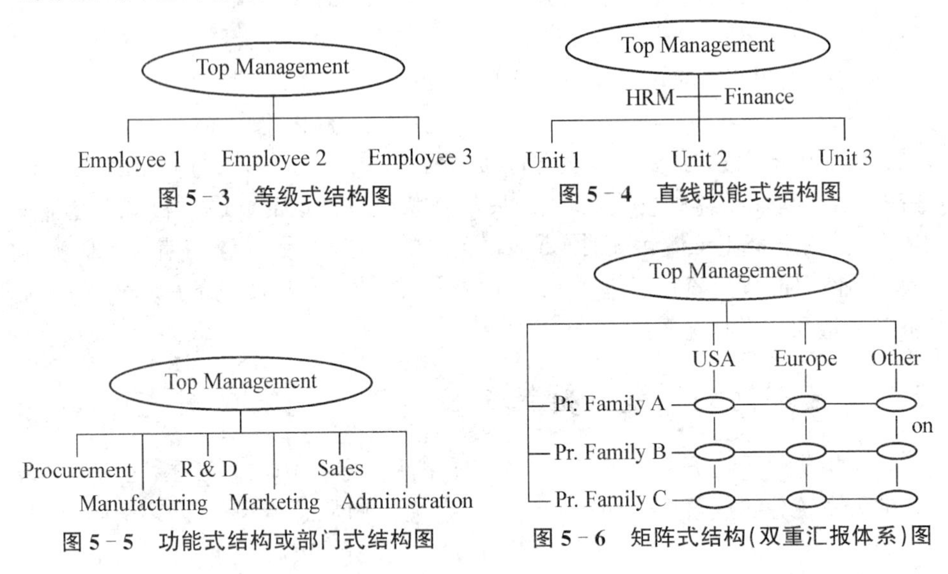

图5-3　等级式结构图

图5-4　直线职能式结构图

图5-5　功能式结构或部门式结构图

图5-6　矩阵式结构(双重汇报体系)图

在绘制组织结构图时,首先要遵守两条原则:其一是实事求是的原则,组织结构图描述了企业的经营模式,是企业真实的反映;其二是宏观抽象的原则,在绘制时要忽略细节,要体现组织之间的关系及关系类别。

组织结构是一个总体的描述,根据企业实际运行情况先给定组织的名称,最简单的方法是直接引用行政机构的部门名称,然而在组织结构图上组织的名称要能体现组织内涵、使命和特点,然后用同线型描述各组织之间的联系。例如,一家小型的加工制造企业,有一个加工车间、一个财务部、一个采购部、一个销售部、一个行政办公室和一个后勤部,其组织结构如图5-7所示。

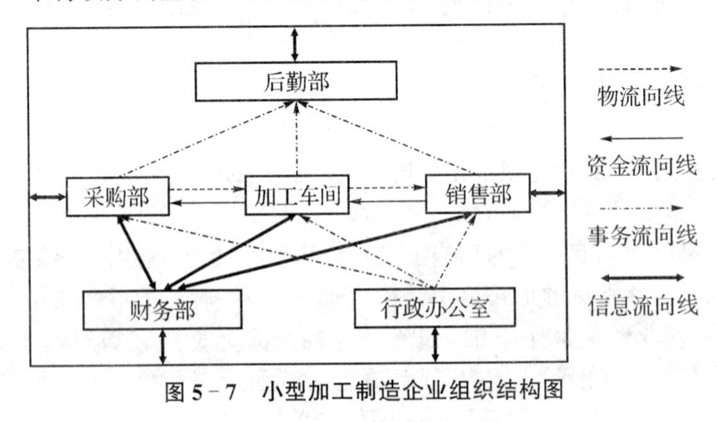

图5-7　小型加工制造企业组织结构图

2. 建立组织与业务关系

每个组织每天都有许多业务需要处理，在确定了组织结构图后要深入刻画各组织承担的与系统有关的业务，以及这些业务所涉及的相关组织，即组织与业务的关系。一项业务往往涉及许多部门，为了简化组织与业务关系的描述，可以运用矩阵描述组织与业务之间的关系，具体操作过程如下：

(1) 明确各组织与系统相关的业务。

(2) 列出系统相关的组织在矩阵的行上，列出系统相关的业务在矩阵的列上，形成一个矩阵架构。

(3) 确定组织与业务关系类型的标记。一般可以用空白表示矩阵中组织与业务无关；用星号(*)表示该列所指业务是该行组织的主业务；用打钩(√)表示该列所指业务是该行组织的相关业务；用打叉(×)表示该列所指业务是该行组织的辅助业务。

(4) 在矩阵行列交叉处正确选择上述标记，描述组织与业务的关系。在描述业务与组织无关或为主要业务时，判别关系型相对容易。但判别相关业务与辅助业务关系型时，相对较困难。在实际标记过程中要从不同侧度选用标记。如果在执行该项业务时，没有对应部门的参与将影响业务完成的质量，甚至无法正常完成，这种组织与业务之间的关系是辅助关系；如果业务完成后对某个部门有直接的影响，这个部门与业务之间的关系类型应选用相关关系标记。例如，上述小型加工制造企业的部分组织与业务的关系如表5-1所示。

表5-1　小型加工制造企业的组织与业务关系

业务 组织	采购	生产	销售	……
加工车间	√	*	√	
财务部	×	×	×	
采购部	*	×	×	
销售部		√	*	
行政办公室	×	×	×	
后勤部	√	√	√	

3. 组织结构分析

在管理信息系统开发过程中进行组织结构分析是为了正确地选择经济、实用、简便和可靠的信息系统体系结构，也是为了充分利用企业资源，使其发挥最大的作用而开展的工作。组织结构分析的具体工作有结构的合理性检验和组织的必要性检验。

(1) 结构的合理性检验。从行政机构的从属关系入手，检验企业规章制度的执行力。首先,找出阻碍政令畅通、有效执行的瓶颈组织与人员,调整组织结构模式,提高行政执行力;其次,从企业各种流程顺畅的角度检验结构的合理性,消除一切影响流程顺利运行的组织与人员。

(2) 组织的必要性检验。从企业资源一体化管理和工作方式信息化的环境出发,逐个检验组织是否有存在的必要性。对企业原有组织性质相近、任务不足的要合并,对影响企业发展和通过信息化由系统替代、任务严重不足的组织要取消,对于信息化环境下需要协调、综合、提炼等信息加工、数据挖掘和辅助决策等工作需要专管的可以增补新的组织,并使新的组织适应信息化的需要。

总而言之,需要从管理信息系统应用角度重新认识企业组织,定义组织使命,明确组织目标,优化组织结构。不断寻找发现企业组织中存在的问题,分析问题存在的原因,提出解决问题的方案,并开展该方案的可行性研究等工作。

4. 信息系统体系选择

信息系统体系是综合兼顾由计算机硬件、网络和通信设备、计算机软件、信息资源、信息用户和规章制度等组成,以处理信息流为目的,构成人机一体化的有机整体。信息系统体系结构可分成单用户体系结构、C/S 体系结构、B/S 体系结构和 P2P 体系结构。

(1) 单用户体系结构。单用户信息系统是早期最简单的信息系统,整个信息系统运行在一台计算机上,由一个用户占用全部资源,不同用户之间不共享和交换数据。

(2) C/S 体系结构。C/S(Client/Server)结构,即客户机/服务器结构。这种体系结构模式是以数据库服务器为中心、以客户机为网络基础,在信息系统软件支持下的两层结构模型。这种体系结构中,用户操作模块布置在客户机上,数据存储在服务器上的数据库中。客户机依靠服务器获得所需要的网络资源,而服务器为客户机提供网络必需的资源。目前大多数信息系统是采用 C/S 结构。

(3) B/S 体系结构。B/S(Browser/Server)结构,即浏览器/服务器结构。它是随着 Internet 技术的兴起,对 C/S 结构的一种变化或者改进的结构。在这种结构下,用户工作界面通过浏览器(Browser)来实现,极少部分事务逻辑在前端实现,主要事务逻辑在服务器端(Server)实现,形成所谓三层结构。这样就大大简化了客户端电脑载荷,减轻了系统维护与升级的成本和工作量,降低了用户的总体成本。

(4) P2P 体系结构。P2P(P to P)体系结构,即对等网络结构。P2P 体系结构取消了服务器的中心地位,各个系统内计算机可以通过交换直接共享计算机资源和服务。在这种体系结构中,计算机可对其他计算机的要求进行响应,请求响应范围和方式都根据具体应用程序不同而有不同的选择。目前对等网络结构模式有纯 P2P 模式、集中模式及混合模式,是迅速发展的一种新型网络结构模式。

体系结构的选择要考虑系统的安全性、稳定性、开发期和日常维护的费用因素，一般情况下当系统用户较多，功能复杂，存储信息量大，需要专业技术人员维护和管理系统时，尽量采用网络体系，在满足安全与稳定要求的同时，使管理维护操作简单，减少开发投入。单用户体系结构不能满足本系统网络要求；C/S体系结构过于庞大，管理维护复杂；P2P体系结构虽然功能强大，但是本系统并不需要即时通信和不间断的数据更新。为使用户能够在简单、易用、单一、统一的可视化界面下，轻松、方便地访问到各种类型的数据。

5.3.2 业务流程分析与业务流程重组

业务流程分析是在组织结构分析的基础上，针对系统涉及的各项业务描述与分析其起因、经历和归属去向，完整地分析业务流程的有效性、增殖性和稳定性，为业务流程优化、重组提供依据，也为工作岗位设定、工作流设计、操作规程制定和人力资源管理等提供运作基础数据，为企业科学管理方法引用提供可能。

1. 业务流程描述

在信息系统分析过程中通常用业务流程图来实现业务流程描述，这也是信息系统分析的基础性工作，往往量大、涉及面广，而且由于信息系统开发的承接者往往会遇到很多新理念、方式、方法和模式，因此描述业务流程的过程是一个学习、交流与沟通的过程。

(1) 业务流程图图符

为了规范和简化业务流程图，便于开发者之间、开发者与用户之间的交流，需要统一定义基本的图符。但是，直到现在业务流程图基本符号还没有统一标准。系统开发组在系统分析前内部制定一个标准图符，或选用 Word 中提供的部分流程图图符，并分类定义为业务流程图图符。一般业务流程图的基本图符如图 5-8 所示。

图 5-8 业务流程图基本图符

在基本图符中，实体包含与系统相关的组织、机关、部门和人员等；单据包含发票、凭证、表格、清单、文件和卡片等人工记录数据的载体；判别表示在处理过程中将会遇见多种情景供用户选择其中之一，可能是二分支，也可能是多分支的；处理是一切事务的加工处理总代表，在业务流程图上描述的处理往往是管理人员共同认识的一个活动；流向线表示了整个业务各个活动的时序，沿着箭头从一个实体(或处理)流向另一个实体(或处理),有时在流向线上用文字表达流动的条件或激活机制。

(2) 业务流程图绘制方法

绘制业务流程图是一项繁杂、细致的工作,往往由粗及细,由简到繁,需反复与管理人员核实。在明确了要绘制某一业务流程图后,要抓住业务活动环节与相关组织两个关键要素。从时间上由业务起因开始入手,沿着业务在时间、空间的开展描述各项工作活动,以及活动涉及的组织、数据、信息、行为等内容。

(3) 绘制业务流程图举例

例如,要绘制某企业的采购业务流程图。这是采购部门的主要业务,将涉及业务员、采购部门的业务主管和供应商,整个业务的流程图如图 5-9 所示。

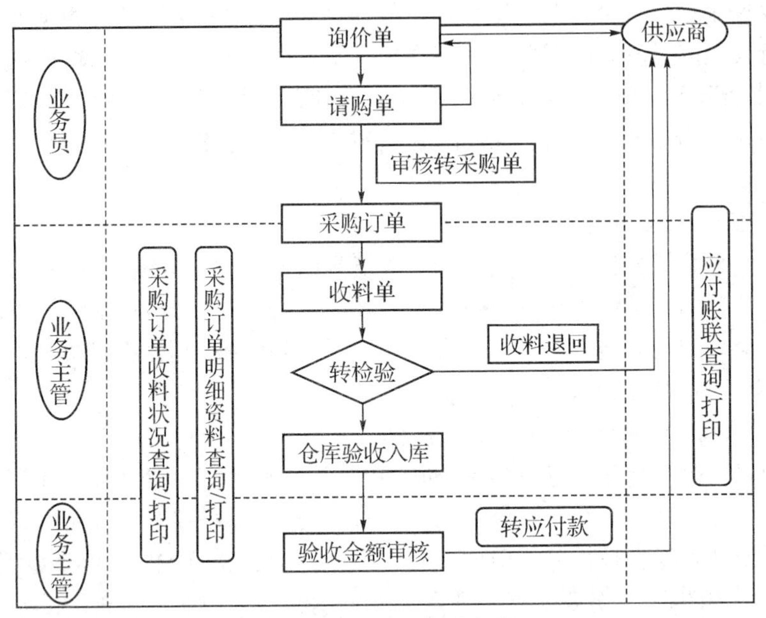

图 5-9　采购业务流程图

2. 业务流程分析

业务流程分析的主要目的是寻找原业务流程中存在的不合理和不经济的现象,并寻求优化业务流程的方案。业务流程分析工作的好坏不仅影响业务完成质量和效率,而且直接影响系统运行的经济性。在进行业务流程分析时,可以运用价值链的思想去检验业务流程的经济性。

一个业务在不同部门处理,需要系统提供相应的功能与操作界面。所以,业务流程体现了企业的动作模式和企业文化。因此,在进行业务流程分析时,首先要辨认业务流程中各活动存在的合理性和对优质完成业务的贡献性。对于可有可无的活动要删除,对于多个活动从属于同一人员完成的要合并与简化,要避免业务流向往复,寻找业务流程的最佳路径。

3. 业务流程重组

业务流程重组（Business Process Reengineering，简称 BPR）也称为企业流程再造，是通过资源整合、资源优化，最大限度地满足企业的高速发展。这既是一种新的管理理念与方法，也是企业信息化的基础性工作，该理论已经成为当今企业和管理学界研究的热点，许多大型企业实施 BPR 获取得了巨大成功。业务流程重组是对业务流程的根本性再思考、彻底性再设计和戏剧性改善，并围绕业务流程展开重组工作，最终成为共同为顾客创造价值而又相互关联的活动。BPR 的一般开展过程如下：

(1) 对原有流程进行全面的功能和效率分析，发现其存在的问题。根据企业现行的业务流程，绘制细致、明了的业务流程图。一般地说，原来的业务流程是与过去的市场需求、技术条件相适应的，并有一定的组织结构、业务规范作为其保证。当市场需求、技术条件发生的变化使现有业务流程难以适应时，业务效率或组织结构的效能就会降低。因此，必须从功能障碍、重要性和可行性方面分析现行业务流程。

(2) 设计新的流程改进方案并进行评估。为了设计更加科学、合理的业务流程，必须群策群力、集思广益、鼓励创新。在设计新的流程改进方案时，要考虑将现在的数项业务或工作合并为一，将业务流程的各个步骤按其自然顺序进行，给予职工参与决策的权力，为同一种业务流程设置若干种进行方式，还要考虑尽量减少检查、控制、调整等管理工作，设置项目负责人等要素。

(3) 制定与流程改进方案相配套的组织结构、人力资源配置和业务规范等方面的改进规划，形成系统的企业再造方案。

(4) 组织实施与持续改善。实施企业再造方案必然会触及原有的利益格局，因此必须精心组织，谨慎推进。既要态度坚定，克服阻力，又要积极宣传，达成共识，以保证企业再造的顺利进行。企业再造方案的实施并不意味着企业再造的终结。在社会发展日益加快的时代，企业总是不断面临新的挑战，这就需要对企业再造方案不断地进行改进，以适应新形势的需要。

业务流程重组通过将非增值性步骤从业务流程中剔除出去或尽可能地简化，能有针对性地提高为顾客提供产品与服务的效率，提高对质量管理环节的监控能力。还可以提高响应能力、降低成本、降低次/废品率和提高员工满意度。

5.3.3 数据流程分析与数据字典

数据与数据流程分析是在业务流程分析的基础上对业务流程的抽象、细化和符号化的工作。在数据流程分析前，需要统一规范的数据流程图图符系统，规范数据命名、行文风格。数据流程图是提供透视数据与业务的关系、数据与管理的关系、数据与行为的关系的工具。数据流程分析从系统全局出发分析数据特性、数据结构、数据组织、数据管理与数据库表的关系。创建数据字典，为数据库设计提供依据。

1. 数据流程描述

数据描述以业务流程为依据,业务符号化为重点,由粗及细,从总体到具体,用数据符号表达实体、事物的状态和特征;用数据处理表达事物的行为;用数据输入与输出表达实体之间的交流、事物的激活机制。

(1) 数据流程图图符

数据流程图图符至今还没有统一的标准,不同的软件开发公司采用的符号可能不同,同样的软件开发公司针对不同的管理信息系统涉及的业务特征,采用的图符类型、含义也不尽相同。因此,在系统分析与设计前首先要规定数据流程图图符,以便分析与设计人员交流和归档。数据流程图的基本图符如图5-10所示。

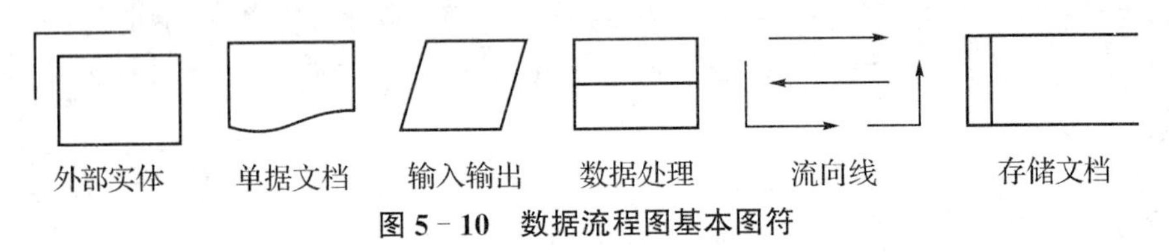

图5-10 数据流程图基本图符

(2) 数据流程图(DFD)的绘制方法

在实际绘制数据流程图时不能直接将业务流程图转换成数据流程图,而是要进行不断分层细化,称为分解法或爆破法。在实际绘制时先画出顶层DFD,然后自顶向下画出各层DFD。在绘制过程中要遵守分解后的系统成分有相对独立功能和一次分解不要加入细节过多的原则,如图5-11所示。

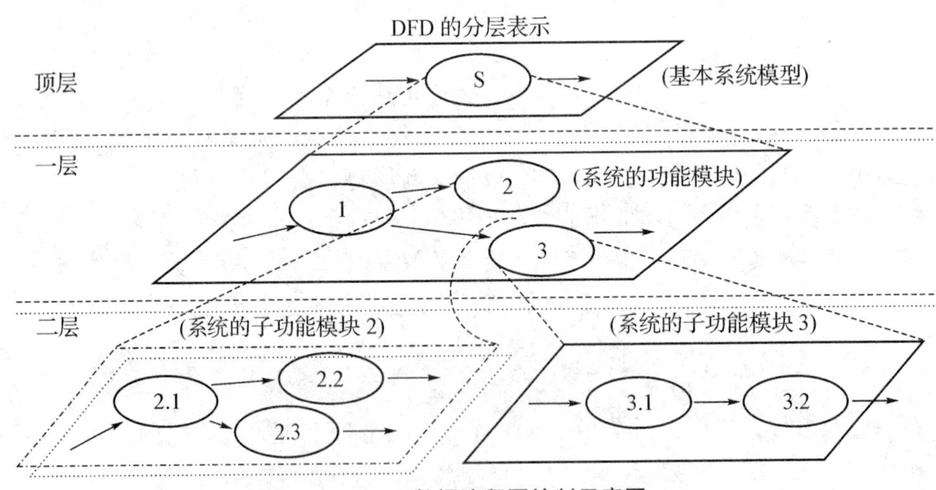

图5-11 数据流程图绘制示意图

(3) 举例

假设某一企业采购部门每天需要一张订货报表,报表按材料编号排序,报表中列出所有需要再次订货的材料。对于每种需要再次订货的材料应列出下列数据：材料编号、名称、订货数量、目前价格（或参考价格）、主要供应单位、第二供应单位等。材料入库或出库称为事务，通过放在仓库的CRT终端把事务报告给订货系统。当某种材料的库存数量少于库存量临界值时就应该再次订货。

考虑数据的源点和终点：从上面对系统的描述可以知道，仓库管理员通过终端把事务报告给订货系统，系统经过汇总处理，每天向采购部提供一张订货报表。所以，采购员是数据的终点，而仓库管理员是数据的源点。

考虑处理：问题给出"采购部需要报表"这个条件，因此必须有一个用于产生报表的处理。输入事务的结果是改变材料库存量，然而任何改变数据的操作都是处理，因此对事务进行的加工是另一个处理。

考虑数据流：系统把订货报表送给采购部，因此订货报表是一个数据流；仓库需要将每笔事务输入到系统中，显然事务是另一个数据流。

考虑数据存储：从问题的阐述中，可以看出产生报表和处理事务这两个处理在时间上明显不匹配，每当有一个事务发生时就必须立即处理事务，而每天只产生一次订货报表。因此，用来产生订货报表的数据必须存放一段时间，也就是应该有一个数据存储。另外，"当某种材料的库存数量少于库存量临界值时就应该再次订货"，这个事实意味着必须在某个地方有材料库存量和库存量临界值这样的数据。因此，需要有一个保存清单的数据存储。

2. 数据特征分析

数据流程描述了系统涉及的所有数据，在不同的业务中相同事物属性往往引用不同的数据。数据特征分析是从系统全局出发，明确数据的特征，便于系统数据的传送、加工和利用。

一旦把数据流程图中的四种成分都分离出来之后，就可着手绘制系统的数据流程图了。数据流程图的绘制也是采用自顶向下的方法，由粗到细，逐层细化，最后形成一套完整的拟建系统的数据流程图，如图5-12(a)—(d)所示。

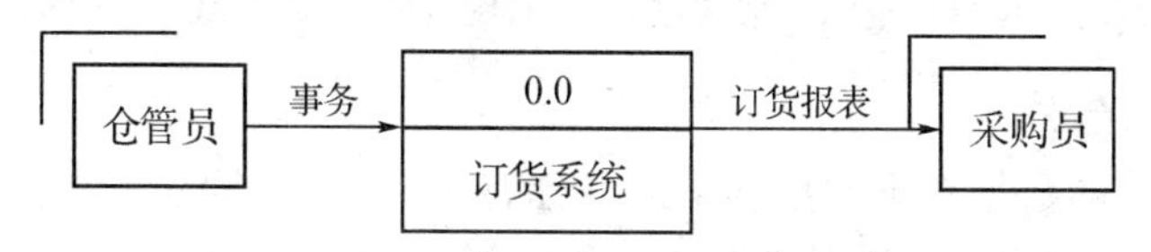

图5-12(a)　订货系统的顶层数据流程图

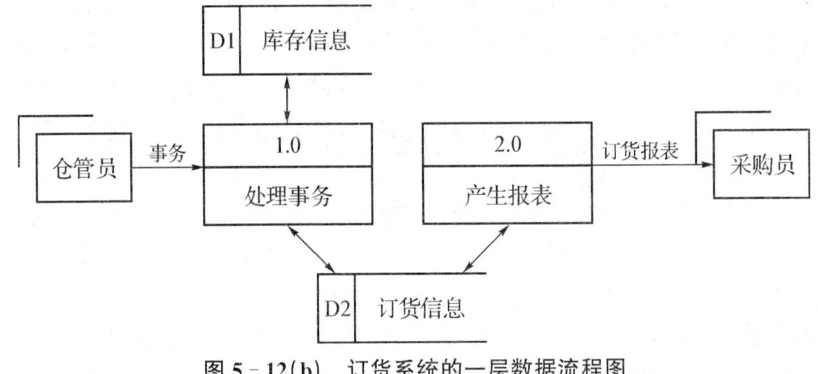

图 5-12(b) 订货系统的一层数据流程图

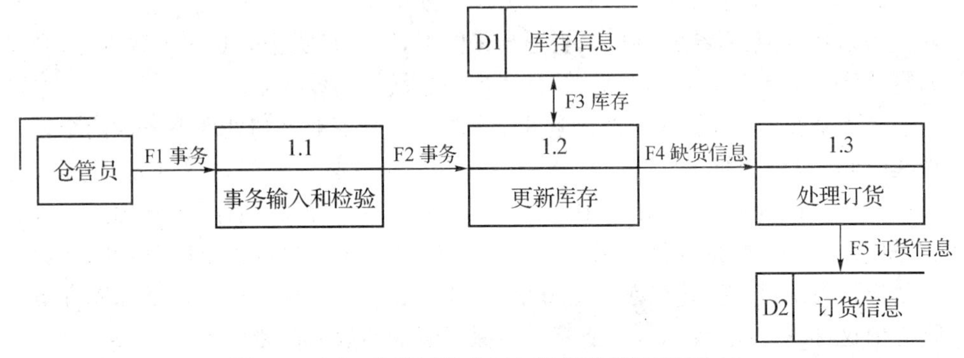

图 5-12(c) 订货系统的二层数据流程图(子图 1)

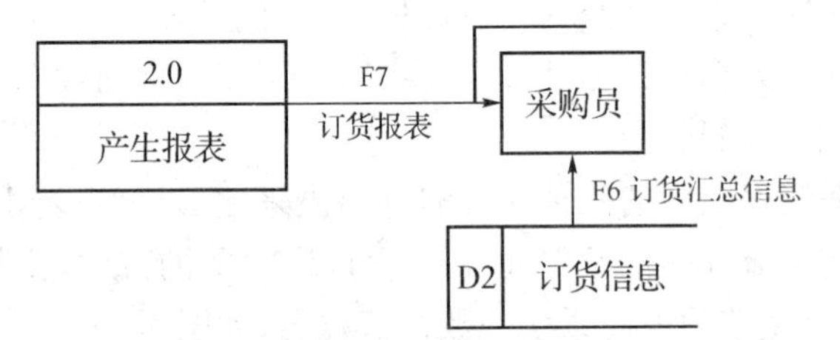

图 5-12(d) 订货系统的一层数据流程图(图 b 的局部,各数据成分加上编号)

(1) 数据命名

相同含义的数据在不同单据上的名称有时会不同,例如对于描述工作单位的名称,可能出现该项数据的名称有:单位、单位名称、名称等等,这些名称在信息系统中是不同的数据名称,不能作为相同数据输入、输出和处理。因此,要将信息系统所涉及的所有名称列在数据名称表中,然后统一命名,如表 5-2 所示。数据名称的命名要符合软件系统与数据库管理系统的命名规则,一般以字母开头,后接字母或数字或下划线组成,长度一般不超过 10 个字符。

表 5-2 数据命名表

单据 / 数据	工资单	员工档案	……	系统命名
姓名	√	√	……	E_name
工号	√	√	……	E_number
性别		√	……	E_sex
工资单号	√			E_GNO
……	……	……	……	……

注:在表中打钩(√)表示该数据在对应单据上存在。

(2) 数据值域与长度

在信息系统中数据往往存在取值范围,这称为数据值域。明确了数据值域后,在构建数据库、设计输入数据或编制软件时,可对数据的输入与传送进行有效的控制,减少异常数据发生。例如员工性别数据只能是“男”或“女”,这可以通过字段有效性规则限定;员工参加工作日期与出生日期之间必须相差16年以上,这可以通过记录有效性规则限定等等。同时,根据数据的最大值,我们可规定数据的占用位数,即长度。

(3) 数据类型

数据分类的目的是便于数据组织和加工。因此,数据可以从不同的侧面进行分类。例如,按数据的变化程度可分成静态数据、动态数据和半固定数据,这种分类便于数据组织,通常将变化程度或使用部门相近的数据组织在一起。按数据的处理特性可分成数值型、字符型、逻辑型、日期型等,这与采用的数据库管理系统和软件开发工具相关,如数值型与字符型有时统称为文本型,而逻辑型有时称为布尔型。还可以按系统运用时数据的作用域分成全局公共变量、本地变量和专用变量等,按数据在系统运行时的组织形式分成字段变量、数组变量、系统变量和对象变量等。

(4) 数据使用频率

通过数据长度、数据使用频率可以给系统存储设备配置提供理论依据,也可以给系统操作岗位配置提供依据。主要明确某业务每天(或每周、每月等)数据的输入、统计处理、输出等事务最高量和最低量。

(5) 数据操作权限

首先要将数据分成公开、秘密和绝密等密级,然后明确对于不同密级,不同岗位与员工可进行的读、写、改、传送、复制、执行等操作类型,最后形成数据管理准则。这个准则在系统设计时实现。

3. 建立数据字典

数据字典是对数据元素、数据结构、数据流、处理逻辑和数据存储的描述。在数据字典中定义和陈述了数据的所有细节,包括数据元素本身及它的流(动态的)、存储(静态的)、处理等的档案。数据字典是数据设计和输入与输出设计的依据,在制作数据字典时,可以把数据字典做成卡片形式或保存成数据库表的形式。卡片形式的数据字典直观、简单,而数据库表形式的字典便于更新与共享。卡片式数据字典包括数据元素卡片、数据结构卡片、数据流卡片、数据存储卡片和处理逻辑卡片,而数据库表中一个记录对应一个数据的特征,一张数据表对应一类数据特征。

(1) 数据结构描述

数据结构描述是数据组成的描述,它代表数据流或数据存储的逻辑组成。在数据结构描述中,注意有三种特殊项的表示,分别是:任选项(即可有可无的数据项)用[ ]表示;必需项(多个数据中必须出现其中之一)用{ }表示;重复项(可多项重复出现的数据项)用 * 表示。

(2) 处理逻辑描述。处理逻辑是指处理元素的有关算法(包括计算、查询、转换、检索等)。处理逻辑描述主要是对数据输入、处理 、输出的描述。这种描述采用黑盒子结构,即通过对输入数据元素和输出数据元素的了解,确定黑盒子具有哪种处理能力。

(3) 数据存储描述

数据存储描述是对静态数据的描述,主要描述静态数据的数据结构、输入数据流、输出数据流。

5.3.4 数据逻辑处理的工具

数据字典详细地记录了数据的特征,却无法描述数据的演变过程。如何根据用户的需要将原始数据加工成用户所需要的信息,这是信息系统分析的难点和关键点。特别是当数据加工过程需要多种情景来进行逻辑判断后才能做出决断时,对数据处理逻辑的描述十分重要。数据处理逻辑的描述工具主要有决策树、判定表和结构英语等。

1. 决策树

决策树是用树的分支来表述不同的情景,树的结点用于描述逻辑判别条件。在数据处理过程中遇到多种情景需要决断时,采用决策树不仅层次结构清楚,而且表达形式形象简洁。

例如,某工厂对不同类型工人超额完成任务的奖励方案不同。机加工工人,每月超额工时数在50工时以内(含50工时),每工时奖励4元;超额工时数大于50并在100工时以内的,大于50工时的部分,每工时奖励6元,其余部分每工时奖励4元;超额工时数在100工时以上的,大于100工时的部分,每工时奖励8元,其余部分按100工时以内处理。装配工人,每月超额工时数在50工时以内,每工时奖励5元;超额工时数大于50并在100工时以内的,大于50工时的部分,每工时奖励8元,其余部分按50工时以内处理;超额工时数在100工时以上的,大于100工时的部分,每工时奖励10元,其余部分按100工时以内处理。

在制作决策树时,若选择员工类型为第一层,超额完成的工时为第二层,则决策树如图5-13所示。第一层是员工类型,有两种情景,分别是机加工和装配工。第二层是判别员工超额的工时数(N),均分成三种情景,分别是少于等于50、大于100和在50至100之间,用W表示不同情景下的奖励额度。

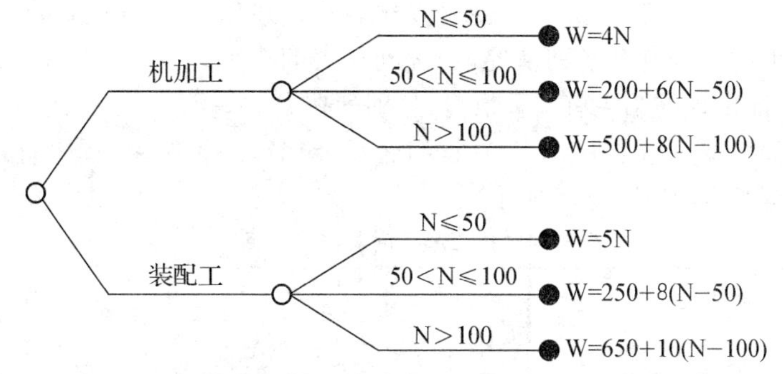

图5-13　员工超工时奖励方案决策树1

在制作决策树时,若选择超额完成的工时为第一层,员工类型为第二层,则决策树如图5-14所示。当需要判别的层次很多时,选择恰当的判据可以简化决策树。

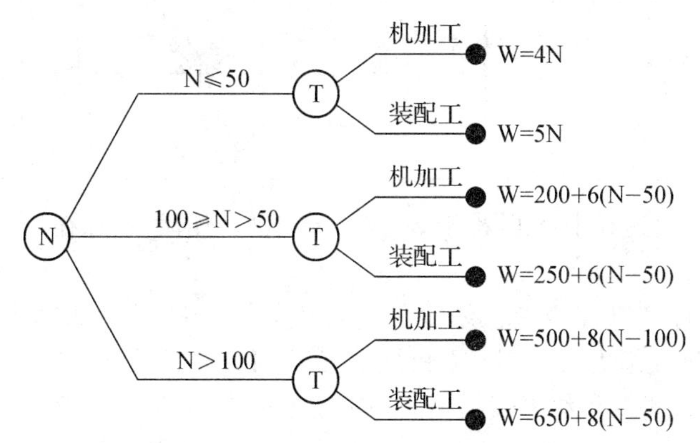

图5-14　员工超工时奖励方案决策树2

图中的T表示员工类型。

2. 判定表

判定表是用二维表来表示数据处理的逻辑判断。这张二维表由四部分组成,表的左上部分列出逻辑判据,即逻辑表达式,运行结果只能是两种状态;表的右上部分列出逻辑判据的组合,其中Y表示是,N表示否,若左上角逻辑表达式个数为n,则全部组合数为2^n;表的左下方列出处理可能出现的结果;表的右下方以打钩标示不同逻辑判据组合的对应处理结果,如表5-3所示。

表5-3　判定表结构

逻辑表达式清单	逻辑判据的组合清单
处理可能出现的结果清单	逻辑判据组合的对应处理结果选择

例如,将上述处理逻辑用判定表形式表示。表中逻辑表达式只能有两种选择,所以超工时数判据不能用一个表达式表示,必须用两个表达式,可以是N＜＝50,然后再判断N＞100。这样逻辑表达式共有三个,列在表的左上方;三个逻辑判据的组合就有8种情况,分别列在表的右上方;由上述例子的叙述可知,处理可能出现的结果有6种情况,分别列在表的左下方;各个判据对应的处理结果选择列在表右下方,一个判据组合只能选择一种结果,而一种结果可能有多种判据组合,如表5-4所示。

表5-4 员工超工时奖励方案判定表

T＝'机加工'	N	Y	N	Y	N	Y	N	Y
N＜＝50	N	N	Y	Y	N	N	Y	Y
N＞100	N	N	N	N	Y	Y	Y	Y
W＝4N				√				
W＝5N			√					
W＝200＋6(N－50)		√						
W＝250＋6(N－50)	√							
W＝500＋8(N－100)						√		
W＝650＋8(N－100)					√			

由于上述表达式中N既小于50又大于100的情况不存在,所以只有6种运行结果。

又例如,计算机等级考试结论的处理逻辑。考试分笔试(Y)与上机考试(X),要求笔试成绩大于36分,上机成绩大于24,否则不合格;如果总分大于80分,则评定为优秀。等级考试结论的判定表如表5-5所示,制表过程请读者自己推敲。

表5-5 计算机等级考试结论判定表

Y＜36	N	Y	N	Y	N	Y	N	Y
X＜24	N	N	Y	Y	N	N	Y	Y
Y＋X＞80	N	N	N	N	Y	Y	Y	Y
不合格		√	√	√		√	√	√
合格	√							
优秀					√			

5.3.5 功能/数据分析

功能/数据分析是在业务流程分析与数据流程分析的基础上,通过业务功能与数据类之间的关系检验原系统是否存在不正确性，并为子系统的划分提供理论依据。

1. U/C 矩阵

U/C 矩阵是功能/数据分析的工具，用于表达功能与数据之间的关系。U/C 矩阵描述了系统的原生态，是根据调查结果刻画的，绘制人员不能随意修改，否则不能起到检验作用。

U/C 矩阵的建立是将系统所有功能(Fi)排列在矩阵的行上，将系统所涉及的所有数据类(Dj)排列在矩阵的列上，在矩阵内行列交叉处用 U(Use)表示对应行上的功能将使用对应列上的数据类；用 C(Create)表示对应行上的功能将产生对应列上的数据类；用空白表示对应行上的功能与对应列上的数据类无关，如表 5-6 所示。

表 5-6 U/C 矩阵

数据类 D 功能 F	生产计划表	客户信息	完工单	销售计划	……
计划	C		U	C	
生产	U		C	U	
销售	U	C	U	C	
……					

在建立 U/C 矩阵时，采用自顶向下的方法，首先确定系统的功能和数据类，然后填上功能/数据之间的关系。

2. 功能与数据的正确性检验

功能与数据的正确性检验是通过 U/C 矩阵检验来实现的，实际上 U/C 矩阵代表了系统的功能与数据的关系。要求系统的功能与数据之间符合完备、一致和无冗余的原则。

(1) 完备性检验。检查矩阵每一个数据类(列)是否拥有产生者(C)和使用者(U)。也就是说，每个数据类必须有产生者和使用者，否则视为不完备，例如表 5-6 中的“客户信息”数据类就是不完备的。产生不完备的原因往往是矩阵没有全部描述系统的功能，使用数据类的功能遗漏了，或者是功能太笼统，分解不具体还可能是列出的功能既产生该数据类，同时也使用数据类，表 5-6 中“客户信息”数据类的不完备正是这种原因，应当把“销售”功能继续分解。

(2) 一致性检验。检验每一个数据类是否只有一个产生者，如有多个产生者，则产生了不一致性现象。如上表中“销售计划”数据类有“计划”与“销售”两个功能产生，这会引起数据类产生得不一致，不符合一致性原则，所以要到企业实际去细查造成的原因。有时往往是调查人员记录有误，或出现多头管理。当出现多头管控时，需要协调明确某功能产生数据类，如果是出错则需要更正。

(3) 无冗余性检验。当一个功能在系统中既不产生数据，也不使用数据时，我们称该功能是冗余的。当某一数据类在系统中既无功能产生，也无功能使用时,我们称该数据类冗余。对于冗余的数据类或功能,必须从系统中将其消除。实际上冗余的出现往往是调查不详细,数据冗余是功能不全面,功能冗余是数据类不完整,因此不能在出现冗余时不加分析就删除,删除容易,但系统交付使用后出现功能或数据类缺陷将会造成不可估量的损失。

3. 系统划分的理论依据

系统划分需要考虑多种因素,而U/C矩阵的求解给系统划分提供了重要的理论依据,可以以此为起点,兼顾其他因素最终确定系统的划分。

(1) U/C矩阵求解方法。当系统的功能与数据类相对较少时,可以直接在图表上完成;如果系统的功能与数据类很多,则可以借矩阵运行法则在计算机上完成。U/C矩阵的求解方法是将矩阵中C元素通过行与行之间的交换或列与列之间的交换调到左上角至右下角的对角线上。

(2) 子系统划分方法。根据U/C矩阵求解的结果,从左上角开始向右下角逐个把C元素相对集中的对应功能与数据类划成一个子系统。由于在U/C矩阵中会出现只用数据的功能,这个功能在矩阵求解时不固定位置,因此子系统的划分不能唯一。另外不同的分析人员在划分时考虑的因素不同,往往会出现某个功能可能既可划到前一个子系统中,也可划到下一个子系统中,造成划分结果不一致。所以,根据U/C矩阵求解结果划分子系统仅是一个理论参考。

5.3.6 逻辑模型设计与系统分析报告

1. 新系统的逻辑模型设计

信息系统的分析是对原系统的现实经过调查与分析,提炼与归纳,从理论概念上提出新系统的逻辑方案,以达到对原系统的功能与性能有所提高,用户对信息化的理念有所升华。新系统的逻辑方案不同于计算机配置方案和软件结构模型方案等实体结构方案,是经分析后提出优化原系统,确定新系统拟采用的管理模型和信息处理方法,也称为逻辑方案设计。具体设计过程如下:

(1) 确定业务对象。信息系统是现代管理的支持环境与工具,根植于具体的业务过程,新系统的逻辑设计的首要任务是明确给什么业务做设计。不同的业务范围,具有不同的管理模型。如果新系统将涉及多种业务,则列出各个业务,逐个设计其逻辑模型。

(2) 选定管理模型。不同的业务具有不同的管理模型。例如,对于成本管理,可以采用核准成本法、模拟成本法、作业成本法和实际成本法等;对于库存管理,从运作方式来看有推动式和拉动式两种方法,从库存物料领用方式来看有先进先用和随机领用方式等等。管理模型的选定需要考虑企业文化、决策者偏好、企业规模、性质和所属行业等因素。这是逻辑设计的关键和难点。

(3) 确定组织结构。根据调查结果和选定的管理模型,进一步优化组织结果,重新确定组织的名称、使命、宗旨、职责、权利等等。新系统的组织要精、简、实,要确保各种流程畅通,便于各种资源的充分利用,在企业内外组织链部门之间要形成上游为下游服务的意识,下游为上游着想的原则。

(4) 业务与数据流程优化。随着管理模型的选定，组织结构的确定，对原有的业务流程与数据流程从信息化环境入手进行调整与优化，彻底删除不必要的环节，节省时间、减少成本、提高效率。还可以引用 U/C 矩阵对调整后的功能与数据类进行检验，确保数据类的完备、生成的一致和无冗余。

2. 系统分析报告

系统分析报告是系统分析最终提交给管理信息系统建设委员会的正式文档，而且需要经主管领导审核批准，才能进入下一阶段的工作。系统分析报告是对系统分析阶段的工作总结，全面地陈述系统分析得出的结论，主要内容如图 5－15 所示。

＊＊管理信息系统分析报告

1 引言 ……………………………………
　1.1 编写目的 ……………………………
　1.2 项目背景 ……………………………
　1.3 术语定义 ……………………………
　1.4 参考资料 ……………………………
2 综合描述 ………………………………
　2.1 产品介绍 ……………………………
　2.2 目标范围 ……………………………
　2.3 用户特性 ……………………………
　2.4 约定假设 ……………………………
3 系统分析 ………………………………
　3.1 用户需求分析 ………………………
　　3.1.1 系统过程描述 ……………………
　　3.1.2 用户需求描述 ……………………
　3.2 组织结构分析 ………………………
　　3.2.1 组织结构描述 ……………………
　　3.2.2 组织结构存在问题与建议 ………
　3.3 业务流程分析 ………………………
　　3.3.1 业务流程描述 ……………………
　　3.3.2 业务流程问题与建议 ……………
　3.4 数据流程分析 ………………………
　　3.4.1 数据流程描述 ……………………
　　3.4.2 数据流程问题与建议 ……………
4 新系统逻辑方案 ………………………
　4.1 组织结构与系统体系 ………………
　4.2 管理模型设计与管理制度 …………
　4.3 业务流程优化与岗位职责 …………
　4.4 新系统数据流程与数据管理制度 …
5 可行性分析 ……………………………
　5.1 概述 …………………………………
　5.2 经济可行性分析 ……………………
　5.3 技术可行性分析 ……………………
　5.4 环境可行性分析 ……………………
　5.5 社会可行性分析 ……………………
　5.6 其他可行性分析 ……………………
6 计划方案 ………………………………
　6.1 系统配置计划 ………………………
　6.2 经费使用计划 ………………………
　6.3 培训计划 ……………………………
　6.4 工程进度计划 ………………………

图 5－15 系统分析报告样式

在系统分析报告中要包含应用管理信息系统企业的概述,要全面概述其规模、产值、所在行业、行业排名、近年的利税等,还要从管理角度和信息化角度概述企业的现状,然后提出新系统的逻辑模型和开发计划,在工程进度计划中要明确在什么时段,完成什么任务,由谁或哪个部门负责,考核指标是什么等等。最好能画出甘特图或网络图。当管理信息系统是面向企业或集团管理信息化一体化建设时,系统分析构建的逻辑方案的可行性分析需要独立成册,并且对系统中所有功能分别进行技术、经济和社会等方面的可行性分析。

5.4 面向对象的系统分析

面向对象的系统分析(Object-Oriented Analysis,简称OOA)是面向对象方法的一个组部分,它利用面向对象方法进行系统分析,即在明确用户需求的基础上,通过对问题域的分析,建立以对象为基本单元的信息系统的逻辑模型。

5.4.1 面向对象的系统分析的系统模型

面向对象系统分析不同于结构化的系统分析。结构化的系统分析是信息系统开发的一个重要阶段,在这个阶段有其目标、任务和提交的文档资料,系统分析是系统设计的依据,系统设计有其独立的目标和任务。面向对象的系统分析是系统设计的基础,系统设计是在系统分析的基础上实例化或具体化。面向对象的系统分析的系统模型是由基本模型、补充模型和系统的详细说明三部分组成。

(1) 基本模型

基本模型是以类图的形式来表达系统最重要的信息,而类图则由类、属性、服务、一般-特殊结构、整体-局部结构、实例连接和消息连接等主要成分所构成。这些成分所表达的模型信息可分为三个层次,即对象层、特征层和关系层。对象层:给出了系统中所有反映问题域及系统责任的对象,用类符号来表达属于每一类的对象;特征层:给出了每一类及其所代表对象的内部特征,即每类的属性与服务,描述了对象的内部构成状况及细节;关系层:给出了各个类及其所代表对象彼此之间的关系。

(2) 补充模型

补充模型是基本模型之外的用于帮助理解并延伸基本模型的模型,它由主题图、用例(Use Case)和交互图(Interaction Diagram)构成。主题图是具有较强联系的类组织的集合体,它是对系统类图的进一步抽象,是较高层次上系统的视图;用例是对系统功能使用情况的文字描述,每个用例对应着系统中的一个功能,它描述系统的外实体与系统之间的信息交流关系;交互图是一个用例与完成相应功能的系统成分之间的对照图,它具体表明了用例中陈述的事件是由系统中的哪个服务来响应和完成,以及这个服务在执行过程中又进一步用到哪些其他对象中的服务。

(3) 系统的详细说明

详细说明是按照面向对象方法的要求格式对系统模型做出的进一步的解释,它主要由类描述模板构成。类描述模板主要以文字方式给出,但有时也附加一些图表说明。

5.4.2 确定对象及类

确定对象是 OOA 的第一步。通过调查在问题域尽可能地收集、识别和整理出对象,而类是根据某些共性的特征从对象中归纳、抽象出来的。

1. 确定对象

对象是客观世界问题域中人、地点和事物的抽象描述,是其相关属性和处理这些属性的服务的封装体,是系统分析中具有独立意义的实体。对象是构成系统的基本单位。确定对象有以下三个步骤:

(1) 发现对象

发现对象是从问题域、系统边界、系统责任、用户需求资料等入手,尽可能全面地发现系统组成中的候选对象。

(2) 筛选对象

筛选对象是指对所得到的对象清单进行全面的审查,从中舍弃那些无用的对象,精简、合并一些有用的对象,所得到的对象集就是我们系统中应该确定的对象。

(3) 构建对象

构建对象即命名对象,封装对象的属性和服务性。命名对象应采用“名词或形容词+名词”的形式作为对象名,尽可能选择能反映主题的标准词汇,其含义应具体、明确且无二义性。

2. 确定类

在 OOA 分析过程中,类是从对象中抽取出来的。确定类也可以看作类设计的基础,在设计类时,首先要制定归类的原则。

(1) 确定类的原则

在将对象进一步抽象成类的过程中,必须把握以下原则:

①从对象集合到类采用的是抽象原则。类是对象的抽象,对象是类的实例,每个对象总是属于一个类。

②类名、属性和服务中所有涉及的英文字母的首字母大写,且所有名字均为单数,并对应着一定的含义。

③在定义类时,必须对所出现的异常情况做检查、修改和调整。

(2) 建立类图

为每个对象抽象一个类。用类符号表达出所定义的类,其中主动对象类的类名前应加上其标记“@”,这样即可形成OOA基本模型中的对象层。

5.4.3 确定对象的内部特征

对象内部特征包括对象的属性及服务。对象的属性描述对象的状态特征,对象的服务反映了对象的行为特征。

1. 确定对象的属性

对象属性是指对象内封装的数据,它描述了对象的内部特征,是待开发系统中所有待存储数据的反映,对象只有在其封装的那些数据之上才能工作。确定属性可利用实体-关系(即E-R)图来确定。

(1) 属性分类

①根据对象属性值的特征可以把属性分为单值属性、互斥属性和多值属性三类。单值属性是指属性值在任何时刻只有一个值或一种状态的属性,这是最常见的属性类型;互斥属性是指属性值的出现依赖于其他属性值的属性,这经常与特定问题空间相联系,讨论该属性与问题空间中特定类的其他属性联系时,才能确定这类属性的存在;多值属性是指任何时刻都具有多个值的属性。

②根据对象属性值的来源和使用特点可以把属性分为四类,分别是描述性属性、定义性属性、综合可得性属性和偶尔可得性属性。描述性属性是指属性值通过对象建立、改变而产生的属性;定义性属性是指属性值使用于超过一个成员以上的对象分类的属性;综合可得性属性是指属性值在任何时刻皆可由其他数据获得的属性;偶尔可得性属性有时候可由其他数据获得,如奖励属性,只有学生达到奖励标准的学期才能获得奖励。

(2) 寻找属性

对象的属性一般可以根据问题空间的实体-关系图中需要描述存储的属性以及对象之间的关系描述去寻找。寻找属性应从问题空间的特征和系统责任的要求去确定每个对象应该拥有的单值属性和定义性属性。

对象的属性可以从多个角度确定,按照对象在问题空间中的一般常识,来确定对象的常用描述性属性;按照对象必须记忆的要求来了解一些通过前面寻找没有发现的不明显属性、单值属性或多值属性;从对象存在的状态,区别其他对象的特征来设置属性;从整体-部分结构和实例连接的要求出发,在有关对象中设置相应的属性。

(3) 筛选属性

从不同角度收集的属性往往存在交叉与同义性,因此需要筛选整理。在筛选时应考虑适应性、原子性、无冗余性、体现对象本身的特征和反映系统的责任等原则。适应性是指所选择的属性对表达对象的实例是适用的,对所考察的客观世界中的事物是必不可少的;原子性是指所选择的属性在概念上是不可分的,在实际中对应着事物的一个原子性特征;无冗余性是指属性在对象类中不允许重复出现,也不允许一个属性的值通过另一个属性或另外几个属性的值推导而出,否则这个属性应该删除,以保持属性中没有冗余;体现对象本身的特征和反映系统的责任即选择的属性应能确切描述与问题空间特征相对应的信息,应是实现系统功能和目标所需要的信息。

(4) 属性的命名和定位

属性命名原则为:使用名词或带定语的名词以及规范的行业领域通用的词汇,避免使用无意义的字符、符号或数字,且命名应无二义性。确定属性的位置采用的是继承原则,主要针对的是分类结构,即一般-特殊结构。

(5) 属性说明

这是用说明的方式来规定对确定属性的具体要求,它应包括以下主要信息:定义属性,以简练的文字描述属性的意义和作用;确定属性数据类型,常用的数据类型有整数、实数、字符串、数组、结构、指针等;对于表示整体-部分关系或实例连接关系的属性,应做出进一步解释说明;对属性的某些特征值进行详细定义,如对属性的取值范围、初始值、峰值、精度、度量单位等进行说明。

2. 确定对象的服务

服务的确定是由系统分析员与用户共同合作完成的,可分为寻找服务、筛选服务、服务的命名与定位和服务说明四步。

(1) 寻找服务

寻找服务要从以下角度考虑:要从系统责任和问题域出发,从所确定的对象入手,追踪服务在对象模型中的动态轨迹,从所确定的对象属性入手。

(2) 筛选服务

寻找到的所有服务还需要进行筛选,以确定最终对象所封装的服务。筛选服务时应注意以下几点:服务应是对象所映射的事物固有的行为,如果这种映射关系不存在,则要考虑所设置的服务是否有必要;服务应是满足系统责任(功能)所要求的,或是能够响应其他对象请求的有用服务,应排除无用服务;一个服务应完成一项明确定义、完整而功能单一的操作,若一个服务中包括了多项可能独立定义的功能,则应将该服务分解;如果一个独立功能分割到多个对象服务中去完成,则应加以合并。

(3) 服务的命名与定位

与属性的命名相异,服务的命名应采用"动词+名词"组成的动宾词组。服务的命名应能准确地反映该服务的职能,在相关的对象中服务名应是唯一的,服务名在类结构中应前后一致。

(4) 服务说明

服务说明主要包含以下内容:对服务的作用及功能的进一步解释;说明请求该服务的消息格式,包括服务名、输入输出参数、参数类型;表明该服务执行时需要其他对象的服务;对服务执行的前置、后置条件以及执行时间进行说明;

对于实现较复杂的服务,需要画出该服务执行的服务流程图,画出的服务流程图应能告知程序员如何去做。

3. 建立OOA模型的特征层

把以上确定出来的对象属性和服务都填写到相应的类符号中,就构成了OOA模型(类图)的特征层,它也是组成OOA基本模型的重要成分,这样就可以完成对象的静态特征(或内部特征)的定义和说明。

5.4.4 确定对象的外部特征

对象(以及对象类)的外部特征描述对象(以及对象类)与外部之间的关系,有四种结构形式,分别是:一般-特殊结构、整体-部分结构、实例连接和消息连接。一般-特殊结构反映对象继承关系,整体-部分结构反映对象之间的组成关系,实例连接反映对象属性的联系,消息连接反映对象行为之间的依赖关系。

1. 确定一般-特殊结构

一般-特殊结构是一个层次式的父子结构,也叫分类结构。它通过刻画问题域的类成员层次,把类的公共特性扩充到实例之中来呈现客观世界事件的通用性及专用性。一般-特殊结构只连接类,不连接对象。

一般-特殊结构可定义为:设有两类,即A类和B类,如果A类具有B类的全部属性和服务,而且A类还具有自身特有的一些属性和服务,则把A类叫作B类的特殊类,而B类叫作A类的一般类。一般类是对特殊类的共有特性的抽象描述,而特殊类除具有一般类的特性外,还具有独特的自身所具有的属性和服务。

(1) 寻找一般-特殊结构

要从当前行业领域中已有的行业知识和分类知识中,寻找与问题域相对应的一般-特殊结构;根据常识,从各种不同的角度考虑事物的分类,从而发现一般-特殊结构。

(2) 确定一般-特殊结构

研究分析类的属性与服务,若一个类的属性和服务只适合于该类的一部分对象,不适合于另一部分对象,则应从类中划分出一些特殊类;考虑问题领域范围内的复用,应在更高水平上运用一般-特殊结构,使本系统的开发能贡献一些可复用性更强的类构件。

(3) 调整所确定的一般-特殊结构

在调整过程中需要遵守以下原则:简单化;与现实系统中客观事物关系相吻合;符合系统责任的要求;符合人类日常思维习惯,否则,会产生一些奇怪的、难以理解的结构;检查层次是否符合类层次之间的继承。

2. 确定整体-部分结构

（1）整体-部分结构的概念

整体-部分结构是表达客观世界事物的一种基本组织方式，即整体和部分组成的结构关系，在面向对象方法中用于描述系统中各类对象之间的构成关系。

整体-部分结构通过把部分类与各自的整体类联系在一起，可以简化问题空间，清晰地表达系统中事物之间的组成；整体-部分结构也可以表明和传递对于问题空间的理解，便于模型表达与客观世界问题空间的正确映射；同时整体-部分结构可以简化对象的定义、支持软件的复用，为软件开发者提供了用途更为广泛的系统结构技巧，方便软件开发。

（2）寻找整体-部分结构的策略

①寻找整体-部分结构的基本出发点是对象或对象类，通过查看分析对象名进行；

②寻找的基本原则是先从整体向部分考虑，再从部分向整体考虑；

③寻找整体-部分结构应从现实问题空间事物组成的多种形式和角度上考虑，即主要从总装与零件、容器与内容物、组织与成员等考虑；

④从抽象事物的概念组成以及具体事物的抽象方面出发，也可以发现存在于这些事物中的整体-部分结构。

（3）筛选所确定的整体-部分结构的原则

应从以下原则出发进行审查，并确定最终的整体-部分结构：应对描述问题空间事物组成结构有用，若不能够描述和不能反映问题空间事物关系，则应舍去；满足系统责任有效性；满足特殊性要求；在确定整体-部分结构时，还可能需要调整对象层和属性层。

3. 建立结构层

结构层是指由一般-特殊结构和整体-部分结构组合而成的对象模型结构，它确定了对象之间的组装和继承关系，这一关系是处理OOA模型复杂性的机制之一。

4. 确定实例连接

实例连接是一个对象的实例与另一个对象的实例的对应关系，它表达了对象之间的静态关联关系，即通过对象属性表示的一个对象对另一个对象的依赖关系和基于消息的通信机制，实例连接和属性构成了OOA模型的属性层。

（1）实例连接的实现方式

对于简单的实例连接，可用对象指针或对象标识来实现，即在被连接的两个类中选择一个，在它的对象中设立一个指针类型的属性，用于指向另一类中与它有连接关系的对象实例；对于多对多的复杂性实例连接，可以通过增加第三个对象类，分解多对多为两个一对多的实例连接，再对任何一个一对多实例连接按上述方式实现;对于连接关系中既带有属性也带有操作实例的连接,可以对连接创建一个新类,再根据两个类之间的连接关系,利用上述手段实现;对于连接关系中带有属性的实例连接,实现实例连接时,可在一个类中设置一组属性,其中一个属性是指向实例连接另一端对象的指针,其余的属性是连接关系中所列出的连接属性,也可以根据连接关系来定义一个结构数据类型,用域变量来指向一端对象类或两端对象类的指针,其余域变量是连接的属性,以此来实现对象的连接。

(2) 建立实例连接

建立实例连接应进行以下分析活动:从问题域和系统责任出发,分析对象之间的静态关系,从而确定必须建立的实例连接;对所确定的每个实例连接,分析其连接关系应具有的属性和服务,并探讨是否增加新的对象类来表达这一连接关系;进一步分析实例连接的多重性,并填写相应的数值在连接线的下方;对于所确定的实例连接,若含有多元关联和多对多的实例连接,则应增设新的对象类,转化现有的实例连接为二元连接和一对多的连接。

5. 确定消息连接

消息是指客观世界中的人或事物之间传递的一种信息,而消息连接是指在对象之间进行的消息通信。消息连接存在于顺序系统和并发系统中。顺序系统是指OOA模型中只有一个主动对象,一切操作都是顺序执行的系统。并发系统是指OOA模型中含有多个主动对象和多个任务并发执行的系统。消息连接有在一个控制线程内部的消息连接和在不同控制线程之间的消息连接两种连接方式。

(1) 建立控制线程内部的消息连接

首先,分析类图中的每个对象的服务与属性的一致性,对象的每个属性必须关联到某个服务,否则两者之间就缺乏一致性,这样会导致属性的无用性。然后,从主动对象开始访问每个对象,研究这个对象是如何建立的?下一步要做什么工作?做此工作时需要请求其他对象提供什么服务?不同对象间的服务需求形成了对象间的消息,依次可以建立对象之间的消息通信路径,形成对象间的消息连接。最后,从系统的行为(事件)出发,寻找每个事件产生的消息,探求这些消息发送给哪些对象?这些对象产生了什么响应?这样从每个消息追踪到该消息的服务对象,在有消息交换的对象间画出消息连线,这样依次类推,直到把每一个消息都经历一遍。

在建立了全部的消息连接后,还要针对系统中的每个对象类和每个服务进行检查,以探讨每个服务是否在以上的过程中被分析过,否则这个服务就可能是多余的或遗漏了向这个服务发出的消息。如果确是无用的服务,则应删除;如果发生了遗漏,则应加以补充,这样即可得到全控制线程内的消息连接模型。

(2) 建立控制线程之间的消息连接

这类消息连接是从问题域分析获得。要分析某个控制线程在执行时,是否需要请求其他控制线程中的对象为其提供服务?是否与其他控制线程的对象之间有数据信息的交换关系?是否产生了对其他控制线程执行有影响的事件?如果以上分析成立,则寻找该控制线程执行时的服务请求由哪个控制线程中的哪个对象提供?与该线程有数据信息交换关系的控制线程和对象是哪个?该线程的结果作用到哪个线程中的哪个对象上?以此确认需要连接的其他控制线程和对象。

除以上基本步骤外,还可以从该控制线程执行时需要传递的同步控制信号、该线程的终止条件和由其他控制线程启动的条件等,建立不同控制线程之间的消息连接。

5.4.5 建立主题层

主题层是在 OOA 中对一个或几个类共有特征的概括描述,是具有较强联系的对象集合。主题是由一组相互关联的类所组成类的集合,但它自身并不是一个类(即没有属性和服务)。主题的内容应是高内聚的,即关联性强;而主题之间应是低耦合的,即相互的联系应尽可能少。主题可以分层,即如果对类抽象后,得到的主题数目较多,还可以在此基础上继续向上抽象,形成上一级的主题层,一般最上层的主题数目应在 5～9。

1. 主题层概述

(1) 主题的命名

主题名与对象名相似,它用名词或名词短语命名,其名称往往是一个主题或精确说是一个系统的特征和功能的概括。

(2) 主题层的表示

主题可用主题图来表示。常用的主题图有两种:简式表示法和复杂表示法。

(3) 主题层的作用

建立主题层具有重要的作用,它给系统分析员提供了一种认识和分析问题域的手段,有利于系统分析员对复杂系统的清晰明确地表示,同时主题也有利于用户对 OOA 方法的认识,使用户可以在不同的层次对 OOA 模型做出准确的理解。

2. 主题层的建立

(1) 划分主题

主题层的划分可以采用自顶向下的划分策略和自底向上的划分策略。自顶向下的划分策略是先把问题域划分成一些小的应用领域或子系统,每一个子系统就是一个主题,针对每一个主题建立模型。这种策略适合于所要开发的系统较为庞大的情况。自底向上的划分策略是先确定系统的类图,在类图的基础上采用抽象的手段概括划分类图以形成主题图,这种策略适合于所开发的系统较小的情况。

(2) 分解主题

划分主题时以OOA模型中所得到的类图为基础。从类图中的一般-特殊结构和整体-部分结构入手确定主题,一般可考虑把每个一般-特殊结构和每个整体-部分结构分别作为一个主题:结构中交叉的部分可根据需要划分。类图中通过实例连接相互联系的类可考虑划分在一个主题中。

(3) 合并主题

对于一些在概念上比较相近或有很强相关性的主题,所涉及的功能类似,体现系统责任有较大相关性的主题,以及主题之间具有较强耦合性的主题,需要合并成为一个大的主题。

(4) 建立主题图

划分出主题图后,还需要把它以图形的方式表示出来,形成主题图。

5.4.6 编制OOA文档

编制OOA文档是对OOA工作的总结与整理,以书面的形式描述OOA调查分析和初步确定的模型。OOA文档可以汇总成分析报告,也可以分别陈述OOA的基本模型、类图、类变迁图和主题图等。归纳起来,OOA文档包括以下内容:

(1) 系统概述

说明该系统开发的目标、功能、背景和作用等。

(2) OOA的基本模型

通过对系统的分析研究,建立系统类图的三个层次模型,即对象层、特征层和关系层。

(3) 主题说明

建立信息系统的主题层,以简式或复杂表示法展开主题图,并对每个主题的构成、作用进行简要说明。

(4) 详细说明

利用类描述模板,对类、属性、服务等进行详细说明,而对结构和连接的说明也包括其中。

本章小结

本章系统地介绍了系统分析的主要任务、方法和过程,并结合实例详细地阐述了结构化的系统分析中系统调查的任务、过程和方法,强调了系统调查方法的意义与目的,明确了系统调查的组织、形式、特点和选用方法,重点剖析了结构化的系统分析的全过程,突出了调研、分析和逻辑设计的系统分析思路,详细地介绍了组织结构、业务流程、数据与数据流程、数据逻辑工具和功能与数据分析的方法，特别是对业务流程、数据流程的描述方法、过程和符号做了全面论述，以实例的形式解析数据逻辑处理方法，重点介绍了决策树与判定表的原理、方法和应用方法。

本章以对比方式介绍了面向对象的系统分析方法和过程，强调了面向对象的系统分析方法中的对象和类等基本概念的重要性，并列出了面向对象与结构化的系统分析方法各自的优缺点。

思考题

1. 系统分析在管理信息系统开发过程中起什么作用？系统分析员的主要职责是什么？

2. 系统分析的主要方法有哪几种？各有何特点？

3. 简述结构化的系统分析方法过程？系统调查有何作用？应当遵守什么原则？

4. 简述组织结构分析全过程？组织与业务之间的关系分几类？分别代表什么？

5. 业务流程分析与 BPR 有何关系？如何描述业务流程？

6. 数据分析时有哪些特征？为什么要界定数据的安全级？数据密级分哪几种？

7. 举例说明决策树与判定表的应用。

8. U/C 矩阵有何作用？如何构建 U/C 矩阵？

9. 系统分析报告有何作用？报告内容主要陈述什么？

10. 面向对象的系统分析方法有何特点？

6 信息系统设计

系统设计是新系统的物理设计阶段，是指根据系统分析阶段所确定的新系统的逻辑模型、功能要求，在用户提供的环境条件下，设计出一个能在计算机环境中实施的方案，即建立新系统的物理模型。因此，系统功能是否满足用户要求和系统性能是否达标主要依赖于系统的设计，系统设计是一项技术性很强的工作，需要明确信息系统实现的方法与过程。

6.1 系统设计概述

系统设计(System Design)是信息系统开发的一个重要阶段，由系统设计人员将系统分析确定的目标和指标通过计算机系统及网络系统实现。

6.1.1 系统设计的主要任务

管理信息系统的开发无论采用什么方法，都需要进行系统设计，系统设计不仅能提高管理信息系统软件产品质量和用户的满意度，而且可使系统开发的相关人员提高沟通力度，减少无序、无效开发工作和增强系统的维护性。这个阶段的任务很繁杂，也很具体。采用不同的开发方法，系统设计过程与着力点会有所不同，但是其目的都是明确信息系统该“如何做”，设计的任务都离不开明确将来管理信息系统运行的平台基础管理信息系统的功能结构、人机界面、数据组织与存取方式、代码体系等的具体方案、系统配置和相应管理规章制度设计。

(1) 管理信息系统运行的平台基础和系统配置任务

云计算技术的应用，软件即服务(Software-as-a-Service，简称 SaaS)和平台即服务(Platform-as-a-Service，简称 PaaS)理念的提出，改变了传统的系统设计，管理信息系统运行的平台基础和系统配置需要结合信息系统应用理念，具有多种模式选择，即如何选购配置对用户而言，信息系统是经济、安全、可靠、稳定和实用的，这也是评价系统设计完成质量的指标体系之一。

(2) 管理信息系统的功能结构设计任务

信息系统软件是由完成用户一系列任务的程序代码组成的集合，为便于系统运行管理和控制，需要将这庞大的集合分解成若干个子集，形成层次结构。系统功能结构设计是由分解到组合的过程，也就是说确定如何从整体到部分分解，再从部分到整体组合的方法与过程。

(3) 管理信息系统的人机界面设计任务

人机界面设计不仅关系到信息系统软件的可操作性，系统提供信息的可读性和给人的直观感觉，而且关系到输入数据的正确性、输出信息的有效性。人机界面设计要确定采用什么方式(设备)、如何确保质量和在有限空间中输出信息、如何合理布局等任务。

(4) 管理信息系统的数据组织与存取方式设计任务。数据组织是信息系统开发的基础，系统分析明确了用户对数据与信息的需求，数据如何组织成数据库，数据库中数据表如何构建与表间有何关联，以及对数据表的操作控制是数据组织与存取方式设计的主要任务。

(5) 管理信息系统的代码体系等的具体方案设计任务。代码是辨识信息系统事务的重要数据，这些代码数据如何定义、规定是信息系统重要任务之一。在企业管理中代码存在于所有的事务管理中，在集成一体化信息系统中需要把分散在各职能部门的代码统一编制，运用唯一的方案。这将是十分艰巨的任务，这类任务不仅是技术问题，还涉及部门之间的协调问题。

(6) 相应规章制度设计任务。信息系统的质量不是单纯依靠技术手段，而是更偏重于管理协调，管理制度的建立、完善和执行力的提高。少不了明令规章制度并加强执行。规章制度设计涉及系统的执行效果，直接影响企业信息化的成败。

系统设计结束，要归纳、总结和撰写设计阶段的文档资料，交付出概要设计说明书和设计说明，也可以合并在一起，统称为设计说明书。

6.1.2 系统设计的主要方法

系统设计方法是描述系统设计的理念、过程和形式的，可以从不同的侧面进行分类：按系统开发过程可分成归纳法和演绎法两种方法；按系统开发理念可分成结构化的系统设计和面向对象的系统设计。

1. 按系统开发过程分类

(1) 归纳法

运用归纳法进行系统设计的程序是：首先尽可能地收集现有的和过去的同类系统的系统设计资料，接着在对这些系统的设计、研制和运行状况进行分析研究的基础上，根据所设计系统的功能要求进行多次选择，然后对少数几个同类系统做出相应修正，最后得出一个理想的系统。

(2) 演绎法

运用演绎法进行系统设计是一种公理化方法，即先从普遍的规则和原理出发，根据设计人员的知识和经验，从具有一定功能的元素集合中选择能符合系统功能要求的多种元素，然后将这些元素按照一定形式进行组合(见系统结构)，从而创造出具有所需功能的新系统。

在系统设计的实践中，这两种方法往往是并用的。

2. 按系统开发理念分类

(1) 结构化的系统设计

结构化的系统设计(Structured System Design,简称SSD)是在结构化的系统分析的基础上,为解决"如何实现系统分析提出的目标"所进行的系列活动,它运用一套标准的设计准则和图表工具描述"要做些什么"的系统任务。它往往从总体出发自上而下地对系统进行分解,直到具体能为程序员所接受的处理功能模块,以达到数据结构模型化,系统平台开放化。从而使整个系统结构明晰,安全可靠,适应性强,并形成效率和效益都能令人满意的系统物理(现实)方案。

(2) 面向对象的系统设计

面向对象的系统设计的本质是面向对象设计(Object-Oriented Design,简称OOD)方法。OOD是面向对象(OO)方法中一个中间过渡环节,其主要作用是对OOA分析的结果做进一步的规范化整理,以便能够被OOP直接接受。因此,面向对象的系统设计(OOD)是一种软件设计方法,是一种工程化规范,是一种解决软件问题的设计范式(Paradigm),一种抽象的范式。使用OOD这种设计范式,我们可以用对象(Object)来表现问题领域(Problem Domain)的实体,每个对象都有相应的状态和行为。我们刚才说到OOD是一种抽象的范式。抽象可以分成很多层次,从非常概括的到非常特殊的都有,而对象可能处于任何一个抽象层次上。另外,彼此不同但又互有关联的对象可以共同构成抽象:只要这些对象之间有相似性,就可以把它们当成同一类的对象来处理。

本章将侧重于系统开发理念,重点介绍结构化的系统设计方法,同时简要介绍面向对象的系统设计方法。

6.1.3 系统设计的原则

系统的功能是由系统分析确定的,而系统功能的实现质量与性能是由设计而来的,系统设计关系到系统的成败,为此,在系统设计前首先要制定明确的原则,系统设计原则就是为系统质量与性能服务的。系统设计必须满足系统软件质量检验因子要求,用户对软件质量水平需要的高低也直接关系到系统开发投入的成本与时间。制定系统设计原则一方面是明确软件质量要素,并对这些要素进行解释;另一方面是对系统开发队伍工作管理进行制约,约束开发过程、提交文档和对任务检验给出规范。因此,系统设计往往需要遵守标准性、总体性、规范性、可扩展性等原则,在系统设计过程要遵守的原则有许许多多,但是不同的设计内容和用户对系统功能与性能不同的需求,设计人员需要遵守的系统设计原则也存在一定的差异。在此,重点介绍软件质量设计原则与软件开发设计原则。

1. 软件质量设计原则

软件质量是系统设计的重要指标,要通过软件质量设计原则的制定确保系统设计质量。软件质量要素的提出往往依据 ISO9000 和 CMMI。但是,在实际进行软件质量设计时不可全部满足 ISO9000 的所有要素和 CMMI 的全部规范,而是针对不同的设计内容和用户的经济实力在系统开发前预定相关设计原则。软件质量设计原则的制定过程如下:

(1) 确定软件设计内容。信息系统设计内容十分繁杂,主要部分可分成系统总体设计、业务应用支撑平台设计、共享交换区数据库设计、档案管理系统设计、系统集成设计、系统应用支撑环境设计、安全保障体系设计、数据采集系统设计、信息发布系统设计、数据中心设计和技术标准与管理规范体系设计等。

(2) 确定软件质量设计原则。为了确保信息系统方案的有效性与实施的成功,在系统设计时,要根据用户的经济承受能力、ISO9000 软件质量标准选择经济实用的要素,围绕这些要素确定需要遵守的原则,例如将软件的统一性、先进性、高可靠性/高安全性、标准化、成熟性、可持续性和可扩展性等转换成需要遵守的原则。

(3) 软件质量要素界定。ISO9000 和 CMMI 提出的要素大部分是定性的,设计人员在设计过程中存在理解偏颇,需要做进一步的解释限定。例如,用户界面的友好性、可操作性和易维护性等都需要有一个明确的规则。

信息系统设计要考虑到业务未来发展的需要,软件质量设计原则应尽可能设计得精简,以降低成本,提高效益。

2. 软件开发原则

系统设计是软件开发的前提,最终要提交软件开发人员实现,软件开发原则是系统设计原则的重要组成部分。在系统设计时,必须充分考虑软件开发原则,确保软件开发的科学性和合理性以及满足管理信息系统持续发展的需要,便于开展软件开发的组织、分工、协作和整合等活动。软件开发原则同样也有许多种,主要原则如下:

(1) 单一职责原则

每个功能模块(或类)应当只负责单一内聚的职责,每一个职责都是变化的一个轴线,当需求变化时,该变化会反映为功能模块(或类)职责的变化。一个功能模块(或类)应当仅有一个引起它变化的原因,如果一个功能模块(或类)承担了多个职责,那么引起变化的原因就会有多个,这等于把这些职责耦合在一起,违反了单一职责原则。在系统设计过程中,通常可以采用门面模式或代理模式进行重构,分离业务的职责。

(2) 开闭原则

软件功能模块或实体(类、包、模块等)应该是可以扩展的,但是不可修改的,即对于扩展是开放的,对于修改是封闭的,对功能模块或实体(类、包、模块等)的行为扩展时,无须改动源代码或二进制代码,即开闭原则(Open-Closed Principle)。开闭原则实现的关键是抽象设计,完全的开闭原则是不可能实现的,应当对最有可能、最经常的变化进行抽象,遵循开闭原则,拒绝不成熟的抽象和抽象本身一样重要。

(3) 接口隔离原则

不应该强迫客户端依赖于它们不会用的接口。胖接口会导致它们的客户程序产生不正常并且有害的耦合关系,当一个客户程序要求该胖接口进行一个改动时,会影响到其他的客户程序,因此客户程序应当仅仅依赖于它们实际调用的方法,通过把胖接口分离为多个特定的客户程序的接口可以实现这个目标。每个特定于客户程序的接口仅仅声明它的客户程序需要调用的方法,实现类实现所有特定于客户程序的接口,解除这些耦合关系,使客户程序之间互不依赖。分离接口的常用方式包括委托和多重继承。分离接口的关键在于对接口的客户进行分组。

(4) 依赖倒置原则

高层模块不应该依赖于低层模块,二者都应该依赖于抽象。每个较高层次都为它所需要的服务声明一个抽象接口,较低的层次实现这些抽象接口,每个高层类都通过该抽象接口使用下一层,这样高层就不依赖于低层,低层反而依赖于高层声明的抽象服务接口。抽象不应该依赖于细节,细节应该依赖于抽象。

6.2 结构化的系统设计

结构化设计方法的基本思想是:使系统模块化,即把一个系统自上而下逐步分解为若干个彼此独立而又有一定联系的组成部分。

6.2.1 系统总体结构设计

系统总体结构设计是根据系统分析所提出的要求和组织的实际情况对新系统的总体结构形式和可利用的资源进行设计,它是一种宏观、总体上的框架性设计。

1. 系统总体设计内容

系统总体设计是从系统全局出发,从硬件、软件、网络和应用等多视角、多层面勾画出系统的总体结构。

(1) 系统的应用结构

这是系统总体设计的主要内容,也是最关键的核心内容,系统总体设计的其他部分内容完全依赖于系统的应用需要。系统总体设计与具体设计都是围绕系统的应用开展的。应用系统结构是将一个庞大的、复杂的系统分解成若干个相对简单的子系统,子系统继续划分成若干个功能模块,功能模块继续划分成若干个子功能模块,依次深入细化,直到可以交付给程序员编写代码为止。

(2) 系统的网络结构

这是信息系统运行的支撑平台,也称为运行环境设计。这完全依赖于信息系统的规模、管理空间和信息量等要素构建网络系统的体系结构和配置状态。在系统网络结构中需要明确系统每个结点的作用和计算机等设备的需求。

(3) 系统的软件结构

这也是信息系统运行的基础平台,往往是由操作系统和数据库管理系统等软件构成。软件结构不仅要明确软件的类型、版本和数量,还要明确软件的应用对象、运行模式和并发用户数等技术参数。

(4) 系统的硬件结构

系统硬件完全是依据系统软件配置,其目的是满足系统软件的需要和业务处理的需要。硬件结构设计将涉及计算机系统和网络系统的配置,需要明确不同用途计算机与网络设备的数量、型号和规格,明确系统配置技术参数。

2. 系统总体设计过程

系统总体设计直接影响到系统的科学性和先进性,也涉及系统详细设计的复杂性、功能性与系统开发成本、运行管理难度和运行成本等诸多因素。

(1) 明确系统设计边界

信息系统是企业管理的一个手段,必须融入管理业务中。虽然系统分析已经明确了信息系统的信息源、信息用户以及将服务的部门、相关业务、业务处理、计划决策和过程监控等功能,但是在总体设计时不仅要进一步明确系统分析所确定的系统边界,同时还要进一步明确系统所涉及的业务内容、业务量、部门岗位和运控模式。

(2) 分析 U/C 矩阵求解结果

在系统分析时通过 U/C 矩阵为系统划分提供了理论依据,但这只能作为原理性系统功能结构。在实现系统总体设计时,还要结合信息系统规模、业务类型、IT 能力和管控水平重新勾画系统总体结构,特别是在 U/C 矩阵中不产生数据的使用功能的归属完全取决于系统用户的需要。

(3) 划分子系统

这是系统总体设计的主要任务,也是总体设计其他部分的依据。划分子系统要根据系统的规模与复杂程度决定。对于只有一项业务的小型管理信息系统或某一业务功能的单机单用户子系统,往往不需要做繁杂的系统,直接可以分解成功能模块,编制相应软件。但是,不论系统大小,系统分解是必需的,而且在分解前要做好充分的分析,分解后要做好详细记录。

(4) 确定系统配置

系统配置是一项关系到系统性能与成本的工作,系统配置要坚持适用和实用。在 IT 领域,没有最好,只有更好,而且性价比至今都在飞速上涨,或者说无形损失比任何设备要大。系统配置将涉及硬件、软件和网络平台的配置,这些配置是在进行系统划分,明确功能与性能后对照IT设备的性能列出详细清单。

(5) 写出总体设计说明书

需要详细地记录系统总体设计的方案,画出系统功能结构图和网络结构图,说明网络各节点的硬件、软件和功能的分配、计算机体系结构、网络拓扑结构类型、系统运行模式等等。

3. 系统划分

(1) 系统划分的依据

系统划分是以U/C矩阵求解结果为理论依据,并以此为起点,根据应用单位实际状况,对划分的系统进行优化调整,使系统的划分便于分阶段实施和满足企业经营发展的需要。

(2) 系统划分原则

在系统划分过程中必须遵守信息系统建设发展的规律和信息系统运行管理需求,促使系统划分科学合理。

①子系统具有相对的独立性,尽可能做到高内聚,低耦合。

②子系统之间数据的依赖性尽量小,子系统划分的结果应使数据冗余度较小。

③子系统的设置应考虑今后管理发展的需要,考虑高层次管理决策的要求。

④子系统的划分应便于系统分阶段实现,适应系统分期分步实施。

⑤子系统的划分应考虑到各类资源的充分利用。

(3) 系统划分方法

一个信息系统往往功能繁多、性能指标众多。如何划分系统,需要根据系统业务的单一性、系统地理位置的分布性和用户种类的复杂性等多方面因素综合考虑。不同的系统划分方法一般适应于不同的开发情景。

①按功能划分:最常用的一种划分方法,通常依据功能/数据分析结果划分子系统,适用于划分涉及面广、业务繁多、用户种类多的系统,形成子系统的情况。

②按业务处理顺序划分:这是根据业务处理顺序,按时间分前后划分成各个子系统,这类子系统划分往往是相对以单项业务作为系统的情景。例如,在库存管理系统中,入库必须依据采购订单,而出库必须依据生产计划的领料单,各个子系统之间具有较为严格的时间顺序。

③按数据拟合程度划分:这是将相关联的数据尽量集中,不仅减少数据的冗余度,而且便于数据备份,提高系统的完整性和可靠性。

④按业务处理过程划分:这也是系统开发中较常用的一种划分方法,更多地运用于子系统的进一步分解,由子系统划分成功能模块。当用户要求各子系统分段实现开发工作时,可以采用这种方法。

⑤按业务处理的时间划分:这种划分方法在系统总体划分时采用得相对较少,它一般在某些特定场合使用,而更多的是在功能模块内部进一步划分成子

功能模块时使用这种方法较多。

⑥按实际环境和网络分布划分：当系统所涉及的业务分散在不同地理位置，而且这些管理机构（单位）相距较远，每个管理机构自成一个相对独立的体系时，在这些特定场合下使用本方法划分。

4. 系统总体设计说明

在系统设计过程中，无论是哪个阶段或哪个单元设计结束后都要及时整理，以设计说明的方式形成方案，最终形成系统设计说明书，或称为系统设计方案，供系统实施人员依据执行。系统总体设计说明的主要内容有系统边界与目标说明、系统总体设计原则以及类似6－1的系统功能结构图和类似图6－2的系统网络结构图，还有类似表6－1的系统配置表。

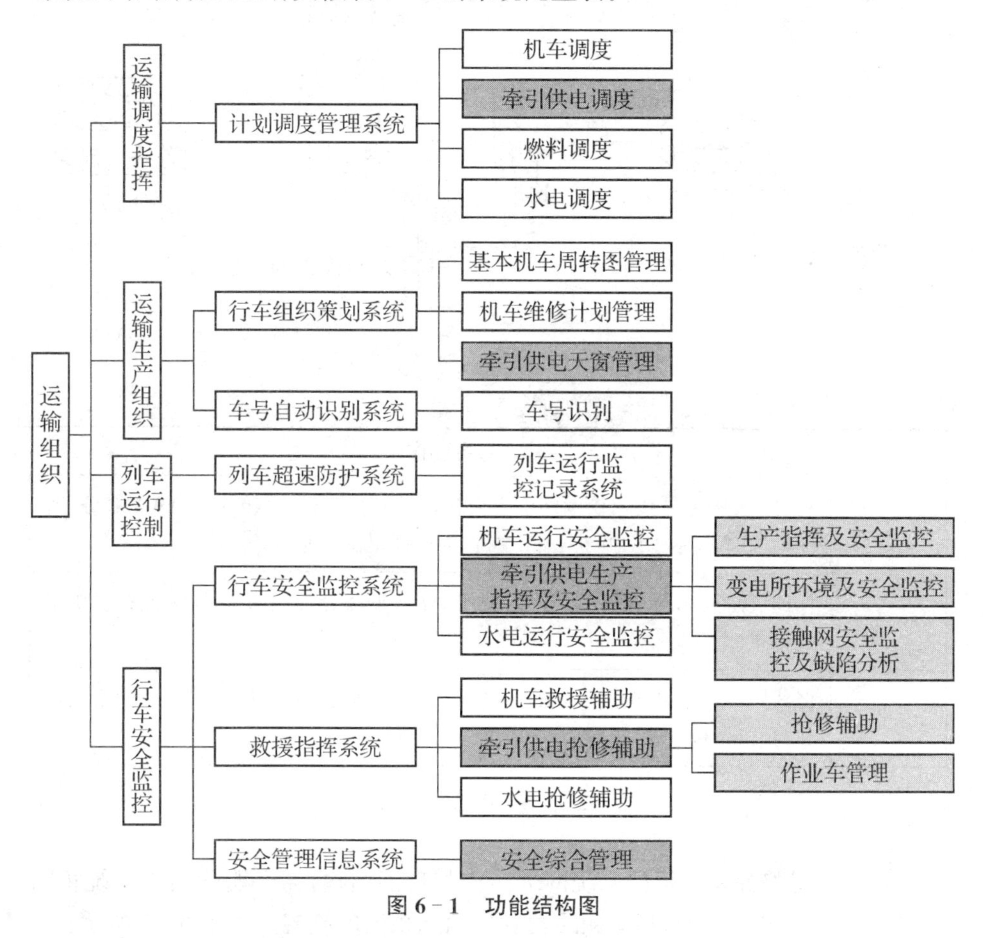

图6－1 功能结构图

(1) 系统边界与目标说明

用文字或图标明确信息系统应用的范围、部门或各类人员，以及系统设计将达到的功能与性能指标。

(2) 系统总体设计原则

这是将来系统评价或验收时的依据,也是对系统功能与性能的要求的凭据,同时时刻约束着系统开发人员的设计行为。

(3) 系统功能结构图

明确地描述系统的功能结构,在图上体现出各功能之间的层次关系和功能内涵。往往需要对每个子系统运行文字进一步说明。

(4) 系统网络结构图

描述系统所需要的网络体系,包括服务器、网络工作站的计算机型号规格、网络结构、网络设备等需求情况,如图 6－2 所示。同时还需要明确网络设备在管理信息系统中的角色和作用。

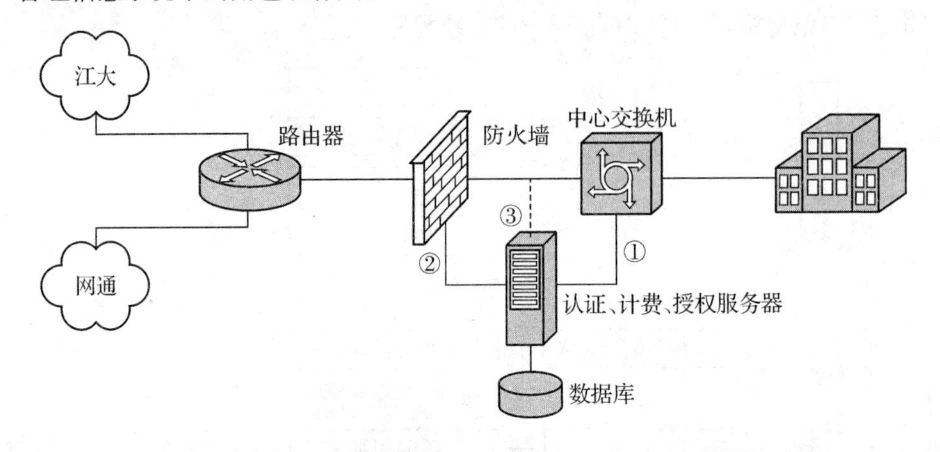

线路	主要作用
①	将 AAA 服务器接入校园网中心交换机,网内用户均可访问到 AAA 服务器,从而沟通了网内用户与 AAA 主机,为认证提供了通信条件
②	沟通了防火墙与 AAA 服务器,便于 AAA 服务器控制防火墙,为授权提供了通信条件
③	此线路不用于网络通信,而是为 AAA 服务器捕获数据(防火墙〈—〉中心交换机)提供条件

图 6－2　网络结构图

(5) 系统配置表。根据系统网络结构与功能结构,需要明确列出系统将需要的设备的清单。例如,某集团经营管理信息系统的配置表如表 6－1 所示。

表 6-1(a) 系统(服务器)配置表

编码	名称	型号	数量（台）	价格（万元）	合计（万元）	备注
1	文件服务器	部门级	3	4	12	系统环境
2	邮件服务器	部门级	1	4	4	系统环境
3	Web 服务器	部门级	1	4	4	系统环境
4	主域服务器	部门级	1	4	4	系统环境
5	备份域服务器	部门级	1	4	4	系统环境
6	防火墙服务器	部门级	1	4	4	系统环境
7	财务管理服务器	部门级	1	4	4	相关系统

表 6-1(b) 系统(硬件)配置表

编码	名称	型号	数量（台）	价格（万元）	合计（万元）	备注
1	数据库服务器	部门级	2*4	5.5	44	
2	综合应用服务器	部门级	2*4	5.5	44	
3	项目部服务器	部门级	10*4	1.5	60	视项目数量而定
4	总局管理服务器	企业级	1	10	10	
5	交换机	分组	1+1*4	5	25	
6	路由器		2*4	4	32	
7	交换机	一般	50	0.4	20	
8	无线发射设备 AP		2*4	1	8	
9	计算机	普通机	200*4	0.5	400	
10	外设及耗材				40	
	合计				683	

（6）系统总体设计其他说明

在总体结构说明中还需要根据系统设计的总原则、目标对总体设计有影响的内容加以补充，以及总体设计对系统实施的要求等加以补充说明。

6.2.2 代码设计

在现实生活中我们往往采用代码来更加清晰、简洁和正确地代表客观存在的事物。代码是客观事物特定属性的符号。代码设计的任务就是要设计出一套便于管理信息系统开发和运行使用的代码系统。

1. 代码设计的过程

代码设计是对指定事物按特定属性进行分类与编码的过程,在经济管理与日常生活中经常需要运用代码。

(1) 确定编码对象

代码是针对某类特定事物的编号。例如发票的号码、凭证的序号、学生的学号、职工的工号等等。不同事物个体,表达内涵和管理需求都不相同,针对不同的事物代码的描述已有的标准程度和应用状态也不相同,因此在代码设计时,首先要明确对什么进行代码设计。

(2) 制定编码原则

制定编码原则不仅使设计出来的代码科学合理,而且便于信息系统的融合和降低信息交换成本,也便于代码的人工阅读。

(3) 确定分类方法

代码设计的核心问题是将被编码事物分类。不同的分类方法使代码的结构灵活性和柔性有很大的区别。

(4) 选择编码类型

不同的编码类型能代表的事物数量不同,即代码容量不同,了解编码类型可以通过类型变换改变代码容量,实现扩容维护。

(5) 写出代码设计说明书

这是对代码设计结果的总结和为编制管理信息系统技术文档提供资料,也是管理信息系统运行管理的操作指南。

2. 代码设计的原则

代码是供人工和信息系统识别事物的人为属性,用特定的符号表示。为了更好地实现代码的功能,便于信息系统提供信息交流、信息查询等服务,在代码设计时应当遵守必要原则。代码设计原则可以根据代码设计对象的特点和需求有选择地制定,但有一些原则是必须遵守的。

(1) 唯一性

代码是区别系统中每个事物的唯一标识,这是代码设计必须遵守的最基本的原则。一个事物可能有多个名称,也可按不同的方式对它进行描述。但在一个编码体系中,一个事物只能被赋予一个唯一的代码,反之一个代码只能唯一地标识一个事物对象,不允许重码、乱码、错码。

(2) 简单性

设计的代码将伴随记录的事物,每个事物必有对应的代码,这个代码不仅数量庞大,占用大量的存储空间,而且影响信息处理成本,因此,代码结构应尽可能简单,压缩长度,以减少各种差错。

(3) 易识别性

代码将为人们提供服务,为便于人们记忆,减少出错,代码应当有一定规则，尽可能反映事物的特点，以助记忆；表意明确，便于识别。

（4）可扩充性

代码对象的个体时刻在发生增减变化，代码设计时应留有充分的余地，结构灵活、柔性好，以备将来不断扩充时不需要变动原代码体系，可直接追加新代码。

（5）合理性

代码的分类方法与编码规则要符合人们的工作习惯，特别是当使用文字代码时，表意要合理，符合常规准则。例如，公斤用 KG 表示比较合理，采用其他符号对信息系统而言没有本质差别，但不合理。

（6）规范性与标准化

对有些代码国际化组织（ISO）已经制定了标准，有些代码则在我国已经有了国标（GB），还有些较特殊的代码在行业中已经有了规定，在代码设计时尽可能采用现有的国际标准、国标、部标编码。不同等级的编码通用程度不同，ISO 标准可以国际通用。因此，国际标准化、国家有关编码标准和行业部标编码是代码设计的重要依据，已有标准的必须遵循。在一个代码体系中，代码结构、类型、编写格式必须统一。甚至在企业已经制定好设备编码、员工代码等时可以直接采用，只有在原本没有代码或原代码已经不适合信息系统的应用时，才需要进行代码设计，大量的工作是整理已有的代码说明。

3. 编码对象的分类方法

代码设计的核心是将编码事物（对象）进行分类，分类的关键在于如何抓住事物的特征属性。从不同的视角可以将事物分成不同的类别，一般有线分类和面分类两种方法。

（1）线分类法

也称为层次分类法，它将全部编码对象集按某一特征从总体划分成几部分，然后对每一部分再细化，直到个体。在划分时，既不能交叉重叠，也不能遗漏。这种方法简单，便于人工记忆。例如，邮政编码、身份证号的前六位都是先由总体划分成大区，然后在大区内部再划分成小区。产品编码中的分类也是采用线分类法，将所有产品分成十大类，在每大类中再分成十中类，在每中类中再分成十小类。

（2）面分类法

根据编码对象的不同属性（即不同侧面）进行分类，直到个体。这种方法结构灵活，柔性好，但不便于人工记忆。例如，服装款式分类、计算机存储设备中的软盘分类和身份证的整体编码（地区、出生日期、性别、随机号等属性组成）都是采用面分类法。

4. 代码的类型

编码对象分类后要给每类赋予特定的符号，即代码。代码的类型有许多种，但大体上可分成数字码、字符码和混合码三种。

(1) 数字码

用0～9这10个符号进行编码,因此,一位码可以容纳10个不同的个体,即编码容量为10。数字码还可以按新码与原有码之间的关系可以分成有顺与无序两种。有序码是在原有代码的基础上延伸新码,按延伸方式可再分成连续的与不连续的,按不连续间隔可分成等距与不等距代码。例如,原有代码为3,后增加的代码为4,则为连续数字码;如果是5,则为不连续的数字码。再有新码如果是7,则为不连续的等距数字码;如果是9则为不连续的不等距数字码。不连续的数字码也称为成组码。在会计信息系统中科目代码中的一级科目的大类是连续的数字码,而三位的一级科目是不连续的数字码,即成组码。在企业管理信息化工程中员工代码、部门代码、资产编码和凭证编码等都采用数字码。

(2) 字母码

用26个英文字母或汉语拼音编码,字母码可以是英文或汉语拼音的缩写或全称。当不区分大小字母时,一位代码可以代表26种个体,因此编码容量是26。当区分大小字字母时,一位代码可以代表52种个体,因此编码容量是52。可见,不仅字母码比数字码容量大,而且还可以具有一定的含义,便于人工阅读。例如,物料计量单位和产品型号规格代码是在生产管理、成本核算和销售管理等企业过程中常采用字母表意的代码。XX厂生产的烟感火灾探测器(JTY)产品型号编码方法如表6-2所示。

表6-2 感烟火灾探测器(JTY)产品型号编码

编码	含义
JTY-LM-XXYY/B	XX厂生产的编码、自带报警声响、离子感烟火灾探测器,产品序列号为YY
JTY-LH-XXYY	XX厂生产的编码、非编码混合式、离子感烟火灾探测器,产品序列号为YY
JTY-GXF-XXXYYY	XXX厂生产的非编码、管式吸入型光电感烟火灾探测器,产品序列号为YYY
JTYBC-HM-XXYYYY	XX厂生产的船用防爆型、编码、线型红外光束感烟火灾探测器,产品序列号为YYYY

(3) 混合码

用数字、字母和特殊符号组成的代码称为混合码,混合码的混合方式是将一个代码分成几部分,不同部分或用数字码,或用字母码,这种混合方式比较实用。例如:彩色电视机的型号编码,TV-C-21,其中“TV”表示电视机,“C”表示彩色,“21”表示屏幕大小是21英寸。混合码还可以在代码的某部分中既有数字，还有字母，例如身份证最后一位的随机号就是这种混合方式。混合码既有数字，还有字母，因此其容量最大。

5. 管理信息系统中的代码实例

管理信息系统应用涉及面广，业务种类繁杂，特别是在企业信息系统集成和“两化融合”大背景下，需要进行代码设计与编码的事物繁多。因此，代码设计是信息化工程的基础的关键性工作，其主要代码包括：

(1) 职员代码

这是往往由部门与顺序号两部分组成的数字码。

(2) 物资代码

根据物资管理的特点，需要体现产地、日期、发货号等信息。常用成组码，也用表意码辅助。

(3) 设备代码

反映经济用途、使用情况、使用部门及设备类别等信息，常用组合码。

(4) 会计科目代码

按会计制度，对企业经济活动需要编制科目。科目代码是分级编制的成组组合的数字码，一级科目用三位数字表示，第一位是科目大类，用顺序分别表示资产、负债、损益等，第二和第三位是大类内的顺序码，不同大类内具有的种类不同。第二级以下的科目代码在会计制度中是给了指导建议，特别是第三级以后由企业根据具体情况编制。

在企业管理信息化实施过程中，不同层次的管理信息系统会涉及许多代码，无法一一列举。需要特别提示的是要重视代码设计，安排足够的人力去整理、优化、编制各项代码。

6. 代码设计说明书

以书面的形式，统一的格式描述代码设计过程所确定的内容，特别要说清楚：编码对象、分类方法、代码的总体结构和采用的编码方法以及代码示例、代码规则，并给出相应的代码对照表。

下面以 18 位居民身份证号码设计说明书为例详细说明。

编码对象：中华人民共和国公民。

代码名称：身份证号码。

编码结构：由 5 部分共 18 位数字组成，其代码结构如表 6-3 所示。

表 6-3 身份证号码编码结构说明

结构	第一部分						第二部分								第三部分		第四部分	第五部分
位置	1	2	3	4	5	6	7	8	9	10	11	12	13	14	15	16	17	18

编码规则与方法:身份证号码的具体编码规则参考中华人民共和国国家标准GB 11643—1999中有关居民身份证号码的规定。

(1) 地址码(身份证号码前6位)表示编码对象常住户口所在县(市、旗、区)的行政区划代码。(对于所有区域的编码,可以到 http://www.stats.gov.cn/tjbz/index.htm 查询到最新的县及县以上的行政编码资料。)这是采用线分类的方法从总体到具体的分解过程。

(2) 出生日期码(身份证号码第7位到第14位)表示编码对象出生的年、月、日,其中年份用4位数字表示,年、月、日之间不用分隔符。例如:1981年5月11日就用19810511表示。出生日期码同样也属于线分类方法。

(3) 顺序码(身份证号码第15位到17位)为同一地址码所标识的区域范围内,对同年、月、日出生的人员编定的顺序号。其中在第17位,奇数分给男性,偶数分给女性。

(4) 校验码(身份证号码最后一位)是根据前面17位数字码,按照ISO 7064:1983.MOD11－2校验码计算出来的检验码。第18位数字的计算方法为:

①将前面的身份证号码的17位数(Wi)分别乘以不同的系数Ai。从第1位到第17位的系数分别为:7、9、10、5、8、4、2、1、6、3、7、9、10、5、8、4、2。将这17位数字和系数相乘的结果相加

$$S=Sum(W_i * A_i),i=0,\cdots,16$$

②用加出来和除以11,得余数Y

$$Y=mod(S,11)$$

③余数(Y)只可能有0、1、2、3、4、5、6、7、8、9、10这11个数字,其分别对应的最后一位身份证的号码为1、0、X、9、8、7、6、5、4、3、2,如表6-4所示。

表6-4　校验码余数与校验码对照表

余数	0	1	2	3	4	5	6	7	8	9	10
校验码	1	0	X	9	8	7	6	5	4	3	2

校验码计算实例:某男性的身份证号码是34052419800101001X。我们要看看这张身份证是不是合法的身份证。首先,我们得出前17位的乘积和是189。然后,用189除以11得出的结果是17+2/11,也就是说余数是2。最后,通过对应规则就可以知道余数2对应的数字是X。所以,这是一个合格的身份证号码。

身份证号码不仅含有数字码,最后一位还是混合码,总体上看体现了面分类的方法。可见,身份证号码设计十分复杂,采用了多种方法相融合的方法。

6.2.3 数据库设计

数据库设计(Database Design)是指根据用户需求分析和构建的数据字典，在选定某一具体的数据库管理系统上，设计数据库表的结构、数据库表的组成、数据库内表间关系的过程。数据库设计是建立在数据库及其应用系统的技术上，也是信息系统开发和建设中的核心技术。由于数据库应用系统领域的多样性，内容结构的复杂性，因此数据库设计就变得异常复杂，数据库的最佳设计不可能一蹴而就，而只能是一种"反复探寻，逐步求精"的过程，也就是按数据模型规范数据结构，明确事物之间关系的过程。数据库的设计主要是进行数据库的逻辑设计，即将数据按一定的规则(时间、位置等)进行分类、分组，从系统和逻辑层次视角面向用户地组织起来。

1. 数据库设计的基础

数据库建设是硬件、软件和干件的结合。在管理信息系统建设过程中三分技术，七分管理，十二分基础数据，可见，数据库设计的重要性。管理信息系统开发过程中需要数据员全面负责数据库的设计工作，在大型信息系统运行管理中需要专职的数据员对数据库进行维护。

在数据库设计过程中所涉及的技术与管理的界面称为"干件"，数据库的设计应该与应用系统设计相结合。其设计内容主要由结构(数据)设计和行为(处理)设计组成。结构(数据)设计确定数据库框架或数据库结构；行为(处理)设计明确数据库的应用程序、事务处理等。在设计过程中结构和行为的设计要分离。传统的软件工程忽视对应用中数据语义的分析和抽象，只要有可能就尽量推迟数据结构设计的决策，早期的数据库设计致力于数据模型和建模方法研究，忽视了对行为的设计。

2. 数据库设计的步骤

至今，数据库设计的很多工作仍需要人工来做，除了关系型数据库已有一套较完整的数据范式理论可用来部分地指导数据库设计之外，尚缺乏一套完善的数据库设计理论、方法和工具，以实现数据库设计的自动化或交互式的半自动化设计。所以数据库设计今后的研究发展方向是研究数据库设计理论，寻求能够更有效地表达语义关系的数据模型，为各阶段的设计提供自动或半自动化的设计工具和集成化的开发环境，使数据库的设计更加工程化、更加规范化和更加方便易行，在数据库的设计中充分体现软件工程的先进思想和方法。数据库设计的一般步骤如图 6－3 所示。

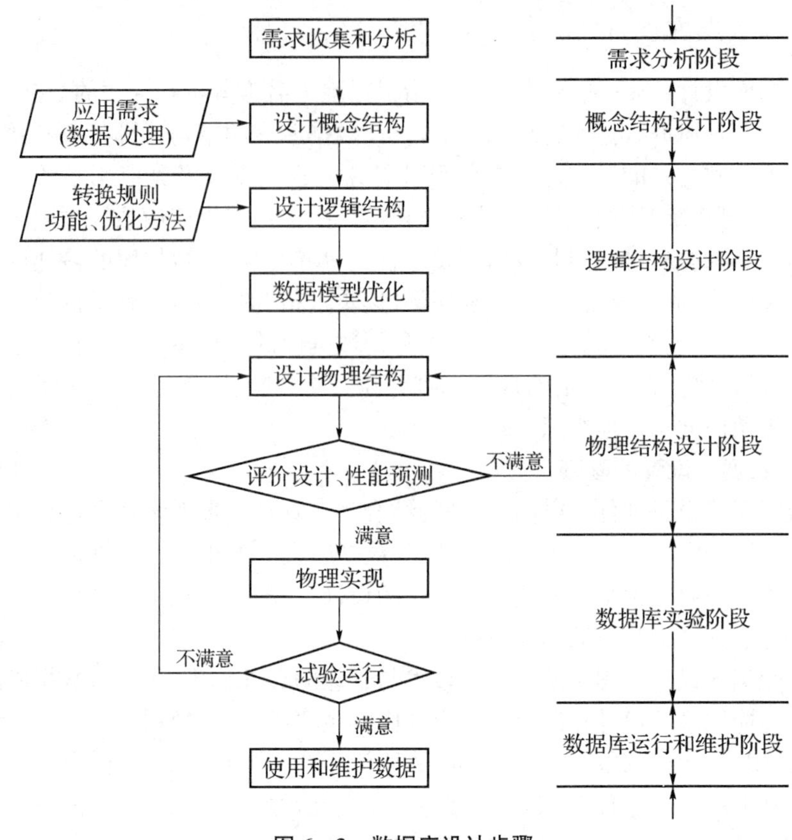

图6-3 数据库设计步骤

1）需求分析

调查和分析用户的业务活动和数据的使用情况，弄清所用数据的种类、范围、数量以及它们在业务活动中交流的情况，确定用户对数据库系统的使用要求和各种约束条件等，形成用户需求规约。

①理解客户需求，询问用户如何看待未来需求变化。让客户解释其需求，而且随着开发的继续，还要经常询问客户以保证其需求仍然在开发的目的之中。

②了解企业业务可以在以后的开发阶段节约大量的时间。

③重视输入输出。在定义数据库表和字段需求（输入）时，首先应检查现有的或者已经设计出的报表、查询和视图（输出）以决定为了支持这些输出哪些是必要的表和字段。

举例：假如客户需要一个报表按照邮政编码排序、分段和求和，你要保证其中包括了单独的邮政编码字段而不要把邮政编码糅进地址字段里。

④创建数据字典和E-R图。E-R图和数据字典可以让任何了解数据库的人都明确如何从数据库中获得数据。E-R图对表明表之间关系很有用，而数据

字典则说明了每个字段的用途以及任何可能存在的别名。对 SQL 表达式的文档化来说这是完全必要的。

⑤定义标准的对象命名规范，数据库各种对象的命名必须规范。

2) 概念设计

对用户要求描述的现实世界（可能是一个工厂、一个商场或者一个学校等），通过对其中住处的分类、聚集和概括，建立抽象的概念数据模型。这个概念模型应反映现实世界各部门的信息结构、信息流动情况、信息间的互相制约关系以及各部门对信息储存、查询和加工的要求等。所建立的模型应避开数据库在计算机上的具体实现细节，用一种抽象的形式表示出来。以扩充的实体-联系模型方法（E-R 模型）为例，第一步先明确现实世界各部门所含的各种实体及其属性、实体间的联系以及对信息的制约条件等，从而给出各部门内所用信息的局部描述（在数据库中称为用户的局部视图）；第二步再将前面得到的多个用户的局部视图集成为一个全局视图，即用户要描述的现实世界的概念数据模型。

3) 逻辑设计

主要工作是将现实世界的概念数据模型设计成数据库的一种逻辑模式，即适应于某种特定数据库管理系统所支持的逻辑数据模式。与此同时，可能还需为各种数据处理应用领域产生相应的逻辑子模式。这一步设计的结果就是所谓的“逻辑数据库”。

(1) 表设计原则

表在关系理论中是以关系方式出现的，而且能以关系表示的表必须符合规定的式子。

①标准化和规范化。数据的标准化有助于消除数据库中的数据冗余。标准化有好几种形式，但 Third Normal Form(3NF)通常被认为在性能、扩展性和数据完整性方面达到了最好平衡。简单来说，遵守 3NF 标准的数据库的表设计原则是：“One Fact in One Place”，即某个表只包括其本身基本的属性，当不是它们本身所具有的属性时需进行分解。表之间的关系通过外键相连接。它具有以下特点：有一组表专门存放通过键连接起来的关联数据。

举例：某个存放客户及其有关订单的 3NF 数据库就可能有两个表，Customer 和 Order。Order 表不包含订单关联客户的任何信息，但表内会存放一个键值，该键指向 Customer 表里包含该客户信息的那一行。事实上，为了效率的缘故，对表不进行标准化有时也是必要的。

②数据驱动。采用数据驱动而非硬编码的方式，许多策略变更和维护都会方便得多，大大增强系统的灵活性和扩展性。

举例：假如用户界面要访问外部数据源（文件、XML 文档、其他数据库等），不妨把相应的连接和路径信息存储在用户界面支持表里。还有，如果用户界面执行工作流之类的任务（发送邮件、打印信笺、修改记录状态等），那么产生工作流的数据也可以存放在数据库里。角色权限管理也可以通过数据驱动来完成。事实上,如果过程是数据驱动的,你就可以把相当大的责任推给用户,由用户来维护自己的工作流过程。

③考虑各种变化。在设计数据库的时候要考虑到哪些数据字段将来可能会发生变更。

举例:姓氏就是如此(注意是西方人的姓氏,比如女性结婚后从夫姓等)。所以,在建立系统存储客户信息时,应在单独的一个数据表里存储姓氏字段,而且还附加起始日和终止日等字段,这样就可以跟踪这一数据条目的变化。

④每个表中都应该添加的三个有用的字段。dRecordCreationDate,在VB下默认是Now(),而在SQL Server下默认为GETDATE();sRecordCreator,在SQL Server下默认为NOT NULL DEFAULT USER;nRecordVersion,记录的版本标记,有助于准确说明记录中出现NULL数据或者丢失数据的原因。

⑤对地址和电话采用多个字段。描述街道地址就用短短一行记录是不够的。Address_Line1、Address_Line2和Address_Line3可以提供更大的灵活性。还有,电话号码和邮件地址最好拥有自己的数据表,其间具有自身的类型和标记类别。

⑥使用角色实体定义属于某类别的列。在需要对属于特定类别或者具有特定角色的事物做定义时,可以用角色实体来创建特定的时间关联关系,从而可以实现自我文档化。

举例:用PERSON实体和PERSON_TYPE实体来描述人员。比方说,当JohnSmith,Engineer提升为JohnSmith,Director乃至最后爬到JohnSmith,CIO的高位,而所有你要做的不过是改变两个表PERSON和PERSON_TYPE之间关系的键值,同时增加一个日期/时间字段来知道变化是何时发生的。这样,你的PERSON_TYPE表就包含了所有PERSON的可能类型,比如Associate、Engineer、Director、CIO或者CEO等。还有个替代办法,就是改变PERSON记录来反映新头衔的变化,不过这样一来在时间上无法跟踪个人所处位置的具体时间。

⑦选择数字类型和文本类型尽量充足。在SQL中使用smallint和tinyint类型要特别小心。比如,假如想看看月销售总额,总额字段类型是smallint,那么,如果总额超过了$32,767就不能进行计算操作了。而ID类型的文本字段,比如客户ID或订单号等,都应该设置得比一般想象得更长。假设客户ID为10位数长,那你应该把数据库表字段的长度设为12或者13个字符长。但这额外占据的空间却无须将来重构整个数据库就可以实现数据库规模的增长了。

⑧增加删除标记字段。在表中包含一个"删除标记"字段,这样就可以把行标记为删除。在关系数据库里不要单独删除某一行,最好采用清除数据程序而且要仔细维护索引整体性。

（2）选择键和索引

①键设计原则。键设计必须遵守的原则有：关联字段要创建外键；所有的键都必须唯一；避免使用复合键；外键总是关联唯一的键字段。

设计数据库的时候采用系统生成的键作为主键，可以实际控制数据库的完整性。这样，数据库和非人工机制就有效地控制对存储数据中每一行的访问。采用系统生成键作为主键还有一个优点：当拥有一致的键结构时，找到逻辑缺陷很容易。在确定采用什么字段作为表的键的时候，可一定要小心用户将要编辑的字段，通常的情况下不要选择用户可编辑的字段作为键。可选键有时可做主键。把可选键进一步用做主键，可以拥有建立强大索引的能力。

②索引使用原则。索引是从数据库中获取数据的最高效方式之一。95％的数据库性能问题都可以采用索引技术得到解决。

· 逻辑主键使用唯一的成组索引，对系统键（作为存储过程）采用唯一的非成组索引，对任何外键列采用非成组索引。考虑数据库的空间有多大，表如何进行访问，还有这些访问是否主要用作读写。

· 大多数数据库都索引自动创建的主键字段，但是可别忘了索引外键，它们也是经常使用的键，比如执行查询显示主表和所有关联表的某条记录就用得上。

· 不要索引 memo/note 字段，不要索引大型字段（有很多字符），这样做会让索引占用太多的存储空间。

· 不要索引常用的小型表。不要为小型数据表设置任何键，假如它们经常有插入和删除操作就更别这样做了。对这些插入和删除操作的索引维护可能比扫描表空间消耗更多的时间。

（3）数据完整性设计

①完整性实现机制。数据库的完整性有实体完整性、对照完整性和用户自定义完整性

· 实体完整性。通过数据表的主键实现。

· 参照完整性。用于规定两表之间遵循的原则，这两表分别称为父表和子表，在父表中删除数据可以设置为级联删除、受限删除和置空值；在父表中插入数据时，可以设置受限插入或递归插入；在父表中更新数据时，可以设置级联更新、受限更新和置空值。

· 用户定义完整性。在数据表定义时通过设置 NULL 值、字段规则、记录规则和触发器实现。

②用约束而非商务规则强制数据完整性。采用数据库系统实现数据的完整性。这不但包括通过标准化实现的完整性而且还包括数据的功能性。在写数据的时候还可以增加触发器来保证数据的正确性。不要依赖于商务层保证数据完整性，它不能保证表之间（外键）的完整性所以不能强加于其他完整性规则之上。

③强制指示完整性。在有害数据进入数据库之前将其剔除;激活数据库系统的指示完整性特性。这样可以保持数据的清洁而能迫使开发人员投入更多的时间处理错误条件。

④使用查找控制数据完整性。控制数据完整性的最佳方式就是限制用户的选择。只要有可能都应该提供给用户一个清晰的价值列表供其选择。这样将减少键入代码的错误和误解,同时提供数据的一致性。某些公共数据特别适合查找,例如国家代码、状态代码等。

⑤采用视图。为了在数据库和应用程序代码之间提供另一层抽象,可以为应用程序建立专门的视图而不必非要应用程序直接访问数据表。这样做还等于在处理数据库变更时给你提供了更多的自由。

(4) 其他设计技巧

①避免使用触发器。触发器的功能通常可以用其他方式实现。在调试程序时触发器可能成为干扰。假如你确实需要采用触发器,最好集中对它文档化。

②使用常用英文(或者其他任何语言)而不要使用编码。在创建下拉菜单、列表、报表时最好按照英文名排序。假如需要编码,可以在编码旁附上用户知道的英文。

③保存常用信息。让一个表专门存放一般数据库信息非常有用。在这个表里存放数据库当前版本、最近检查/修复(对 Access)、关联设计文档的名称、客户等信息。这样可以实现一种简单机制跟踪数据库,当客户抱怨他们的数据库没有达到希望的要求而与你联系时,这样做对非客户机/服务器环境特别有用。

④包含版本控制机制。在数据库中引入版本控制机制来确定使用中的数据库的版本。时间一长,用户的需求总是会改变的,最终可能会要求修改数据库结构。把版本信息直接存放到数据库中更为方便。

⑤编制文档。对所有的快捷方式、命名规范、限制和函数都要编制文档。采用给表、列、触发器等加注释的数据库工具,这对开发、支持和跟踪修改非常有用。对数据库文档化,或者在数据库自身的内部单独建立文档。这样,当过了一年多时间后再回过头来做第2个版本,犯错的机会将大大减少。

⑥测试、测试、反复测试。建立或者修订数据库之后,必须用用户新输入的数据测试数据字段。最重要的是,让用户进行测试并且同用户一道保证选择的数据类型满足商业要求。测试需要在把新数据库投入实际服务之前完成。

⑦检查设计。在开发期间检查数据库设计的常用技术是通过其所支持的应用程序原型检查数据库。换句话说,针对每一种最终表达数据的原型应用,保证你检查了数据模型并且查看如何取出数据。数据库设计的步骤是:数据库结构定义、数据表定义、存储设备和存储空间组织、数据使用权限设置、数据字典设计。

4）物理设计

根据特定数据库管理系统所提供的多种存储结构和存取方法等依赖于具体计算机结构的各项物理设计措施，对具体的应用任务选定最合适的物理存储结构（包括文件类型、索引结构和数据的存放次序与位逻辑等）、存取方法和存取路径等。这一步设计的结果就是所谓的“物理数据库”。

5）验证设计

在上述设计的基础上，收集数据并具体建立一个数据库，运行一些典型的应用任务来验证数据库设计的正确性和合理性。一般一个大型数据库的设计过程往往需要经过多次循环反复。当设计的某步发现问题时，可能就需要返回到前面去进行修改。因此，在做上述数据库设计时就应考虑到今后修改设计的可能性和方便性。

6）运行与维护设计

在数据库系统正式投入运行的过程中，必须不断地对其进行评价、调整与修改。

3. 数据库设计的方法

（1）手工试凑法

使用该方法时，设计质量与设计人员的经验和水平有直接关系，缺乏科学理论和工程方法的支持，工程的质量难以保证，数据库运行一段时间后常常又不同程度地发现各种问题，增加了维护代价。

（2）规范设计法

其基本思想是过程迭代和逐步求精，典型方法有新奥尔良方法、I. R. Palmer 方法和 S. B. Yao 方法。

①新奥尔良（NewOrleans）方法：将数据库设计分为需求分析（分析用户需求）、概念设计（信息分析和定义）、逻辑设计（设计实现）和物理设计四个阶段进行。

②S. B. Yao 方法：将数据库设计分为需求分析、概念设计、逻辑设计、物理设计和验证设计五个步骤。

③I. R. Palmer 方法：把数据库设计当成一步接一步的过程

（3）计算机辅助设计

①Oracle Designer 2000：这是面向对象的数据库系统开发工具，可编制出可执行的应用程序来。SQL PL/SQL 是关于 Oracle 数据库结构化查询语言的使用方法，在 Designer 2000 中会用到。

②Sybase PowerDesigner：这是 Sybase 公司的 CASE 工具集，使用它可以方便地对管理信息系统进行分析设计，它几乎包括了数据库模型设计的全过程。利用 PowerDesigner 可以制作数据流程图、概念数据模型、物理数据模型，可以生成多种客户端开发工具的应用程序，还可为数据仓库制作结构模型，也

能对团队设备模型进行控制。它可与许多流行的数据库设计软件,例如 PowerBuilder,Delphi,VB 等相配合使用来缩短开发时间和使系统设计更优化。

4. 数据库设计说明书

这是对数据字典的补充和细化,将数据库设计过程确定内容整理成文,说明书的主要内容有数据库名、库内表名、表属性(包括记录规则、违规提示、触发器等内容)、表间关联和参照完整性、表内字段属性(包括名称、类型、长度、规则、违规提示、默认值、空值等内容)等。数据库设计说明书是提供给数据管理员的操作规范手册,也是程序员说明数据处理的编程手册。读者可以根据实验的实例尝试整理数据库设计说明书。

6.2.4 输入输出设计

输入输出设计是确定如何实现人机交互,是系统设计重要的阶段。当信息系统被研制成软件产品供用户使用时,用户对软件操作的简洁、方便和直观等评价都来自输入输出设计的效果。类似于对软件产品的包装,输入输出设计效果直接影响到用户对软件质量的评价与选用。

1. 输入输出设计的原则

(1) 先出后入原则

输入输出设计的过程是从输出设计到输入设计,这是因为输出设计直接和用户需求相联系,设计的出发点应该是保证输出方便地为用户服务,正确地反映用户所需要的有用信息。无用信息留在系统不仅费输入时间、费存储空间,还费钱。

(2) GIGO 原则

垃圾进垃圾出(Garbage In Garbage Out,简称 GIGO),装入的是垃圾,出来的当然也是垃圾。信息系统输入错误的数据,不管系统功能有多少,采用的技术多先进,将输出不正确的信息。因此,该原则提示我们在输入设计过程中重视数据的正确性。

(3) 经济实用原则

输入输出的方式有多种多样,在设计时既要考虑输入输出的正确性、方便性和实用性,还要考虑输入输出的经济性。输入输出往往是信息系统运行费用的主要开支,而且种类繁多,数量巨大。

2. 输入输出设计的过程

输入设计与输出设计的内容不同,但设计的过程基本相同,都需要充分考虑用户的实际需求、所需设备的经济性、可行性和效率。输入是由人工记录方式转换成计算机记录方式,而输出是由计算机记录方式转换成人工直接可读的记录方式,因此两设计的起点与终点都需要明确数据的来源与存储形式,具体过程如图 6-4 所示。

输入设计与输出设计的过程虽然基本相同，但其实现的方法存在本质的差别。尤其是输入设计的关键侧重在输入数据的正确性校验，输出设计的关键是实用性和适用性，尽可能模拟管理实务形式。两者共同的重点是安全性设计、用户分类与权限控制。

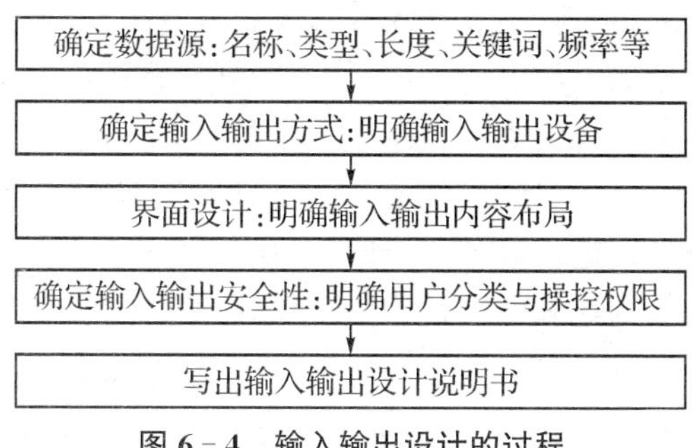

图 6-4　输入输出设计的过程

3. 输出设计过程的实现

根据输入输出设计原则和用户对信息获取输出的需求，首先确定输出的信息名，如输出凭证、单据、发票、报表、卡片、文件等的名称，并为输出设计提供一个信息编码。然后，确定这些信息输出的目的、用途、对象、频率、密级、信息使用后的处理方法（保存、销毁或上缴等）以及对输出信息的实时性和信息接收方式等要求。最后，选择经济实用的输出方式输出给用户。

（1）选择输出方式

根据输出信息的内容与要求选择合适的输出方式。信息系统的输出方式总体上可分成显示输出、打印输出、绘图输出、语音输出和信号输出等方式。

①显示输出方式。显示输出内容不能长期保存，但显示区域可以重复使用。显示输出又分成指标显示、数码显示、LED 显示和 CRT 显示。当仅用于显示系统状态时，采用指标显示；如果输出内容仅是数值时，采用数码显示；当只需要显示简单少量的文字时，采用 LED 显示；对于一般办公系统和管理信息系统的输出则采用 CRT 显示方式，不仅可以显示繁杂的字符，而且可显示图像图形。

②打印输出方式。根据打印输出原理有较多的不同打印设备。常规的打印设备有激光打印机和喷墨打印机，按输出效果还可以分为彩色和单色两类，彩色激光打印机要比彩色喷墨打印机贵许多，因此一般采用彩色喷墨打印机输出彩色内容，而用单色激光打印机输出普通文档。打印输出设备还有针式击打打印机、光敏打印机和热敏打印机等，针式击打打印机噪音大、效率低，已经基本被淘汰；光敏和热敏打印机需要使用特殊的输出纸，成本高、保存期短，因此也很少使用，仅被少量用于高精图文输出。

③绘图输出方式。当信息系统需要输出图形时，需要使用绘图仪输出。绘图仪根据工作原理可分成平板式与滚筒式两类，根据能绘制图形的最大尺寸又

可分成不同的规格。平板式绘图仪输出图形质量好,但价格高。相对而言同规格的滚筒式绘图仪的价格低许多,因此一般精度要求不高时采用滚筒式绘图仪。

④语音输出方式。信息系统中往往需要采用多媒体方式输出图文与语音,通过信息系统输出的语音信息都十分简单,采用声卡和普通音箱即可,有些计算机系统将音箱与显示器集成为一体,作为计算机系统的标准配置。

⑤信号输出方式。我们可将信息系统中的信息通过外存储设备输出,也可以通过网络输出将信息传递到目的地,还可以通过DAC转换输出给受控设备,或直接输出数字信息到远程设备,实现物联网的操控。信号输出方式的选择完全依赖于信息系统的用途和经济性。

(2) 设计输出界面

也称为输出内容布局。除了语音与信号输出没有布局,显示、打印与绘图输出都需要合理布局。由于系统默认的字号、图形大小与输出设备提供的空间往往不一致,设计者需要根据输出设备提供可用空间的大小设定输出内容的位置、输出文字的字号与图形的尺寸。布局设计对于显示输出设计而言也称为界面,把输出内容分成固定区与变化区,固定区往往安排数据名称,而变化区输出数据值;对于打印输出设计,首先要了解打印机的工作原理与特性,找出定位输出的坐标原点与行列坐标方向,实际打印字号占用空间。使用打印机输出时,只能往前或往下走,遇到回车与换行符,才输出本行内容,接受下行内容。当输出坐标发生错误时,很可能因坐标定位不正确发生错换行或换页。当输出坐标超出极限时,会发生错误。行宽超限将空换行,行坐标超出范围时,打印机找不到位置而无穷走白纸。

(3) 写输出设计说明书

输出设计说明书描述输出设计全过程所确定的内容,主要包括输出信息名、输出功能、输出周期、输出期限、输出媒体、输出方式、输出用纸、传递方式(邮递、电话、传真、电子邮件或人工传递)、使用后的处理(保存、销毁或上缴)、输出用文字(英文、汉字、汉语拼音)、输出信息校验(检验输出信息的正确性,包括确定校验内容、检验方法和校验后的处理)、保密要求和输出项目名称等。

4. 输入设计过程的实现

在管理信息系统中,输入数据是否正确直接影响整个系统质量的好坏。若输入数据缺乏精确性和适时性,即使计算和处理十分正确,也不可能得到可靠的输出信息。最佳的信息系统始于最佳的输入系统。

1) 选择输入方式

根据输入数据形式与数据采集方式要求选择合适的输入方式。信息系统的输入方式总体上可分成人工输入、半自动输入和全自动输入等方式。

(1) 人工输入方式

键盘输入与鼠标输入属于人工输入方式,输入内容完全由人工决定。这也是管理信息系统中最常见的输入方式,尤其是键盘输入是所有信息系统中不可或缺的标准配置。随着多媒体技术的广泛应用与菜单操作方式的普及推广,鼠标输入作为操作选择输入已经得到普及。人工输入方式具有灵活方便的特性,已经作为人机交互的主要方式。但是,人工输入方式中操作者直接影响输入数据的正确性和输入速度,是数据校验的重点工作。

(2) 半自动输入方式

语音输入、条形码输入和扫描输入属于半自动输入方式,在数据输入过程需要人工选定输入内容,掌控输入设计运行,但输入内容的正确性与完整性取决于输入设备,一旦开始读取数据,由系统完成输入过程。

(3) 全自动输入方式

网络数据输入、磁盘数据输入、RFID 和 ADC 信号输入都属于全自动输入方式。网络数据输入和磁盘数据输入是批数据自动输入,RFID 和 ADC 信号输入是实时数据采集输入。

2) 选择输入数据校验方式

在确保用户数据输入方便、完整的前提下,最关键的是运用数据校验方式确保输入数据的正确。针对不同的数据输入方式需要采用不同的数据校验方式。人工输入方式是输入数据校验的重中之重。

(1) 人工输入方式的数据校验方式

在人工输入方式下受人为因素影响最大,因此数据的不确定性也最大,必须对输入内容进行校验,数据检验的具体方式主要有如下几种:

①建立严格复核制度。未经复核的数据作为临时数据,不进入系统的正式数据文件。同时数据复核与数据输入作为不相容岗位,由不同人员完成,减少出错。

②输入后输出校验。输入数据的同时全部显示输出给输入者校验,但这种查错效果随着数据录入员的熟练程度的提高而降低,也可以将数据输入后全部打印出来,然后将原稿与输入打印稿供其他人员复核校验,可以减少个人因素的校验效果影响。

③两次输入校验。将相同内容连续输入两次,比较前后两次是否一致,如果不一致,则提示复核数据。

④程序校验。可以采用数字检验、界限检验、逻辑检验、格式检验、字符检验和数据内在关联检验等方式。数字检验是检查数据项内容中是否出现非数字数据;界限检验是检查数据项是否超过规定的数据范围,如数据位数、数值范围等;逻辑检验是检查数据的合理性、逻辑性是否符合要求(例如月份不会超过12,更不会是负数);格式检验是检查数据记录中各数据项的位数和位置是否符合预先规定的格式,例如工资定为 4 位整数、2 位小数,检查最高位是不是空格

或数字等;字符检验是检查全部由字母组成的数据(如姓名)中是否出现非字母字符,或检查该数据长度和格式是否符合规定;数据内在关联检验是检查数据之间的内在关系是否成立,如发票上的数量乘单价必须等于金额,凭证上的借方金额累计与贷方金额累计必须相同,应收工资必须等于应收工资各项明细之和。

(2) 半自动输入和自动输入方式的数据校验方式

有网络数据输入、磁盘数据输入、RFID和ADC信号输入、语音输入、条形码输入和扫描输入等输入方式,对于不同的输入方式应当采用不同的校验方式。

①标定输入设备方式。RFID与ADC信号输入、语音数据输入和图文扫描输入等方式在数据输入过程中完全依赖于输入设备的工作状况。在做好输入准备的同时还需要对输入设备进行校验,只有通过输入设备校验才能正确采集数据。输入设备的校验是由设备生产厂家对设备进行物理标定,RFID与ADC信号输入设备还能在现场通过调整信号的电标定,为采集后的数据处理提供依据。

②校验码方式。条形码输入、网络数据输入和磁盘数据输入等方式往往是在原数据码的基础上通过增加校验码进行校验。在将原数据和校验码同时输入后,按某种规则计算原数据与校验码以发现采集数据中的错误,从而确保数据正确。校验码的编码方法有许多种,不同的方法其功效和成本不同,详细内容请参考有关编码技术教材。

3) 设计输入界面

运用人工输入方式,在输入数据过程中必须显示其输入内容,提供数据校验功能。因此输入界面设计过程与方法类同于显示输出设计,所不同的仅在于显示格式需要充分考虑能保证输入精度,应尽量减少填写量,便于填写,便于校对,采用通用、标准格式和规范化输入,简化和减轻输入负担,接近人工数据填报形式,减少操作培训工作量。

4) 写输入设计说明书

输入设计说明书描述输入设计全过程所确定的内容,主要包括输入信息名、输入功能、输入周期、输入期限、输入媒体、输入方式、收集方式、原始信息名、输入项目名、输入用文字等内容。

5. 输入输出安全性设计

根据用户的需求,采取符合安全性要求的设计方案,才能保证输入输出数据的安全性。应考虑如下的安全性因素:系统输入的安全性,对错误输入、恶意输入的处理;系统内部数据传输的安全性;系统输出的安全性;系统内各模块的出错处理;如果是分布式系统,还要考虑网络传输的安全性(是否需要加密、加密的强度等),各分布模块的安全性、抗攻击能力等。为了确保输入输出的安全，在系统分析与设计时首先要对用户进行分类管理，给不同的用户提供不同的操作权限，由系统的用户操作权限分配表明确规定每个用户的可操作性。在用户进入系统时通过软件进行安全检测。

（1）输入安全性检测

输入检测主要包括：

①文件描述符的安全性：如文件读、写权限的安全性，输入标准出错处理的安全性。

②文件内容的安全性。

③对于直接读取的文件，如果不被信任的用户能访问该文件或任何它的父目录，都是不可信任的。

④设置输入数据的超时和加载级别限制，特别是对于网络数据更应如此。

（2）输出安全性检测

输出检测主要包括：

①最小化反馈信息，使得黑客不能获得详细信息。

②是否处理了阻塞或响应缓慢的输出情况。

③是否控制了输出的数据格式。

④控制输出的字符编码。

（3）出错处理检测

主要包括：

①各种出错情况都被处理。

②给用户的出错信息，不会泄漏程序信息的细节。

（4）异常情况检测

主要包括软件的各种异常情况是否都被处理、软件的异常情况是否会导致程序产生严重后果。

大型复杂信息系统的安全性设计应当作为独立的工程项目内容，设立专门的设计组织负责信息系统的整个安全性设计，而输入输出安全是信息系统安全的重要组成部分。

6.2.5 功能模块与处理过程设计

信息系统经过系统总体设计后已经清晰地划分成子系统和各功能模块，各个功能模块的内部处理过程或处理任务如果还相当复杂或相当多时，需要按功能模块划分原则与方法进一步划分成子功能模块，依此细化成相对简单的功能模块。这样大模块可以分为小模块，逐层分解使各模块之间形成了树型结构，如图 6 - 5 所示。

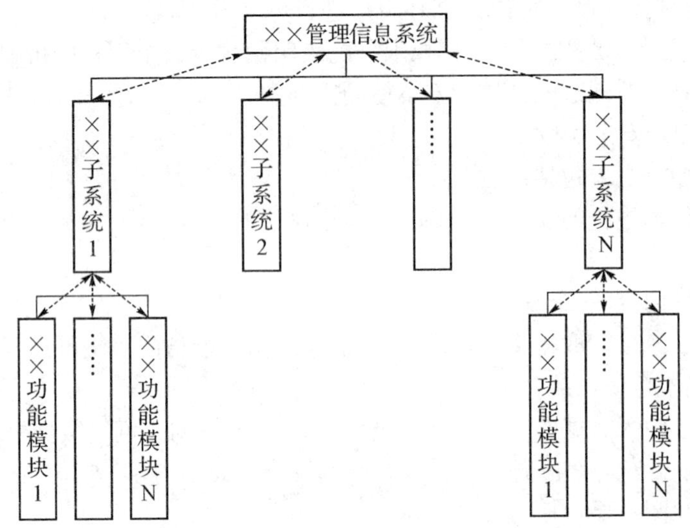

图6-5 管理信息系统功能模块结构图

通过信息系统的功能模块结构图我们可以初步了解用户需求是如何实现的,但还不能交给程序员编写软件,需要进一步确定各模块之间的数据传递关系和各模块内部的数据表达形式,即画出HIPO图和IPO图。

1. 功能模块设计

功能模块设计的关键是要画出HIPO图。HIPO(Hierarchy plus Input/Process/Output,简称HIPO)图是IBM公司于20世纪70年代中期在层次结构图(structurechart)的基础上推出的一种描述系统结构和模块内部处理功能的工具(技术)。HIPO图由层次结构图和IPO图两部分构成,前者描述了整个系统的设计结构以及各类模块之间的关系,后者描述了某个特定模块内部的处理过程和输入/输出关系。HIPO图一般由一张总的层次结构图(H图)和若干张IPO图组成。

(1) H图

用于描述软件的层次结构,矩形框表示一个模块,矩形框之间的直线表示模块之间的调用关系,同结构图一样未指明调用顺序。

(2) IPO图

H图只说明了软件系统由哪些模块组成及其控制层次结构,并未说明模块间的信息传递及模块内部的处理。因此对一些重要模块还必须根据数据流图、数据字典及H图绘制具体的IPO图。

在IPO图中必须包括输入I、处理P、输出O,以及与之相应的数据库文件、在总体结构中的位置等信息。IPO图中的处理过程P的描述比较困难,易引起二义性问题。

2. 处理过程设计

处理过程设计的关键是用一种合适的表达方法来描述每个模块的执行过程。这种表示方法应该简明、精确,并由此直接导出用编程语言表示的程序。日常用的描述方式有图形、语言和表格三类,如传统的框图、各种程序语言、判定表等等。一个复杂的大型信息系统往往是由许多员工共同合作完成,处理过程是整个信息系统功能实现的核心,为了减少系统实现出现数据冲突与传递不一致等现象,在处理过程设计前首先要制定有关规则。

(1) 统一逻辑处理描述

在描述逻辑处理时需要明确并统一采用决策树或判定表等表达方式,虽然这些工具都能有效地描述处理过程,但在一个项目中应当选用其中之一。

(2) 统一处理图符

在绘制功能结构与处理框图时也应当统一符号,尽可能采用标准化与规范化的图符与语言,以便于交流。

(3) 分析与设计相一致

在描述处理过程时,所有数据与数据处理过程要与系统分析时建立的数据字典一致,这样不仅可以减少工作量,降低出错率,还可以减少将来程序设计的工作量。

总体上,处理过程设计需要遵守标准化与规范化。这些标准化与规范化中有些已经通过 ISO 或 GB 制定,也有些需要通过信息系统研发团队内部自制。

3. 系统设备的选择

信息系统经过上述设计后,其功能和性能基本确定,最后需要选择信息系统运行支撑的软件与硬件设备。信息系统运行设备的配置在系统应用设计好后才能进行,在系统配置过程中必须遵守系统软件的需要,必须满足信息系统应用的需要,系统硬件(包括网络硬件设备)的需要必须满足系统软件的需要的原则。简而言之,系统软件应适应系统应用,系统硬件应适应系统软件。

(1) 计算机硬件的选择

主要选择信息系统中需要的计算机主机、辅机、外围设备和环境设备,其中选择计算机主机是关键。由于计算机主机不仅型号、规格和制造厂商众多,而其性能、价格、质量和服务也存在很大的差别。因此,在选配计算机主机时,要根据系统总体设计和详细设计的要求,明确计算机主机的类型(巨型、大型、超级小型、微型)、性能(主频、字长、主存容量、缓存能力)、生产厂商、产地和品牌等指标参数,并采用招标方式选择合适的硬件供应商。

(2) 计算机软件的选择

计算机软件可分成系统软件、工具软件和应用软件。应用软件是指将要开发的管理信息系统,在此不是选择,而是根据用户的需求进行开发。工具软件是指为应用软件开发提供的开发工具,因此工具软件是由应用软件开发决定,在选择工具软件时,通常还分应用服务软件的前台开发工具、后台数据库管理系统和信息系统通信工具。不同的开发工具具有不同的功能与对环境支撑不同的要求,需要根据开发者的经验与运行环境选定。系统软件是管理计算机系统硬件的软件,需要根据计算机系统硬件和计算机结构体系以及用户需求确定。系统软件往往是由计算机提供商随计算机硬件提供,这种提供方式既方便、经济又实用,用户可以不需要了解更多的系统软件配置细节,但有些大型信息系统也与硬件独立配置,确保系统开发平台的实用性和可维护性。

(3) 计算机网络系统的选配

网络系统包括网络硬件和网络软件两部分。随着信息技术的广泛应用,信息系统的普及推广,网络系统深入到各行各业,网络结构越来越复杂,网络硬件种类繁多,网络软件十分丰富。选择计算机网络硬件首先要根据网络拓扑结构、网络体系和网络层等因素确定网络硬件的种类、数量、型号和规格,根据网络传输速率和距离选择网络传递方式和性能指标以及网络软件配置,以便充分发挥信息系统提供的信息资源的作用。

6.2.6 系统设计说明书

系统设计说明书又称为系统设计报告,是系统设计的最后成果。它全面、清楚、准确、详细地描述了系统设计过程中的具体方法、技术、手段和环境要求等系统设计的结果。系统设计结果称为新系统的物理模型或称为用户需求的解决方案,是系统实施的主要依据。因此它具有很高的经济性和一定的保密性。系统设计说明书必须遵守软件开发文档书写标准格式。

1. 系统设计总体说明

系统设计说明书首先要从总体视角说明系统设计的项目名称、项目编号、说明书编写单位、编写日期等,这些内容往往在说明书的封面上标注清楚。其次,对整个项目需要做概要性的陈述,主要陈述项目目标、意义,用户对信息系统的要求,系统具有的功能与性能等。再次,要说明系统设计单位和参加设计人员的基本情况,重点列出系统设计人员的分工与责任人。最后,需要对本系统设计所用的术语进行解释,以及列出系统设计过程遵守或采用的有关标准。

2. 系统设计详细说明

在系统设计说明书中必须明确地陈述系统设计过程所确定的技术方案,并整理每个环节设计产生的文档资料。因此,系统设计详细说明的主要内容有系统总体结构、计算机网络结构、系统配置清单、代码设计方案、数据结构与数据库结构、系统功能结构、输入输出方案与操作界面、计算机处理过程等。也可以将设计过程中每个环节产生的相关说明书经过组合、整理、编目,形成系统设计说明书的详细说明部分。

3. 系统设计其他说明

系统设计也应当同时考虑多个方案供用户有选择地实施，在实际设计过程中往往是主要推荐一个方案，但不可缺少与其他方案的比较。因此，在系统设计说明书中往往需要有多组方案供选择。对系统设计的主要推荐方案做详细说明，而对其他方案只做概要性介绍。另外，在系统设计说明书中还需要对系统实施估计所需实施费用和进度计划，为实施计划与进程控制提供依据。

6.3 面向对象的系统设计（OOD）

面向对象的系统设计（OOD）是由面向对象的分析（OOA）至面向对象的程序设计（OOP）的一个中间过程，在实施信息系统开发过程中，OOA 与 OOD 是紧密结合在一起完成的，分析与设计有相同的问题域，都需要明确对象、类、属性和方法等内容，但是 OOA 的目的是从现实中抽象，提取概念模型，而 OOD 是从概念模型转换成程序设计的模型，也是设计过程中由逻辑模型向实在模型（软件程序）转换的过程。

6.3.1 OOD 基本概念

面向对象的系统设计是根据面向对象系统分析所确定的应用域（Application Domain）进行建模，并进一步详细地描述系统中的对象、对象的属性和操作、对象的动态特性、对象间的构造关系和通信关系等，从而建立系统的静态结构和动态活动模型。

1. OOD 的特征

OOD 和传统技术之间存在着根本的差异，OOD 创建的对象不依赖于任何细节，而细节则高度依赖于创建的对象。OOD 有如下特征：

（1）适合表达复杂多变的问题域的需要；运用抽象的原则，使多余的问题简单明了；对系统中易变的部分打包，构造了对变化具有弹性的系统。

（2）体现了 OOA、OOD 与 OOP 之间的内在一致性。

（3）OOD 对基于问题域和现实空间的约束而构建的结果支持软件重用。

（4）改善了用户、系统分析员、设计员和程序员之间的交流。

2. OOD 的方法

在传统的系统开发中，系统分析与设计是相互分离的。系统设计是设计人员把系统分析文档转换成系统设计文档的等价形式。在转换过程中，设计文档大部分情况下由于一些原因进行了相应的修改，这一修改极少返回去对分析文档进行相应的修改。

而 OOD 方法只需要在 OOA 的基础上，对 OOA 模型进行不断的优化、补充。因此，可以说面向对象方法在分析阶段建立了 OOA 模型，在 OOD 阶段对 OOA 模型进行细化，两阶段所面对的始终是一个模型。

3. OOD 的系统模型

OOD 的系统模型由四个部件组成：问题域(Problem Domain，简称 PD)、人机交互(Human Interaction，简称 HI)、任务管理(Task Management，简称 TM)和数据管理(Data Management，简称 DM)，这四个部件对应于组成目标系统的四个子系统。在由这四个子系统构成的系统中，问题域部件主要负责描述现实系统的边界，它在 OOA 中建立，将在 OOD 时改进；人机交互部件负责人和计算机的交互界面；任务管理部件是对系统中的各项任务进行合理的组织与管理；数据管理部件负责数据的存储、更新和恢复。在设计这四个子系统时，各子系统应尽可能简单，而且具有明确的接口，子系统之间的依赖性要小。

6.3.2 OOD 一般过程

OOD 是在 OOA 的基础上进一步确认、审核和改进，因此 OOD 的实现过程与 OOA 基本相同，由抽象的概念细化成可以用编程工具表达的空间。

1. 问题域(PD)部件的设计

以 OOA 构建系统建模为出发点，确定系统边界、问题域和系统责任。就企业应用而言，问题域就集中在诸如财务、办公、质量控制、生产计划和控制、销售服务、人力资源管理、材料供应管理等方面。

(1) OOD 模型的初始 PD 部分

直接从复制 OOA 模型开始，把 OOA 模型作为 OOD 模型的问题域部分。

(2) 修改和增补初始 PD 部分

①对于可复用的设计/编程方面的类，可利用现有的实现库中已有的类和对象来形成它。

②将域有关的类组成一组，利用抽象原则来建立公共协议，形成一个新的类。

③对初始 PD 部分的继承进行调整。

④修改设计以提高性能。

⑤在使用初始 PD 部分时，若考虑利用一些商品化的特定域的类库或其他地方的类来实现对初始 PD 部分中类的修改时，应首先对这些类中的属性和服务进行识别，尽量使不需要的属性和服务最小化，并在转换(修改)中加入一般-特殊关系的规格说明。

⑥为了提高系统的工作效率，可以合并一些高度耦合的类，还能在类及对象中扩充一些保存临时结果的属性或一些低层控制块。

⑦提供数据管理部分，增加属性和服务使对象能够被保存，保存的数据可以是对象本身，也可以是数据管理部分或面向对象的数据管理系统。

⑧增补一些类来反映系统底层的逻辑细节。

2. 人机交互(HI)部件的设计

人机交互部件设计将确定系统用户层与业务层之间的对象、类的标识、属性、方法、消息和传递等行为。

(1) HI部件的对象(类)

在许多大型的信息系统中,人机交互对象(类)通常是指窗口屏幕或报告。窗口通常是由安全登录窗口、设置窗口和业务功能窗口等组成;报告往往也是对象(类),这种对象(类)可以包括绝大多数用户需要的信息,如下学期的课程表、党员名单、成绩单等都属于报告。

(2) HI部件对象(类)的标识

标识HI部件对象(类)主要包括确定每个对象(类)必需的属性,确定对象(类)属性的方法与OOA的方法相同;确定两个类之间所有的一般-特殊、整体-部分结构或其他的对象;确定便于实现目标的最适合类的服务。

(3) HI部件的构建

在设计HI部件时,首先对所有和系统有关的人进行分类,根据每类人的工作目的、所完成的任务以及系统对他们所能提供的支持进行必要的描述。然后,按照人机交互设计的一些准则,即一致性、最少的操作步骤、及时响应用户操作、允许用户误操作、界面设计简单明了等准则,设计出良好的用户界面或人机交互系统。对于大型复杂化的信息系统来讲,前面所建的对象模型并不能十分清楚地说明其系统的人机交互部件,这时还需要用辅助的工具菜单树来加以补充说明。

3. 任务管理(TM)部件的设计

在OOD中,任务是指系统为达到某一设定目标而进行的一连串的数据操作(服务),若干任务的并发执行叫多任务。TM设计的主要任务之一是选择应当遵循的策略。

(1) TM部件的设计应遵循的策略

在OOD的TM设计时根据系统特点和用户需求需要选定遵循的策略。TM设计必须遵循的策略主要有识别事物驱动任务、识别时钟驱动任务、识别优先任务和关键任务、识别协调者和审核任务等。

(2) TM部件设计的步骤

TM部件设计的步骤首先是对类和对象进行细化,建立系统的OOA/OOD工作表格。然后,审查OOA/OOD的工作表格,寻找可能被封装在TM部件中那些与特定平台有关的部分,以及任务协调部分、通信的从属关系、消息/线程序列等。最后,构建系统的新类。

(3) 系统中任务的执行机制

TM部件一般在信息系统中使用得较少,只有当系统任务繁杂,具有实时性要求时才采用,但在控制系统中应用得较多。

4. 数据管理(DM)部件的设计

面向对象的设计从总体体系结构上可分成表现层、业务逻辑层和数据访问层的设计,如图6-6所示。DM部件设计是系统设计的最底层,也是OOD的根本性工作,它根据上述已经确定的对象、类的属性和消息,定义数据交互和持久信息的组织结构。

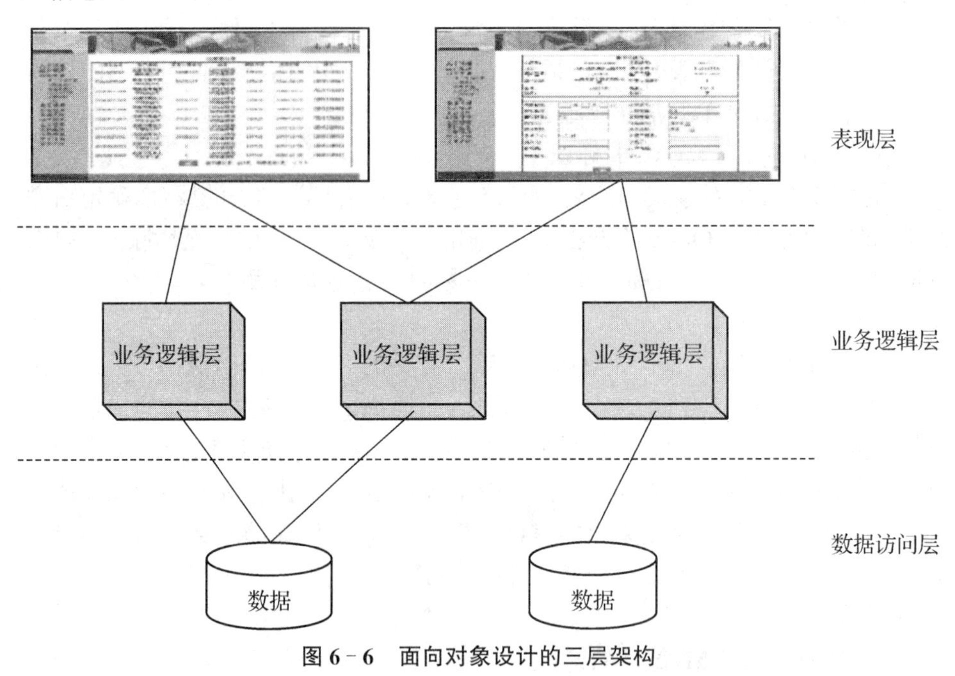

图6-6 面向对象设计的三层架构

(1) 对象模型中DM部件应实现的主要目标

首先确定存储问题域的持久对象,然后确定DM部件如何为问题域中所有的持久对象封装查找和存储机制。

(2) DM部件设计的内容

其主要内容有数据存储设计、相应服务的设计和对象表的规范化过程。数据存储的方式主要有文件方式、关系数据库方式和面向对象的数据库方式。在OOD中通常采用面向对象的数据库方式。面向对象的数据库设计的关键是要确定数据模型和定义数据库的对象模式。数据模型是由基本数据类型和特殊数据类型组成。而类定义依据OOA的类关系定义数据库的对象模式。相应服务设计是定义一个类及对象服务,主要有告诉每个对象存储它自己和检查被存储的对象以供系统模型中其他成分使用这两项服务。

事实上,OOA与OOD是紧密相关的,特别是层、包、主要框架、对象、类、接口和子系统的定义很难区分是分析还是设计,在系统开发过程中,分析是基础,设计是关键,通过分析与设计,将用户的需求用规范的文档传达给系统实施人员,采购硬件设计、配置系统环境软件,由程序员编制、调试应用软件,达到用户期望的功能和性能。

本章小结

本章介绍了系统设计的主要任务、方法和原则。明确了系统设计的重要性、阶段性和目的性。分别详细介绍了结构化的系统设计方法的全过程，重点结合实例详细地阐述了系统总体结构设计、代码设计、数据库设计、输入输出设计和功能模块设计的过程和方法。分别介绍了系统总功能结构设计、软件结构、硬件和网络选择方法；代码设计的原则、事物分类方法、编码种类和代码应用方法；数据库设计过程、种类和常用方法；输入输出的形式、选择方法、输入校验方法、输出界面和人机界面的设计过程；IPO 图、HIPO 图的含义、作用和绘制方法。

本章以对比方式介绍了面向对象的系统设计方法和过程，陈述了面向对象设计方法的基本概念，并结合实例列出了面向对象的系统设计的过程，包括问题域（PD）部件的设计、人机交互（HI）部件的设计、任务管理（TM）部件的设计和数据管理（DM）部件的设计。

思考题

1. 系统设计在管理信息系统开发过程中起什么作用？系统设计人员与程序设计员有何区别？

2. 系统设计的主要方法有哪几种？各有何特点？

3. 简述结构化的系统设计过程。系统设计应当遵守什么原则？

4. 简述系统总体结构设计全过程。系统总体设计的主要成果是什么？

5. 简述代码设计原则。线分类与面分类有何不同？编码有哪几种？

6. 简述数据库设计过程。数据库设计的依据是什么？

7. IPO 图与 H 图各有何作用？

8. 系统设计报告有何作用？报告内容主要陈述什么？

9. 人机界面设计主要影响因素有哪些？为什么？

10. 面向对象的系统设计方法有何特点？

7 系统实施

系统实施是一项技术复杂、投资大,对管理组织、内部机制、企业文化、决策方式、管理思想等都将会造成深刻影响的系统工程,它将改变人们的工作方式方法,直接影响企业内部的工作流、物流、资金流,影响企业对这些流程的可控性、企业经营的透明度和企业经营信息的作用,改变企业工作岗位设置和岗位管理制度等。成功的系统实施必须要遵循系统工程的思想,并把系统实施的过程看成伴随企业成长的过程,信息系统管理思想与企业传统理念磨合的过程,两者共同争取不断适应新环境、政策、市场、能力、资源等多种动态变化因素的影响。以管理信息系统和企业信息化的理论为基础,用简单的、有效的、实用的技术解决动态、多变、复杂的系统实施中遇到的各种问题,使信息系统实施成本低、见效快,易掌握、理解和推广应用。

7.1 系统实施的工作与组织

系统实施是指把系统的物理模型转换成实际运行系统的全过程。在系统实施过程中,实施单位在维持正常工作秩序的情况下,将投入大量的人力、物力,对系统实施进行周密的计划,并在组织结构、业务流程、设备配置等方面发生相应的变革,以适应系统实施的要求。

7.1.1 系统实施过程

在信息系统实施与运行管理过程中,三分技术,七分管理,十二分数据。信息系统实施的成功,领导是关键,资金是保障,实施过程中必须要开展业务流程重组(Business Process Reengineering, 简称 BPR),重视基础数据的建设,人员的培训要与实施同步进行。实施信息系统是企业的一场革命。信息系统是现代管理思想的体现,企业的管理制度、管理方式和企业文化、员工的工作方式、习惯等对信息系统的实施都有制约。根据信息系统软件来源的不同,信息系统实施过程如图 7-1 所示。

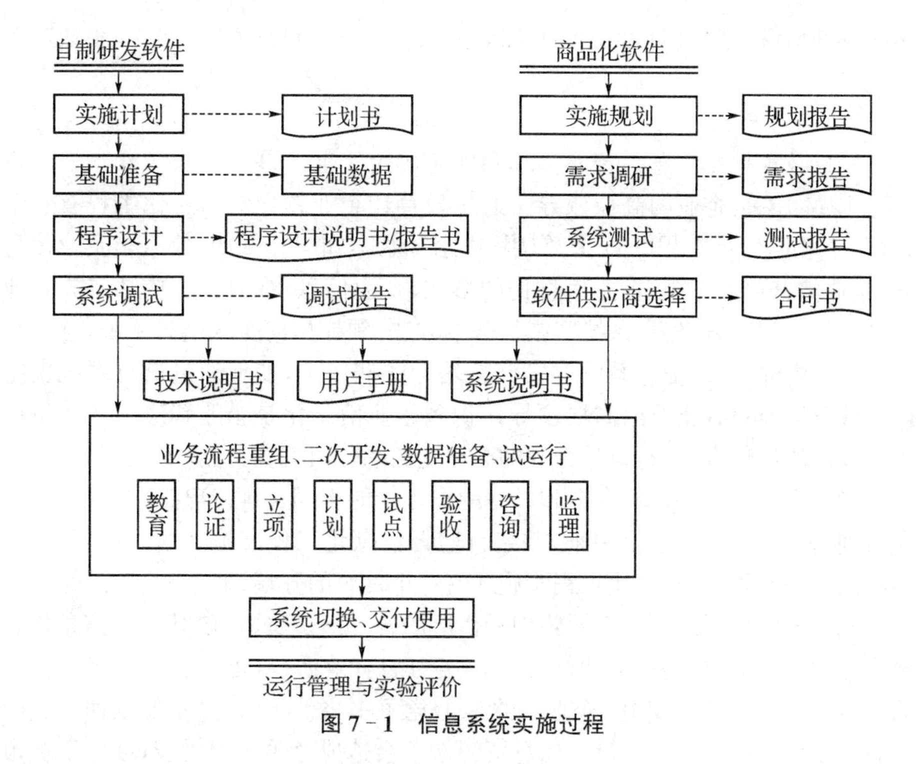

图 7－1 信息系统实施过程

无论是自制研发的信息系统，还是购买的商品化软件系统，其实施都必须要经过各类的教育、立项、论证、选择和试点等工作。

7.1.2 商品化软件系统实施过程

越来越多的企业选择商品化软件开展实施企业信息化工程。选择商品化软件不仅因为软件成熟，成本低，而且整个项目工期短。但是，系统维护困难，并且很难找到一个与企业需求完全一致的商品化软件，需要二次开发或业务流程重组。当企业需求是体现企业特色或竞争优势的部分时往往需要采用二次开发，否则需要业务流程重组，以提高企业的竞争力，如图 7－2 所示。

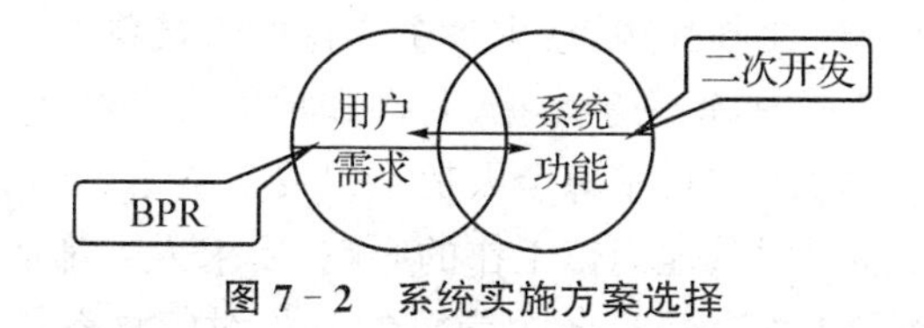

图 7－2 系统实施方案选择

1. 教育

信息系统实施的教育分三类：实施前教育、实施中教育和实施后教育。实施前的教育也称为先行教育，往往采用聘请专家来企业讲课的方式。实施中和实施后教育也称为技能培训，往往选派一部分信息管理人员参加高校、咨询公司或软件提供商组织的专业培训,然后由信息管理人员回到企业培训企业内部员工。

(1) 先行教育

先行教育是在信息系统实施项目实施确定之前开展的教育工作。先行教育的主要对象是企业的高层领导。通过教育让企业领导对信息化工程有一个共识,了解信息化工程的意义、作用、概念等基本知识。例如:什么是企业信息化,企业信息化的作用,企业信息化的形式,企业信息化的特点,成功实施企业信息化的关键因素,信息系统实施的基本方法,领导如何实施信息系统,领导在实施过程中的角色,信息系统的实施会增加哪些成本,如何通过信息系统实施产生效益等。只有企业的高层领导认识到企业信息化是企业解决众多的生产经营障碍的最佳方法,是科学管理的必由之路,企业信息化才会有出路,才能开展正确的实施工作,人员、资金和设备的投入才能得到保证,高层领导才会积极参与到信息化工程的建设中来,并亲自监督信息化工程实施计划的执行,协调各部门之间的矛盾,信息化工程实施才有一个良好的开端。

先行教育也可以面向企业管理操作层的各部门负责人,使其了解信息化是现代管理新方法,是提升企业综合竞争实力的有效途径,也是企业战略性发展的方向。没有实施信息化,企业在将来的竞争中将处于劣势,不能全面、正确、及时地获得企业内外的信息。信息资源缺乏会造成竞争实力锐减,甚至于被市场淘汰。

(2) 教育与培训

国外对于培训的定义有教育(education)和训练(training)两重含义。前者侧重于哲理和概念,讨论信息系统的原理和运行机制,如何运用信息系统解决经营生产业务中发生的问题,主要说明“为什么要这样做,有什么必要,有什么效益”,是一种面向业务的培训。后者侧重于应用方法,主要说明“怎样做”,是一种面向软件的培训,一般安排在“教育”之后,结合信息软件的实施进行。知其然,还要知其所以然,只有明了“为什么做”,才能创造性地去处理“怎样做”。

信息系统同手工管理的一个主要区别在于它是一种规范化的系统,它要求各级管理人员有严肃的工作作风,要求各个岗位的人员都要用严谨的态度对待各种信息。在信息模式中,每一项数据、名词和术语都有严格的定义,每一项事务处理都有严格的程序。它要求每个人员不仅要知道本岗位的工作要求,也要了解本岗位的工作质量对其他岗位工作的影响,要求人人都从全局和系统的观点来理解和做好本职工作。只有各个岗位的人员对信息系统都有了系统的理解和统一的认识,明白了实施信息系统的必要性和目标效益,通过培训转变员工的态度,在实施中才能齐心协力,步调一致。信息系统软件的功能再强,还要靠人去运用。

所以说,不能把培训简单地看成一次知识转移的过程,更重要的是转变观念的思想变革过程。当然，对于不同层次人员，其培训内容的重点是有区别的，现分别讨论如下：

①企业高中层经理人员。对于各级一把手，侧重于供应链管理以及信息系统原理和管理思想的培训，一般可以不谈过细的细节，若有兴趣也可以继续参加实施小组的培训。但是对项目实施中高中层经理人员必须关注的问题应交代清楚。对实施过程中可能遇到的问题，如何判断是非以及高中层经理人员应承担的责任和起到的作用，也要明白无误。这是项目前期阶段要进行的培训。在系统实施后期，要向高中层经理人员讲解如何查询所关切问题的操作方法以及显示屏上各种信息数据的意义。

②项目实施小组成员。在所有培训工作中，对项目实施小组的培训是非常关键的。因为实施小组的成员来自各个业务部门，有向基层部门贯彻落实不可推卸的责任，还有担任企业内部教员进行广泛普及的义务。项目实施小组的成员不仅要接受高中层经理人员的培训内容而且还要对软件功能和操作非常熟悉，尤其重要的是能够自己或帮助别人用信息系统解决企业的实际问题。

③部门业务人员。对业务部门管理人员的培训内容，应当基本上和项目实施小组人员的培训内容相同。每位成员不但对涉及本身业务的内容要非常精通，而且对相关业务也必须全面了解。只有从业务流程来理解信息系统，才能理解一个部门的业务同全局的关系，才能理解每个员工自身工作同上下游流程作业的关系。

④系统员和程序员。系统和硬件的配置与维护是培训 IT 人员的主要内容。当然，也应当对供应链管理和信息系统最基本的原理有所理解。各类人员培训的内容、时间、教员等说明如表 7-1 所示。

表 7-1　培训计划表

层次	培训对象	培训内容	时间	地点	教员	备注
1	企业高层管理项目领导小组，项目实施小组	供应链管理，信息系统原理和管理思想，项目管理与实施方法	1～2 天	企业外某地全脱产培训	咨询公司，培训机构	项目前期阶段培训
2	实施小组成员	上述三项，内部集成与指导思想，计算机概论，怎样做好培训	10～20 天	企业内或企业外某地全脱产培训	同上，软件公司，企业信息部主管	同上，购买软件以后
3	系统员	信息系统管理	7～20 天	企业内	软件公司	

续表 7-1

层次	培训对象	培训内容	时间	地点	教员	备注
4	职能组成员	基本内容同层次 2,以业务为主,兼顾全局	10～20 天	企业内	实施小组成员	
5	操作人员	软件应用	根据需要反复多次	企业内	实施小组成员	
6	继续培训	基本同层次 5	有计划、有重点、分批多次	企业内	运行管理人员	

对于教育培训阶段的评估,由于这一阶段贯穿系统实施的整个过程,因此一般采用在每次培训后,以学员考核的方式进行评估。

2. 立项

信息系统实施项目的立项是关键,立项意味着将明确下一阶段的实施目标、预计费用和期望的效率、效益。在立项之前首先要进行论证,全面地考察项目的成本、效益和潜在的影响。立项工作一般要经过论证、立项、批准,项目才能生效。

(1) 论证

项目论证是整个项目的决定性因素。论证一般需要聘请咨询公司或高校信息化专家进行指导,在专家们的帮助下对企业的基础设施、经济实力、投资成本、预期效益和成本回收期等进行全面论证,以确保项目顺利实施。在项目论证时,对咨询专家的建议要十分重视,并对提出的质疑要有应对的解决方案和足够的思想准备。在传统的信息化实施过程中项目的论证是以企业为主体,专家为指导,特别是软件供应商的参与对论证结果起了很重要的作用。

(2) 立项与批准

项目论证工作是一项关键性的工作,也是一个反复修改、提高、完善的过程。在实施项目论证时,系统分析员与企业管理人员必须经过多轮次的协商,最后提出项目方案供企业领导审批,审批通过后才完成了立项工作。领导在立项审批时要抓住主要问题,审核方案的可行性、时效性和对人员调动及思想工作的难易程度,审核项目的培训计划、投资计划、项目进度计划、目标实施计划等初步的实施计划。

3. 组织

确定信息化工程实施项目的同时要落实信息化工程的相关组织和负责人,使信息化项目在组织上得到保证,确保人才的需求和对人员结构、技术结构、知识结构的合理协调。在信息化工程实施过程中对企业原有的组织必须开展

BPR，从确保流程畅通的角度认真研究组织的内涵、本质、性质、任务、范围、职责，特别是必须先建立信息化实施项目小组。

（1）成立项目小组和项目指导委员会

项目小组人员大部分是信息系统未来的接管者，因此项目小组必须包括信息系统各个层次的用户。项目小组负责具体的实施工作，其主要工作内容有：制定实施计划，撰写实施记录，报告计划执行进度及存在的问题，提出解决问题的建议，分配企业已有的资源。

实施计划要足够详细。时间要明确到天，任务要明确到人，必须做到落实到参与项目的每个人每天的工作内容。

信息化实施是一个十分复杂的工作，还需要成立项目指导委员会。项目指导委员会在项目计划的执行情况进行定期审查，及时解决问题、协调矛盾，确保项目的实施顺利进行。项目指导委员会在项目实施关键路径上的任务出现严重延期的情况时，应当考虑：可否重新安排企业现有资源以保证项目的使用，可否从企业外部获得资源，项目所要求的任务是否都是必要的，是否重新计划项目的某一部分？解决上述问题实际上是调节工作量、时间和资源的问题。当项目负责人无法确认时，召开项目委员会会议决定，一般情况下项目指导委员会每个月应至少开一次会。

（2）确定全职项目负责人

项目负责人是项目成败的关键人物。通过项目负责人带领全体项目组人员按期、按质、按量地完成预定的任务，达到预定的目标。因此，企业项目负责人的人选应首先考虑企业的最高领导，即企业的核心人物，如总经理或副总经理。项目负责人在企业必须拥有决定权，不能遇事还需要请示，讨论，等候答复，这样信息系统肯定无法按期完工。在信息化实施过程中肯定会遇到事先没有考虑到的各种问题，项目负责人遇事要果断。在项目负责人的人选上，不宜选用单纯技术专家，更不能选用外来人员或计算机系统人员。从表面上看，这些人员都具有技术、经验的优势，能有效地解决信息化实施过程中的主要技术问题。但是，事实上信息化工程是管理系统，是对企业资源的有效控制、分配，在系统中人是关键，系统是基础，系统成功的关键因素是人而不是设备或技术。

一个好的项目负责人应当具备以下条件：专职，来自企业内部，具有企业运营某个方面的经验，是企业内有影响的而不是无足轻重的人物，在企业内工作了相当长的时间、受尊重的管理者。

4. 信息系统选择

信息系统选择就是选择适合企业行业的信息软件及供应商。软件选型过程是实施信息系统几个最重要的阶段之一，因为这直接决定了整个项目的成败。由于实施信息系统投资数额大，一旦一种软件包选定后就很难再转向另一个，因此要求“第一次就做好”，而绝不容许有差错。企业在选择软件时，最主要的是看软件是否适合企业行业的特点,有多少成功的先例,要突出“适用的就是最好的”的原则。当然,所谓“适用”,是兼顾了近期和远期发展的要求,不是只看眼前。

选择软件实质上是选择提供软件的合作伙伴的问题。企业要发展,对信息化会不断提出新的要求。信息技术和软件研发也在发展,不断提供新的功能。因此,企业和软件供应商需要建立一个长期合作的良好关系,才有可能共同发展。除此之外,还要考虑以下一些因素:

1) 如何看待软件产品

对软件产品可以从以下几个方面来看:

(1) 看功能

选择软件首先要注意软件的功能,一般可以从以下几个方面来观察:

①软件必须正确描述企业的物流,必须能够确切表述产品结构。

②软件必须正确描述企业的资金流。

③软件必须满足企业组织机构和相互关系的特点。

④其他注意事项,包括以下与功能相关的问题:

· 软件必须是成熟的,企业如果甘当软件公司的“试验品”,通常是要冒风险的。

· 软件必须满足企业要求,过多的二次开发会影响实施进度,同时会增加实施成本和风险,不利于软件升级,甚至影响同软件供应商的长期合作。

· 软件必须满足企业今后的业务流程重组。

· 软件不仅实现企业特定事务处理功能,还必须提供各种分析功能,如数据挖掘、辅助决策和优化。

· 软件的操作界面友好,转换敏捷方便,能够体现业务流程顺序。

· 软件必须提供各种报表(不仅是财务报表)的用户化生成功能。

(2) 看技术

软件功能的实现很大程度上受所采用技术的限制。换句话说,先进技术是为了实现管理需要的功能而存在的。如果管理有所需求,但是缺少必要的技术,软件系统就无法实现所需的功能。管理需求、信息技术和软件功能三者之间的关系依然是管理驱动。为实现必要的功能,软件需要具备的主要技术可以从以下几个方面来考察:

①能否支持供应链管理和电子商务,是否基于 Web(Internet),是否采用适应计算机和网络通信技术的发展的通用标准。

②能否支持在线分析处理(OLAP),数据库是否开放,能否提供不同层次的决策分析功能。

③能否支持业务流程优化和重组,软件开发是否采用基于组件的开发技术或基于工作流程设计的开发技术,是否适应企业的业务流程重组和组织机构的

调整变动。

④权限设置技术是否可靠，是否可以定义到任意字段或最小对象，是否满足安全保密的要求。

⑤系统安全和恢复。

⑥软件开发工具是否开放和易用。

⑦原有资源的保护问题。

2）如何看待实施服务

实施服务主要包括实施前的售前咨询以及实施后的售后服务，这里着重讨论售后服务，可以从两方面来考察。

（1）看实施服务的实力

当信息项目的售后服务和实施由软件公司担任时，考察其支持实力尤其重要。国内外软件供应商都会有一批优秀的实施支持顾问，但更重要的是看具体派什么人来担任本项目的工作，实施服务工作的好坏最后要落实到具体的人，因此要了解今后是谁来做具体的实施。

（2）看文档齐备

所谓文档包括用户手册、培训教材、帮助文件、学习光盘等。一个成熟规范的软件供应商应当具备成套的文档资料。这里强调“文档齐备”，是出于“企业主体意识”的原则，是为了企业能够长期自主地掌握软件的使用。

3）如何看待软件价格

当前国内外信息软件的价格千差万别，相当混乱，甚至无法通过价格来判断是否“物有所值”。在这种无序的竞争环境下，企业可以从以下几个方面来应对价格问题：

（1）明确软件提供的功能能否满足企业的需求，选择的标准着重在于能否解决管理问题。

（2）运用投资效益分析的方法，判断投入与产出的关系。

（3）明确提供服务的质量。

千万不要把价格作为选择软件的首要标准或唯一标准，一定要参照上述各个方面，综合考虑。有可能的话，成立一个专门的评估委员会来进行上述工作效果的评估，委员会应当包括各个部门的人员（最终用户）、高层管理人员（尤其是 CIO 或 CEO）、和咨询人员（软件专家）。

5. 实现

分阶段实施已经成为信息系统实施的公理，在管理技术与信息技术集成上由 MRP、MRPⅡ到信息和电子商务，向 ERP 发展。信息系统实施的某个项目从准备到切换也是逐步完成，需要经过数据准备、管理制度完善、业务流程管理、信息系统配置、计算机试点、模拟运行、现场试点、系统转换、新系统投入运行等各个阶段。

1) 数据准备

在运行信息系统之前,要准备和录入一系列基础数据,这些数据是在运行系统之前没有明确规定的,故需要做大量分析研究的工作。这些数据包括一些产品、工艺、库存等信息,还包括了一些参数的设置,如系统安装调试所需信息、财务信息、需求信息等。只有充分了解了信息原理、方法,并经过培训后理解各项数据的作用和需求后才能开始准备数据。数据准备包括数据的收集、分析、整理和录入等工作,除需要专门的人员外,还应该应用专业的软件。

(1) 数据准备的要求

数据准备的要求是及时、准确和完整。企业中有很多现成的数据,不需要过多加工就可以直接使用,如材料消耗定额、供应商档案等;有的数据需要经过重新分解或组合,如工艺过程卡、物料清单、产品结构图等;还有相当一部分是现行管理中没有使用的数据,如各种编码,包括物料号、货位、工作中心的划分等。有的数据甚至需要组织几个部门共同参与确定。

(2) 保证基础数据的质量

实现信息系统对于企业来说是一项耗用大量资金和时间的工程,需要企业倾注大量的时间和精力。基础数据的优良质量和良好的维护是成功的先决条件,基础数据有错误就会导致整个系统失败。为保证基础数据的质量,企业要切实做好以下几点:

①定义关键的数据元素,如物料代码、工艺路线、物料清单、工作中心、订货策略、项目类型和损耗率等。

②数据导入之前,将计算机系统的信息需求与信息使用者的需求进行核对,使每个人提前知道什么信息是有用的、报告是什么样的,如果有问题应及时解决。

③定义要载入计算机系统的全面信息和信息来源。有些信息是不可缺省的,而有些信息是可有可无的。确定所用的数据项需要有专门的人或部门负责。

④指定特定的数据录入人员。

⑤有些数据元素不是常数,时常会变化,其变化情况必须在计算机系统里得到反映。对此要通过定期检查来实现。

操作数据是管理和控制企业运作的基础。将这些数据载入计算机的先后次序由计划使用它们的时间确定。

在对这一阶段的工作进行评价的过程中,主要是收集一些基本数据,考察这些数据的合理性、准确性和完整性。

2) 系统配置

所谓系统配置就是为信息系统配置适合其运行的软件、硬件及其他的运行环境。主要的工作重心就是构建企业系统运行的网络环境,包括相关软硬件的购置、安装。这个阶段的工作依据是系统实施前期规划阶段所做的系统实施计划、可行性分析报告以及所选择的信息系统的运行配置要求。本阶段的评价工作重点在于:软硬件购置方案的科学合理性及其经济效益,系统运行网络环境的性能,系统安装计划的可执行性及安装文档的完备性等方面。

3) 计算机试点

计算机试点的目的是确保软件能在计算机上正常运行,并且通过试点让企业的系统操作人员和系统管理人员对系统的功能更加了解。计算机试点的参与人员主要是系统管理员和数据处理人员。在计算机试点时可以采用系统自带的教育模拟企业数据,首先做演示性质的操作表演,然后进行实际练习操作。一般情况下,计算机试点工作在购买信息系统软件前在软件提供商那里就开始了。应当先了解系统的总体功能及操作界面。

4) 模拟运行

实施一个大型的信息管理系统,涉及企业所有的主要业务部门,关系到各个业务流程细节,想不"排练"一下就拿到实际中去应用,是带有极大风险的,这种风险对于中小企业来说往往是灾难性的。不论是哪个模拟阶段,都要事先拟出模拟提纲,记录模拟过程和结果,寻求正确的运行方法。总之,要建立模拟运行档案作为项目管理的阶段成果,以供下一步改进工作参考。这也是项目管理中文档管理的重要内容。通常,实施信息系统有以下两个模拟运行层次:

(1) 软件功能模拟运行(原型测试)

软件功能模拟运行的主要目的是弄清楚软件的全部功能、信息的集成程度以及各个参数之间的关系及相互影响(一种数据的准确程度对其他数据的影响)。学会使用软件的各种指令、功能,测试软件的运算速度;深入理解信息,列出现行管理流程同软件系统的流程之间的差异,分析差异,确定进一步解决方案;弄清楚软件各种报表的作用,学会运用系统提供的报表来分析问题和决策;发现容易混淆的观点,在扩大培训时重点讲解,作为编制企业内部案例式教材的依据。

软件功能模拟必须在各个功能模块同时进行,这是一次系统的测试,把各功能模块单独运行不能掌握模块之间的系统关系。模拟运行由项目经理亲自主持,全体项目小组成员参加。

(2) 实战性模拟运行

所谓实战性模拟运行,是指切换至信息系统前的运行,一般仍由项目小组成员在计算机机房进行,也叫会议室模拟(Conference Room Pilot)运行。实战性模拟运行的主要目的和做法是:测试用户化的系统,把经营管理中的实际数据输入到系统中,进一步验证,直到确认符合管理需求,可以放心地实际应用为止;检查数据的准确性和合理性,确定系统运行用到的各种参数;调整和确定各种凭证和报表;编制实施信息的工作准则与工作规程,测试文件的实用性,补充完善,提交审批通过后执行;根据模拟结果的要求,制定企业管理改革措施。

模拟结果要使信息系统真正运行起来,使企业全体员工亲眼看见信息管理模式的做法和实效。

5)现场试点

计算机试点与模拟运行都采用假设的企业数据运行,往往是按预先约定的管理模式运行系统,一般不会出现问题,系统的运行也是在培训专家的指导下开展,一般都会正常,异常都是人们操作失误造成的,很容易发现问题的原因和提出正确的解决方案。但企业的管理模式、管理制度、企业文化、生产的产品和企业所属行业的差别都会使信息系统在实际使用中遇到上述试点中没有发生的各种问题。现场试点采用企业真实的数据,真实的操作环境、真实的约束,并且操作人员各自独立操作、执行信息化环境下的规章制度,遇到问题独立解决。虽然现场试点仍然没有正式启用系统,但是信息系统的运行与实际企业系统同步。现场试点也称为试运行,参加试点的职能部门的工作量是新旧系统工作量的总和,员工会付出更大的人力和精力。因此,现场试点的时间要尽可能短,降低成本,减少员工的工作量。

6)系统转换

现场试点一旦成熟,立即进行系统转换,停止旧系统的运行,启用新系统。系统转换过程越短,成本虽然低,但是风险越大。为了降低成本,避免风险,往往要做好大量的准备工作。基础数据准备、教育培训准备、系统测试准备尤其重要,这关系到系统能否转换成功。系统能否转换主要考察试运行过程与结果,如果系统试运行稳定,结果正确,表示系统稳定、可靠,可以转换;否则,系统不稳定或不可靠,不能转换。

系统转换是系统实施的关键性工作,系统在什么时间转换,以什么方式转换,需要经过信息化委员会审批同意。系统转换不仅仅是企业管理工作方式转换、管理制度转换,而且是一种体系向另一种体系的转换。在转换过程中要做好整个转换的准备、记录、分析等工作,新系统的计划、控制、分析、督查等配套要完善,特别是信息系统的跟踪、监控、维护工作要跟上。

7)运行维护阶段

一个新系统被应用到企业后,实施的工作其实并没有完全结束,而是转入到系统运行日常维护和做相关记录与报告,以及对系统实施的绩效进行评价,还有就是根据需要做下一步的后期支持的阶段。这是因为有必要对系统实施的效果做一个小结和自我评价,以判断是否达到了最初的目标,从而在此基础上制定下一步的工作方向。此外,由于市场竞争形势的发展,将会不断有新的需求提出,再加上系统的更新换代、主机技术的进步都会对原有系统构成新的挑战,所以无论如何,都应该在巩固的基础上,通过对企业信息系统实施的业绩评价制定下一目标,再进行改进,不断地巩固和提高。当前,国内外对于信息系统应用绩效评价的研究，不管是评价思想、指标体系，还是评价方法和模型，都有各自的一套成熟的评价标准体系。因此，这个阶段的评价工作不是本文研究的重点。

综上所述，信息系统实施的全过程可以看成前期工作、准备工作和切换运行三个阶段，每个阶段由若干项具体内容组成。信息系统实施的前期工作阶段的工作重点在企业诊断、需求分析和软件选型，实施准备阶段的工作重点在系统软件、硬件的选购、安装、调试和数据工准备，特别是数据准备工作繁杂、时效性强，需要认真仔细地核查。

7.1.3　自制研发软件系统实施过程

1. 系统实施的前期准备工作

系统分析阶段的系统分析报告和系统设计阶段的系统设计报告是系统实施的最基本依据。在系统实施之前，项目负责人必须对系统实施的目标与过程进行深入的了解，并根据系统实施的要求做好相关的准备工作。

(1) 制定系统的实施计划

项目负责人应根据系统设计的要求制定系统实施的具体计划，包括机房整装、硬件安装、软件调试、系统调试、系统转换等方面的计划。

(2) 组织系统实施的队伍

在系统的实施阶段，参与的人员较多，项目负责人要建立健全的组织结构，加强组织管理与控制工作，做到人员职责分工明确，各方面的工作信息能够及时地反馈到项目负责人，以便项目负责人能够及时发现问题并纠正偏差。

(3) 软硬件与配套设施的准备

在系统的总体规划阶段与系统分析阶段已经对系统设备的配置进行了计划和安排，系统对设备的总体需求已经清楚。当然，某些特殊要求的输入、输出等设备需要在系统设计之后才能确定，而其他大部分设备在完成系统分析之后就可以进行选购。因此，在系统实施阶段，应当做好有关工作场所、机房、通信设施的准备工作。

(4) 系统流程重组和业务规程修订

为了适应新的信息系统运行的要求，需要对现行系统的信息流进行重新组织，修订原有的业务规程和工作制度，以适应新的信息系统环境的变化。但是，系统流程的重组和业务规程的修订不能与实施单位的原有工作方式发生严重的对立或冲突，要使系统应用人员在心理上接受系统的新变革。

(5) 人员培训与宣传教育工作

在系统实施阶段，人员培训包括两个方面：一是对系统实施人员的培训，二是对用户的培训。系统实施人员培训的目标是统一思想、建立共同语言、确定统一的实施原则，使各个部分或团队能够相互协调地投入工作。用户培训的目标是使用户了解新系统的性能、特征、操作方式,特别是了解新系统的变化以及用户如何去适应这种新变化。一般而言,人员培训工作要随着系统的实施一直进行,直到所有的用户掌握新系统的所有操作方法与维护方法。

(6) 实现方法、工具和数据准备

在系统设计中确立了系统的实施方案,但在具体编码、调试和系统转换过程中,需要选择有关的具体实施方法和工具,准备好有关的数据。

2. 系统平台的软硬件安装与调试

信息系统平台的软硬件安装与调试包括如下五个步骤:

(1) 程序编制与调试

对信息系统的源代码进行编写,并分模块进行调试。

(2) 信息系统调试

将各模块的源代码组合在一起,进行总体调试。

(3) 数据库与文件的建立

建立信息系统需用的数据库或者文件支持系统,以存储系统运行所需的数据资料。

(4) 系统转换

用管理信息系统取代手工管理系统,或者用更高级别的信息系统来取代原来的信息系统。

(5) 试运行、验收与维护

新管理信息系统的试运行、系统的验收以及系统的后期维护工作。

3. 人员与岗位培训

为用户培训系统操作、维护、运行管理人员,是信息系统开发过程中不可缺少的步骤,是信息系统实施阶段的一项主要任务。人员的培训应尽早进行。

(1) 人员培训计划

一般而言,操作人员的培训是与编程与调试工作同时进行的。这种同步性主要基于如下几方面的考虑:第一,编程开始后,系统分析人员有一定的时间来对用户进行培训;第二,编程结束后,系统很快就要投入试运行和实际运行,如果不及时对系统操作人员和运行管理人员进行培训,将会影响整个系统实施计划的执行;第三,用户经过培训后,能够更有效地参与系统的测试;第四,通过对用户的培训,系统分析人员能够更清楚地了解用户的需求。

(2) 培训内容

人员与岗位培训主要包括如下培训内容:系统的整体结构和框架;系统分析设计思想;计算机系统的操作和使用;系统运行所需的主要软件工具的使用,如编程工具、数据库;系统输入方式和操作方式的培训;可能出现的故障及故障的排除方法;文档资料的分类以及检索方式;数据收集、统计渠道。

7.2 程序设计

程序设计的主要依据是系统设计阶段的 HIPO 图以及数据库结构和代码设计。程序设计的目的就是要用计算机程序语言来实现系统设计中的每一个细节。随着软件技术的发展,程序设计的思想、方法与评价指标都处于变化之中。

7.2.1 程序设计的目标与一般过程

随着信息技术的发展,软件的复杂性越来越高,导致在硬件价格不断下降的同时,软件费用在整个系统成本中的比重急剧上升。

1. 程序设计目标

在小型程序设计中,主要强调程序的正确性与效率,而在大型程序设计中,主要强调程序的可维护性、可靠性和可理解性,然后才是效率。

(1) 可维护性

程序各部分相互独立,没有调用子程序以外的其他数据牵连,不会发生牵一发而动全身的连锁反应。一个规范性、可读性、结构划分都很好的程序模块,它的可维护性也是比较好的。MIS 的寿命一般是 3 至 10 年,因此程序维护的工作量相当大。

可维护性是程序设计的一项重要标准和要求。如果一个程序的可维护性较低,应用的时间将较短,淘汰的可能性将较大。

(2) 可靠性

可靠性是指程序具有较好的容错能力,不仅正常情况下能正确工作,而且在意外情况下也便于处理。

(3) 可理解性

程序不仅要求逻辑正确,计算机能够执行,而且应当层次清楚,便于阅读。程序维护的工作量很大,程序维护人员应经常维护他人编写的程序,因此可理解性较低的程序将会给程序维护工作带来困难。

(4) 效率

程序的效率是指程序能够有效地利用计算机资源。近年来,由于硬件价格的大幅度下降,而硬件性能却不断地完善和提高,对程序效率的重视程度有所减缓,却对程序人员的工作效率提出了更高的要求。

程序设计人员工作效率的提高可以降低软件的开发成本,降低程序的出错率,减轻软件维护人员的工作负担。

程序效率与程序的可维护性和可理解性存在着一定的矛盾。在实际编程过程中,人们宁愿牺牲一定的效率,而尽可能地提高程序的可理解性与可维护性。片面地追求程序的效率在一定场合下反而不利于程序设计质量的全面提高。为了提高程序设计的效率,应充分利用各种软件开发工具。

2. 程序设计一般过程

程序设计是一项繁杂、细致的工作,大致可分成上机前的准备工作和上机的操作工作,每项工作的前后都存在一定的关联性。

(1) 命名与编号

程序命名需要与 HIPO 图上的功能模块相对应,HIPO 中的每一层和每个 IPO 图都需要通过程序实现,因此程序的编号往往与 HIPO 图中的功能模块的编号相对应,以便于系统维护与文档管理。

(2) 确定程序功能

程序功能反映 HIPO 功能模块的具体要求,是对功能模块的具体要求的描述。

(3) 确定程序输入数据与输出信息

这便于程序测试与样本数据设计,要给出输入数据名称、类型、域和峰值。

(4) 确定程序算法

算法是用定性的规则或定量的公式描述功能实现的过程,当需要判断等逻辑处理时还可以用决策表或判定树描述。

(5) 选择程序开发工具

程序开发工具的选择直接关系到程序设计的难易程度和质量,选择开发工具通常要考虑程序功能、工具能力、集成需求和环境需求等因素。

(6) 分解功能实现过程,画出程序流程图

一般与绘制数据流程一样,由粗及细,逐步分散,直到可用选用的开发工具的命令或语句表达为止。

(7) 编程

这是一个翻译过程,将程序流程的每一步写出对应开发工具的命令或语句,形成程序文件。

(8) 样本数据设计

程序调试样本数据设计是一项十分复杂的工作,样本选取质量直接影响到程序调试的有效性。因此,设计调试样本数据时既要有正常数据,也要有异常数据,数据样本对整体的代表性越好,调试的有效性越高。

(9) 调试

调试也是程序测试,在调试过程中要做好记录,写出调试报告。特别对在异常数据输入时会引起系统错误的情况必须整理在系统使用说明书中,作为用户操作的注意事项。

(10) 写程序说明书

将上述设计过程所做的决定用文字的方式记录下来,形成文档资料,以便于系统测试、修改等工作。

(11) 交付使用

当程序经过调试过程后,形成相关系统文档,并交付用户使用。

7.2.2 程序设计语言的分类

1. 按照发展过程分类

(1) 机器语言

这是以二进制代码的形式组成的机器指令集合,不同的机器有不同的机器语言。机器语言程序的运行效率极高,但程序很不直观,代码量大,重用性差,编写效率较低,很容易出现错误。

(2) 汇编语言

这是将机器指令进行符号化,增加了一些功能,如宏、符号地址等。不同指令集的机器仍存在着不同的汇编语言,程序重用性也很低。

(3) 高级语言

这是与机器不相关的一类程序设计语言,读写起来更接近人类的自然语言,如 Pascal 语言、C 语言、BASIC 语言和 Java 语言。高级语言开发出来的程序可读性较好,便于维护。由于高级语言并不直接和硬件相关,其编制出来程序的可移植性和重用性较好。

第一个高级程序设计语言是在 20 世纪 50 年代中期研制出的 FORTRAN 语言。20 世纪 60 年代至少研制出了 200 多个高级语言;70 年代主要集中于发展命令性语言,如 Pascal 语言、Ada 语言;80 年代突出发展作用性语言。目前,具有广泛影响的高级语言已达数百种。

(4) 第四代语言

这是具有一定智能、更接近于日常语言的语言,对语言的概括更为抽象,从而使语言更为简洁,但远未达到成熟状态。

2. 按执行方式分类

(1) 编译执行的语言

通过特定的工具软件将源代码经过目标代码转换成机器代码,即可执行程序,然后直接交操作系统执行。程序是作为一个整体来运行的,如 Pascal 语言和 C 语言。

编译执行的语言的编译器与机器之间存在着一定的依赖性,不同的操作系统需要的编译器可能不同,因此在一个系统上编译的程序在另一个系统上并不一定能够运行。

(2) 解释执行的语言

读一句执行一句,不需要整体编译链接,与操作系统的相关性相对较小,运行效率低,需要一定的软件环境作为源代码的解释器。常见的解释执行的语言有 BASIC 语言和 Java 语言。

相对来说,解释执行的语言编写的程序的调试较为方便。

3. 按思维模式分类

(1) 面向过程的程序设计语言

所谓面向过程就是以要解决的问题为思考的出发点和核心,并使计算机逻辑描述需要解决的问题和解决方法。面向过程的程序设计语言有一个致命的缺点:由于极度面向过程,即使需要解决的问题发生微小的变化,也会对程序产生很大的影响,需要程序员对程序做较大的变动。

(2) 面向对象的程序设计语言

面向对象的基本思想:以一种更接近人类一般思维的方式去看待世界,把世界上的任何一个个体都看成一个对象,每个对象都有自己的特点,并以自己的方式行事,不同对象之间存在着通信和交互,依次构成世界的运转。

面向对象方法大大提高了程序的重用性,而且从相当程度上降低了程序的复杂度,使得计算机程序设计能够对付越来越复杂的应用需求。常见的面向对象的程序设计语言是C++ 语言和Java语言。

7.2.3 衡量程序设计工作的指标

1. 可靠性

系统可靠性包括两个方面的内容:一方面是程序或系统的安全可靠性,如数据存取的安全可靠性、通信的安全可靠性、操作权限的安全可靠性,这些工作一般都靠系统分析和设计时来严格定义;另一方面是程序运行的可靠性,这些工作需要依靠调试时的严格把关来保证程序设计工作的质量。在系统性能衡量的指标体系中,可靠性是十分重要的指标,在任何时候都是衡量系统质量的首要指标。

2. 规范性

系统的规范性是指系统的划分、书写的格式、变量的命名都要按照统一的规范。规范化的程序对于以后程序的阅读、修改和维护都是十分必要的。

3. 可读性

可读性是指程序的清晰性,即程序没有太多复杂的技巧,能够使他人容易读懂。在大规模工程化地开发软件时,可读性是一项基本的要求。可读性是程序维护和修改的基础,如果程序阅读性较低,则程序在使用过程中很难实施修改,而无法修改的程序是没有生命力的。在程序编制过程中,常常植入大量的解释性语句,对程序中的变量、功能、特殊处理细节等进行解释,为修改者对程序实施修改提供方便。

4. 可维护性

可维护性是指程序各部分相互独立,没有调用子程序之外的其他数据牵连,不会发生因局部修改而引起的连锁反应。一个规范性、可读性和结构划分都比较好的程序模块,其维护性也是比较好的。

7.2.4 常用的程序设计工具

目前常用的软件工具包括：一般程序设计语言、数据库系统、程序生成工具、专用系统开发工具、客户机/服务器型工具以及面向对象程序设计工具等。

1. 常用的程序设计语言

常用的程序设计语言有C语言、C++语言、BASIC语言、COBOL语言、PL/1语言、PROLOG语言、OPS语言等。

2. 数据库系统

数据库系统产品主要有两类：一类是以微机关系数据库为基础的XBASE系统，典型的产品有dBASE-Ⅰ、dBASE-Ⅱ、dBASE-Ⅲ、dBASE-Ⅳ、dBASE-Ⅴ和FoxBASE 2.0、FoxBASE 2.1以及FoxPro的各种版本；一类是大型数据库系统，其规模较大、功能较齐全。目前，最为典型的大型数据库系统主要有Oracle、Sybase、Ingres、Informix、DB2等。

3. 程序生成工具

程序生成工具又称为第四代程序生成语言（4th Generation Language），是一种基于常用数据处理功能和程序之间对应关系的自动程序设计工具。

4. 系统开发工具

系统开发工具是在程序生成工具的基础上进一步发展起来的，不但具有4GL的各种功能，而且更加综合化和图形化，因而使用起来较为方便。系统开发工具目前主要有两类：专用开发工具，如SQL、SDK；综合开发工具，如FoxPro、dBASE Ⅴ、Visual Basic、Visual C++、CASE、Team Enterprise Developer等。

5. 客户机/服务器工具

客户机/服务器工具是当今软件工具发展过程中出现的一类新的系统开发工具。目前，市场上的客户机/服务器类工具主要有Windows下的FoxPro、Visual BASIC、Visual C++、Excel、PowerPoint、Word，以及Borland International公司的Delphi Client/Server，Powersoft公司的Power Builder Enterprise，Sysmantec公司的Team Enterprise Developer等等。

6. 面向对象程序设计工具

面向对象程序设计工具主要是指与OO（包括OOA、OOD）方法相对应的程序设计工具，主要有C++（或Visual C++）和Smalltalk。面向对象程序设计工具是一类针对性较强、很有潜力的系统开发工具，能够与整个OO方法相结合。如果不存在面向对象程序设计工具，OO方法的特点将受到极大的限制，反之，如果没有OO方法，面向对象程序设计工具也将失去用武之地。

7.2.5 结构化程序设计

结构化程序设计,是指按照 HIPO 图的要求,用结构化的方法来分解内容和设计程序。结构化的程序设计在内部强调自顶向下地分析和设计,在外部强调自底向上地实现整个系统。

1. 自顶向下的模块化设计(Top-Down)

结构化方法强调自上而下,由总到分,先调试顶层模块及各个接口,然后逐层向下,层层展开,最后调试最底层模块。

模块化设计中应注意如下问题:

(1) 模块的独立性

在软件系统中,模块之间应尽可能地相互独立,减少模块间的耦合,便于将单个模块作为一个独立的子系统开发。

(2) 模块大小的划分要适当

在一个模块中,子模块设计的数量要适度,既便于模块的单独开发,又便于系统重构。

(3) 模块的功能要简单

在模块体系中,底层的模块一般应完成一项独立的处理任务。

(4) 共享的功能模块应集中

对于可供各模块共享的处理功能,应集中在一个上层模块中,供各模块引用。

2. 结构化程序设计(Structured Programming)

自顶向下的模块化设计描述了大型程序的设计原则,但在具体的程序设计中,则应采取结构化程序设计的方法。结构化程序设计可以指导人们用良好的思想方法去设计程序,特点是采用顺序结构、循环结构和选择结构三种基本的逻辑结构来编写程序。

(1) 顺序结构

顺序结构是一种线性有序的结构,由一系列依次执行的语句或模块构成。

(2) 选择结构

选择结构是根据条件成立与否选择程序执行的路径的结构,包含三种基本的形式。

第一种:

```
IF〈条件〉
        命令组
ENDIF
```

第二种：

```
IF〈条件〉
    命令组 1
ELSE
    命令组 2
ENDIF
```

第三种：

```
DO CASE
CASE〈条件 1〉
    命令组 1
CASE〈条件 2〉
    命令组 2
        ⋮
CASE〈条件 n〉
    命令组 n
ENDCASE
```

(3) 循环结构

循环结构由一个或几个模块构成，程序运行时重复执行，直至满足某一循环条件为止。其一般格式如下：

```
DO WHILE〈条件〉
〈命令组 1〉
[Loop]
〈命令组 2〉
[EXIT]
〈命令组 3〉
ENDDO
```

7.2.6　面向对象的程序设计

1. 面向对象的基本概念

(1) 类：是对某一类现实事物的抽象概括，与现实生活中“事物种类”的概念完全一致。

(2) 属性：指描述对象的数据，可以是系统或用户定义的数据类型，也可以是一个抽象的数据类型。对象属性值的集合称为对象的状态(state)。

(3) 行为：是定义在对象属性上的一组操作方法(method)的集合。

(4) 对象：一个属性(数据)集及其操作(行为)的封装体。

(5) 消息:对象之间联系的纽带,用来实现对象类之间的通信和任务传递。

面向对象系统中的封装机制使各个对象各自独立,但是对象不是孤立存在的,对象之间需要通过消息传递来发生相互作用、协同工作,进而实现系统的各种服务功能。

2. 类的深入理解

(1) 类是对象的抽象及描述,是具有共同属性和操作的多个对象的相似特性的统一描述体。

(2) 类和对象是面向对象技术的核心概念。

(3) 类也是对象,是一种集合对象,称为对象类(Object Class),简称为类,以区别于基本的对象实例(Object Instance)。

(4) 类是将数据和方法封装在一起的一种数据结构,其中数据表示类的属性,方法表示类的行为,所以定义类实际上就是定义类的属性和行为。

(5) 类是对某一类事物的描述,是抽象的、概念上的定义,而对象则是实际存在的属于该类事物的具体的个体,因而也称为实例(Instance)。

3. 面向对象语言的三个里程碑

(1) 面向对象语言的创始源于20世纪60年代的Simula 67语言。

(2) 1980年,美国Xerox Palo Alto研究中心推出了Smalltalk语言。Smalltalk语言完整地体现并丰富了面向对象的概念。

(3) 1995年,Sun公司推出了一个适用于分布式网络环境的面向对象语言——Java语言。

4. 面向对象语言的类别

(1) 纯面向对象语言:Smalltalk和Eiffel。

(2) 混合型面向对象语言:C++和Objective C。

(3) 与人工智能语言结合形成的面向对象语言:LOOPS、Flavors和CLOS。

(4) 适合网络应用的面向对象语言:Java。

5. 面向对象的扩展概念

(1) 封装性(Encapsulation)

指把相关的数据(属性)和对这些数据的操作结合在一起,组成一个独立的对象。在这个对象中,内部信息对外是隐蔽的,用户只能看到对象封装接口上的信息,不允许外界直接访问对象的属性,只能通过有限的接口与对象发生联系。

封装是面向对象的一个基本特征,其目的是实现信息隐藏原则,是软件设计模块化、软件复用和软件维护的一个基础。

封装是一种机制,将某些代码和数据链接起来,从而形成一个自包含的黑盒子(即产生一个对象)。

(2) 继承性(Inheritance)

指子类(派生类、特化类)可以自动拥有其父类(基类、泛化类、超类)的全部属性与操作,即一个类可以定义为另一个更一般的类的特殊情况。继承体现了现实世界中对象之间的独特关系。

既然类是对具体对象的抽象,那么就可以有不同级别的抽象,就会形成类的层次关系。继承简化了对现实世界的描述,提高了软件的复用性。

(3) 多态性(Polymorphism)

指同一消息为不同的对象所接受时可导致不同的行为。

多态是消息的发送者不必知道接收消息的对象所属的类,它允许在多个类中定义同一个操作或属性名,并在每一个类中有不同的实现。

多态性支持“同一接口、多种方法”的面向对象原则,使高层代码只写一次而在低层可以多次复用。多态性是一种特征,使同一属性在不同时间表示不同类的对象。

多态性机制不仅为软件的结构设计提供了灵活性,减少了信息冗余,而且显著提高了软件的可复用性和可扩充性。

7.3 系统调试与测试

系统调试是指在计算机上以各种可能的数据和操作条件对系统进行试验,找出存在的问题并加以修改,使之完全符合设计要求。在大型软件的研发过程中,系统调试工作的比重是很大的,有时占到软件研发工作量的50%。

7.3.1 系统调试的方法

系统调试主要是针对程序设计后的结果进行的工作。调试的目标不是为了证明程序是一个好程序,而是应该从程序中含有错误这个假定出发,在程序中发现尽可能多的错误。

(1) 黑箱测试(Black Box Testing):根据HPO图从外部对模块进行测试,而不考虑程序的内部结构。

(2) 数据测试(Data Testing):使用大量的实际数据对信息系统的性能进行测试,以判断信息系统性能的优劣程度。在数据测试过程中,数据类型要齐备,应注意实施“边值”与“端点”的调试。

(3) 穷举测试(Exhaustive Testing):也称为完全测试(Complete Testing),是对程序运作的每一个分支都进行测试的测试方法。

(4) 操作测试(Operating Testing):从操作到各种显示、输出进行全面检查的测试,以测试系统的功能与系统设计的要求是否相一致。

(5) 模型测试(Model Testing):核算所有的计算结果。

7.3.2 系统调试的步骤

系统调试的步骤分为总调、分调和联调三个阶段。

(1) 总调:将主控程序、调度程序与各功能模块连接起来进行总体调试。

①主控程序和调度程序调试

调试的目的不是处理结果的正确性,而是验证控制接口和参数传递的正确性,以发现和解决资源调度中存在的问题。主控程序和调度程序的语句不多,在调试时,将所有控制程序与各功能模块的接口"短路",即用直接送出预先安排计算结果的联系程序替代原功能模块。

②系统程序的总调

控制程序与功能模块调试完成后,可进行整个系统程序的总调。它对系统各种可能的使用形态及其组合在软件中的流通情况进行可行性测试。总调可以查出模块间相互联系方面的错误和缺陷。

(2) 分调:将一个功能模块内所有的程序按次序串联起来进行调试。

分调的目的是保证模块内各程序间具有正确的控制关系,并可以测试模块的运行效率。

(3) 联调:将主控程序、调度程序与各功能模块内的所有程序集合在一起进行调试。

各模块、各子系统均经调试准确无误后,就可进行系统联调。联调是实施阶段的最后一道检验工序。联调通过后,程序可进入试运行阶段。

7.3.3 系统测试过程

如果要将系统进行全面测试,那么就要有一套完整的测试过程,过程中的每个阶段都以测试目标为标准,科学、有序地进行测试,那么测试效率也就会自然而然跟着提高。测试过程分为:测试前的准备、需求分析、测试计划、测试用例设计与执行、测试后的评估。

(1) 测试前的准备

主要是相关业务的学习。业务知识是测试的根本依据,只有业务过关了,以后才能有效地进行测试工作。要了解业务的相关名词,现有系统的功能点和业务场景,分析现有系统的数据库结构和数据流程中存在的问题与不足。

(2) 需求分析

需求是项目开发的基础,也是测试的依据,所以需求分析一定要做。但是很多公司是没有详细的需求文档的,需要从每张表的索引和约束条件、数据的来源和走向、数据的存储和变化、数据间的关联、表与表间的关系等分析明确需求,可以为了解业务场景和之后的测试用例设计打好基础。

(3) 测试计划

我们总是陷入被测试进度紧逼、计划失控、测试不完全等等状态,其实解决这些情况的最好方法就是:制定测试目标。

在计划初期先明确测试目标,制定不同层次目标的执行标准,指导后期设计不同级别的测试用例,跟踪不同级别的缺陷修改。在测试时间较紧的情况下,至少可以先把保证所有功能正常操作的最低目标版本提交给客户,这样就不会再有手忙脚乱,心里没底的状况。

可以将测试目标分为最低目标、基本目标、较高目标和最高目标,给定目标的级别,使用表格形式来规范测试目标准则、测试范围、需求覆盖率可达到的最低目标。一个正常的输入加正常的处理过程后,必须有一个正确的输出。列出每个功能在正常、异常和特定场景下的测试结果。根据公司规模的不同,确定测试目标级别也可不同。一般小公司有最低目标、基本目标即可,大公司可以提高目标标准,直接从基本目标开始,直至最高目标。

(4) 测试用例设计与执行

测试用例设计的粒度一直是个讨论对象。很多时候我们总会强调时间很紧啊,如果时间再多点,我的用例肯定会设计得再细一些!! 是不是设计得越细就一定越好呢? 不一定,测试是无穷尽的,使用穷举方法来进行测试是不科学的。因为制定了测试目标,那么就应该根据测试目标,在设计测试用例时制定设计用例目标。比如,按照最低目标选择测试用例:输入──→有效、处理──→有效、输出──→有效。

按照最低目标的宗旨,只要是设计出来的测试用例足以覆盖和验证系统基本功能可以正常使用,那么这些测试用例的粒度就足够细了! 这样提高了设计用例效率,同时也提高了测试效率。

(5) 测试后的评估

实现一级测试目标之后都要进行评审工作,根据评审结果进行系统版本发布。例如:

①保证所有需求都有测试用例。

②保证所有功能的正常操作有对应的测试用例 V1.0 版本。

③保证所有功能的异常校验有对应的测试用例 V2.0 版本。

④各功能组合形成的业务流有对应的测试用例 V3.0 版本。

⑤各功能或整体软件所需满足的非功能性需求有对应的测试用例 V4.0 版本。

这样做既可以对代码版本进行控制,也可以应对需求变更的问题。也许"确定测试目标"还不能彻底解决复杂测试工作中出现的问题,但是这最起码可以让你的测试工作变得有条理,跟领导汇报工作的时候业绩和工作效率有凭可据,面对需求变更的时候有理可依!

软件系统测试意味着将软件系统或者应用程序作为一个整体进行测试。应用程序的系统测试从整体上检测软件大致的业务、操作以及最终用户需求的一致性。系统测试被归类为黑盒测试。

这就是为什么内部设计、架构或者代码对于这种测试来说完全不重要。当执行一个软件测试时,专业软件测试员倾向于区分是接口里面的还是整个软件里面的错误或者缺陷。然而,当执行软件或者应用程序的内建(build-in)测试的时候,专业的软件测试员会倾向于把已经合并起来的单独模块之间的缺陷或者错误区分开来。系统测试过程中,主要的问题是软件的设计、行为以及客户的期望。因此软件的系统测试阶段也可以被称为软件开发生命周期的审查测试阶段。

7.4 系统转换

7.4.1 系统试运行

在系统联调时,使用的是系统测试数据,这些数据很难测试出系统在实际运行中可能出现的问题。因此,当一个系统开发完成后,就让它实际运行一段时间,即实施试运行,这是对系统最好的检验。

系统试运行阶段的主要工作包括:对系统进行初始化,并输入各种原始记录;记录系统运行的数据和状况;核对新系统输出和老系统输出的结果;对实际系统的输入方式进行考察,主要考察效率、安全性、误操作保护等方面;对系统实际运行、响应速度进行实际测试,包括运算速度、传递速度、查询速度和输出速度等方面。

7.4.2 基础数据准备

基础数据准备是个艰苦细致的工作,基础数据只有实现了及时性,系统实施才会有效。基础数据准备是指按照系统分析所规定的详细内容来组织和统计系统所需的数据。基础数据准备包括如下几方面的内容:基础数据统计工作要严格科学化,具体方法要程序化和规范化;计量工具、计量方法、数据采集渠道和程序都应该固定,以确保新系统运行有稳定可靠的数据来源;各类统计和数据采集报表要标准化和规范化。

企业基础数据一般分为静态数据和动态数据两种。静态数据是指在一段时间内相对稳定,一般不随时间不同而改变的数据。而动态数据的变动频率比静态数据高,往往随时间而改变,如库存余额、总账余额、应收账款余额、应付账款余额、未结销售订单、未结采购订单、未结工单等等。为确保基础数据质量,应当做好如下工作:

1. 统一基础数据格式

确定、整理基础数据不是一个部门的事情，信息系统上线之后，各部门数据必须高度共享，原先定义的基础数据要按统一的格式改正。单靠一个部门定义基础数据的格式并不能够反映出各个部分的实际需求。最后的结果肯定是在系统模拟运行甚至在系统上线之后才发现基础数据的不足。要防止发生类似的错误，企业信息系统项目管理员，在整理某个基础数据的时候，如产品基本信息，最好先列一个固定的格式，可以利用 Excel 表格先将基础数据的格式固定下来，包括哪些字段是必须填写的，哪些字段会对其他作业产生连锁反应等等，然后会同各个部门进行确认。

2. 规范信息编码

一开始就应该非常重视基础数据的编码工作，以下这些编码原则供企业编码时参考：编号应该反映分类；编号应该居于准备的各项工作中。数据编码工作最为复杂，其复杂程度远远超过信息系统软件提供商的想象。基础数据不能正确收集的重要原因之一是信息编码不规范。企业应该强调基础数据的重要性，并要求采取切实的保证措施，以使项目在上线过程中不受劣质数据影响。

3. 建立数据小组，明确准备基础数据模板，进行数据校核

信息系统实施要建立数据小组，其主要工作是分析数据准备的范围，建立信息系统编码体系，制作数据收集表格模板，组织必要的培训，监督数据收集质量，并负责数据的最终导入和使用。数据小组成员应从各个部门的业务人员中抽调，由项目经理或指定的专人负责数据小组的全面领导工作。

4. 企业高层领导亲历

“输入是垃圾，输出的必然是垃圾。”为确保信息的准确性，企业必须投入大量人力物力进行漫长的数据准备。企业的原有管理多是概念性的东西，一旦具体量化就会出现很多困难。更何况初期的数据准备没有任何成效，枯燥而乏味，还要不时接受来自各方面的有形及无形的压力，这时领导的支持与鼓励就显得尤为重要，因此负责项目的领导在任何阶段都不能忽视对项目的支持与鼓励。

5. 推行分步实施法

准备数据时，可以采取“先易后难，分步实施”的原则，即先准备编码和物流管理系统的有关数据，在实施物流管理系统的同时进行其他数据的准备工作。各种定额和期量标准的制定如物料清单和工艺数据可以先按现有定额输入系统，再通过生产管理系统的试运行及上线后采取逐步调整的方式加以完善。静态数据相对固定且花费时间长，可以先开始整理，动态数据在系统切换前整理即可。

6. 数据准备工作要承担责任，要有相应的制度保证

在准备数据之前，成员要准备一份“数据准备文档”，在该文档中要明确数

据准备时间和范围,即明确何时完成、准备何时的数据、准备哪些数据。为了明确双方的责任,还应建立相应的规章制度,如明确基础数据建立和维护的责任单位,建立规范的数据管理工作流程等。有条件的企业应对数据准备工作建立相应的激励和奖惩制度。

各部门报来的数据不是孤立无关的,数据小组在拿齐基层报来的数据后,必须做好各部门人员的沟通与协调工作,综合平衡后再进行统计汇总。然后备份电子文档和纸制文档,并注明整理人员、完成时间和最后版本,再由专人录入系统。手工录入是艰巨而枯燥的重复工作,时间长了容易出错,可以配合 Excel 表格批量导入办法,有条件的也可以编写数据转换程序来实现更快速、更完美的录入。

数据质量是数据的生命,错误的数据不但没有任何意义,而且干扰生产。外界环境和生产情况在不断变化,数据准确度是个相对的概念,目前数据准确并不代表一直都准确。所以对于静态数据和动态数据都要不断调整和优化,这是长期的、无止境的工作。经历了实施阶段的数据集中准备工作,企业在信息系统上线后往往还需要不断补充新的数据,这就需要在实施过程中建立起日后长期的数据收集和审批机制,形成正规的制度和流程。及时录入是保证数据质量的前提。数据延迟录入造成系统数据与实际数据不一致,令系统可信度和实用度降低。为了防止这种问题的发生,要教育系统操作人员做到今日事今日毕,业务处理与数据录入同步进行,单据录入不过夜,不搞积压突击录入。只有这样,才能保证数据长期的及时性与稳定性,才能保证信息系统上线一段时间后后续收集数据的质量。持续维护是提高数据质量的保证。

7.4.3 系统转换

系统转换是指系统开发完成后新老系统之间的转换。系统转换一般有三种方法:直接转换、并行转换和分段转换。

(1) 直接转换

直接转换是指在确定新系统运行准确无误后,立即启动新系统,老系统与此同时停止运行。直接转换能够节省人员、设备的费用,适用于一些处理过程不太复杂、数据不很重要的场合。

(2) 并行转换

并行转换是指新系统与老系统并行工作一段时间后,新系统继续运行,老系统停止运行,实现新系统对老系统的替代。

对于比较复杂的大型系统,并行转换提供了一个新旧系统运行结果相互比较的机会,对新旧系统的时间要求、出错次数、工作效率给以公平的评价。新系统与旧系统同时工作,可以消除尚未认识新系统之前的恐慌与不安心理。

并行转换能够确保系统的安全性,但费用和工作量较大,因为用户需要组织两套班子同时工作。并行转换在银行、财务等系统实施过程中较为常用。

(3) 分段转换

分段转换是指直接转换与并行转换的结合,即在新系统正式运行前,一部分一部分地替代老系统。

在分段转换中,在转换过程中没有正式运行的那部分可以在一个模拟环境中进行考验。分段转换既保证了可靠性,又降低了运行费用。但是,分段转换对系统的设计和实现都存在着一定的要求。

总之,直接转换的方式简单,但风险较大,万一新系统无法正常运行,将会导致正常工作的混乱,因此直接转换只是在系统规模较小、时间要求不高、系统损失价值不大的情况下采用。并行转换能够保证较高的安全性,为用户创造良好的心理状态,但是费用大、耗时长。分段转换在一定程度上克服了并行转换的缺点,在较大的系统中较为适用。

本章小结

本章叙述了管理信息系统的实施过程,包括系统实施的工作与组织、面向过程的程序设计、面向对象的程序设计、人员培训、系统调试与测试、系统转换等内容。

思考题

1. 信息系统实施前需要做哪些准备工作?
2. 简述软件开发的四次变革。
3. 阐述面向对象程序设计的基本思想。
4. 什么是类和对象?
5. 简述系统调试的目的、方法及过程。
6. 简述系统转换的方法以及如何开展系统转换。

8 系统运行管理与评价

经历千辛万苦开发出来的管理信息系统是否能够得到成功的应用,关键在于系统的运行管理。信息系统的成功因素中三分是技术,七分是管理,而管理的关键是系统的运行。一个信息系统能否产生效益,并不是信息系统自身帮助生产产品,或提高生产效率,信息系统只能提供管理信息。只有通过对信息系统输出信息的充分利用,提高我们的管理水平,减少工作中产生的失误,才能提高企业的市场竞争力和产品的生命力,不断扩大企业在市场中占有的份额。简要地讲,是通过提高我们的管理水平,避免或减少失误造成的损失,给企业产生巨大的经济效益。

8.1 管理信息系统的运行管理

8.1.1 系统运行管理的组织

系统切换后即可投入运行。系统的运行包括系统日常操作、维护等。任何一个系统都不是一开始就很完备的,总是要经过多重的开发、运行、再开发、再运行的循环不断上升的。提高信息系统应用效果必须有适时的运行管理组织,运行管理组织设置直接关于到系统应用的成败。

1. 运行组织

目前,在大多企业或组织中负责信息系统运行管理的是信息中心、计算中心、信息处等部门。从信息系统在组织中的地位来看,常用的有与其他部门平行的方式和参谋操作中心的方式,如图 8-1 和图 8-2 所示。

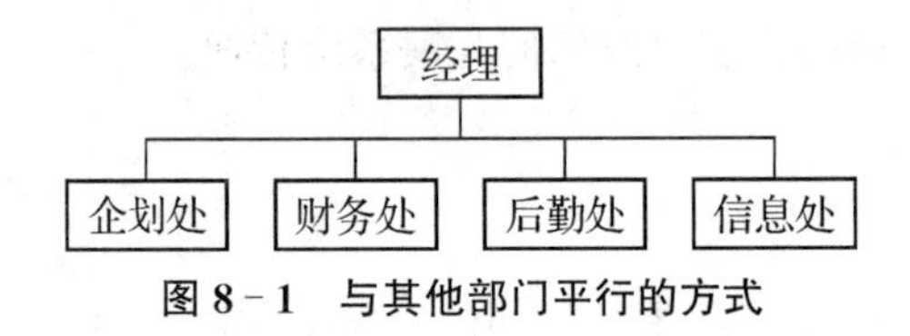

图 8-1 与其他部门平行的方式

在与其他部门平行的方式中,信息处与其他功能部门平级,尽管信息资源可以为整个企业共享,但信息处的决策能力较弱,系统运行中有关的沟通协调和决策工作将受到影响。

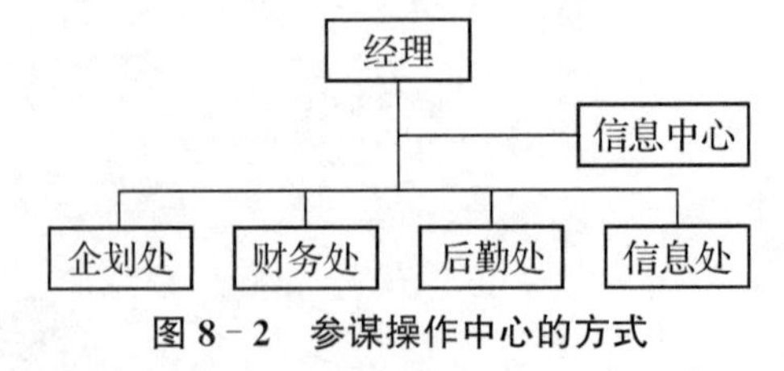

图 8-2 参谋操作中心的方式

在参谋操作中心的方式中,信息中心的地位在经理之下,在各企业功能部门之上,有利于信息资源的共享,并且在系统运行中便于协调和决策,但容易造成管理脱序或服务较差的现象。

由于计算机、网络、通信等各项技术的发展以及客户机/服务器结构的运用,信息系统在组织中的地位最好是将上述两种方式综合在一起。信息中心主任最好由组织中的副总经理兼任,这样有利于加强信息资源管理。

2. 运行管理制度

建立和健全信息系统运行管理制度,有效地利用运行日志等对运行的系统施行监督和控制,这是系统正常运行的重要保证。手工管理方式相应地有一整套管理规则,明确规定各类人员的职权范围和责任,出现问题也有一套规则进行处理。用计算机执行的各项管理活动也同样需要一套管理制度,规定什么用户拥有什么样的操作权限,在什么时间、条件下应完成什么工作,出现问题应如何处理,当有新的信息需求时应该遵照什么管理程序向信息管理部门提出,作为信息管理部门又如何处理这些信息需求,其内部各类人员又应该遵照什么要求和规则开展各项工作等。

系统运行管理制度主要包括如下几个方面:

(1) 系统运行管理的组织机构　包括各类人员的构成、各自的职责、主要任务及其内部组织关系。

(2) 基础数据的管理　包括对数据收集方法、校对方法、数据流程、数值统计方法、数据收集渠道的管理,计量手段和计算方法的管理,原始数据的管理,系统内部各种运行文件、历史文件(包括数据库文件等)的归档管理等。

(3) 运行管理制度　包括系统操作规程、系统安全保密措施、系统运行日志制度和运行状态记录等资料归档制度、内部文档管理制度。

(4) 系统运行结果分析　在系统运行过程中,不但要对系统输出的各种结果进行监控,而且还要做认真的抽样分析,确认系统处在正常的运行状态。同时对信息系统收集的原始数据需要做综合处理,通过系统的输出,分析企业经营生产方面的发展趋势,以提高管理部门指导企业经营生产的能力。如系统对生产类企业的产品市场预测,是通过系统的预测功能分析未来市场的变动情况,指导生产计划的制定。例如对于供水企业,在对大户用水控制过程中,通过系统将大户用水记录与用水计划比较,与去年同期比较,与上月用水比较等综合分析后,对大户的用水量进行有效的控制,实现节约用水的目的。

(5) 系统维护管理制度　信息系统在运行过程中由于管理体系、管理组织、管理制度等多方面因素的变化,都会引起管理信息系统的调整。因此信息系统的维护工作是长期的,无法避免的,不可能存在一个信息系统建立后长期不需要维护的情况。因此,对于计算中心以上的组织方式,都必须配备有系统维护组织,具有相关的系统维护人员。系统维护制度包括维护的过程、方法、文档管理等内容。

(6) 人员管理制度　人员管理制度是指明确系统各类人员的岗位、职责、任务,确定不相容岗位的操作授权。做好人员管理,不仅能有效地控制系统操作权限,还能确保系统安全。在一般情况下,系统人员可以从角色分类和岗位分类。从系统操作的角色来看,系统操作者可以分成系统超级管理员、系统管理员、部门主管和一般员工。系统超级用户拥有系统的所有操作权。往往有企业信息中心主任承担,而该用户的系统登录密码必须高度保密。而且可以由信息系统自动提示用户要经常更改。部门主管理具有管理部门员工的操作权限,员工之间的操作权限要明确,对部门的所有业务需要合理分配操作权限,不宜重叠交叉或遗漏。

3. 人员配备

在系统开发的初级阶段,企业中只有少部分人员掌握计算机应用。电脑归属于电脑拥有的部门所有,电脑应用人员也是从其他岗位抽调来的兼职人员。这时的电脑应用人员,身兼多种任务,往往参与系统开发的全过程,从事信息处理的人员也较少,无法细分具体的职责。

(1) 系统运行人员　随着信息系统应用的深入、普及,信息处理需求的增加,电脑操作人员增加,从各个职能部门将信息处理人员集中成计算中心,统一协调。信息系统中的人员分工专业化,可分为:

①系统操作人员。由各业务管理部门抽调一批熟悉业务管理的人员组成,经计算机应用技能培训,能熟练掌握系统使用的人担任。这类人员负责各个子系统的日常操作,包括数据采集、录入、查询、修改、删除、输入、数据备份等作业。

②系统维护人员。包括硬件维护人员和软件维护人员。硬件维护人员由熟悉系统设备组成和具有硬件维修知识的人担任。这类人员负责系统设备的保养、故障排除及维修等工作。软件维护人员由具有较强软件研发能力和熟悉本系统相关程序语言的人担任,负责系统程序和数据的维护工作。

③系统管理人员。由熟悉本单位事务管理并熟悉计算机技术的人担任。负责系统的全面技术管理,具体执行系统的初始化、环境维护、资源分配和权限控制等作业。

④资料管理人员。由一般的业务管理人员担任,负责系统所有文档和资料的保管、整理和维护等工作。

在管理信息系统的整个生命周期中,随着管理环境的变化,会对信息系统提出新的要求,并且在系统的整个运行过程中还会出现各种新的问题。因此,系统运行管理是系统生存的重要条件,它具有特定的、行业内部所特指的特殊含义,是管理信息系统作为一个开放式、动态管理系统的重要保障。

(2) 人员配置　系统运行过程中各类人员的配备必需根据信息系统的规模

和组织机构。在信息系统的建设过程中，系统规模不同、运行管理组织等级不同往往需要的相关人员不同，人员的数量也不同，如图 8-3 所示。在企业信息化过程中人员的需要是从兼职到专职，再后又回到兼职的过程。

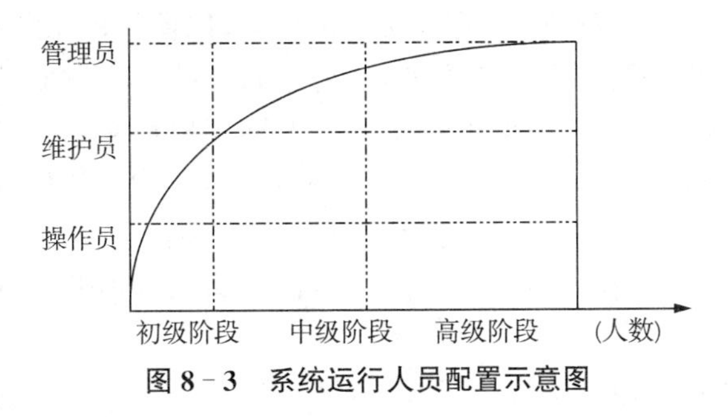

图 8-3　系统运行人员配置示意图

8.1.2　系统运行管理业务与督查

信息系统验收启用时，必须同时对信息系统进行管理。信息系统运行管理成为企业管理信息化工作长期且艰巨的主要任务。信息系统运行管理的本质是对信息系统的运行情况进行实时记录，比较分析运行结果；对信息系统的运行状态进行跟踪督查。如果信息系统不能满足需求，及时提出必要的修改与扩充建议，以便使信息系统完全符合管理者决策的需要。

1. 系统运行管理业务

信息系统不会自动地为管理工作提供高质量的信息服务，需要加强运行管理，否则会陷入混乱。信息系统的管理工作也不能等同于一般的机器设备管理，信息系统的运行管理工作是以向企业或组织、管理人员提供相关需要信息的软件操作、数据收集、数据分析等工作。因此，做好企业管理信息系统的运行管理工作，必须了解信息系统的功能及目标，才能给企业管理人员提供全面、有效的相关信息。企业管理信息系统的运行管理工作也是信息系统研制工作的继续，还是保证信息系统达到预期目标的根本。信息系统运行管理工作主要包括日常运行管理、运行情况记录以及对系统的运行情况检查与评价等。

(1) 信息系统日常运行的管理　系统运行是长期的，而不是临时性和突击性的。每位操作人员必须养成遵守信息系统管理制度习惯。对信息系统运行中的异常情况要做好记录，及时报告，以便得到及时处理。否则，可能酿成大问题，甚至会出现灾难性故障。信息系统投入使用后，日常运行管理工作量巨大。信息系统的日常运行管理主要有数据的收集、例行信息处理及服务工作，以及计算机系统运行与维护、系统安全管理等工作。

①数据收集。信息系统中的数据是企业极其宝贵的资源，严禁任何人以非正常方式修改系统中的任何数据。信息系统采集到的数据应当及时备份。数据备份是保证信息系统安全的一个重要措施。当信息系统发生故障后，通过备

份能及时恢复到最近的时间界面上。因此,重要的数据必须每天备份。数据备份可以使用两套存储设备,单日用A套存储设备,双日用B套存储设备。每周要对存储设备做一次整理,以便清除存储设备上的坏区。有些信息系统在对重要数据进行修改前,也应有相应的自动备份功能,以便保证系统数据的绝对安全。如果信息系统数据收集工作不做好,整个系统的工作就成了"空中楼阁"。因此,数据采集工作还包括数据校验及数据录入等任务。

在较小的系统中数据校验往往是由系统主管人员自己来完成。但是,在较大的系统中,需要有专职的数据校验人员来完成这一任务。由于数据收集人员一般来说是业务人员,在行政上也不属于专职的信息管理部门,所以数据校验工作是不可缺少的。

数据录入要求迅速与准确。录入人员的责任在于把经过校验的数据送入信息系统。因此,他们应严格地把收到的数据及时准确地录入信息系统。在数据输入过程或输入后还需要对输入数据校验,保证送入信息系统的数据与纸面上的数据严格一致,决不能由录入人员代替校验人员。

在信息系统日常运行管理中主管人员应该努力通过各种方法,提高数据收集人员的技术水平和工作责任感,对他们的工作进行评价、指导和帮助,以便提高所收集数据的质量,为系统有效地工作打下坚实的基础。

②例行信息处理及服务。此项工作主要包括例行的数据更新、统计分析、报表生成、数据的复制及保存、与外界的定期数据交流等等。这些工作一般来说都是按照一定的规程定期或不定期地运行,而且在系统研制时已经详细的规定。在信息系统运行管理中,操作人员必须经过严格的培训,清楚地了解各项操作规则,了解各种情况的处理方法。软件操作人员还应当依据系统功能,及时完成系统相应例行信息的处理及信息服务工作。

③安排专职人员负责信息系统的运行管理。对于大型系统需要有较多的专职人员来负责完成这项工作,然而对于小系统往往委托代管,这也是小系统的重要优点。然而,这并不是说,小系统没有硬件运行管理及维护工作。相反,如果没有硬件设备的运行维护,系统设备同样也会损坏,从而使整个系统无法正常运行。信息系统运行管理工作还包括设备的使用管理,定期检修,备品配件的准备及使用,各种低值易耗性材料(如软盘、打印纸等)的使用及管理,电源及工作环境的管理等等。

④信息系统安全管理。信息系统的安全性体现在保密性、可控制性、可审查性和抗攻击性等方面。信息系统安全管理是信息系统日常运行管理工作的重要组成部分之一,是为了防止信息资源被不合法的使用和访问,保证系统的硬件、软件和数据不因偶然或人为的因素而遭受破坏、泄露、修改或复制,维持正当的信息活动,保证信息系统安全运行。

信息系统的日常运行管理必须认真组织,切实完成。作为企业信息系统的主管人员，必须组织有关人员按规定的程序执行，严格要求，严格管理。否则，信息系统是很难发挥其应有的实际效益。另外，还要加强不在系统日常工作范围之内的临时性信息服务工作的管理，这类工作的作用往往要比例行的信息服务大得多。随着管理水平的提高和各级领导信息意识的加强，这种要求还会越来越多。领导和管理人员往往更多地通过这些要求的满足程度来评价和看待信息系统。因此，努力满足这些要求，应该成为信息系统主管人员特别关注的重点。系统主管人员应该积累这些临时要求的情况，找出规律，把一些带有普遍性的要求加以提炼，形成一般的要求，为提升信息系统性能与扩充功能提供依据。

总之，信息系统的日常管理工作是十分繁重的，不能掉以轻心。特别要注意信息系统的管理绝不只是对机器的管理，对机器的管理只是整个管理工作的一部分，更重要的是对人员、数据及软件的管理。

(2) 信息系统运行情况记录　信息系统的运行情况记录为信息系统管理和评价提供重要且十分宝贵的资料。如何正确地评价信息系统的效用还是一项十分困难的工作，需要从企业（或单位）应用视角评述，也需要从实践中摸索和总结经验，才能不断提高信息处理和信息系统管理水平。然而不少单位由于缺乏系统运行情况的基本数据，只停留在一般的印象上，无法对系统运行情况进行科学的分析和合理的判断，难以进一步提高信息系统的工作水平。所以，信息系统主管人员应该全面积累系统运行情况的详细材料。在信息系统运行管理过程中主要记录如下信息。

①有关工作数量的信息。信息系统运行的时间，每天（周、月）提供报表的数量、每天（周、月）录入数据的数量、系统中积累的数据量、修改程序的数量、数据使用的频率、满足用户临时要求的数量等反映系统的工作负担、所提供的信息服务的规模以及信息系统功能使用与状态等数据。

②有关工作效率的信息。即系统为了完成所规定的工作，占用了多少人力、物力及时间等资源。例如完成一次月度报表的编制、ERP 的 MRP 展开、CRP 计算等信息处理，用了多长时间、多少人力。又如，使用者提出一个临时的查询要求，系统花费了多长时间才给出所要的数据。此外，系统在日常运行中，例行的操作所花费的人力是多少，消耗性材料的使用情况如何等等。任何新技术的采用，都应以经济效益为中心，否则是不可能得到广泛应用的。

③有关系统提供信息服务的质量。信息服务和其他服务一样，应保质保量。如果一个信息系统生成的报表，并不是管理工作所需要的，管理人员使用起来并不方便，那么这样的报表生成得再多再快也毫无意义。同样，使用者对于提供的方式是否满意，所提供信息的精确程度是否符合要求，信息提供是否及时，临时提出的信息需求能否得到满足等等，也都是在信息服务的质量记录范围之内。

④有关系统维护修改的情况。特别要关注系统运行过程中异常情况的记录,以及系统维护工作的记录,要按照系统中数据、软件和硬件等对象的更新、维护和检修的工作规程,详细、及时地记载工作过程。包括维护工作的内容、情况、时间、执行人员等。这不仅是为了保证系统的安全和正常运行,而且有利于系统的评价及进一步扩充。

对于信息系统来说,这些信息的记载主要靠手工方式记录。虽然大型计算机一般都有自动记载自身运行情况的功能,但是也需要有手工记录作为补充手段,因为某些情况是无法只用计算机记录的。例如,使用者的满意程度,所生成的报表的使用频率等只能用手工方式收集和记录。而且,当计算机本身发生故障时,是无法详细记录自身的故障情况的。因此,对于任何信息系统,都必须有严格的运行记录制度,并要求有关人员严格遵守和执行。

为了使信息记载得完整准确,一方面要强调在事情发生的当时当地、由当事人记录,而决不能代填或倒填,避免事过境迁,使信息记载失真。另一方面,尽量采用固定的表格或本册进行登记,而不要表达含糊。这些表格或登记簿的编制应该使填写者容易填写,节省时间。同时,需要填写的内容应该含义明确,用词确切,并且尽且给予定量的描述。对于不易定量化的内容,则可以采取分类、分级的办法,让填写者选择打勾等等。总之,要努力通过各种手段,尽量详细准确地记录系统运行的情况。

信息系统相关的各种工作人员都应该担负起记载运行信息的责任,各司其职。硬件操作人员应该记录硬件的运行及维护情况,软件操作人员应该记录各种程序的运行及维护情况,负责数据校验的人员应该记录数据收集的情况,包括各类错误的数量及分类,录入人员应该记录录入的速度、数量、出错率等。

加强运行记录,需要通过严格的制度及经常的教育,使所有工作人员把记录运行情况作为自己的重要任务。满足管理者的信息需求是信息系统的出发点和主要内容,是检验信息系统是否已达到目标的根本所在。企业(或组织)领导人也应以此作为对信息系统及信息管理部门工作情况进行评价的依据。

(3) 信息系统运行日记　系统运行日记主要为系统的运行情况提供历史资料,也可为查找系统故障提供线索。因此,运行日记应当认真填写、妥善保存。运行日记的内容应当包括:①时间;②操作人;③运行情况;④异常情况的发生时间、现象、处理人、处理过程、处理记录文件名、在场人员等;⑤值班人签字;⑥负责人签字。

(4) 信息系统档案管理　系统文档是系统的重要组成部分,要做好分类归档工作,进行妥善长期保存。档案的借阅也必须建立严格的管理制度和必要的控制手段。信息系统档案包括:①系统开发阶段的可行性分析报告;②系统说明书;③系统设计说明书;④程序清单;⑤测试报告;⑥用户手册;⑦操作说明;⑧评价报告;⑨运行日记;⑩维护日志等。

2. 系统运行情况的督查

信息系统在其运行过程中除了不断进行大量的管理和维护工作外，还要在高层领导的直接领导下，由系统分析员或专门的审计人员会同各类开发人员和业务部门经理共同参与下，定期依照管理制度对系统的运行状况进行审核，为进一步改进信息系统运行管理提供依据。

信息系统运行管理的相关制度不能仅张贴在墙上，而是要落实到行动上。需要定期或不定期地督查。特别是在信息系统启用初期，人们对传统工作方式、习俗难于更改。例如，对数据输入的时效性往往认识不足，造成信息系统提供的信息实时性差，直接影响信息的可用性。所以，在信息系统启用初期，要加大对输入数据的时效性督查力度。需要有专职人员随机复核现场实际情况与信息系统记录数据的一致性。如果发生偏差，需要分析原因，当输入人员没有按规定及时输入数据，则要作为严重违纪处分。否则，系统与现实的时差会越来越大，最终导致系统失效。信息系统运行管理督查工作有很多，不仅工作量大，而且难度大。因此，系统运行管理督查应当作为信息系统保障的重要工作。

(1) 数据督查　数据督查是信息系统运行管理长期持久的工作，通过数据督查不仅要确保数据的及时性，正确性，还要确保数据输入的安全性。在数据督查过程中，首先要提高数据采集人员对数据时效性的认识，培养全员数据操作技能，达到数据实时、正确、有效的目的，其次在检查数据输入的安全性，对于特别重要的数据，例如:用户密码的数据输入，需要检查输入环境是还安全。当系统输入重大数据，这类数据不能仅通过技术手段确保安全，而且直接影响系统正常运行，对此数据还需要设置实时双工位督查。

(2) 运行记录督查　系统运行记录是描述系统运行历史的重要文档，一旦系统发生异常，我们首先可以查看运行记录，分析异常产生的原因。所以，需要检查运行日志和日常运行记录是否按规则记录。需要检查记录时间间隔、记录内容所用记录方式是否合规。当出现不合规则记录时，不仅要求及时补充完整，更需要追查责任，甚至作为工作失误处理，只有这样才能确保运行记录完整、正确和全面，为系统追踪提供可靠的依据。

(3) 运行制度执行督查　信息系统投入运行后，不仅是由于 BPR 引发的一系列流程优化，而且对企业的组织结构、岗位设置，岗位责任等管理规程都会发生变化。新的管理规程是否能初到落实，是信息系统生命持续的重要因素。经常会出现，系统启用时，受到企业各方面的高度关注，员工对信息系统运行管理十分重视，系统产生了较好的效果。但当系统运行一段时间后，系统实施的相关顾问走了，领导关注度下降了，传统管理意识反弹了，回到原来的管理模式，结果信息系统提供的信息质量下降，甚至导致信息系统实施失败，要避免这种现象的出现。

3. 信息系统运行的机房管理

现代企业管理信息化工程的实施往往需要构建网络系统,建立专用计算机房(服务机房)对于专用机房要有一套严格的管理制度,才能确保信息系统运行安全、高效。机房管理制度还要将正式行文并张贴在墙上,落实到行动上。机房管理制度规范各类人员的行为,主要有如下相关规定。

①操作人员的操作行为。例如,开机、关机、登记运行日记、异常情况处理等流程。

②出入机房人员的规定。

③机房的电力供应要求。

④机房的温度、湿度、清洁度要求。

⑤机房安全防火等规定。

⑥严格禁止上网玩游戏和与外来盘互相拷贝,防止计算机病毒感染和传染。

⑦不得在带电状态下拔、插机器部件和各电线、电缆。

⑧专用机房由专人管理。

8.1.3 系统运行分析

随着信息系统运行数据的不断积累,数据将成为企业宝贵的信息资源。面对信息系统不断产生的信息,信息主管部门必须做好数据分析、挖掘与利用等工作。

1. 系统运行结果分析

信息系统启用后,对系统提供的各类信息需要做各种分析。首先是对提供信息进行有效性和及时性分析,分析提供给各级管理者的信息是否正确、全面和完整。及时调查管理者对提供信息使用结果。特别是在系统切换过程中,系统试运行功能模块是否正常,需要过对系统提供信息的结果分析才能确定。系统运行结果不加分析,盲目采用或否定,都会对系统造成严重的危害。

目前,系统运行结果分析不仅是检验系统运行正确性的手段与方式,而且已经成为信息系统功能外延,提升系统应用效益的发展方向。由系统运行结果分析逐步扩展到对系统所有数据的分析,并提供管理者灵活方便的数据分析、在线数据分析、数据挖掘和大数据处理等技术与应用领域。系统给管理者提供的信息形式丰富多彩,从文字、表格逐步演变成图文并茂的各种报告。

(1) 数据分析　数据分析是指用适当的统计分析方法对收集来或信息系统运行提供的大量数据进行分析,提取有用信息和形成结论等,并对数据加以详细研究和概括总结的过程。数据分析可帮助人们做出判断,以便采取适当行动。数据分析发展至今已经不仅是概念、理论与方法,而且随着其应用广度与深度发展,以及领域的拓宽,已经成为管理决策过程中的特殊职位,即数据分析师。并应运而生了一系列实用的数据分析工具与软件产品。推动了信息系统的快速发展。

(2) 在线数据分析　在线数据分析是管理者需要收集实时性强,数据来源广的多种因素数据,并进行实时分析的一种特定数据处理方式,这种方式已经演变成为现代高层管理决策的重要工具。针对不同领域的不同需要已经研发出了一系列专用的在线数据处理工具软件,为提高预测精度,规避各类风险发挥巨大的作用。

(3) 数据挖掘和大数据处理　数据挖掘与大数据处理的提出,不仅丰富了数据分析的工具,提高了数据分析的效率与效益。而且直接影响传统的数据分析理论与方法,逐步成为新的信息管理研究领域,深刻地影响信息系统运行结果分析的理论与方法。

2. 数据挖掘

商务管理、生产控制、市场分析、工程设计和科学探索等领域广泛运用数据挖掘技术,通过数据挖掘可以将数据转换成迫切需要的有用信息和知识,引起了信息产业界的极大关注。

(1) 数据挖掘的内容　数据挖掘(Data Mining, 简称 DM),又译为资料探勘、数据采矿。它是数据库知识发现中的一个步骤。数据挖掘一般是指从大量的数据中通过算法搜索隐藏于其中信息的过程。数据挖掘通常与计算机科学有关,并通过统计、在线分析处理、情报检索、机器学习、专家系统和模式识别等诸多方法来实现上述目标。

数据挖掘利用了来自统计学的抽样、估计和假设检验,人工智能、模式识别和机器学习的搜索算法、建模技术和学习理论。数据挖掘也迅速地接纳了来自其他领域的思想,这些领域包括最优化、进化计算、信息论、信号处理、可视化和信息检索。相关其他领域也起到了重要的支撑作用。特别是需要数据库系统提供有效的存储、索引和查询处理支持。源于高性能(并行)计算的技术在处理海量数据集方面常常是重要的。分布式技术也能帮助处理海量数据,并且当数据不能集中到一起处理时更是至关重要。

(2) 数据挖掘一般过程　数据挖掘是一项十分复杂的技术性工作,提高数据挖掘的效率和并行性,必须遵循科学的方法开展工作,数据挖掘的一般过程如下:

①确定业务对象。清晰地定义出业务问题,认清数据挖掘的目的是数据挖掘的重要一步。挖掘的最后结构是不可预测的,但要探索的问题应是有预见的,为了数据挖掘而数据挖掘则带有盲目性,是不会成功的。

②数据准备。数据准备的工作直接影响数据挖掘工作的质量。做好准备是挖掘工作的关键性起点。准备工作主要做数据选择、数据预处理和数据转换。

③数据挖掘。对所得到的经过转换的数据进行挖掘．除了完善从选择合适的挖掘算法外,其余一切工作都能自动地完成．

④结果分析。解释并评估结果,其使用的分析方法一般应根据数据挖掘操作而定,通常会用到可视化技术．

⑤知识的同化。将分析所得到的知识集成到业务信息系统的组织结构中去。

(3) 数据挖掘技术　数据挖掘的技术有很多种,按照不同的分类有不同的分类法。下面着重讨论一下数据挖掘中常用的一些技术:统计技术,关联规则,基于历史的分析,遗传算法,聚集检测,链接分析,决策树,神经网络,粗糙集,模糊集,回归分析,差别分析,概念描述等 13 种常用的数据挖掘的技术。

①统计技术。统计技术对数据集进行挖掘的主要思想是运用统计的方法,对给定的数据集合假设了一个分布或者概率模型(例如一个正态分布),然后根据模型采用相应的方法来进行挖掘。

②关联规则。数据关联是数据库中存在的一类重要的可被发现的知识。若两个或多个变量的取值之间存在某种规律性,就称为关联。关联可分为简单关联、时序关联、因果关联。关联分析的目的是找出数据库中隐藏的关联网。有时并不知道数据库中数据的关联函数,即使知道也是不确定的,因此关联分析生成的规则带有可信度。

③基于历史的(Memory-based Reasoning,简称 MBR)分析。先根据经验知识寻找相似的情况,然后将这些情况的信息应用于当前的例子中。这个就是 MBR 的本质。MBR 首先寻找和新记录相似的邻居,然后利用这些邻居对新数据进行分类和估值。使用 MBR 有三个主要问题,寻找确定的历史数据;决定表示历史数据的最有效的方法;决定距离函数、联合函数和邻居的数量。

④遗传算法(Genetic Algorithms,简称 GA)。基于进化理论,并采用遗传结合、遗传变异、以及自然选择等设计方法的优化技术。主要思想是根据适者生存的法则,形成由当前群体中最适合的规则组成新的群体,以及这些法则的后代。

⑤聚集检测。将物理或抽象对象的集合分组,形成类似的对象组的过程被称为聚类。由聚类所生成的簇是一组数据对象的集合,这些对象与同一个簇中的对象彼此相似,与其他簇中的对象相异。对象间的相异度是根据描述对象的属性值来计算的,距离是经常采用的度量方式。

⑥链接分析。链接分析(Link Analysis)的基本理论是图论。图论的思想是寻找一个可以得出好结果,但不是完美结果的算法。链接分析运用不完美的结果如果是可行的,那么这样的分析就是可采纳的思想。利用链接分析,可以从一些用户的行为中分析出一些模式;同时将产生的概念应用于更广的用户群体中。

⑦决策树。决策树提供了一种展示类似在什么条件下会得到什么值判别过程规则的方法。

⑧神经网络。在结构上,可以把一个神经网络划分为输入层、输出层和隐含层。输入层的每个节点对应一个个的预测变量。输出层的节点对应目标变量,可有多个。在输入层和输出层之间是隐含层(对神经网络使用者来说不可见),隐含层的层数和每层节点的个数决定了神经网络的复杂度。除了输入层的节点,神经网络的每个节点都与很多它前面的节点(称为此节点的输入节点)连接在一起,每个连接对应一个权重 Wxy,此节点的值就是通过它所有输入节点的值与对应连接权重乘积的和作为一个函数的输入而得到,我们把这个函数称为活动函数或挤压函数。

⑨粗糙集。粗糙集理论基于给定训练数据内部的等价类的建立。形成等价类的所有数据样本是不加区分的,即对于描述数据的属性,这些样本是等价的。给定现实世界数据,通常有些类不能被可用的属性区分。粗糙集就是用来近似或粗略地定义这种类。

⑩模糊集。模糊集理论将模糊逻辑引入数据挖掘分类系统,允许定义“模糊”域值或边界。模糊逻辑使用 0.0 和 1.0 之间的真值,表示一个特定的值是一个给定成员的程度,而不是用类或集合的精确截断。模糊逻辑提供了在高抽象层处理的便利。

⑪回归分析。回归分析分为线性回归、多元回归和非线性回归。在线性回归中,数据用直线建模,多元回归是线性回归的扩展,涉及多个预测变量。非线性回归是在基本线性模型上添加多项式项形成非线性模型。

⑫差别分析。差别分析的目的是试图发现数据中的异常情况,如会计失真数据、通信噪音数据、欺诈数据等异常数据,从而获得有用信息。

⑬概念描述。概念描述就是对某类对象的内涵进行描述,并概括这类对象的有关特征。概念描述分为特征性描述和区别性描述。前者描述某类对象的共同特征,后者描述不同类对象之间的区别,生成一个类的特征性描述只涉及该类对象中所有对象的共性。

3. 大数据处理

大数据分析与处理涉及其应用的领域越来越多。大数据的数量、速度、多样性等都是呈现出不断增长的复杂性,所以,大数据的分析方法显得尤为重要,已经成为信息是否有价值的决定性因素。对于大数据来说,最重要的还是对于数据的分析,从里面寻找有价值的数据帮助企业做更好的商业决策。

(1) 大数据的采集　大数据的采集是指利用多个数据库接收来自客户端的数据,并且用户可以通过这些数据库进行简单的查询和处理工作。在大数据采集过程中,遇到的挑战是并发数高,同时有可能会有成千上万的用户来进行访问和操作,比如火车票售票网站和淘宝网,它们并发的访问量在峰值时达到上百万,所以需要在采集端部署大量数据库才能支撑。并且如何在这些数据库之间进行负载均衡和分片,的确是需要深入的思考和设计。采集端本身会有很多数据库,但是如果要对这些海量数据进行有效的分析,还是应该将这些来自前端的数据导入到一个集中的大型分布式数据库,或者分布式存储集群,并且可以在导入基础上做一些简单的清洗和预处理工作。导入与预处理的数据不仅量大,而且速率高,每秒钟的导入量经常会达到百兆,甚至千兆级别。

(2) 大数据分析　大数据分析是数据应用领域的主要工作。其功能主要包括预测性分析能力、数据质量和数据管理、可视化分析、语义引擎和数据挖掘算法五个方面。

①预测性分析能力。数据挖掘可以让分析员更好的理解数据,而预测性分析可以让分析员根据可视化分析和数据挖掘的结果做出一些预测性的判断。

②数据质量和数据管理。数据质量和数据管理是一些管理方面的最佳实践。通过标准化的流程和工具对数据进行处理,可以保证获得预先定义好的高质量的分析结果。

③可视化分析。不管是对数据分析专家还是普通用户,数据可视化是数据分析工具最基本的要求。可视化可以直观的展示数据,让数据自己说话,让观众听到结果。

④语义引擎。我们知道由于非结构化数据的多样性带来了数据分析新的挑战,我们需要一系列的工具去解析,提取,分析数据。语义引擎需要被设计成能够从“文档”中智能提取信息。

⑤数据挖掘算法。可视化是给人看的,数据挖掘就是给机器看的。集群、分割、孤立点等分析,还有其他的算法,都是让我们深入数据内部,挖掘价值。这些算法不仅要处理大数据的量,也要处理大数据的速度。

大数据处理对数据时代理念生产了三大转变。①要全体不要抽样,②要效率不要绝对精确,③要相关不要因果。

(3) 大数据分析工具　世界各大数据分析公司斥资收购与兼并,组织研发了各有特点的大数据分析工具,打造大数据云平台提供大数据服务。Hadoop已被公认为是新一代的大数据处理平台,EMC、IBM、Informatica、Microsoft以及Oracle都纷纷投入了Hadoop的怀抱,形成了一系列具有特色的数据分析工具,如Greenplum、Informatica、Vertica、BDA、PDW和Teradata等是当今知名的大数据分析公司和对应工具,具体详情请参阅相应大数据分析公司的网站提供的相关资料。

①Greenplum。这是数据软件公司,也是大数据处理工具,该公司具有强大的数据团队和数据分析团队。可以在Greenplum平台上无缝地共享信息、协作分析。能够在一个设备里面运行并扩展Greenplum关系数据库和Greenplum HD节点。DCA提供了一个共享的指挥中心界面,让管理员可以监控、管理和

配置 Greenplum 数据库和 Hadoop 系统性能及容量。可以使组织内的任何用户进行大数据分析。其中云上的 Big Insights 软件可以分析数据库里的结构化数据和非结构化数据，使决策者能够迅速将洞察转化为行动。

②Informatica。Informatica 是全球领先的独立企业数据集成软件提供商。企业在世界各地的组织机构可以依赖 Informatica 工具为其重要业务，并提供及时、相关和可信的需求数据，从而赢得企业竞争优势。众多知名企业通过 Informatica 工具便捷地使用及管理其在本地的、云中的和社交网络上的信息资产，并挖掘主些信息的潜能，并推动企业卓越的业务目标实现。还可以灵活高效地处理 Hadoop 里面的任何文件格式，为 Hadoop 开发人员提供了即开即用的解析功能，以便处理复杂而多样的数据源，包括日志、文档、二进制数据或层次式数据，以及众多行业标准格式。

③Vertica。Vertica 是典型的大数据处理工具，它基于列存储的设计，相比传统面向行存储的数据库具有巨大的优势。Vertica 被惠普收购后，进行了重大改进，可支持大规模并行处理(Massively Parallel Processing，简称 MPP)等技术，通过 MPP 的扩展性可以让 Vertica 为高端数字营销、电子商务客户分析处理的数据达到 PB(2^{50}B)级。早在惠普收购 Vertica 之前，Vertica 就推出有包括内存、闪存快速分析等一系列创新产品。它是首个新增 Hadoop 链接支持客户管理关系型数据的产品之一，也是首个基于云部署风险的产品平台之一。

④BDA(Big Data Appliance，简称 BDA)。这是甲骨文大数据设备的集成系统，这包括 Cloudera 的 Hadoop 系统管理软件，采用 Oracle Linux 操作系统，并配备 Oracle NoSQL 数据库社区版本和 Oracle Hot Spot Java 虚拟机。BDA 为全架构产品，每个架构 864GB 存储，216 个 CPU 内核，648TB RAM 存储，每秒 40GB 的 Inifini Band 连接。

⑤PDW(Parallel Data Warehouse，简称 PDW)。这是微软的并行数据仓库软件系统，它使用了大规模并行处理来支持高扩展性，它可以帮助客户扩展部署数百 TB(2^{40}B)级别数据的分析解决方案。微软目前已经开始提供 Hadoop、Connectorfor、SQL Server、Parallel Data Warehouse 和 Hadoop Connector for SQL Server 社区技术预览版本的连接器。

⑥Teradata 天睿公司是美国前十大上市软件公司之一。Teradata 已经成为全球专注于大数据分析、数据仓库和整合营销管理解决方案主要供应商。在数据库分析领域不断推陈出新，面对大数据时代数据已经成为企业在发展影响因素和现实境况。Teradata 基于客户需求，提供领先、全面、有效的大数据分析解决方案，帮助企业获取商业洞察力，并且将之转化为行动力，创造商业价值。

8.2 管理信息系统维护

推动信息系统在企业管理现代化中应用的普及和提高企业管理信息化水

平,需要不断地监测、控制和维护信息系统。信息系统维护是信息系统发挥作用的基本保障。

8.2.1 系统维护概述

1. 内涵与特性

系统维护是指在管理信息系统交付使用后,为了改正错误或满足新的需要而开展的一系列修改系统的活动和过程的总称。

(1) 系统维护的内涵　管理信息系统是一个复杂的人机系统,系统的内外环境,以及各种人为的、机器的、外部环境的和内部技术等因素都在不断地发生变化。为了使系统能够适应这种变化,充分发挥信息系统的作用,产生良好的社会效益和经济效益,就要进行系统维护工作。

另外,一般大中型软件产品的开发周期为一至三年,然而系统会持续运行,有时软件的运行周期可能长达五至十年。在这么长的时间内,除了要改正软件中残留的错误外,还可能要多次更新软件的版本,以适应改善运行环境和加强产品性能等需要,这些活动也属于维护工作的范畴。能不能做好这些工作,将直接影响信息系统的使用寿命。

系统维护也是管理信息系统生命周期中花钱最多、延续时间最长的活动。有人把维护比成“墙”或“冰山”,以形容它给信息系统生产所造成的障碍。不少单位甚至为了维护已有的软件,竟没有余力顾及新软件的开发。近年来,从软件的维护费用来看,已经远远超过了系统的软件开发费用,占系统软硬件总投资的60%以上。典型的情况是系统维护费用与开发费用的比例为2∶1,一些大型软件的维护费用甚至达到了开发费用的40至50倍。

(2) 系统维护的特性　系统维护不是一项简单的工作。在没有任何资料的情况下直面系统软件,进行探索性维护,比研发一个新系统还要困难。

①系统的可维护性。软件可维护性是指维护人员理解、改正、改动和改进这个软件的难易程度。提高可维护性是开发管理信息系统所有步骤的关键目标,系统是否能被很好地维护,可用系统的可维护性这一指标来衡量。

②可理解性。指别人能理解系统的结构、界面、功能和内部过程的难易程度。模块化、结构化设计、详细及良好的设计文档、运用高级程序设计语言等,都有助于提高系统的可理解性。

③可测试性。诊断和测试的容易程度取决于易理解的程度。好的文档资料有利于诊断和测试,同时,程序良好的结构、高性能的调试工具以及周密计划的测试工序也是至关重要。为此,开发人员在系统设计和编程阶段,就应尽力把程序设计成易诊断和测试的。此外,在系统维护时,应该充分利用在系统调试阶段保存下来的调试文档和用例。

④可修改性。影响系统维护与系统设计所制定的设计原则有直接关系。

模块的耦合、内聚、作用范围与控制范围的关系等，都对可修改性有影响。

（3）可维护性复审 可维护性是所有软件都应具备的基本特点，必须在开发阶段保证软件具有可维护的特点。在软件工程的每一个阶段都应考虑并提高软件的可维护性，在每个阶段结束前的技术审查和管理复查中，应该着重对可维护性进行复审。

①系统分析阶段的可维护性复审。在需求分析阶段复审过程中，应该对将来可能要改进或修改的部分倍加注意；应该重点讨论软件的可移植性问题，并且考虑可能影响系统维护的系统界面。

②系统设计阶段的可维护性复审。在正式的和非正式的设计复审期间，应该从容易修改、模块化和功能独立的目标出发，评价信息系统软件的结构和过程；在设计中应该对将来可能修改的部分做准备。

③系统实施阶段的可维护性复审。在实施阶段重点复审程序代码，程序代码复审应该强调编码风格和内部说明文档这两个影响可维护性的因素。每个程序测试步骤都可以提示在软件正式交付使用前，可能需要做预防性维护的部分。在测试结束时，进行最正式的可维护性复审，这个复审称为配置复审。

④完成每项维护工作之后，都应当对系统维护本身进行认真复审。维护应该针对整个软件配置，不应该只修改源程序代码。当对源程序代码的修改没有反映在设计文档或用户手册中时，就会产生严重的后果。

⑤数据与文档维护复审。每当对数据、软件结构、模块过程或任何其他有关的软件特点做了改动时，必须立即修改相应的技术文档。不能准确反映软件当前状态的设计文档可能比完全没有文档更坏。在以后的维护工作中很可能因文档不完全符合实际而不能正确理解软件，从而在维护中引入过多的错误。用户通常根据描述软件特点和使用方法的用户文档来使用、评价软件。如果对软件的可执行部分的修改没有及时反映在用户文档中，则必然会使用户因为受挫折而产生不满。如果在软件再次交付使用之前对软件配置进行了严格的复审，可大大减少文档的问题。事实上，某些维护要求可能并不需要修改软件设计或源程序代码，只是表明用户文档不清楚或不准确，因此只需要对文档做必要的维护。

可见，可维护性诸因素之间是有密切联系的。事实上，维护人员不可能修改一个不理解的程序，同样，如果不进行完善的诊断和测试，看来正确的修改也有可能导致其他错误的产生。为了提高信息系统软件的可维护性，使用规范的结构化分析和设计方法就可以提高系统可维护性。

2. 系统维护的类型

管理信息系统维护起因复杂，需求众多，导致系统维护的类型和内容十分复杂。不同的维护类型往往具有不同的维护内容，因此，需要根据系统运行环境和维护条件选择相应的维护类型，确定其维护内容。

(1) 系统维护分类　从不同的角度观察系统维护,可以分成不同的系统维护类型。按系统的结构,可以分成硬件维护、网络维护、软件维护和数据维护等;按系统维护活动的目的,可分成正确性维护、适应性维护、完善性维护和安全性维护四大类,这是最常用的分类方法。

①正确性维护。在系统实施过程中对于一个大型系统来说,程序测试和系统测试不可能发现所有潜藏的错误。所以在大型软件系统运行期间,用户难免会发现程序中的错误,这就需要对错误进行诊断和改正。这类维护出现的概率小,但是,一旦发生必须立刻组织人员抢修。

②适应性维护。由于计算机科学技术的迅速发展,新的软硬件不断推出,使系统的外部环境发生变化。这里的外部环境不仅包括计算机硬件软件的配置,而且包括数据库、数据存储方式在内的“数据环境”,还包括企业管理方式方法、组织结构和管理制度等因素的变化。为了适应变化了的系统外部环境,就需要对系统进行相应的修改。

③完善性维护。在系统使用过程中,由于业务处理方式和人们对管理信息系统功能需求的提高,用户往往会提出增加新功能或者修改已有功能的要求,例如修改输入格式和调整数据结构使操作更简单、界面更漂亮等等,为了满足这类要求就需要进行完善性维护。另外,企业管理信息化工程不可能一步到位,长期不变。往往采用分步实施的方式,系统逐步完善。

④安全性维护。管理信息系统要收集、保存、加工和利用全局的或局部的社会经济信息。这涉及企业、地区、部门乃至全国的财政、金融、市场、生产、技术等方面的数据、图表和资料。随着病毒和计算机罪犯的出现,管理信息系统对安全性和保密性提出了更为严格和复杂的要求。除了建立严格的防病毒和保密制度外,用户往往会提出增加防病毒的功能和保密的新措施,而且随着更多的病毒出现,有必要定期进行防病毒功能的维护和保密措施的维护。

(2) 系统维护内容　根据维护活动的具体内容不同,可将维护内容主要有程序维护、数据维护、代码维护和设备维护等内容。

①程序维护。程序维护指改写一部分或全部程序。程序维护通常都充分利用原程序。修改后的程序必须在程序首部的序言性注释语句中进行说明,指出修改的日期、人员。同时,必须填写程序修改登记表。填写内容包括:所修改程序的所属子系统名、程序名、修改理由、修改内容、修改人、批准人和修改日期等。程序维护不一定在发现错误或条件发生改变时才进行,效率不高的程序和规模太大的程序也应不断地设法予以改进。一般说来,管理信息系统的主要维护工作量是对程序的维护。

②数据维护。数据维护指的是不定期地对数据文件或数据库进行修改,这里不包括主文件或主数据库的定期更新。数据维护主要是对文件或数据中的记录进行增加、修改和删除等操作,通常采用专用的程序模块实现,也有少量的

数据结构和数据组织方式修改。

③代码维护。随着用户环境的变化，原有的代码已经不能继续适应新的要求，这时就必须对代码进行变更。代码的变更(即维护)包括订正、新设计、添加和删除等内容。当有必要变更代码时，应由现场业务经办人和计算机有关人员组成专题组，进行讨论决定，并用书面格式写清。并在维护实施前组织有关使用者学习，然后输入计算机并开始实施新的代码体系。代码维护过程中的关键是如何使新的代码得到贯彻。

④设备维护。管理信息系统正常运行的基本条件之一就是保持计算机及外部设备的良好运行状态。因此，计算机室应建立相应的规章制度，有关人员要定期地对设备进行检查、保养和杀病毒工作，应设立专门设备故障登记表和检修登记表，以便设备维护工作的顺利进行。

综上所述，系统维护不仅仅局限于改正系统错误，还应当包括对系统的改变和改进等内容进行维护。

8.2.2 系统维护过程

一个系统的质量高低与系统分析和设计的质量有很大关系，也与系统的维护有很大关系。在维护工作中常见的问题，都可归因于软件开发的方法有缺点。在软件生命周期的头两个时期没有严格而又科学的管理和规划，必然会导致在最后阶段出现问题。

①理解别人写的程序通常非常困难，而且困难程度随着软件配置成分的减少而迅速增加。如果仅有程序代码而没有说明文档，则会出现严重的问题。

②需要维护的软件往往没有合适的文档，或者文档资料显著不足。认识到软件必须有文档仅仅是第一步，容易理解的并且和程序代码完全一致的文档才真正有价值的。

③当被要求对软件进行维护时，不能指望由开发人员来仔细说明软件。由于维护阶段持续的时间很长，因此，当需要解释软件时，往往原来写程序的人已不在附近了。

④绝大多数软件在设计时没有考虑将来的修改。除非使用强调模块独立原理的设计方法论，否则修改软件既困难又容易发生差错。

当没有采用结构化思想开发时，上述种种问题都或多或少地存在着。使用结构化的分析和设计的方法进行开发，可以从根本上提高软件的可维护性。

1. 系统维护的步骤、组织和管理

(1) 系统维护的步骤

不少人往往认为系统的维护要比系统开发容易得多，因此，维护工作不需要预先拟订方案或加以认真准备。但实际情况并不是这样。在许多情况下，维护比开发更困难，需要更多的创造性工作。因此，首先维护人员必须用较多的时间理解别人编写的程序和文档,且对系统的修改不能影响该程序的正确性和完整性;其次,整个维护的工作又必须在所规定的很短时间内完成。

在系统某个维护目标确定以后,维护人员必须先理解要维护的系统;然后建立一个维护方案;由于程序的修改涉及面较广,某处修改很可能会影响其他模块的程序,所以建立维护方案后要加以考虑的重要问题是修改的影响范围和波及面的大小;然后按预定维护方案修改程序;还要对程序和系统的有关部分进行重新测试,若测试发现较大问题,则要重复上述步骤。若通过,则可修改相应文档并交付使用结束本次维护工作,系统维护过程如图8-4所示。

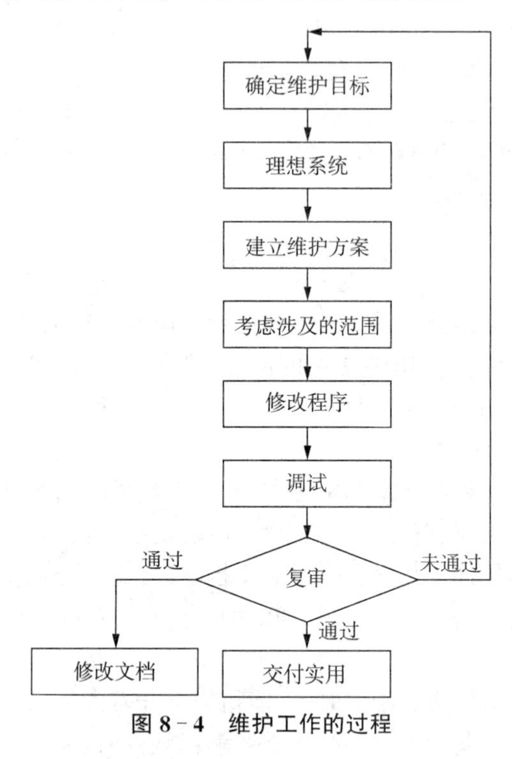

图8-4 维护工作的过程

必须强调维护是对整个系统而言的。因此,除了修改程序、数据、代码等部分以外,必须同时修改涉及的所有文档,系统维护和系统开发有许多共同之处。

(2) 系统维护的组织和管理

从本质上讲,维护工作可以看成开发工作的一个缩影。事实上,早在提出一项维护要求之前,与系统维护有关的工作已经开始了。为了有效地进行维护工作,首先必须建立一个维护组织,由这个维护组织确定维护报告、进行维护工作的评价,并且规定复审标准。

①维护组织。虽然通常并不需要建立独立正式的维护组织,但是,即使对于一个小的软件开发团体而言,非正式的委托责任也是绝对必要的。维护是软件开发单位的责任,维护组织往往由软件开发单位根据本身规模的大小,指定

一名高级管理人员担任，或者由高级管理人员和专业人员组成维护领导小组。领导小组负责对申请的审查与批准、维护活动的计划与安排、人力资源的分配、批准并向用户提供维护的结果（例如软件的新版本），以及对维护工作进行评价与分析等。

维护组织应在维护活动开始之前就明确维护责任，这样做可以大大减少维护过程中可能出现的混乱。并根据对维护工作定量度量的结果，做出关于开发技术、语言选择、维护工作量规划、资源分配及其他许多方面的规定，确保维护工作有效地进行。而且可以利用这些数据去分析评价维护工作的质量。

具体的维护工作可以由原开发小组承担，也可以指定专门的维护小组。每个维护要求都通过维护管理员转交给相应的系统管理员去评价。系统管理员是被指定去熟悉一小部分产品程序的技术人员。系统管理员对维护任务做出评价以后，提交给维护授权人决定应该进行的活动。

②维护报告。应用标准化的格式表达所有系统维护要求。系统维护人员通常给用户提供空白的维护申请表——有时称为软件问题报告表，这个表格由要求维护活动的用户填写。如果遇到了一个错误，那么必须完整描述导致出现错误的环境（包括输入数据，全部输出信息，以及其他有关信息）。对于适应性和完善性的维护要求，应该提出一个简短的需求说明书。

维护申请表是一个外部产生的文件，它是计划维护活动的基础。维护组织内部应该制定出一个软件维修报告。

满足维护申请表中提出的要求所需要的工作量；

维护申请要求的性质；

这项申请要求的优先次序；

与修改有关的事后数据。

在拟订进一步的维护计划之前，把维护报告提交给维护授权人审查批准。

③维护事件流。这是描绘了由一项维护申请而引出的一串事件。首先根据申请要求确定维护的类型。用户常常把一项要求看作为了改正软件的错误（改正性维护），而开发人员可能把同一项要求看作是适应性或完善性维护。当存在不同意见时，必须协商解决，如图 8 - 5 所示。

从图 8 - 5 可知，例如：一项改正性维护要求的处理，从估量错误的严重程度开始。如果是一个严重的错误，则在系统维护领导的指导下分派人员，并且立即开始问题分析过程。如果错误并不严重，那么改正性维护将列入改正项目表中和其他要求软件开发资源的任务一起统筹安排。

安全性、适应性和完善性维护的申请要求沿着相同的事件流前进。首先确定每个维护申请要求的优先次序，并且安排要求的工作时间，就好像它是另一个开发任务一样。如果一项维护要求的优先次序非常高，可能立即开始维护工作。如果优先次序较低，则可列入后续开发项目表。

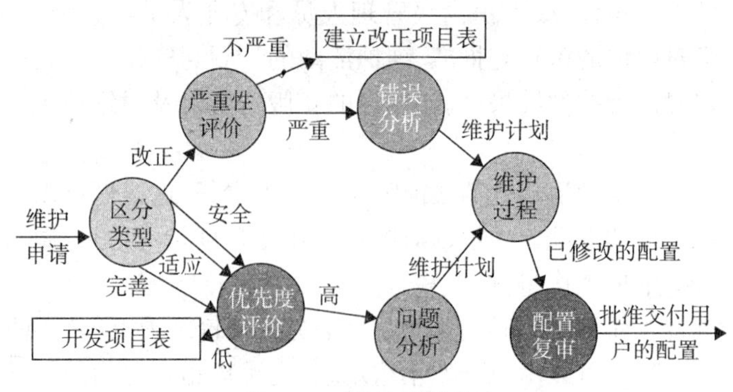

图8-5 维护的事件流

不管维护类型如何,都需要进行同样的维护过程。维护过程包括修改软件设计,复查、必要的代码修改、单元测试和集成测试、验收测试和复审。不同类型的维护强调的重点不同,但是基本途径是相同的。维护事件流中最后一个事件是复审,它再次检验软件配置的所有成分的有效性,并且保证满足了维护申请表中的要求。

当然,也有并不完全符合上述事件流的维护要求。当发生恶性的软件问题时,就出现所谓的"救火"维护要求,这种情况需要立即进行维护工作解决问题。如果对一个组织来说,"救火"是常见的过程,那么必须怀疑它的管理能力和技术能力。在完成系统维护任务之后,进行环境复查常常是有好处的。

④维护记录。无论故障大小,都应该及时地记录以下这些情况:故障的发生时间、故障的现象、故障发生时的工作环境、处理的方法、处理的结果、处理人员、善后措施、原因分析。这里要注意的是,我们所说的故障不只是指计算机本身的故障,而是对整个信息系统来说的。例如,由于数据收集不及时,使年度报表的生成未能按期完成等等。同样,收集来的原始数据有错,这也不是计算机的故障,然而对这些错误的类型、数量等统计数据是非常有用的资料,其中包含了许多有益的信息,对于整个系统的扩充与发展具有重要的意义。

在正常情况下的运行数据是比较容易被忽视的。因为发生故障时,人们往往比较重视对有关的情况加以及时的记载,而在系统正常运行时,则不那么注意。事实上,要全面地掌握系统的情况,必须十分重视正常运行时的情况记录。如果缺乏平时的工作记录,就无从了解瞬时情况。如果没有日常的工作记录,表示可靠性程度的平均无故障时间指标就无从计算。

维护记录是维护管理员评价维护工作有效性的主要依据。建立维护记录遇到的第一个问题就是,哪些数据是值得记录的?一般维护记录主要应包括以下三方面的内容:

维护前程序的情况。例如程序的名称,语句或指令条数,所用的语言,安装启用日期以及启用以来运行的次数和其中运行失效的次数等;

维护中对程序修改的情况。例如修改程序的层次和标识，因程序变动而增加和删除的源语句数，修改日期与修改人，以及每一项改动耗费的人时数；

其他的重要数据，如维护申请单的编号、维护的类型、维护起止日期、耗用的总人时数、维护完成后产生的净收益等。

维护记录在每次维护完成后填写，它是软件配置的组成部分，也可以存入配置管理数据库，供需要时查询。应该为每项维护工作收集上述数据。

⑤维护活动评价

缺乏有效的维护工作记录就无法评价维护活动。如果已经开始保存维护记录了，则可以对维护工作做一些定量度量。至少可以从下述几个方面度量维护工作：

每次程序运行平均失效的次数。

用于每一类维护活动的总人时数。

平均每个程序、每种语言、每种维护类型所做的程序变动数。

维护过程中增加或删除一个源语句平均花费的人时数。

维护每种语言平均花费的人时数。

一张维护要求表的平均周转时间。

2. 系统软件文档维护

文档是软件可维护性的决定因素。大型软件系统在使用过程中必然会经受多次修改，所以文档比程序代码更重要。软件系统的文档可以分为用户文档和系统文档两类。

(1) 用户文档维护　用户文档主要描述系统功能和使用方法，并不关心这些功能是怎样实现的；一旦系统进行正确性、适应性和完善性维护后，都必须要对用户文档进行更正，否则随着信息系统维护的不断开展，软件与文档发生的偏差不断扩大。用户文档说明的内容与软件实际状况不一致，最终导致软件与文档都无法使用。因此，只要软件修改，就要及时修改用户文档的相应说明，保持软件与文档一致。

(2) 系统文档维护　系统文档描述系统设计，实现和测试等各方面的内容，是属于技术文档，提供系统维护的重要资料。因此，当系统进行维护时，首先要阅读系统文档，才能全面了解需要维护的系统。当系统维护结束后需要及时更正系统文档。使系统文档正确、全面地记录系统设计的实际内容，便于系统后续进一步维护。

(3) 文档维护要求　总的说来，软件系统文档应该满足下述要求：

①必须描述如何使用这个系统，没有这种描述即使是最简单的系统也无法使用。

②必须描述怎样安装和管理这个系统。

③必须描述系统需求分析和设计说明。

④必须描述系统的实现和测试,以便使系统成为可维护的。

8.2.3 系统维护管控

保障信息系统安全、平稳运行,确保数据安全,依据相关法律法规和公司内部控制,必须制定相关的维护管理与控制规则。

1. 信息管理部门与使用部门的职责

明确信息系统维护管理上的职责是做好维护管理与控制的基础性工作。当信息系统需要维护或在维护过程中发展冲突时,可有据协调,及时解决问题,提高维护效率。

(1) 信息管理部门　信息系统的运行、维护、管控等工作统一由信息管理部门负责管理。信息管理部门负责日常软系统硬件与系统软件的维护、设备保养、故障诊断与排除,易耗品的更换与安装,以及网络安全、环境保持、应急处理等工作。信息管理部门还要保证信息系统的安全、稳定运行,并做应急事故处理记录和运行维护记录。应急事故处理记录和运行维护记录必须由信息管理部门经理签字才能生效。需要委托进行维护的信息系统,还要信息管理部门审查系统服务商资质,才能签订系统维护服务合同;如果是信息管理部门自行开展维护工作,应明确指定专人负责维护,并制定岗位职责。

(2) 信息使用部门　信息系统使用部门负责系统的使用、用户管理、业务流程、业务工作标准、数据维护、数据使用安全、知识产权合法性使用及相关制度的制定和落实等工作。对有关数据的日常更新,还要做好运行操作记录;组织关键用户与一般用户进行培训和培训考核,并把培训记录和考核成绩提交人力资源部门备案。

2. 系统变更维护管控

系统变更是系统维护的重要工作之一。为确保系统平稳、有效地工作,对用户提出的变更要求要采用一等、二看、三通过的方略。能不变更的尽可能不变,系统变更会影响系统的功能与性能等多个方面。

(1) 信息管理部门　当用户提出系统变更要求时,首先要求用户可向总经理办公室提出书面要求,并填写《系统变更表》,并需要申请部门分管副总签字后进入审批流程。审批通常交信息管理部门统一安排进行。系统变更完成后需要由申请部门相关人员签字确认。在系统运行管理中,信息系统操作人员不得擅自进行软件的删除、修改等操作;不得擅自升级、改变软件版本;不得擅自改变软件系统的环境配置。对此,信息管理部门可以利用技术手段防止操作人员的擅自安装、卸载软件或者改变软件系统配置等违规作业。信息管理部门需要定期进行检查,并通报批评违规操作,做好宣传教育,对教育不改人员应当给予相应处分。

(2) 信息使用部门　系统使用部门(单位)会同信息管理部按照业务需求,

对业务流程与系统功能进行评价。需要重大改进的,提出系统升级报告,提交公司分管业务副总经理签字确认;报信息主管和财务总监审核,由企业管理信息化领导小组审批。系统使用部门(单位)还要会同信息管理部组织系统升级的实施和验收。对于操作系统、数据库系统用户的新增、变更,须填写系统用户申请表,经信息管理部审批后,被赋予唯一的用户名、用户 ID(UID),方可进入公司信息系统进行系统使用,否则无权进入系统进行操作。信息管理部门经理每季度对用户管理情况至少审核一次,对异常情况填好系统用户记录表。

3. 信息系统数据安全管控

信息系统数据的安全管控主要由信息管理部负责。信息系统数据的安全管理主要包括日常备份和恢复等工作。

(1) 数据保密性管理　在重要数据的处理过程中,被批准使用数据人员以外的其他人员不应进入机房工作。数据处理结束后,应及时清除不能带走的作业数据。妥善处理打印结果和信息载体,任何记有重要信息的废弃物在处理前应进行粉碎。未经允许,不准将机房设备、维护用品、软盘、资料等私自带入和带出机房,如有特殊情况,需经负责人同意并进行登记后方可带入和带出。

(2) 数据备份管理　信息系统必须每日进行系统数据库自动备份,同时还做完整性检验。每周一次手动备份到移动硬盘或其他电脑的硬盘。对于特别重要的数据每两周一次由专人将移动硬盘送往银行保管箱予以存放,并填写数据备份记录表,由负责系统维护人员及信息管理部门经理签字。每年进行一次备份的恢复性测试,并填写数据恢复性测试记录表,由信息管理部门经理签字确认。

4. 系统维护及机房管理控

外来人员对硬件系统维护时,须填写外来人员进入机房审批表,经信息管理部门经理签字批准后方可进行维护。当外来人员对软件系统进行维护时,须填写应用软件维护表,经系统使用部门(单位)负责人和信息管理部门经理签字批准后方可进行维护操作。

机房所有工作人员须经信息管理部门经理授权并凭门禁卡进出机房,外来人员进入机房统一由信息管理部门专人陪同,陪同人员全面负责外来人员的行为安全,并做好安全防范工作。进出机房工作人员的授权定期(季度)由信息管理部门经理进行复核并做记录。

机房管理人员应熟知机房内设备的基本安全操作规程。不定期对运行设备进行测试和保养,由专人负责机房内设备的保养和备品、配件、资料、盘片等的保管,并登记造册,保证备用设备完好,可供随时投入使用。机房设备损坏应立即投入备用设备,并汇报领导,及时联系修复,做好检修记录。机房工作人员应学习常规的用电安全操作和相关知识,了解机房内部的供电、空调、用电设施的操作规程。在外部供电系统停电时,机房工作人员应做好停电应急工作。

机房工作人员应熟悉机房内部消防安全操作和规则,了解消防设备操作原理、掌握消防应急处理步骤、措施和要领。不定期进行消防演习、消防常识培训、消防设备使用培训。如发现消防安全隐患,应即时采取措施解决,不能解决的应及时向相关负责人员提出解决。

5. 防网络攻击和防病毒管控

网络运行维护人员在发现可疑网络攻击和入侵迹象时,必须尽快处理并记录,在必要时请示主管部门领导,组织技术力量进行如下处理:

(1) 分析判断:对可疑攻击和入侵行为进行必要的观察与分析,以判别是否属于攻击或入侵行为。

(2) 入侵或攻击的中止:经过分析,在必要时,应立即断开网络连接,将遭受攻击的网段隔离出来。采取有效措施,终止对系统的破坏行为。

(3) 记录和备份:记录发现网络入侵或攻击的当前时间,备份系统日志以及其他网络安全相关的重要文件,保存内存中的进程列表和网络连接状态,并且打开进程记录功能。

(4) 如果系统受到严重破坏,影响网络业务功能,立即调用备件恢复系统。

(5) 对该入侵或攻击行为进行大量的日志、分析工作。同时竭尽全力地判断寻找攻击源。

(6) 将入侵的详细情况逐级向主管领导和有关主管部门汇报并请示处理办法。

各使用人或部门应采用信息管理部门批准的查毒、杀毒软件,包括服务器和客户端的查毒、杀毒软件。禁止使用来历不明、未经杀毒的软件。不得阅读和下载来历不明的电子邮件或文件,严格控制并阻断计算机病毒的来源。经远程通信传送的程序或数据,必须经过检测确认无病毒后方可使用。网络管理员应至少每周一次自动的全系统病毒扫描,每天定时自动检查更新病毒定义文件。对于发现的病毒,则要有相关信息提示,并自动发送到相关管理人员处。信息管理部门应利用操作系统、数据库系统、应用系统提供的安全机制,设置参数,保证系统访问安全。

信息管理部门负责日常网络与硬件的监控,通过监控系统对网络链路带宽做实时监控,并在需要时做相应的调整。对核心服务器和网络设备做活跃性测试监控,主要是针对设备的网络活动,系统的应用服务等做好监控。外部网络的访问必须要通过防火墙,制定相关防火墙安全策略及防火墙配置标准。

8.3 管理信息系统评价

信息系统评价贯穿于信息系统全生命周期的各阶段,完成信息系统研发并交付用户使用一段时间后或者是购置的商品化信息系统实施后,不仅需要对系统进行阶段性验收,而且还需要对系统运行情况进行日常验证性评价。

8.3.1　系统评价概述

1. 系统评价的内涵

系统评价是对新研发的或改建的管理信息系统，根据系统预定的目标，从技术、经济、社会、生态等方面对系统进行评审，以确定系统状态。在信息系统生命期的不同阶段，信息系统评价目的、评价内容、参与评价人员各不相同。

(1) 系统规划阶段评价　在系统规划阶段，首先要全面调研信息系统承建单位。通过收集相关信息，对企业现状进行测评，正确定位企业管理信息化的水平，然后才能为制定出正确有效的规划目标提供科学依据。

(2) 分析与设计阶段评价　在系统分析与设计阶段主要评价系统分析制定的逻辑方案和系统设计确定的物理方案是否可行，为企业信息化领导审批系统分析报告与系统设计说明书提供决策依据。

(3) 系统实施阶段评价　信息化项目实施是一项技术性强、投资大、时间长、影响面广的复杂系统工程，而且由于系统故障的隐蔽性，对承建单位影响的潜在性等因素，需要加强对信息系统实施过程的监控。对每项工作做好相关文档记录与测评意见反馈，确保信息系统高质量地实施成功。

(4) 系统运行管理阶段评价　不仅要做好信息系统运行过程记录，还要对系统运行状态进行监控，防止系统运行失控。同时定期对信息系统的功能与性能进行自评检测，判断其是否满足用户现实需要。当系统运行相隔 2—3 年后，或企业做过重大调整后急需要组织信息系统评价小组，对现行系统进行全面诊断。也可以委托信息技术与信息系统第三方咨询公司进行诊断。避免信息系统隐患积聚，给企业造成严重后果。

在信息系统评价过程中，由于各个国家的社会制度、资源条件、经济发展状况、教育水平和民族传统等各不相同，所以没有统一的系统评价模式。信息系统评价指标、评价标准和评价方法也不尽相同。

2. 系统评价的作用

系统评价是系统保持生命活力的主要手段，也是预防系统崩溃的重要环节。信息系统的每项活动都必须隐含着评价的意识。见证系统活动的正常。

(1) 系统评价的重要性　根据信息系统生命周期的不同阶段，信息系统评价的作用有所不同。以管理信息系统研发项目为评价核心，分为项目的事前(规划、分析和设计)评价、事中(实施)评价、事后(验收)评价和跟踪(日常)评价。

①事前(规划、分析和设计)评价：在规划、分析和设计阶段的评价，其目的主要是为了正确、全面、客观和科学地了解企业信息化水平，为制订信息系统规划方案提供实际状况依据，为提高信息系统应用成功率提供基础。通过系统评价可以揭示新系统方案可能存在的隐患，降低信息系统研发风险。

②事中(实施)评价:在信息系统实施过程中由于企业性质、企业文化、企业主营业务、企业管理制度、企业规模等因素造成信息系统的多变、动态和复杂性,而且对信息管理的思想、方法和软件功能与性能等诸多理论还没有统一定论,因此既没有实施的标准,也没有系统实施的规范,世界各著名软件公司都给出了各自的实施方法。但是,系统实施是否能达到系统目标,需要加强过程监控。在实施阶段进行评价时,着重检验是否按照预定的方案实施,例如:依据项目实施计划,对项目实际实施进度进行评价。

③事后(验收)评价:在系统实施即工程完成之后需要进行验收评价,主要从技术、经济和社会的视角评价系统是否达到了预期目标。为系统鉴定、结题、验收提供科学合理的依据。

④跟踪(日常)评价:系统实施后测评是目前研究成果最多。从政府的宏观经济层面到企业的微观应用层面都十分关注系统运行过程的测评,通过系统评价验证信息系统研发项目的有效性,因此这类测评方法被普遍应用。

事实上,通过对信息系统实施前、实施中和实施后的全过程测评研究,可以为信息系统提炼出有效、简便的测评方案,对成功实施信息系统起到保驾护航的重要作用。

(2) 系统评价目的　信息系统评价是一项十分复杂的工作,往往站在不同视角评价的结果不同,甚至相反。因此,在信息系统评价时,首先要制定出科学合理的系统评价目的。信息系统评价的主要目的是如下几条或全部。

①测试信息系统的目标、功能和各项指标是否达到了期望要求。

②检查信息系统中各种信息资源的利用情况是否达到用户的要求。

③分析信息系统研发所花费的成本和系统运行后所带来的经济效益,进行投入产出比研究。

④综合分析,得出评价结果,指出新系统存在的比较薄弱环节,提出进一步改进意见。

3. 系统评价的依据

系统评价既是一项阶段性工作,也是一项持久性的工作。在信息系统生命周期的不同阶段,其评价的依据也不相同。从系统评价依据视角来分,可以把系统评价分成验收性评价和诊断式验收。

(1) 验收性评价依据　管理信息系统项目结束前,对系统规划、系统分析、系统设计和系统实施等工作都需要进行验收性评价。这类验收备受关注,直接影响到承建部位、研发部门的经济利益。尤其是政府投资建设的项目,会影响到政府对企业管理信息化的标杆示范效应。凭什么来评价系统是具有争议的工作,采用标准不同,制定的评价指标体系和选用评价方法不同,直接影响评价结论。通常被采纳的评价依据主要有如下几方面提供的资料。

①系统分析报告。依据系统分析时确定的,并以项目合同的形式固定下来

的系统目标、系统功能、系统结构和系统性能。这具有法律效力

②软件质量标准。软件质量标准是通用的软件验收依据。但是可借鉴的软件质量标准涉及面广、内容繁杂，需要根据系统规模、企业需求等因素裁定和解释。

③系统运行记录。系统运行记录能真实地描述了系统现状，客观地反映了系统的全貌。系统运行记录不仅有定性的描述，还要有定量的记录，反映系统运行的技术性、经济性和环境性等内容。

（2）诊断式评价依据　一般在一个系统运行过程中我们需要积累相关数据，为系统功能、性能、效率和效益等评价提供依据，这也称为系统运行实际状态测评。系统诊断式评价的主要依据是系统运行的异常记录和用户对系统功能与性能改进的相关需求。用户需求不能只是简单的功能需求，而且还需要有明确的性能需求，为系统评价提供依据。诊断式评价往往采用企业内部自评的方式，主要考虑对企业管理水平的影响、对系统性能的影响、对企业的经济效益影响和其他方面的影响因素。

①企业管理水平评价。主要指管理者对系统认识和管理工作的检查，包括：领导和各级管理人员对系统的认识水平、使用者对系统的态度、管理机构是否健全、规章制度的建立和执行情况、外部环境对系统的评价等。

②系统性能评价。主要评价系统效率和衡量系统先进性的重要指标，包括：系统信息的总体水平、系统功能的正确性、可靠性与准确性、系统功能的范围和层次、信息资源开发与利用的范围和深度、系统的质量、系统的安全和保密性、系统文档的完备性等。

③经济效益的评价。主要是系统的效果和效益，包括直接和间接两个方面。直接的评价：系统的运行费用和系统运行所带来的新增效益。间接的评价：对企业形象的改观、对员工素质提高所起的作用、对企业体制与组织结构的改革、对管理流程优化所起的作用、对企业各部门间、人员间协作精神加强所起的作用等。

8.3.2　系统评价的过程与方法

系统评价直接关于到企业信息化工程的发展，涉及信息系统建设单位与承建单位的切身利益。系统评价过程要透明，评价方法选择要科学、合理和可行。

1. 系统评价过程

依据信息系统实施过程，系统评价总体上可以分成系统实施前的评价、系统实施过程评价和系统实施后的评价，在系统实施后系统运行过程中的评价又可以分成系统项目结束的验收性评价与运行状态诊断式评价。无论对系统评价出于什么目的，或信息系统处于什么阶段，系统评价一般会经过评价前的准备、实施评价和给出评价结论三步进行，如图 8-6 所示。

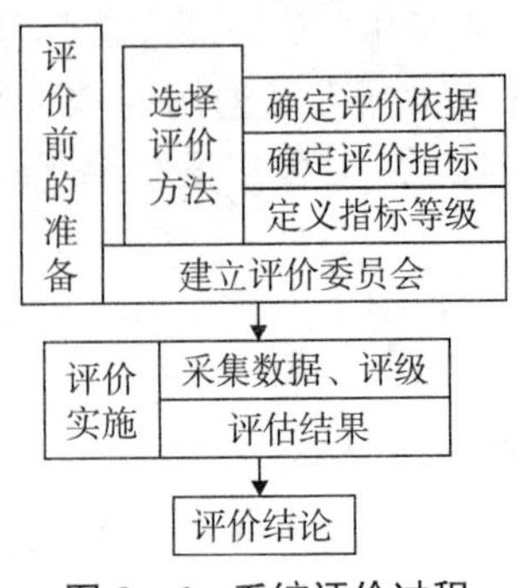

图8-6 系统评价过程

(1) 准备工作

系统评价前要做大量的准备工作,准备工作直接影响到系统评价后续工作是否能顺利开展。系统评价准备主要完成如下工作。

①建立系统评价委员会。无论采用什么评价方法,最终仍然需要人工确定评价结论,需要建立系统评价委员会。对于系统运行后的自诊断式的评价,可以由信息管理部门组建评价小组。在选择系统评价专家时不仅要充分考虑专家的权威性,还要考虑专家知识的综合性。所以,一般邀请管理专家、信息技术专家、企业所属行业专家和信息化专家等担任系统评价委员会人员。一个单位往往只能邀请一位专家,专家的单位可以来自信息系统研发单位、信息系统承建单位、企业主管部门和高校等单位。

②选择评价依据,定义质量需求,构建评价指标体系。任何应用问题都有其应用环境,应用环境为软件的运行提出了质量要求。因此,为了做好软件质量评价,必须在开发前定义其质量需求。质量需求包含问题规定的或隐含的需求、选定标准和其他技术等方面的信息。

③选择质量度量和定义指标等级。一般情况下,我们不可能对质量特性都进行直接度量,对选择的软件质量特性加以定量度量。因此,对取得软件特征度量值后还要将其映射到某个尺度上,作为评价的基础。当特性度量值不能直接以数值方式表达(例如对软件质量的满意程度)时,也可以将这些尺度分割成若干个满足不同需求程度的区域,例如:可分为优秀、良、合格、不合格这几个等级。

④定义评估标准。为了评估软件质量,必须把不同特性的评价结果加以归纳,为此评价者要制定一个评价标准和评价方法,例如采用判定表或加权平均法。

(2) 实施评价　实施评价工作往往时间短,工作量大,需要有计划地开展工作。评价实施可分为数据采集、评级和评估三步来完成。

①数据采集。根据选定的评价指标,在校准系统运行设定环境下,从现场

或提供的文档资料中获取相关数据。要求提供的资料必须是真实有效的,现场环境是稳定、可靠、可测的。采集数据过程是把准备好的指标度量应用到软件产品上,测量结果就是指标尺度上的值。例如,软件占用存储空间,查询运行时间等等。

②评级。确定某一测量值的等级,对指标进行标准化处理,取消不同指标之间不同阈值的差异。如存储空间的单位是 MB、GB、TB 等,软件运行速率是 MPS,运行时间是秒等。通过等级量化,使指标可以进行综合评价。

③评估。首先按指定的评价方法对指标值评级后,然后对获得的各指标等级进行处理,提炼、归纳出的各个因子的等级,写出系统评价报告。评估很重要,在软件质量评价时,为了提供的报告具有权威性,往往请具有相应资质鉴定中心测评,给出鉴定报告。也可以对评价的对象提供已经获得的各种荣誉、专利、著作证书。对于软件研发公司、或软件经销商还可以提供相关类似的成功案例作为评估的参考依据。

(3) 评价结论　最后,由系统评价委员会考虑环境、时间、成本和效益等因素,根据管理准则判定该管理信息系统研发项目应用是否可通过验收,或者管理信息系统软件产品是否发行,自诊断系统是否需要更新、改造和维修。对于实施前的评价,提出企业信息化现状存在的主要问题和已经达到的信息化水平等结论。

2. 信息系统评价方法

信息系统的提供商或软件研发公司、被实施企业和地方政府等不同的角度,对信息系统绩效的测度指标和追求目标往往不一致。一般情况下,测评对象是企业,企业的各种效益是综合因素的结果。企业绩效往往受到外部市场环境的影响很大,无法简单地从企业整体的综合绩效中剥离出信息系统单独产生的效益,因此对信息实施效益的评价存在着很大的争议。目前常用的评价方法是专家评估、技术经济评估、系统分析、ABCD 测评法、平衡记分卡法和模糊综合评判法等。

(1) 专家评估法　这是一种最常用的系统评价方法。由专家根据本人的知识和经验直接判断来进行评价。常用的有特尔斐法、评分法、表决法和检查表法等,这类评价方法往往应用于系统实施后,对系统进行验收性评价。

①特尔斐法。20 世纪 60 年代,美国兰德公司的 O. 赫尔墨和 N. 达尔基提出的。这是用书面形式广泛征询专家意见,以预测某项专题或某个项目未来发展的方法,又称专家调查法。特尔斐是希腊历史遗迹,为阿波罗神殿所在地。在古希腊神话中,太阳神阿波罗常在此宣布神谕,因此以特尔斐命名,表示聪明智慧之意。这个方法随即得到广泛应用,并出现了多种改进形式。

②评分法。评分法一般指点数法,是目前大多数国家最常用的评价方法。这种方法起源于对职位的各要素打分,用分数评估职位相对价值,并据以定出

工资等级的一种技术方法。这种方法预先要选定若干因素,并采用一定分值表示某一因素。然后按事先规定的衡量标准,对现有评价对象的每个因素逐一评比、估价、求得分值,经过加权求和,最后得到评价对象的总分值。

③表决法。表决法也称博尔达计数(Bolda Points)。该方法首先给每个备选方案按照偏好次序依次排列打分,分值从1到M,分数最高为M,最少为1,然后计算各个方案的总分,分数最高者胜出,方案可以通过。

④检查表法。检查表强调“用数据说话”。这种方法简单,数据处理方便。检查表在记录时只做“有”“没有”“好”“不的标记。

(2) 技术经济评估　以价值的各种表现形式来计算系统的效益而达到评价的目的。如净现值法(NPV法)、盈利指数法(PI法)和内部报酬率法(IRR法)等。此评价方法往往应用于系统实施前,对信息系统建设方案选择性评价。

①净现值法(NPV法)。这是评价投资方案的一种方法。该方法是利用净现金效益量的总现值与净现金投资量算出净现值,然后根据净现值的大小来评价投资方案。净现值为正值,投资方案是可以接受的;净现值是负值,投资方案就是不可接受的。净现值越大,投资方案越好。净现值法是一种比较科学也比较简便的投资方案评价方法。

②盈利指数法(PI法)。盈利指数法是能够用于评价资本预算项目的一种对货币的时间价值进行调整的方法。盈利指数(profitability index)是指初始投资以后所有预期未来现金流的现值与初始投资的比值。盈利指数(PI)=未来现金流量现值/初始投资=1+净现值/初始投资。当盈利指数≥1,则项目可行;盈利指数<1,则项目不可行。

③内部报酬率法(IRR法)。这是评价长期投资方案可行性的一个重要方法。通过计算备选投资方案的内部报酬率,并与一定标准(如资金成本)对比进行决策。由于它能反映各投资方案自身的报酬率,有利于在不知道折现率的情况下比较各投资方案,故该方法的应用得到了充分的肯定。

(3) 系统评估分析　对系统各个方面进行定量和定性的分析来进行评估。如成本效益分析、决策分析、风险分析、灵敏度分析、可行性分析和可靠性分析等

①成本效益分析。成本效益分析是通过比较项目的全部成本和效益来评估项目价值的一种方法,成本—效益分析作为一种经济决策方法,将成本费用分析法运用于计划决策之中,以寻求在投资决策上如何以最小的成本获得最大的收益。常用于评估需要量化社会效益项目的价值。

②决策分析。一般指从若干可能的方案中通过决策分析技术,如期望值法或决策树法等,选择其一的决策过程的定量分析方法。

③风险分析。在研发新的信息系统过程中,由于存在许多不确定因素,信息系统研发失败的风险是客观存在的。因此,风险分析对于信息系统项目管理

是决定性的。风险分析实际上就是贯穿在信息化工程过程中的一系列风险管理步骤,其中包括:风险识别、风险估计、风险管理策略、风险解决和风险监督等。

④灵敏度分析。研究与分析一个系统(或模型)的状态或输出变化对系统参数或周围条件变化的敏感程度的方法。在最优方案选择中,经常利用灵敏度分析来研究原始数据不准确或发生变化时最优解的稳定性。通过灵敏度分析还可以决定哪些参数对系统或模型有较大的影响。

(4) ABCD检测表　ABCD检测表是由美国Oliver Wight提出的,是企业实施信息化绩效评价最有影响力的常用方法,至今已经进行了4次改版,检测的内容越来越完善、全面。第4版检测表已经不再是一个测评表,而是一个复杂的指标体系。在测评前首先根据企业的规模和信息化程度进行设计、选定测评指标。对测评的每个指标均分成4个等级,并明确了每个指标的不同状态的取值方法,然后累加各个指标得分,给出综合得分,由这个分值判别企业信息系统实施绩效处在A、B、C、D中哪一个状态。

ABCD检测表的发展由第一版改进到现在的第四版,经历了从简单到复杂的过程。在第四版中明确了测评内容、方法、评分标准和等级判别方法。从理论上看简便、易懂,但是在实际操作过程中,企业由于缺乏企业信息化的专业知识,对检测表提出的问题或者不能正确回答,或者在信息化过程中根本没有记录相应的数据,通过第三方的专家来评判,存在很大的片面性。因此,该方法在应用过程中需要获得专家的帮助。

(5) 平衡记分卡法　平衡记分卡法是罗伯特·卡普兰与戴维·诺顿发明的,用于评价组织中系统性能的方法。平衡记分卡法是从组织的多战略目标中抽象出来的多个具体指标,如财务指标、客户指标、学习与创新指标,以及企业内部流程指标,集合起来形成一个指标体系。平衡记分方法明显优于采用一个或一种类型指标的评估方法,它把多个指标整合起来,综合用于评估过程。

平衡记分卡不是指标体系的简单综合,而是从空间立体的角度审视企业信息化的绩效,不仅通过指标较全面地反映了企业信息化的状态,而且,较深刻地描述了信息化企业的内部机制变化,能够更确切地表达企业信息化本质。但是,由于企业信息化基础不同,信息化对企业的影响也不同,信息化绩效评估不仅影响企业直接的经济效益,而且会影响更深远的企业战略目标的实施,企业竞争优势的发挥、竞争能力的提高和产品的潜在市场能力的增强。因为这种综合素质的提高存在着滞后性,平衡记分的结果只能是反映企业当前的各种指标值。

(6) 模糊综合评判法(Fuzzy Comprehensive Evaluation,简称FCE)　模糊综合评判法是在L. A. Zadeh提出模糊集合概念的基础上,引用模糊数学理论,评价受多种不确定因素的影响对象。用隶属函数作为桥梁,将不确定性在形式上转为确定性,即将模糊性加以量化,从而为模糊不确定性问题的解决提供了有效的数学工具。目前模糊综合评判法已经在综合评估与决策、模糊规划、模糊可靠性分析、模糊控制等领域得到了广泛的应用。模糊综合评估法能较好地用于涉及多个模糊因素的对象的综合评估方法。

在复杂的系统中,需要考虑的因素往往很多,因素还要分成若干层次,形成评判树状结构,对各层次的因素划分评判等级,各层次划分的评判等级数目应相同,上一层次与下一层次划分的评判等级要有单一的对应关系,以便数学处理运算,并确定各因子的隶属函数,求得各层次的模糊矩阵。评判顺序为:首先进行最低层次的模糊综合评判,其次由最低层次的评判结果构成上一层次的模糊矩阵,再进行上一层次的模糊综合,依此,自下而上逐层进行模糊综合评判,可得到系统总体的综合评判结果。

8.3.3 管理信息系统评价的关键指标

信息系统评价指标不仅是定性或定量地反映系统的构成、功能和性能,也是对系统设计思想及设计师智慧理解程度的反映,更是系统考核、验收和维保的重要依据。

1. 评价指标制定原则

制定信息系统评价指标应当组织信息系统承建方、使用方和主管部门一起深入讨论。在弄清楚实际用户需求和信息系统定位的基础上,进行全面权衡以决定评价信息系统的指标体系构成。并从实际对象、实际方式及技术水平等因素出发,通过指标体系对信息系统各组成部分的实际技术与使用要求进行充分论证。这种指标体系既能够体现信息系统的组成构架、信息系统的功能和性能要求。对信息系统的评价要定性和定量相结合、主观和客观相结合。制定信息系统评价指标体系需要遵守如下原则。

(1) 完整性和准确性　以系统的观点描述系统的功能和系统构成。前者分解定义系统的能力,后者为能力的实现提供了物质基础。在描述系统时,应当从系统的视角进行无缝划分系统构成与功能,并注意对传统的技术规范进行归纳和整理,突出在系统层次的考量,强化系统的全局和整体观点。

(2) 层次性　对于在不同阶段(如子系统规划阶段和系统实施阶段)都要给出不同指标要求,而这项工作正是系统总体的一项重要任务。针对不同侧面分别制定出不同层次的指标,形成指标之间的树形结构。

(3) 实用性　企业信息化是一个过程,需要逐步完善。信息系统项目往往是信息化过程中的一个阶段。因此,在构建系统评价体系时,要根据信息系统项目实际的需求出发,不能面面俱到。要从实用出发有侧重地抓关键因素。

2. 研发过程的评价指标

2003年我国发布了《制造业信息化工程2003年度应用软件产品测评规

范》,这是国家制造业信息化工程标准化工作的重要组成部分。制定本规范旨在为制造业信息化工程 2003 年度应用软件产品测评工作的开展提供技术指导和技术规范支持,实现对制造业信息化工程应用软件产品的公平、公正、科学、客观的评价。本规范共分三部分,其中第三部分规定了 ERP 软件产品测评的基本功能、扩展功能、性能和用户文档四个方面的测评指标,并对 ERP 软件产品测评给出了评定细则。ERP 系统是管理信息系统的典型大型软件产品,因此,对 ERP 系统的评价指标也是对一般管理信息系统评价指标构建的基础和重要参考,具有指导性意义。

(1) 功能测评指标　功能测评指标是描述 ERP 系统已经具有的功能情况,功能指标分为基本功能测评指标和扩展功能测评指标。基本功能是衡量系统是否已经具备 ERP 系统的功能,扩展指标是对 ERP 系统的进一步要求。

①基础数据管理。全面测评 ERP 系统运行的基础数据可操作性和完整性。

物料清单(BOM)数据。即:测评产品结构数据的生成与维护。在工程变更时能够对 BOM 进行修改,提供修改方法,或者从 E－BOM 生成(或建立)M－BOM 功能。例如:单级 BOM 展开、多级 BOM、单级 BOM 反查、多级 BOM 反查;产品结构数据复制:利用已有的产品结构,通过复制,建立新的类似产品的 BOM。

工艺路线数据。建立项目和需求资源关系的工艺路线基本信息文件,维护工艺路线基本信息文件(工作中心、工序数据),如工序数据管理,工时定额维护,批号追踪,工作中心维护。

财务数据。测系统是否有会计科目管理、会计期间管理和凭证类型管理功能。

会计期间指人为规定的会计信息的提供期限。可以定期反映企业的经营成果和财务状况,向有关方面提供会计信息,会计核算应人为地把持续不断的企业生产经营活动划分为一个个首尾相接、间距相等的经营期间。

②生产管理。测评 ERP 系统具有生产管理功能情况。

主生产计划。测是否具有主生产计划编制、主生产计划调整、MPS 粗资源平衡、主生产计划反馈与查询等功能。

物料需求计划。测 MRP 计划自动生成、编制与调整(顺排或倒排 MRP 计划等);物料需求计划可行性和平衡分析(包括独立需求和相关需求的可行性与平衡分析);物料需求计划;计划生产订单等的查询;计划生产订单确认、计划请购单确认、拖期订单报告等功能。

能力需求计划。测能力需求计划计算、能力负荷计算、车间部门负荷及工作中心负荷等的计算功能。

生产订单管理。测生产订单维护、查询;生产订单标准成本重估;生产订单的下达;生产订单缺料报告;生产领料单的生成、维护、审批等功能。

生产作业管理。测作业计划的编制与维护;调度计划编制与维护;作业计划查询、作业计划统计等功能。

生产工序管理。测工序转移、启停和完工处理;工序进度查询、反馈;工序异常处理与报告(例如拖期报告、返工报告、废品报告、停工报告等)功能;

生产统计。测关键工作中心效率报告、生产订单效率报告、员工效率报告、返工报告、生产计划完成情况统计功能。

③采购管理。测评 ERP 系统具有采购管理功能的情况。

采购计划管理。测采购计划编制与维护、请购单管理等功能。

供应商管理。测供应商等级分类、供应商信息定义、供应商信息维护、查询等。供应商评定审核管理功能。

采购订单管理。测供货信息管理、采购订单维护、到货、退货处理、订单统计查询等功能。

价格管理。测物料定价因素、价格变更的程序、最高单价控制、询价管理功能。

到货/验收管理。测到货管理功能、验收入库的管理、收货方式、退货管理功能。

④销售管理。测评 ERP 系统具有销售管理功能情况。

销售预测。测提供销售量的预测、预测订单管理功能。

销售计划。测销售计划编制与维护(销售年、月计划)、部门销售计划、推销员销售计划编制与维护功能。

询价与定价管理。测价格管理、价格策略管理、下达报价单为销售订单功能。

销售合同管理。测销售合同编制与维护、合同发货、结案管理、销售明细账查询、合同的执行情况、拖期情况查询等功能。

客户管理。测客户信息收集与分类、客户信息分析与查询功能。

查询统计。测销售欠款查询、售后服务分析、销售计划完成情况分析功能。

分销管理。测销售订单、配货方案功能。

退货管理。测退货作业管理、销退账务处理、退货流程控制功能。

⑤库存管理。测评 ERP 系统具有库存管理功能情况。

入库管理。测库存属性设置、采购入库管理、生产入库管理、调入入库管理功能。

出库管理。测销售出库管理、生产出库管理、调出出库管理、批次处理和转库处理功能。

盘点与结转。测库存盘点、库存结转等功能。

库存分析。测库存变动情况分析、库存物料 ABC 分类管理、库存预警(例如库存超期报警、库存越超报警、库存进价超限报警等)功能。

库存查询。测库存月报表查询与输出、物料收发台账查询、物料入库和出库登记表输出与查询、库存情况查询等功能。

⑥财务管理。测评 ERP 系统具有财务管理功能情况。

总账管理。测记账凭证输入和登记、日记账、明细账、总分类账、其他报表编制等功能。

应收账。测应收款管理、欠款客户管理、支票管理、发票管理等功能。

应付账。测应付款管理、供应商管理、支票管理、发票管理功能。

成本核算。测标准成本计算、实际成本计算、产品成本分析、目标成本分析、产生成本有关报表功能。

固定资产管理。测固定资产账目、固定资产变动处理、固定资产折旧、固定资产账表查询等功能。

工资管理。测工资核算、工资分配等功能。

财务报表。测损益表、资产负债表、现金流量表功能。

⑦质量管理。测评 ERP 系统具有质量管理功能情况。

检验标准管理。测抽样标准维护、检验标准维护、质量标准体系管理、供应商认证功能。

检验计划管理。测进货检验计划、生产零件检验计划、装配过程检验计划、产品检测检验计划功能。

检验过程管理。测进货检验、过程检验、成品检验、出货检验功能。

⑧设备管理。测评 ERP 系统具有设备管理功能情况

设备维护及运行。测设备维修记录、设备保养记录、设备运行记录、设备事故记录、设备精度检测、设备台账维护功能。

设备维护计划。测维修计划维护、保养计划维护功能。

⑨人力资源管理。测评 ERP 系统具有人力资源管理功能情况。

人事管理。测员工基本信息、人事状况统计表、人事变动管理、教育、培训、社保管理与劳动合同管理功能。

人力资源战略。测人力资源计划、人力成本预算管理功能。

职务职能管理。测组织结构设计、岗位信息管理功能。

⑩系统维护管理。测评 ERP 系统具有系统维护管理功能情况。

系统权限管理。测权限定义与维护、权限分配、角色管理功能。

数据维护。测数据导入导出、数据库备份与恢复功能。

还要测评 ERP 系统对于财务管理、人力资源管理、设备管理以及质量管理,是否可以有各种不同的具体实现方法,既可以是由 ERP 软件单独实现,也可以由 ERP 软件与其他专业软件相集成的专业模块来实现。

(2) 性能测评指标 性能测评指标反映了 ERP 系统软件在不同环境、条件

下能保持正常运行或软件产品具有的能力。这些指标同样也适用于其他管理信息系统的评价。

①可靠性。测 ERP 系统能屏蔽用户操作错误;运行错误不会导致系统异常退出;操作权限控制安全可靠;具备数据备份及数据恢复能力;软件能进行输入有效性检查;无损坏数据软件的现象;提供运行日志管理;与其他软件的兼容性(安装运行后对系统中其他程序不产生破坏性的影响);系统故障恢复(网络中断、断电后自动恢复);系统运行稳定能力。

②易用性。测 ERP 系统具有的菜单、工具栏随所进行的操作变化;具有联机帮助功能;对用户操作的实时引导;界面风格简洁一致,布局合理;软件具有可配置能力(例如显示界面、显示格式、报表格式等可以调整);软件易安装能力。

③集成性。测 ERP 软件系统各模块之间应实现数据共享、ERP 系统各业务流程的集成、与 CAD 系统的集成、与 CAPP 系统的集成、与 PDM 系统的集成、与 SCM 的集成、与 CRM 的集成能力。

④可扩展性。测 ERP 系统具有数据结构可修改扩充、系统功能可配置能力。

⑤可维护性:是一个明显的指标,系统的维护、扩充、修改是日常工作、

⑥准确性:信息系统提供的信息必须真实。

⑦及时性:信息的及时提供并能使用。

⑧友好性:指用户使用信息系统是否方便,人机界面是否友好。

⑨共享性:本系统的共享程度。

(3) 用户文档测评指标　用户文档测评指标反映了 ERP 系统软件提供用户资源的完整、规范和标准等特征。所有管理信息系统都必须建立完整的文档资料,因此,用户文档测评指标同样适用于其他管理信息系统的评价。

①用户文档完整程度,测评 ERP 系统软件产品的用户文档是否参照国家标准 GB/T 8567—2006《计算机软件文档编制规范》中用户手册的内容编写,并保证内容的完整性;用户文档中是否包括全部软件功能、业务流程和计算过程的说明;是否可以提供在线帮助。

②描述与实际功能的一致性。测随 ERP 系统软件产品用户文档描述的功能与软件实际功能是否保持一致。

③用户文档的易理解程度。测随 ERP 系统软件产品用户文档的文字描述是否条理清晰、易于理解;用户文档对关键重要的操作是否配以图例说明;用户文档是否采用了中文编写;对主要功能和关键操作是否提供应用实例。

④ERP 软件系统实施指南。测随 ERP 系统软件产品的用户文档中是否提供 ERP 软件系统实施指南或类似文档,其中是否包括规划、开发、实施、运行、评估等内容,以便为实施和应用 ERP 系统提供详细的指导。

(4) 应用测评指标　从信息系统建设、运行维护角度评价，不仅要考虑其功能与性能，还要考虑系统必须具备的条件。

①人员情况：人员数量、质量及结构。足够的数量，一定的质量以及合理的结构可保证信息系统建设的质量以及运行维护水平。

②领导支持：主管领导对系统的建设、运行维护的支持是保证系统建设成功的重要因素，也是系统正常运行，产生效益的重要因素。

③先进性：指所建信息系统在总体上是先进的，是能产生较大效益的，而且具有较长的生命周期。

④管理科学性：指是否有完整的规章制度、值班制度、日志记录制度、健全的安全防火系统，以及资料、设备的管理制度，系统运行维护制度等。

⑤重要性：指信息系统对用户来说所处的地位。

⑥实用性：实际使用能否产生效益，在日常事务中能否对决策和管理提供支持。

(5) 经济效益指标　从信息系统给用户产生的经济效益，评价系统经济指标主要有：

①经济性：指用户使用信息系统需要支付费用，这个费用是否超越了用户的承担能力以及用户是否有必要花费这个费用。

②投资情况：指要建立系统应有合理的投资。

③效益性：指信息系统产生的社会和经济效益。

④开发效率：指信息系统的建设速度。一个信息系统从规划、可行性研究开始到系统分析、设计、实现直到正常运行，这个过程称为“系统开发生命周期”，这个周期应当越短越好。

⑤信息量：信息系统能提供的信息数量。

⑥服务程度：主要指对各级管理人员和决策者的服务程度。

⑦资源利用情况：包括高附加值的设备(硬、软件及其构成的系统)、信息和人力资源，最主要的是信息的利用。

⑧引导性：指信息系统对未建系统产生的示范引导作用。

本章小结

本章主要介绍了系统的运行管理和维护以及对系统的评价。

管理信息系统的运行管理是保障系统正常运行的基础，介绍了系统运行管理中的组织和制度建设以及人员的配备。系统维护的目的是保证系统能够处于良好、正确的工作状态，讨论了系统维护的内容，明确了系统维护的工作顺序等。

在系统投入使用后，根据使用者的反映和系统运行情况记录，需要对系统进行全面的评价。评价系统是否达到了设计的要求，同时指出系统需要改进的方面。信息系统的评价内容主要包括系统的管理水平、系统的性能以及系统的经济效益。

思考题

1. 系统运行组织结构有哪些类型？各有何特点？
2. 如何确定信息系统的运行组织机构？
3. 如何配置信息系统的人员？
4. 系统维护有哪几种？各有何特点？
5. 系统的可维护性怎么解释以及如何进行度量？
6. 简述执行系统维护的流程。
7. 请简述应如何建立信息系统的评价体系以及信息系统评价的目的。
8. 系统评价一般包括哪些方面？

9　管理信息系统应用

随着信息技术的迅猛发展，信息系统产品的不断完善，功能与性能的提高，推动着管理技术、制造技术的极速发展，促进了社会的进步。管理信息系统的应用正在改变着人们的工作、学习、生活和思想。运用管理信息系统不仅代替了传统人工管理方式、机械制造模式，而且深刻地影响了人们重新认识和再造企业原有的业务流程。智能化、数字化、网络化的大融合已经成为企业在激烈的市场竞争中取胜的战略手段之一。

9.1　企业经营管理信息化工程

管理信息系统的应用不仅可以自动化管理流程、降低管理人员的事务性工作负荷、加快信息处理的速度、提高信息资源的质量和利用率、敏捷反应顾客需求的变化等，而且还可以通过降低成本、提高质量、缩短产品或服务的交付周期、获取更高的利益等方面，从根本上提升企业的市场竞争能力。企业经营管理信息化工程总体结构如图 9－1 所示。

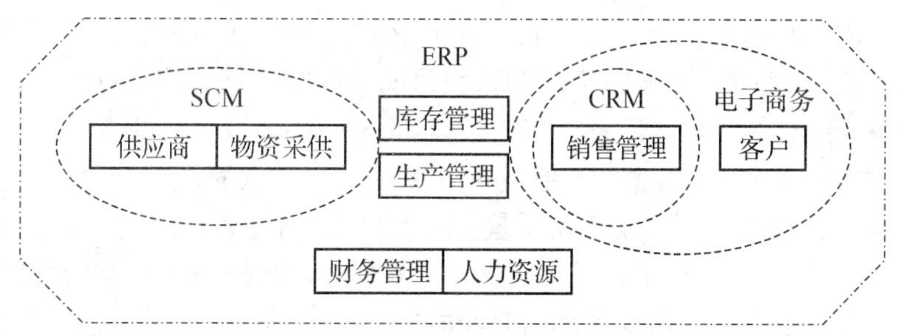

图 9－1　企业经营管理信息化工程结构图

9.1.1　客户关系管理(CRM)

随着产品市场竞争的不断加剧、客户需求的多样化，企业不再是以产定销，而是以客户为中心，以销定产。企业生产出来的产品不一定是资产，也有可能是负债，关键在于客户是否需要，是否能销售出去，客户关系管理是企业一切经营管理的起点。因此，企业必须掌控产品的客户群体，及时、全面、正确地掌控产品销售信息，了解在什么时候、以什么方式、向什么地方、销售什么产品、能销多少。为做到这一点，依靠传统的营销模式无法满足现代企业经营需求，必须采用信息技术，构建信息系统，实现客户关系管理。

1. 客户关系管理的形成

客户关系管理(Customer Relationship Management，简称 CRM)的提出与

任何其他新思想、新理论、新技术的产生一样,是在技术推动、需求拉动和管理思想革新的前提下诞生的。

(1) 技术推动

20世纪是计算机技术飞速发展并成功应用于企业生产经营管理的时代。计算机技术的快速发展,一方面使得企业办公自动化程度、员工计算机应用能力、企业信息化水平、企业管理水平都有了很大程度的提高,信息化、网络化的理念在很多企业已经深入人心。另一方面,电子商务在全球范围内正开展得如火如荼,正在改变着企业做生意的方式。通过 Internet,可开展营销活动,向客户销售产品,提供售后服务,收集客户信息。客户信息是客户关系管理的基础。数据仓库、商业智能、知识发现等技术的发展,使得收集、整理、加工和利用客户信息的质量大大提高。这种以技术推动的行为对社会经济生活产生巨大的影响,企业所有者能够利用这些技术,快速地改变与顾客之间的商业方式并获取更多新商机。

(2) 需求拉动

随着技术的进步,很多企业在信息化方面已经做了大量工作,收到了很好的经济效益。然而一个普遍的现象是,在很多企业,销售、营销和服务部门的信息化程度越来越不能适应业务发展的需要,越来越多的企业要求提高销售、营销和服务的日常业务的自动化和科学化。这主要体现在以下三个方面:第一,企业的销售、营销和客户服务部门难以获得所需的客户互动信息;第二,来自销售、客户服务、市场、制造、库存等部门的信息分散在企业内,这些零散的信息使得无法对客户有全面的了解,各部门难以在统一的信息的基础上面对客户;第三,竞争的压力越来越大,在产品质量、供货及时性等方面,很多企业已经没有多少潜力可挖,只有让企业赢得新客户、保留老客户和提高客户利润贡献度才能提高企业竞争力。这需要各部门对面向客户的各项信息和活动进行集成,组建一个以客户为中心的企业,实现对面向客户的活动的全面管理。

(3) 管理思想革新

市场经济观念的深入人心逐步形成了客户联盟的概念。企业与客户建立共同获胜的关系,达到双赢的结果,不再是千方百计地从客户身上谋取自身的利益。现在我们正处在一个变革的时代、创新的时代。只有比竞争对手领先一步,才有可能成功。在引入客户关系管理的理念和技术时,不可避免地要对企业原来的管理方式进行改变,变革、创新,这将有利于企业员工接受变革,而业务流程重组则提供了具体的思路和方法。这仅仅凭传统的管理思想已经不够了。互联网带来的不仅是一种手段,它触发了企业组织架构、工作流程的重组以及整个社会管理思想的变革。

以上三个方面对客户关系管理的产生形成了技术保障和理论支持,同时也具有良好的社会基础,因此客户关系管理应运而生。

2. 客户关系管理的内涵

由于消费者的消费者意识逐渐加强，顾客已由过去的被动接受，转变为主动寻求自我需求，因此注重满足个性差异的顾客需求将是企业间的竞争趋势。在客户导向的时代，只有积极的个性化服务，才能提高消费者的忠诚度，抓住客户的心。客户关系管理关注的就是如何通过不断的沟通了解并影响顾客的行为，通过分析对顾客有效并可供参考的信息，增加新客户、留住老客户，根据客户的个性化需求提供专为客户量身定做的服务以提高客户的满意度并改善客户的利润贡献度。

虽然对客户关系管理的研究和实践始终没有停止过，但学术界和企业界对其概念目前还没有统一的定义，下面就列出几个有代表性的概念。

客户关系管理最早由 Gartner Group 提出，认为"CRM 是一种协助企业在企业和客户之间建立持久关系的企业战略，它也是获得、保持和培养有利可图的客户的一种途径。"

IBM 公司则认为客户关系管理包括企业识别、挑选、获取、发展和保持客户的整个商业过程。IBM 把客户关系管理分为三类：关系管理、流程管理和接入管理。

Hurwitz Group 公司认为：CRM 的焦点是自动化并改善与销售、市场营销、客户服务和支持等领域的客户关系有关的商业流程。CRM 既是一套原则制度，也是一套软件和技术。它的目标是缩减销售周期和销售成本，增加收入，寻找扩展业务所需的新的市场和渠道以及提高客户的价值、满意度、营利性和忠诚度。CRM 应用软件将最佳的实践具体化并使用了先进的技术来协助各企业实现这些目标。CRM 在整个客户生命周期中都以客户为中心，这意味着 CRM 应用软件将客户当作企业运作的核心。CRM 应用软件简化协调了各类业务功能（如销售、市场营销、服务和支持）的过程并将其注意力集中于满足客户的需要上。CRM 应用还将多种与客户交流的渠道，如面对面、电话接洽以及 Web 访问协调为一体，这样企业就可以按客户的喜好使用适当的渠道与之进行交流。

著名咨询公司盖洛普（Gallup）将 CRM 定义为：策略＋管理＋IT。强调了 IT 在 CRM 管理战略中的地位，同时也从另一个方面强调了 CRM 的应用不仅仅是 IT 系统的应用，它和企业战略和管理实践密不可分。

不管何种定义，CRM 的核心是客户价值管理，它将客户价值分为既成价值、潜在价值和模型价值，通过"一对一"营销原则，满足不同价值客户的个性化需求，提高客户忠诚度和保有率，实现客户价值持续贡献，从而全面提升企业盈利能力。然而尽管 CRM 最初定义为企业商务战略，但随着 IT 的参与，CRM 已经成为管理软件、企业管理信息解决方案的一种类型。相对于 4"P"，客户关系管理主要包含以下 7 个"P"：

①客户概况分析(Profiling):包括客户的层次、风险、爱好、习惯等;

②客户忠诚度分析(Persistency):指客户对某个产品或商业机构的忠实程度、持久性、变动情况等;

③客户利润分析(Profitability):指不同客户所消费的产品的边缘利润、总利润额、净利润等;

④客户性能分析(Performance):指不同客户所消费的产品按种类、渠道、销售地点等指标划分的销售额;

⑤客户未来分析(Prospecting):包括客户数量、类别等情况的未来发展趋势、争取客户的手段等;

⑥客户产品分析(Product):包括产品设计、关联性、供应链等;

⑦客户促销分析(Promotion):包括广告、宣传等促销活动的管理。

我们在这里所说的CRM是指用计算机自动化分析销售、市场营销、客户服务以及应用支持等流程的软件系统。它的目标是缩减销售周期和销售成本,增加收入,寻找扩展业务所需的新市场和渠道以及提高客户的价值、满意度、营利性和忠诚度。

由此客户关系管理的内涵可以从以下三个方面来描述。

(1) 客户关系管理是一种经营管理理念

在不同场合下,CRM可能是一个源于市场营销理论的管理学术语,体现为新态企业管理的指导思想和理念,是创新的企业管理模式和运营机制。市场营销作为一门独立的经济学科已有将近百年的历史。近几十年来,市场营销的理论和方法极大地推动了西方国家工商业的发展,深刻地影响着企业的经营观念以及人们的生活方式。近年来,信息技术的长足发展为市场营销管理理念的普及和应用开辟了广阔的空间。我们看到,信息技术正在迅猛地扩张其功能,正在用从前科幻小说描写过的方式进行思维推理。在有些方面,信息技术的智能正在取代人类的智能。

(2) 客户关系管理是一种解决方案

客户关系管理是将市场营销的科学管理理念通过信息技术的手段集成在软件上面,得以在全球大规模地普及和应用。作为解决方案(Solution)的客户关系管理,它集合了当今最新的信息技术,是企业管理中信息技术、软硬件系统集成的管理方法和应用解决方案的总和,它们包括Internet和电子商务、多媒体技术、数据仓库和数据挖掘、专家系统和人工智能、呼叫中心等等。

(3) 客户关系管理是一套软件信息系统

作为实现上述管理思想和解决方案的客户关系管理系统是一套软件信息系统,该软件系统能够实现销售管理、营销管理、客户关怀、客户服务和支持、呼叫中心、数据分析等功能模块,为实现企业良好的客户关系管理提供有效的管理工具。

总之，客户关系管理的内涵就是：客户是企业的一项重要资产，客户关怀是CRM的中心，客户关怀的目的是与所选客户建立长期和有效的业务关系，在与客户的每一个“接触点”上都更加接近客户、了解客户，最大限度地增加利润和利润占有率。图9-2显示了客户关系管理的主要内容。

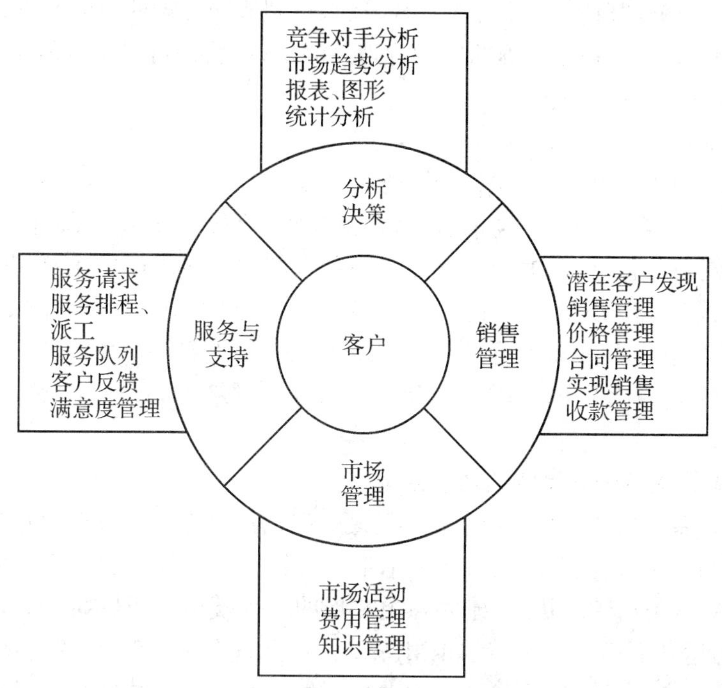

图9-2 客户关系管理的主要内容

3. 客户关系管理系统的分类

按照目前市场上采取的功能分类方法，CRM应用系统可以分为操作型、分析型和协同型三类。

(1) 操作型

操作型CRM通过给予角色的关系管理工作平台实现员工授权和个性化，通过业务流程的定制实施，让企业员工在销售、营销和服务支持的时候，得以用最佳方法提高效率。通过前台交互系统和后台可以无缝集成链接，并同步所有客户的交互活动，使相关部门的业务人员在日常的工作中能够共享客户资源，减少信息流动的滞留点，从而使企业作为一个统一的信息平台面对客户，大大地减少客户在与企业的接触过程中产生的种种不协调。简单来说，操作型CRM可以说是“快速并正确地做事”，也就是按照规章制度的要求和流程标准高效率地工作。

(2) 分析型

分析型CRM从ERP、SCM等系统以及操作型CRM、协同型CRM等不同管道收集各种与客户相关的资料，再利用数据仓库、数据挖掘等技术帮助企业全面地了解客户的分类、行为、满意度、需求和购买趋势等。主要原理是将交易操作所积累的大量数据进行过滤，然后存储到数据仓库中去，再利用数据挖掘技术建立各种行为预测模型，最后利用图表、曲线等对企业各种关键运行指标以及客户市场分割情况向操作型模块发布，达到成功决策的目的。也就是说企业可利用上述资料拟定正确的经营管理策略，所以我们可以说分析型CRM就是“做正确的事，做该做的事”。

(3) 协作型

协作型CRM将市场、销售和服务三个部门紧密结合在一起，整合企业内部沟通、企业与客户接触、互动的管道，包括呼叫中心、网站、电子邮件、即时通信工具等，支持他们之间的协作，使企业内各个部门之间协作畅通，数据一致，同时强化服务时效与质量，从而使CRM为企业发挥更大的作用。协作型CRM目前主要由呼叫中心、客户多渠道联络中心、帮助平台以及自助服务帮助导航等功能模块组成。具有多媒体多渠道整合能力的客户联络中心是协作型CRM的发展趋势。

4. 客户关系管理系统的功能架构

CRM系统的核心是客户数据的管理。我们可以把客户数据库看作一个数据中心，利用它，企业可以记录在整个市场与销售的过程中和客户发生的各种活动，跟踪各类活动的状态，建立各类数据的统计模型用于后期的分析和决策支持。为达到上述目的，一套CRM系统大都具备市场管理、销售管理、销售支持与服务和竞争对象记录与分析的功能。根据客户关系的概念、思想和分类，我们可以得到客户关系管理系统的功能架构，如图9-3所示。

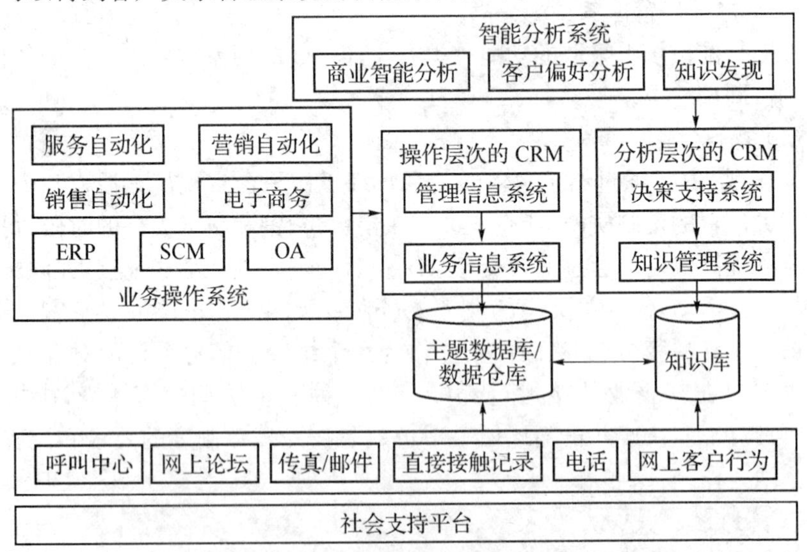

图9-3 客户关系管理系统的功能架构

该功能架构主要包括5个方面的内容，它们分别是：社会支持平台、客户接触平台、业务操作平台、智能分析平台和数据管理平台。

(1) 社会支持平台

主要包括系统的软硬件基础和社会氛围。软硬件基础包括软件平台建设和网络建设。社会氛围包括对CRM的认识、良好的文化氛围、法律法规等。这个平台的建设一方面需要企业自身来完成，另一方面需要全社会的力量来搭建。

(2) 客户接触平台

该平台主要完成与客户沟通与接触的功能，体现"接触管理"的基本思想，包括呼叫中心、网上论坛、传真、邮件、直接接触记录、电话、网上行为分析等。通过该平台可以全面有效地记录与客户的接触行为，为后续的业务开展奠定基础。

(3) 业务操作平台

主要包括销售、服务和内部管理等方面。企业资源计划系统(Enterprise Resource Planning System，简称ERP)负责生产制造管理，供应链管理(Supply Chain Management，简称SCM)系统进行供应链管理，办公自动化(Office Automation，简称OA)系统负责实现内部办公、公文流转等管理，电子商务(E-Business，简称EB)系统实现对网上销售、营销的管理。业务平台在信息化条件下实现服务自动化、销售自动化、营销自动化等等。该平台的行为数据被直接存放到中央数据仓库中。

(4) 智能分析平台

主要实现对接触中心和业务操作系统得到的数据进行分析、挖掘等工作，形成有效的知识储备并存储于知识库，为企业战略决策提供支持。

(5) 数据管理平台

是一个专门有效的数据库管理系统，主要进行数据库管理，一般采用成熟稳健的商用数据库管理系统，同时能够支持在线联机分析和处理，如IBM的DB2等。

5. 客户关系管理系统的功能

通过上述客户关系管理的系统架构，我们可以总结一般客户关系管理系统的功能。CRM系统不是独立存在的，它必然与企业后端的供应链管理紧密相关，从而保证CRM系统中每一张客户订单能够在保证利润的前提下有效及时地得到确认并确保执行。每一笔销售交易的达成都有赖于企业后台的支撑平台，即ERP系统，其中包括分销与运输管理、生产与服务计划、信用与风险控制、成本与利润分析等功能。从客户关系管理的本质上讲，客户关系管理主要包括销售管理、市场管理、客户服务与支持和数据智能分析等几个子系统，然而随着互联网技术的快速发展，客户关系管理也需要进行变革以适应新时代的需要,因此客户关系管理引入了电子商务子系统。另外,为了系统的相对独立,我们也把基础数据管理引入客户关系管理系统,但一般这个子系统主要由ERP系统支持。图9-4显示了客户关系管理系统的子系统划分。

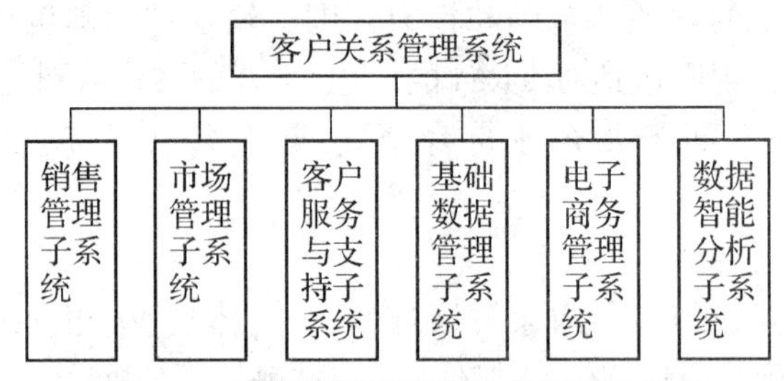

图9-4 客户关系管理系统的子系统划分

(1) 销售管理子系统

该子系统提供有效、快速而安全的交易方式。一般的CRM系统均会提供电话销售(Tele—Sales)、移动销售(Mobile Sales)等多种销售形式,并在每一种销售形式中考虑实时的订单价格、确认数量和交易安全等方面的问题。该子系统具有订单与合同的管理、销售管理、现场销售管理、电话销售管理\移动销售管理、销售预测管理、销售支持管理、销售费用管理、销售佣金管理和销售知识库管理等功能模块。

(2) 市场管理子系统

该子系统对直接市场营销活动加以计划、执行、监视和分析,主要功能包括:在进行营销活动(如广告、邮件、研讨会、网站、展览会等)时,能获得预先定制的信息支持;把营销活动与业务、客户、联系人建立关联;显示任务完成进度;提供类似公告板的功能,可张贴、查找、更新营销资料,从而实现营销文件、分析报告等的共享;跟踪特定事件;安排新事件,如研讨会、会议等,并加入合同、客户和销售代表等信息;信函书写、批量邮件,并与合同、客户、联系人、业务等建立关联;邮件合并;生成标签和信封。该子系统具有市场活动管理、客户列表管理、活动执行管理、市场渠道管理、市场趋势分析与管理、市场费用管理、竞争对手分析与管理、邮件与信函管理和市场知识库管理等功能模块。

(3) 客户服务与支持子系统

客户关系的根本要求就是建立跟客户之间的"学习关系"与"管理关系",即从与客户的接触中了解他们在经营活动中的意见和建议,并帮助他们加以解决,同时在了解他们基本信息的基础上进行"一对一"的个性化服务,为拓展新的市场需求提供超值服务。客户关系管理的核心思想就是"服务"与"管理",服务和管理是相辅相成的,服务是有针对性的管理。服务质量的好坏直接关系到企业的生存与发展。如何提高服务质量,一直是企业关注的焦点问题。CRM可帮助企业从收到客户的服务请求开始,全程跟踪服务任务的执行过程,保证服务的及时性和完成质量。该子系统主要为提高那些与客户支持、现场服务和仓库管理相关的业务流程的自动化并加以优化，同时利用电话来促进销售、营销和服务。它具有服务项目管理、呼叫中心管理、客户关怀管理、自动派工管理、客户反馈管理、服务排程管理、知识库管理和服务合同管理等功能模块。

（4）数据智能分析子系统

该模块实现对各类数据的分析、挖掘和辅助决策等功能。企业管理层需要了解各种业务数据，CRM以图表的形式对企业的市场销售、服务、产品等各种业务状况进行统计分析，便于管理者能随时做出相关决策，及时把握市场商机，为企业带来更大的效益。该子系统支持在线对多维形式的数据采取钻取、切片、切块、旋转、透视等操作来剖析数据，使用户能从多个角度、多侧面地观察数据库中的数据。它具有各类报表管理、各类图形管理、各类分析管理、知识库日常管理、各类辅助决策管理、统计分析管理和决策方案管理等功能模块。

9.1.2 电子商务(EB)

电子商务(E-Business，简称EB)是运用信息技术构建的经营信息系统。这已经不再是一种单纯经营模式的改变，营销管理信息系统的实现，而是一个新兴行业崛起，正冲击着传统的经销方式，改变着商业发展。无论是传统的制造业、金融企业还是商贸企业都纷纷投入巨资打造电子商务模式，形成了纷飞复杂的各类商业活动，网上进行交易成为便捷、高效和实惠的代表。

1. 电子商务的内涵

电子商务也称为Web企业业务或企业2.0，它强调在网络环境下把买方、卖方、厂商及其合作伙伴通过互联网(Internet)、企业内部网(Intranet)和企业外部网(Extranet)等平台实现远程交易、空中贸易和网络支付。1997年10月欧洲经济委员会在比利时首都布鲁塞尔举办了全球信息化标准大会上明确提出了一个关于电子商务的比较严密完整的定义："电子商务是各参与方之间，以电子方式而不是以物理交换或直接物理接触方式完成任何形式的业务交易。"这里的电子商务包括电子资料交换(EDI)、电子支付手段、电子订货系统、电子邮件、传真、网络、电子公告系统、条形码、图像处理、智能卡等。一次完整的商业贸易过程是复杂的，包括交易前的了解商情、询价、报价、发送订单、应答订单、发送接收送货通知、取货凭证、支付汇兑过程等，涉及资金流、物流、信息流的流动。

2. 我国电子商务的发展存在的问题

电子商务作为一种建立在信息技术平台上的先进的商务活动方式，无疑有着良好的发展前景。因此，企业在资金力量允许和发展战略需要的情况下，涉足电子商务，开拓新的领域，不失为一种选择。有一些企业由于进入时间合适，战略选择正确，经营方式得当，在电子商务方面取得了很好的成绩。但是我国要开展电子商务还存在很多问题,例如计算机用户比较少,存在信誉风险。

(1) 政策与法律环境

总的说来,我国的信息化政策还不够完善,尤其体现在电子商务方面,有关的政策不够明朗,相应的法律、法规以及相关的标准还都没有建立,跨部门、跨地区的协调存在较大问题。因为参与电子商务的不仅仅是交易双方,更重要的是涉及工商行政管理、海关、保险、财税、银行等众多部门和不同地区、不同国家,这就需要有统一的法律、政策框架,以及跨部门、跨地区的强有力的综合协调组织,才能促进电子商务的蓬勃发展。

(2) 企业信息化建设

企业作为电子商务的主体,其信息化程度是电子商务运行的基础。目前,我国企业大多处于转型阶段,现代企业制度尚未普遍建立,企业信息化的进展并不令人满意。

(3) 金融电子化建设

金融体系是商务活动的基础保证。电子商务的支付与结算需要电子化金融体系的密切配合。目前我国金融服务及其电子化水平比较落后,跨区域、跨银行的电子支付系统还未建立,网上支付、结算等问题很大程度上阻碍了我国电子商务发展的进程。

3. 电子商务体系结构的模式

最基本的电子商务应用集中在企业对企业(B2B)、企业对消费者(B2C)、企业对政府机构(B2G)和消费者对政府机构(C2G)这四大领域,它们构成了现有电子商务应用进一步拓展的基础,体现了电子商务体系结构的基本规律,具有类似的运营结构,从而构成了电子商务的顶层结构。所谓电子商务顶层结构是指多个电子商务实体利用电子商务应用系统提供的技术手段进行商业、贸易等商务活动,实现商务处理过程电子化所遵循的概念结构,是实际运作的电子商务体系结构的抽象。

(1) 企业对企业(B2B)

B2B电子商务结构模式是指商业机构(或企业、公司)使用Internet或各种商务网络向供应商(企业或公司)订货和付款的电子商务运营模式。企业对企业模式的电子商务发展最快,已经有了多年的历史,特别是通过增值网络(Value Added Network,简称VAN)上运行的电子数据交换(EDI),使企业对企业的电子商务得到了迅速扩大和推广。公司之间可以使用网络进行订货和接受订货、签订合同和付款。

目前B2B模式是电子商务顶层结构中最重要的一种形式,交易额巨大,引入后能够产生可观的经济效益。在利益驱动之下,众多传统商品生产和商品流通领域的企业单位纷纷涌入B2B电子商务应用体系,强烈的需求刺激了B2B模式的广泛应用,推动了B2B模式的不断发展和完善。

传统的企业间的商务处理过程大致可以描述为:需求调查—材料采购—生产—商品销售—收款—货币结算—商品交割。而在 B2B 电子商务结构中,这个过程可以重新表述为:利用智能搜索引擎进行需求调查—以电子单证的形式调查原材料信息并确定采购方案—生产—通过互联网发送电子广告来促进电子销售——采用电子支付技术以电子货币的形式进行资金接收—同电子银行进行货币结算—商品交割。B2B 模式下的电子商务体系结构如图 9-5 所示。

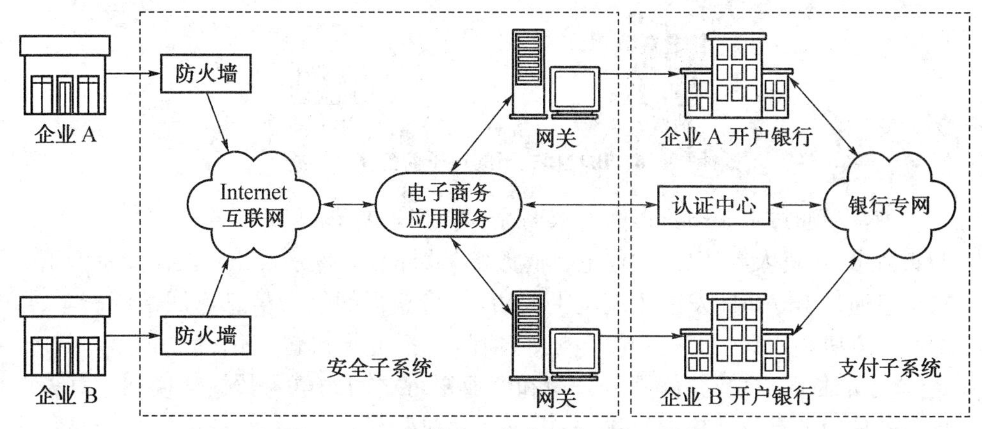

图 9-5 B2B 模式下的电子商务体系结构

企业 A 提出商务业务请求,将请求信息和银行账户信息通过因特网发送到电子商务 ASP 提供的电子商务应用服务;智能搜索引擎在 Internet 上寻找合适的交易企业 B,并将请求信息通过 Internet 发送给企业 B;企业 B 得到企业 A 的请求信息后,经过分析处理,响应交易请求,并将响应信息和自身银行账户信息发送给电子商务应用服务;收到企业 B 的交易请求后,电子商务应用服务对交易双方进行身份认证,将认证合格的银行账户信息通过支付网关发送给交易双方的开户银行,以银行专网为基础完成银行转账;将转账后的信息通过电子商务应用服务发送给交易企业,并联合工商、税务、海关、法律和运输等协同作业单位完成配送。

(2) 企业对消费者(B2C)

B2C 电子商务结构模式是指以 Internet 为主要服务提供手段,实现公众消费和提供服务,并保证与其相关的付款方式的电子化的电子商务运营模式。B2C 模式是伴随着 WWW 的出现而迅速发展的,可以理解成为一种电子化的零售。目前,Internet 上已遍布各种类型的商业中心,提供各种商品和服务,主要有服装、鲜花、书籍、计算机、汽车等商品和服务,例如全球最大的虚拟书店 Amazon.com、快递公司 Federal Express 和食品预定公司 Pizza Hut。这些采用 B2C 模式的电子商务服务商将库存商品做成电子目录,详细记录了待售商品的图片、说明书、尺寸和价格信息,以便于消费者查询、购买。B2C 模式下的电子商务体系结构模式如图9-6所示。

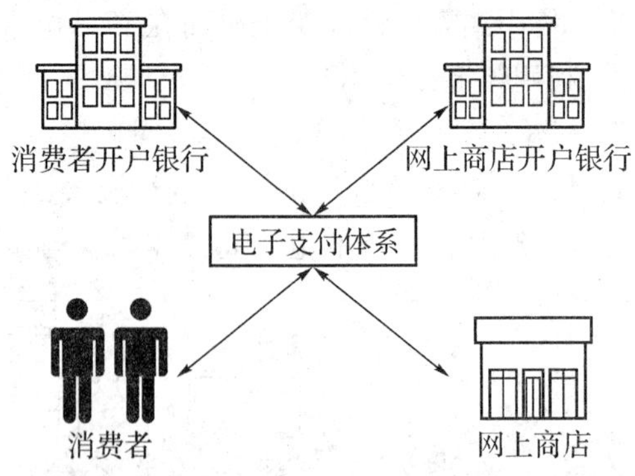

图9-6 B2C模式下的电子商务体系结构

消费者通过Internet查询需求商品,将订货单(包括商品名称、型号规格、购买数量、收货人等信息)发往电子商务服务器;电子商务服务器把消费者的请求信息通过Internet发给相应网上商店,并将获得的反馈信息返回给消费者;交易双方协调一致后,进入电子支付过程,包括电子钱包支付、信用卡号码加密、电子购货账单填写、信用卡公司和商业银行之间的电子数据交换和结算处理以及信用卡有效性检查等操作;电子支付过程结束后,网上商店记录交易往来的财务数据,并将一份电子收据发给消费者;网上商店根据消费者的电子订货单完成配送。

(3) 企业对政府(B2G)

B2G电子商务结构模式是指利用Internet完成政府与企业之间的政府采购、税收、商检、管理条例发布等各项事务的电子商务运营模式。例如,在美国,政府采购清单可以通过Internet发布,公司可以以电子化方式回应;另外,政府通过电子数据交换的方式向企业征税等。目前这种方式仍处于初期的试验阶段,但可能会很快发展起来,主要是因为这种方式可以更好地树立政府的形象,实施对企业的行政事务管理,推行各种经济政策等等。随着各国政府不遗余力地推进电子商务的发展,基于B2G模式的电子商务应用将会迅速增长。各国政府在电子商务应用中扮演了双重角色:既是电子商务的使用者,进行购买等商业活动,又是电子商务的宏观管理者,对电子商务起着扶持和规范作用。

在发达国家,电子商务的发展主要依靠企业的参与和投资,政府只起引导作用。而在众多发展中国家,企业规模较小,信息技术落后,债务偿还能力低,无法依靠自身的力量发展电子商务体系,需要政府的积极参与和帮助,所以B2G模式在广大发展中国家具有更突出的现实意义。

(4) 消费者对政府(C2G)

C2G电子商务结构模式是指由政府利用电子商务手段进行福利费发放、自我估税和个人税费征收的电子商务运营模式。这类电子商务活动目前还没有真正形成，但随着商业机构对消费者以及商业机构对政府的电子商务的发展，各国政府将会对个人实施更为完善的电子服务。

4. 电子商务三层体系结构

一个完善的电子商务系统应该包括哪些部分，目前还没有权威的论述。从总体上来看，电子商务系统是三层框架结构，底层是网络平台，是信息传送的载体和用户接入的手段，它包括各种物理传送平台和传送方式；中间是电子商务基础平台，包括CA(Certificate Authority)认证中心、支付网关(Payment Gateway)和客户服务中心三个部分，其真正的核心是CA认证中心；而顶层就是各种各样的电子商务应用系统，包括电子商店、远程医疗、股票交易和视频点播，由电子商务安全体系负责商务交易过程中的信息安全。电子商务基础平台是各种电子商务应用系统的基础。基于三层体系结构的电子商务系统如图9-7所示。

<table>
<tr><td>安全电子邮件</td><td>安全WWW站点</td><td>远程教育</td><td>视频音乐点播</td><td>网上订票</td><td>网上缴费</td><td>报税/交税系统</td><td>电子商厦</td><td>远程医疗</td><td>股票交易</td><td>新闻</td><td>游戏</td><td rowspan="3">电子商务安全系统</td></tr>
<tr><td colspan="12">CA认证中心、支付网关、客户服务中心</td></tr>
<tr><td colspan="12">公众多媒体数据网</td></tr>
</table>

图9-7 电子商务三层体系结构

电子商务是计算机技术对人类商务活动的一次新的革命，从IT业角度来理解，是一种软硬件集成系统。于是在电子商务三层体系结构的基础之上，细化技术内容，突出技术特征，结合现有软硬件平台基础，生成了基于系统集成的电子商务七层复合技术结构。

(1) 应用模型层：是电子商务的实际应用模型，包含基于交易、非交易和智能交易的应用编程接口(Application Programming Interface，简称API)，现有基于国际通用的电子商务运营模式——B2B、B2C、B2G和C2G的网络应用。

(2) 表现层：包括根据用户要求定制的个性化和专业化的网络站点；满足用户需求、画面美观、布局合理、功能明确和输入方便的交易界面；系统内联的浏览器专业插件。

(3) 中间(构件)层：主要用支持商业主体的应用程序接入本系统，同时帮助用户应用本系统。

(4) 总线层：负责整个结构的应用控制和数据流控制，其中通用对象请求代理结构(Common Object Request Broker Architecture，简称CORBA)和分布式组件对象模型(Distributed Component Object Model，简称DCOM)等分布式应用体系承担控制流总线，与超文本标记语言(Hypertext Markup Language，简称HTML)同源于标准通用标记语言(Standard General Markup Language，简称SGML)的可扩展标记语言(eXtensible Markup Language，简称XML)承担了数据流总线的任务。

(5) 公共层:包含XML编译器和基于XML的重构等。

(6) 数据存储层:负责管理电子商务交易过程中的海量商业数据,主要采用基于面向对象(Object Oriented，简称OO)技术和关系数据模型的大型数据库管理系统(如Oracle，MS SQL Server，Sybase SQL Server等)和传统的文件系统。

(7) 网络计算层:主要处理电子商务体系运作过程中海量商务数据在网络传输介质上的传播,包含各种网络通信协议、传输算法、安全加密算法和分布式并行计算等内容。

5. 电子商务支付系统

电子商务支付信息流动的典型结构如图9-8所示。商家和客户都必须到CA得到自己的证书,然后通过CA认证。很明显,各个部分的信息传递必须要经过加密处理,信息来源和目的必须经过认证。

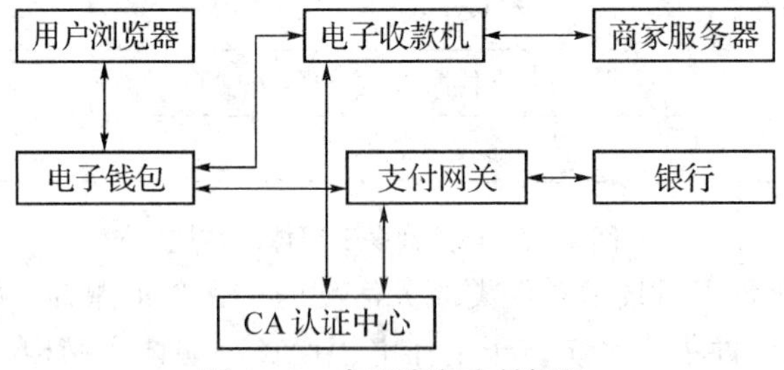

图9-8 电子商务支付框架

支付系统在电子商务中起到关键作用,不仅要确保完成支付业务,而且要提供可靠的安全性。支付系统在客户采购需求的激活下,提出申请,确认账号、身份、交易金额和获取支付系统提供的相关交易过程信息,通过支付网关、银行核实身份、账号和支付能力,通过商店确认采购需求,并由银行转拨采购费用,划拨转账。支付系统运行的每一个环节都在严密的控制下完成,确保客户、商店的资金安全、信誉安全和信息安全。

9.1.3 供应链管理(SCM)

制造企业将近70%的成本是生产物料,正确把握什么时候、采购什么物料、采购多少成为企业经营管理的关键。加强采购管理成为企业降低成本,提高效益的重要途径。随着信息技术的广泛应用,采购管理信息系统功能的不断扩展和性能的提高,企业间的竞争逐步演变成企业联盟的供应链之间的竞争。供应链管理不仅是一种新的管理模式,也是信息化的重要应用领域和管理的重要手段。

1. 供应链管理的内涵

供应链管理(Supply Chain Management，简称 SCM)最早来源于彼得·德鲁克提出的“经济链”,而后经由迈克尔·波特发展成为“价值链”,最终日渐演变为“供应链”。它的定义为:“围绕核心企业,通过对信息流、物流和资金流的控制,从采购原材料开始,制成中间产品及最终产品,最后由销售网络把产品送到消费者手中。它是将供应商、制造商、分销商和零售商,直到最终用户连成一个整体的功能网链模式。”供应链管理是在满足一定的客户服务水平的条件下,为了使整个供应链系统成本达到最小而把供应商、制造商、仓库、配送中心和渠道商等有效地组织在一起来进行的产品制造、转运、分销及销售的管理方法。它也是一种集成的管理思想和方法,它执行供应链中从供应商到最终用户的物流的计划和控制等职能。从单一的企业角度来看,供应链管理是指企业通过改善上、下游供应链关系,它整合和优化供应链中的信息流、物流、资金流,以获得企业的竞争优势。供应链管理是企业的有效性管理,表现了企业在战略和战术上对企业整个作业流程的优化。它整合并优化了供应商、制造商、零售商的业务效率,使商品以正确的数量、正确的品质,在正确的地点以正确的时间、最佳的成本进行生产和销售。所以,一条完整的供应链应包括供应商(原材料供应商或零配件供应商)、制造商(加工厂或装配厂)、分销商(代理商或批发商)、零售商(大卖场、百货商店、超市、专卖店、便利店和杂货店)以及消费者。

2. 供应链管理的特征

供应链管理不同于核心企业的采购管理,不是简单的采购管理信息系统的实现,而是从企业联盟,优化产业链资源的整体协作管理。

(1) 顾客权力

不断增加的顾客权力对供应链的设计和管理有重要的影响。因为顾客需要和期望相对迅速,供应链应该快速和敏捷,而不是缓慢和僵化。

(2) 长期定位

运作良好的供应链从整体上提高单个公司和供应链的长期绩效。对长期绩效的强调表明供应链应该与供应商,顾客,中介和服务性企业等不同的参与者采取长期而不是短期合作。重要的是长期定位更看重关系型交换,而短期交换倾向于交易型交换。

(3) 杠杆技术

可以说杠杆技术是对供应链产生影响的变化的中心,计算能力和互联网这两个主要因素促成了大部分的变化。

(4) 跨组织沟通的增强

因为供应链依靠大量的实时信息,因此信息能够在组织间无缝的传递非常必要。

(5) 库存控制

供应链管理的另一个特征包括库存控制范畴下的各种活动。在供应链中库存控制的一个方面是从间断模式转变为连续流。

(6) 组织间协作

因为供应链管理的一个主要目标是从整体上优化供应链的绩效,而不是优化单个企业的绩效,因此供应链的参与者之间的协作非常重要。

3. 供应链管理的方法

供应链管理理论的产生远远落后于具体的技术与方法。供应链管理最早多是以一些具体的方法出现的。常见的供应链管理方法有快速反应(QR)和有效客户反应(ECR)。

(1) 快速反应(Quick Response,简称 QR)

快速反应是指物流企业面对多品种、小批量的买方市场,不是储备了“产品”,而是准备了各种“要素”,在用户提出要求时,能以最快速度抽取“要素”,及时“组装”,提供所需服务或产品。

(2) 有效客户反应(Efficient Consumer Response,简称 ECR)

有效客户反应是1992年从美国的食品杂货业发展起来的一种供应链管理策略。也是一个由生产厂家、批发商和零售商等供应链成员组成的,各方相互协调和合作,更好、更快并以更低的成本满足消费者需要为目的的供应链管理解决方案。ECR 是以满足顾客要求和最大限度降低物流过程费用为原则,能及时做出准确反应,使提供的物品供应或服务流程最佳化的一种供应链管理战略,它主要以食品行业为对象,主要目标是降低供应链各环节的成本,提高效率。

(3) 快速反应和有效客户反应同异处

两种方法都表现为超越企业之间的界限,通过合作追求物流效率化,具体表现为:贸易伙伴间商业信息的共享;商品供应方进一步涉足零售业,提供高质量的物流服务;企业间订货、发货业务全部通过 EDI 来进行,实现订货数据或出货数据的传送无纸化。但是在应用方法选择时,还有如下一些不同点:

①侧重点不同。QR 侧重于缩短交货提前期,快速响应客户需求;ECR 侧重于减少和消除供应链的浪费,提高供应链运行的有效性。

②管理方法的差别。QR 主要借助信息技术实现快速补发,通过联合产品开发缩短产品上市时间;ECR 除新产品快速有效引入外,还实行有效商品管理、有效促滚动。

③适用的行业不同。QR 适用于产品单位价值高、季节性强、可替代性差、购买频率低的行业;ECR 适用于产品单位价值低、库存周转率高、毛利少、可替代性强、购买频率高的行业。

④改革的重点不同。QR 改革的重点是补货和订货的速度,目的是最大限度地消除缺货,并且只在商品需求时才去采购;ECR 改革的重点是效率和成本。

4. 供应链管理的功能

供应链管理是在节点企业的采购和销售信息化的基础上实现企业间的信息化，它是沿着物流、资金流开展企业间的协调、整合和优化等管理。供应链管理的功能不仅包含企业内容管理的全部功能，而且衍生了企业合作关系的企业联盟相关的管理功能，从供应链的角度拥有的管理功能如下：

（1）配送网络的重构

采用一个或几个制造工厂生产的产品来服务一组或几组在地理位置上分散的渠道商时，当原有的需求模式发生改变或外在条件发生变化后引起的需要对配送网络进行的调整。这可能由现有的几个仓库租赁合同的终止或渠道商的数量发生增减变化等原因引起。

（2）配送战略

在供应链管理中配送战略也非常关键。采用直接转运战略、经典配送战略还是直接运输战略？需要多少个转运点？哪种战略更适合供应链中大多数的节点企业呢？所谓直接转运战略就是指在这个战略中终端渠道由中央仓库供应货物，中央仓库充当供应过程的调节者和来自外部供应商的订货的转运站，而其本身并不保留库存。而经典配送战略则是在中央仓库中保留有库存。直接运输战略则相对较为简单，它是指把货物直接从供应商运往终端渠道的一种配送战略。

（3）供应链集成与战略伙伴

由于供应链本身的动态性以及不同节点企业间存在着相互冲突的目标，因此对供应链进行集成是相当困难的。但实践表明，对供应链集成不仅是可能的，而且它能够对节点企业的销售业绩和市场份额产生显著的影响。那么集成供应链的关键是什么呢？信息共享与作业计划！显然，什么信息应该共享，如何共享，信息如何影响供应链的设计和作业，在不同节点企业间实施什么层次的集成，可以实施哪些类型的伙伴关系等就成了最为关键的问题。

（4）库存控制

库存控制主要包括：一个终端渠道对某一特定产品应该持有多少库存，终端渠道的订货量是否应该大于、小于或等于需求的预测值，终端渠道应该采用多大的库存周转率。终端渠道的目标在于决定在什么点上再订购一批产品，以及为了最小化库存订购和保管成本应订多少产品等。

（5）产品设计

众所周知，有效的产品设计在供应链管理中起着多方面的关键作用。那么什么时候值得对产品进行设计来减少物流成本或缩短供应链的周期，产品设计是否可以弥补顾客需求的不确定性，为了利用新产品设计，对供应链应该做什么样的修改等这些问题就非常重要。

(6) 信息技术和决策支持系统

信息技术是促成有效供应链管理的关键因素。供应链管理的基本问题在于应该传递什么数据？如何进行数据的分析和利用？Internet 的影响是什么？电子商务的作用是什么？信息技术和决策支持系统能否作为企业获得市场竞争优势的主要工具？

(7) 顾客价值的衡量

顾客价值是衡量一个企业对于其顾客的贡献大小的指标，这一指标是根据企业提供的全部货物、服务以及无形影响来衡量的。最近几年来这个指标已经取代了质量和顾客满意度等指标。

9.1.4 企业资源计划(ERP)

随着企业竞争空间与范围的进一步扩大，以及市场与客户需求变化的进一步加速，20 世纪 80 年代 MRPⅡ的面向企业内部资源全面计划管理的思想逐步发展为面向全社会资源进行有效利用与管理的思想。

1. 企业资源计划系统的形成

ERP 系统的发展是随着信息技术、制造技术和管理技术的发展逐步形成的，而且其功能不断扩大，其性能不断提高。但是随着生产规模的不断扩大，组织机构越来越复杂，市场竞争日趋剧烈。企业生产计划的合理性、成本的有效控制、设备的充分利用、作业的均衡安排、库存的合理管理、财务状况的及时分析等工作对企业具有生死存亡的意义。为了增加企业的竞争能力，充分利用企业各种资源，降低企业运营成本，使企业利益最大化，于是人们从企业全局的物流、资金流、事务流、工作流、信息流等着手，开展一系列的理论研究和实践探索。就典型的管理软件 ERP 系统功能的完整性、理论的成熟性和企业管理的可控性等方面来看，其发展经历了物料需求计划(Material Requirements Planning，简称 MRP)、闭环 MRP、制造资源计划(Manufacture Resource Planning，简称 MRPⅡ)和企业资源计划(Enterprise Resource Planning，简称 ERP)4 个阶段。

(1) 物料需求计划(MRP)阶段

物料作为制造企业产生和经营管理的主要对象，直接影响到企业的生存与发展。企业的竞争优势在于自己生产的产品成本是否低于自己的竞争对手，降低产品生产成本的有效途径就是进行库存优化管理。因此，人们首先提出和研究最多的是库存管理的方法和理论。但是，为寻求解决库存优化问题而建立起来的数学模型没有得到实质性应用。在计算机出现之前，企业根据库存管理系统发出生产订单和采购订单，但是确定对物料的真实需求却是靠缺料表，这种表上所列的是马上要用，但却发现没有库存的物料。然后，派人根据缺料表进行催货。订货点法就是为改变这种被动的状况而提出的一种按过去的经验预测未来的物料需求的方法。这种方法有各种不同的形式，但实质上都是着眼于

“库存补充”的原则,即保证在任何时候仓库里都有一定数量的存货,以便需要时随时取用。当时人们希望用这种做法来弥补由于不能确定近期内准确的必要库存储备数量和需求量预测,并要求保留一定的安全库存储备,以便应付需求波动。订货点法假设对各种物料的需求是相互独立的,物料需求是连续发生的,提前期是已知的和固定的,库存消耗之后应被重新填满。由于这些假设条件在现实中很难成立,从而难以解决“何时订货”这一库存管理中的核心问题。

MRP 系统主要的目标是确定每项物料在每个时区的需求量,以便为正确地进行生产库存管理提供必要的信息。因此,运行 MRP 系统首先要有一个关于生产什么和什么时候产出的计划,即主生产计划;其次要有一个通过物料代码表示的物料清单(BOM),每项物料的物料代码是唯一的;最后要有完整的库存记录。MRP 系统从主生产计划、独立需求预测、厂外的零部件订货输入可以确定“要生产什么”,把主生产计划等输入反映的需求沿各产品的 BOM 进行分解,从而得知“为了生产所需的产品,需要用些什么”,然后和库存记录文件进行比较来确定出物料需求,即回答“还需要什么”,并重新建立物料项目的库存状态记录。

(2) 闭环 MRP 阶段

运行 MRP 系统的前提条件是要有一个主生产计划。这意味着在已经考虑了生产能力的情况下,有足够的生产设备和人力来保证生产计划的实现。但是,对于工厂有多大生产能力,能生产些什么,MRP 系统就显得无能为力了。另外,建立 MRP 系统还假定物料采购计划是可行的,即认为有足够的供货能力和运输能力来保证完成物料采购计划。而实际上,有些物料可能由于市场紧俏,供货不足或运输工作紧张而无法按时、按量满足物料采购计划,在这种情况下,MRP 系统的输出将无法实现。因此,MRP 系统计算出的物料需求的日期有可能因设备和工时的不足而没有能力生产,或者因原料的不足而无法生产。要解决以上问题,在实际使用 MRP 系统时,往往预先编制一套主生产计划,计算出所需要的生产能力,然后把这个生产能力与实际生产能力进行比较。此外,在实际使用 MRP 系统时,对于物料采购计划不能实现的部分,也得依靠人工进行调整与落实。总之,在 MRP 系统的应用中,需要人工介入较多。而且 MRP 系统也没有涉及车间作业计划及作业分配,这部分工作仍然由人工完成,因此也就不能保证作业的最佳顺序和设备的有效利用。

为了解决以上问题,MRP 系统在 20 世纪 70 年代发展为闭环 MRP 系统。闭环 MRP 系统除物料需求计划外,还将生产能力需求计划、车间作业计划和采购作业计划也纳入 MRP,形成一个封闭的系统。其原理是根据长期生产计划制定短期主生产计划,而这个主生产计划必须经过生产能力负荷分析,才能够真正具有可行性。然后再执行物料需求计划和能力需求计划、车间作业计划,并在计划执行过程中,根据来自车间、供应商和计划人员的反馈信息进行计划的平衡调整,从而使生产计划方面的各个子系统得到协调统一。其工作过程是一个"计划—实施—评价—反馈—计划"的封闭循环过程。它能对生产中的人力、机器和材料各项资源进行计划与控制,这一点已大大超越了 MRP 系统的资源计划范围,从而使生产管理对市场的应变能力大大增强。

(3) 制造资源计划(MRPⅡ)阶段

在长期的企业管理实践中,人们认识到一条基本的法则,即低水平的管理常常是五花八门的管理子系统滋生的土壤。这些子系统往往是为了堵塞某一方面的漏洞而建立的,漏洞越多,子系统也越多。事实上,许多子系统所做的事情实质上都是相同的,只不过角度不同而已。由于在建立这些子系统的时候缺乏统一的规划,它们之间联系甚少。因此,子系统越多,矛盾和问题也越多。

20 世纪 80 年代,人们最终把生产、财务、销售、工程技术、采购等各个子系统集成为一个一体化的系统,称为制造资源计划(Manufacturing Resource Planning)系统,为了区别于物料需求计划(MRP)而记为 MRPⅡ。MRPⅡ把企业各子系统有机结合,形成面向整个企业的一体化系统,实现了资金流与物流的统一管理,把财务子系统与生产子系统紧密结合到一起,去掉不必要的重复性工作,减少数据间的不一致性现象和提高工作效率。此外 MRPⅡ还具有模拟功能,能根据不同的决策方针模拟出各种未来将会发生的结果。因此,它也是企业上层管理机构的决策工具,向人们提供了关于制造业管理的标准工具集合和标准知识体系。

(4) 企业资源计划(ERP)阶段

20 世纪 90 年代,美国 Gartner Group 公司针对管理技术与信息技术发展的需求,提出了企业资源计划(Enterprise Resource Planning,简称 ERP)的概念,其除了包含 MRPⅡ已有的生产资源计划、制造、财务、销售、采购等功能外,还有质量管理、实验室管理、业务流程管理、产品数据管理、存货、分销与运输管理、人力资源管理和定期报告系统等功能。

ERP 的核心管理思想就是实现对整个供应链的有效管理,体现了对整个供应链资源进行管理、精益生产、同步工程、敏捷制造、事先计划与事中控制等思想。此外,计划、事务处理、控制与决策功能都在整个供应链的业务处理流程中实现,要求在每个流程业务处理过程中最大限度地发挥每个人的工作潜能与责任心,流程与流程之间则强调人与人之间的合作精神,以便在有机组织中充分发挥每个人的主观能动性与潜能。实现企业管理从"高耸式"组织结构向"扁平式"组织机构的转变,提高企业对市场动态变化的响应速度。总之,借助 IT 的飞速发展与应用,ERP 系统得以将很多先进的管理思想变成现实中可实施应用的计算机软件系统。

2. 企业资源计划系统的内涵

ERP 是集合企业内部所有资源,对其进行有效的计划和控制,以达到最大效益的集成系统。我们可以从管理思想、软件产品、管理系统三个层次给出它的定义：

（1）ERP是在MRPⅡ基础上进一步发展而成的面向供应链的管理思想。ERP以MRPⅡ功能为核心，吸收了准时生产(JIT)、全面质量管理(TQC)、客户关系管理(CRM)、分销资源集合(DRP)等先进管理思想，极大地扩展了管理信息系统的功能。

（2）ERP是综合应用了客户机/服务器体系、关系数据库结构、面向对象技术、图形用户界面、第四代语言(4GL)、网络通信等信息产业成果，以ERP管理思想为灵魂的软件产品。ERP在MRPⅡ基础上集成了质量管理、实验室管理、产品数据管理、配方管理、分销、人力资源、决策支持等多种功能，并支持国际互联网(Internet)、企业内部网(Intranet)和外部网(Extranet)、电子商务(E－Business)系统等。

（3）ERP是整合了企业管理理念、业务流程、基础数据、人力物力、计算机硬件和软件于一体的企业资源管理系统。ERP打破了MRPⅡ局限在传统制造业的格局，可应用于金融业、通信业、高科技产业、零售业等诸多行业，扩大了管理信息系统的应用范围。

总之，ERP系统以企业供应链的管理思想为指导，将企业的各方面资源(包括人力、资金、物料、设备、信息、时间、方法等)充分调配和平衡，使企业内部原本分散、孤立的“信息孤岛”通过Intranet或Internet连接到一起，实现企业由相对封闭走向开放，信息处理由事后控制走向实时控制，管理方式由传统单一模式向现代多种复合模式转变，为企业减少库存、加快资金周转、提高生产效率、降低成本、提高客户服务水平等方面提供强有力的支持工具，同时为经营决策提供科学的依据，以有效提高赢利水平，最终提高企业的全面竞争力。

3. 企业资源计划系统的功能

从功能上看，ERP系统由制造管理子系统、财务管理子系统、分销管理子系统、人力资源管理子系统、质量管理子系统和内控内审管理子系统组成，各子系统又由若干个功能模块组成。

制造管理子系统实现闭环MRP的所有功能，侧重物流管理与控制；财务管理子系统体现了MRPⅡ功能特点，融合物流管理过程，分别从价值和经济管理的角度描述了企业经营活动和资金链；分销管理子系统将制造企业内部控制延伸到企业之间，实现了跨地区、跨国经营管理模式；人力资源管理子系统有机地将企业经营活动所需人力资源有机协调和最大限度地发挥作用；质量管理子系统不仅融合了企业生产过程与质量标准体系，而且全面地提高质量可追溯性和全员质量意识；内控内审循环子系统有机地监控企业的各种流程，通过内控内审的活动确保经营处于最佳状态。

ERP系统对MRPⅡ进行了两方面的重大改进。其一，根据企业运作原理，从侧重制造业的MRPⅡ向一般企业拓宽,形成企业资源计划。ERP系统的管理思想强调资源集成优化,实现企业内部部门之间的协同运作;贯彻精益生产方式,最大限度地减少企业生产所占用的资源,降低企业管理和运营成本,对生产经营过程追求完美、追求卓越,也就是精益求精、尽善尽美。其二,ERP把生产经营过程中涉及的供应商、外包制造商、分销网络、客户等纳入一个紧密的供应链中,使企业的产、供、销活动处于最佳运作状态,满足企业利用全社会一切市场资源快速高效地进行生产经营的需求,以进一步提高效率和在市场上获得竞争优势。

ERP系统中的计划体系中不仅包括主生产计划、物料需求计划、能力计划、采购计划,还包括销售执行计划、利润计划、财务预算和人力资源计划等,而且这些计划功能与价值控制功能已完全集成到整个供应链系统中。ERP系统业务流程如图9-9所示。

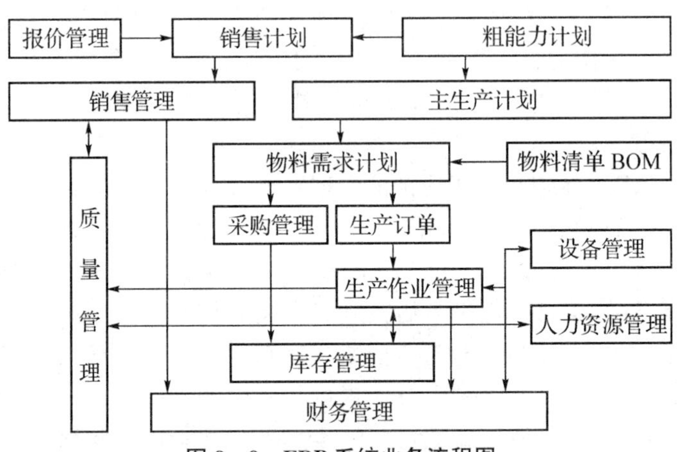

图9-9 ERP系统业务流程图

(1) 计划管理

ERP系统的计划管理继承了MRPⅡ的所有计划管理内容和方式,并且在此基础上不断完善计划方式和扩充计划对象,形成一个完整的计划体系。这些计划、控制和管理模块又可以根据企业信息化基础分阶段集成和运行,提高了软件系统的适应性、经济性和实用性。

①经营规划。经营规划是ERP系统的最高计划层次,属于决策层。它是根据市场的信息与情报、企业的自身情况、企业发展战略和业内同行竞争等状况制定的。经营规划不直接输入ERP系统,而是作为企业的生产经营的奋斗目标,这个目标往往是以经济指标的形式出现,例如企业在行业内的排名、企业赢利目标、总产值、筹资和投资等指标。

②销售与生产规划。经营规划制定的利税、产值等相关经济指标的完成必须通过销售产品或服务来完成,销售与生产规划是对经营规划的具体化,是把

财务经济指标落实到销售与生产任务上去。

销售与生产规划是从企业的高层战略向中层计划过渡的管理层，在形式上是属于高层规划，在实际上是中层计划控制。

在制定销售与生产规划时，首先将企业的经营规划制定的所有产值按产品类（或产品族）划分，可以分解到产品类（或产品族）的年度销售量。经营规划的分解要充分考虑市场需求预测值、客户订单、生产能力和资源配置等因素，还要考虑历史统计数据、产品生命周期、产品需求等因素。生产规划是根据销售规划量和管理水平的控制确定的。

③主生产计划。主生产计划是控制 ERP 系统进行展开其他计划（MRP 和 CRP）不可缺失的重要依据。在销售与生产规划确定后，把计划生产规划量按各产品在其产品族中的比重计算生产量，这个生产量作为主生产计划的预测量，并直接输入到系统数据库中。主生产计划的对象一般是独立需求的物料，在小批量多品种系列化生产方式下，主生产计划的对象往往不是最终装配的产品，而是组成这些产品的标准件、成组件和专用件。这时企业面对客户订单的是装配计划，主生产计划是各工位生产控制用的计划。

当生产规划的产品族仅有一个产品时，计划生产规划量就是主生产计划的预测量。主生产计划是明确企业生产安排的纲领性文件，企业各职能部门必须遵照执行，信息中心要及时检查生产部门、采购部门是否偏离主生产计划分解的相关需求，销售部门通过主生产计划可以明确客户的交货日期，反馈计划部门对计划的调整。

（2）需求管理

需求管理是通过管理技术有效地管理客户对企业提供产品的需求，这是销售规划、生产规划和主生产计划的重要依据。需求管理的对象是企业外部的客户和客户订单，它既要有效地管理已签订的客户订单，还要预测未签订的预测订单量。因此，需求管理的主要内容是产品销售市场预测和客户订单管理。

①销售市场预测系统。企业的规划和计划的制订，首先要进行预测，预测是决策者的重要依据。采用不同的预测技术以及在预测时从不同的角度分析因果关系，同时考虑影响因素的数量和各因素所起的作用不同，得出的结论相差很大。这也是预测被重视和不重视的主要原因，当选用适当的预测技术，得出较准确、可靠的预测结果，往往备受关注；当选用不恰当的预测手段，得出错误的结论，预测造成误导，则认为预测无用。因此，预测技术的选用是预测准确性、有效性的关键。

②客户订单管理。客户订单是企业与客户已定的供货事实。加强客户订单管理主要从企业内部管理出发，在提高客户服务水平的同时还要详细分析客户订单。通过分析客户订单及时、敏捷地洞察市场波动，以最快的速度适应市场变化，及时规避市场风险，充分挖掘市场潜力，全面提高市场竞争力。客户订

单管理的主要内容有客户订单分析和客户订单输入系统。

对于预测内的客户订单,采用预测消耗逻辑,从预测中减去客户订单量;对于预测外的客户订单,通过标记自动增加到主生产计划中,以这类需求量来增加生产量。

客户订单管理是连接市场需求与企业生产能力的纽带,客户订单信息不仅直接与销售、生产和财务相关,而且与企业的计划、规划和战略密切相关,也为产品的服务、工程、工艺和设计提供了研发需求调研的途径。

(3) 工厂维护管理

ERP系统的维护管理是以资产、设备信息管理为基础,以工作单的提交、确认、执行、跟踪、关闭为主线,按照缺失处理、计划检修、预防性维修、预测性维护等几种可能,以提高设备的维修效率、降低总体的维护成本为目标,将采购管理、库存管理、财务管理、维护管理集成在一个数据充分共享的信息系统中,从而实现从设备投入使用到设备报废或转让出售的全过程管理。

ERP系统的维护管理模块是为生产提供所需的设备性能,而非为修设备而修设备。它重视提升设备的可靠度及资产利用率而非仅是维修而已,主要包括预防性维护、预测性维护(PM)、全员生产维护(TPM)、工作单管理、故障分析、BOM、JIT、看板管理以及项目管理、预算管理等功能。

(4) 人力资源管理

人力资源管理是体现ERP系统与MPRⅡ系统不同的主要功能之一。在ERP系统中,人力资源部门的领导可以通过ERP系统的中央数据库进行实时、全面的员工招聘、薪资、培训、人事和考核等管理。

(5) 财务管理

ERP系统通过成本实时管理有机地将企业经济活动与生产活动集成为一体,把企业的资金流与其他流程集成为一体。它具有会计电算化的所有功能,并能实测企业经济活动,做到事前计划(标准成本、模拟成本、定额成本等)、事中控制(作业成本法、成本中心、成本定额等)和事后分析(在线数据分析、管理导航、提供解决方案等)。

9.2 制造业信息化工程

制造业信息化是信息技术与制造技术融合的先进制造技术,也是管理信息系统在现场作业管理中管理对象由人向机延伸的应用领域,不仅可以自动化管理生产作业流程、降低人员事务性工作负荷、加快信息处理的速度、提高信息资源的质量和利用率、敏捷反应顾客需求的变化等,而且可以提高生产效率和质量、缩短产品的生产和设计周期、获取更高的利益等,从根本上提升企业的市场竞争能力。制造业信息化工程总体结构如图9-10所示。

9.2.1 计算机辅助(CAX)

随着计算机技术的发展和普及推广，计算机辅助(Computer Aided，简称 CA)应用直接渗透到制造企业的设计、制造、测试、教育和质量监控等领域，被提炼和抽象成 CAX。其改变着机械设计、工艺设计、工程设计和制造装备的工作能力与管理能力，极大地减少产生生命周期，提高制造敏捷度和柔性，传统的产品制造被打造成软性制造，网格制造、异地制造、数字化制造、柔性制造等理念和方法喷涌而出，改变了制造企业的生产环境、员工的工作环境，极大地改善工作条件。

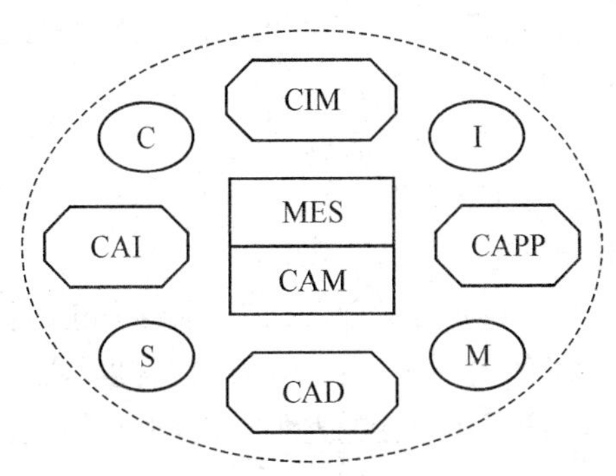

图 9-10 制造业信息化工程总体结构

1. CAX 计算机辅助的内涵

CAX 是 CAD、CAM、CAE、CAPP、CIM、CIMS、CAS、CAT、CAI 等各项技术之综合叫法，因为所有缩写都是以“CA”开头，“X”表示相关所有的应用。CAX 实际上是把多元化的计算机辅助技术集成起来复合和协调地进行工作，除了在产品设计时由设计部门工作外，其他各部门也可以提前介入而无须等待上一道作业完成后才开始下一道作业，缩短了开发时间。同时，在产品设计早期，能很好地考虑到产品生命周期的各种因素，提前发现设计上的错误和误差，及时进行修正，而且可以在设计过程中，按照市场的需求，不断提出可比较的多种设计方案，从而获最得优化的设计成果和效益。

(1) 计算机辅助设计(Computer Aided Design，简称 CAD)

CAD 包括产品的结构设计、变形设计及模块化产品设计，可以实现计算机绘图、产品数字建模及真实图形显示、动态分析与仿真、生成材料清单(BOM)。在计算机辅助设计领域，不仅是单纯的通过计算机代替人工绘图，而是要根据市场变化、客户需求快速设计出最佳(功能齐、性能好、成本低、便于制造)的产品，满足极速进化的市场需要。所以，产品设计部门经常要弄清楚为什么要设计，什么时候设计，怎样设计等基础问题，因此需要管理信息系统为产品设计部门提供以下功能，才能让 CAD 融入 CIMS 中，否则 CAD 仅是 CIMS 中的一个信息孤岛。

①新产品开发计划。通过MIS的市场信息分析产品生命周期,通过MIS的客户订单分析产品型号规格调整信息,为产品设计部门制定新产品计划提供科学的依据,甚至是为产品设计部门提供最基本的任务依据;通过MIS的计划功能模块实现新产品开发计划。

②客户订货需求管理。随着市场经济的成熟,以销定产已经是最基本的企业经营方式,设计的新产品是为了满足客户的需要,客户订货需求是设计部门的第一要素,也是新产品设计的动因。

③客户服务反馈。通过MIS的客户投诉模块将用户在产品使用过程中存在的各种问题收集、整理、确认和转达,对于产品设计中的缺陷问题及时告知设计部门,为产品设计更新和提高提供依据。

④设计问题反馈。通过MIS的信息处理,在产品生产周期各阶段、各环节将遇到的所有问题汇总、整理、识别,对于设计问题及时反馈到产品设计部门,改进设计方案,提高设计质量,满足客户需求。

(2) 计算机辅助工程(Computer Aided Engineering,简称CAE)

这是用计算机辅助求解复杂工程和产品结构强度、刚度、屈曲稳定性、动力响应、热传导、三维多体接触、弹塑性等力学性能的分析计算以及结构性能的优化设计等问题的一种近似数值分析方法。

(3) 计算机辅助制造(Computer Aided Manufacture,简称CAM)

这是计算机在产品加工制造方面有关应用的总称。狭义CAM仅指数控程序的编制,可以进行刀具路径规划、刀位文件生成、刀具轨迹仿真以及数控编程和数控后置处理等。CAM不仅需要MIS的支持,而且需要制造执行系统(MES)的配合,MES往往也作为CIMS的一个组成分系统。但是,这个分系统与CAM不可分割,它们是制造过程自动化的两个重要功能。MES是以制造过程状态监测与信息采集为主,而CAM是以制造过程实施与信息处理为主。

①作业计划。通过MIS的物料需求计划(MRP)直接产生生产订单与采购订单。生产订单按计划直接下达到生产现场,明确CAM的任务与时间进度。有时通过MIS的现场作业计划调度直接控制CAM的操作与控制。

②库存状况。在企业经营过程中尽可能地贯彻准时化生产方式(JIT)的零库存准则。因此,在CAM任务中的生产数量还需要MIS中的库存管理模块来确定,当客户需求物料在库存可供货量中能满足需要时,不发出CAM的生产任务指令。

(4) 计算机辅助工艺计划(Computer Aided Process Planning,简称CAPP)

CAPP通过计算机进行工艺路线制定、工序设计、加工方法选择、工时定额计算,包括工装、夹具设计、刀具和切削用量选择等,且能生成必要的工艺卡和工艺文件。CAPP若没有MIS的支持同样是一个信息孤岛,只有通过MIS才能将CAD产生的信息快速、完整、及时地传递到工艺设计部门,进行产品制造工艺设计。产品的工艺设计不仅确定了制造过程、制造装备,而且确定了产品的质量与成本。然后,将工艺设计部门产生的信息传递到生产车间,通过CAM加工制造。

①制造过程中的工艺问题反馈。通过MIS的MRPⅡ收集、整理、分类、制造过程中存在的各种问题,由人工方式或者人工智能方式识别出属于工艺设计的问题,及时反馈到产品工艺部门,为提高工艺设计质量提供保证可信的依据。

②设备与工业信息。CAPP的输出明确了产品制造所需要的装备和制造过程,通过MIS的工厂维护(MM)模块中记录的装备基本情况与装备状态信息,提供检验是否满足工艺设计所需要的装备,为工艺设计调整、改进提供依据。

2. 计算机辅助技术的发展和应用

CAX不仅仅是设计方式和手段的改变,更重要的是给制造业带来了革命性变革的巨大潜力。组织对企业产品开发中CAX应用现状的调查,探寻企业如何应用CAX技术提高设计效率、缩短开发周期、实现战略性产品创新、取得竞争优势,并与企业未采用CAX技术前的状况相对比,其数据与结论对机制专业的CAX教与学、需求与发展、改革与创新有着深远的影响.

设计是工程实践的源头,任何工程构思,无论是简单零件还是复杂系统,都要经过设计阶段才能开始其生产流程。设计概念包括系统总体设计和具体环节设计,CAX技术是现代工程设计中必不可少的一项辅助手段,它不仅大大提高了设计人员的设计效率和设计精度,而且能够使设计人员由于摆脱了繁重的设计劳动而将主要精力放在思路设计和概念创新上,从而真正使设计工作从劳动转变为创新。同时,以电子文档形式存放的设计结果便于保存、修改和共享。

(1) CAX的企业应用

随着计算机技术的迅速普及,计算机的应用已渗透到人们生产、生活的各个领域,CAD——计算机辅助设计、CAPP——计算机辅助工艺计划、CAM——计算机辅助制造、CAQ——计算机辅助质量管理(统称为CAX即计算机辅助技术),已为广大工程技术人员所熟悉。CAX的应用水平不仅是衡量企业产品开发、设计、制造能力和技术先进性的重要标志,更进一步影响着企业在激烈的市场竞争中的生存空间和发展潜力。

对于许多企业和工程技术人员而言,CAX早已不是"旧时王谢堂前燕",CG——计算机辅助绘图的应用已深入人心,CG所实现的"甩图板"固然是推动计算机辅助技术在工程技术开发领域应用所迈出的一步,但同时应当看到相对于真正意义上的产品CAD——CAD/CAE/CAM全面集成、AM——敏捷制造和CE——并行工程而言,无论在技术含量上,还是在预期经济效益上这都只是第一步。因而,三维建模、智能化CAD以及PDMS——产品数据管理系统,乃至全系统集成等CAD的推进深入工作又站在一个全新的起跑线上,重新面临着整体规划、软件选型、人员培训、应用推广等问题.

(2) CAX的整体规划

凡事预则立,不预则废,CAX应用亦然。CAX应用的首要重点就是企业级的整体规划,具体而言,包括时间、空间两个方面。

在时间范畴上,企业CAX的应用、深化作为一项系统工程,决不能一哄而上、一蹴而就,所以从实施之初就应当立足生产实际,结合企业发展大计,制定长期战略,长计划短安排,从CAD、CAM、PDM等系统的初步建立,逐步完善,到全面集成系统管理,步步为营,并依据各阶段计划落实情况和企业发展变化对计划进行适当的修正。

在空间范畴上,由于产品设计开发部门、工艺设计部门乃至车间级工艺人员都是企业CAX应用的主体,故整体规划工作必须立足现实情况,针对不同层次的应用部门、人员定位做出不同规划。例如:设计开发部门考虑配备高、中端CAD/CAM集成系统(三维造型、有限元分析);工艺部门、车间级CAD/CAM则可配备完整2D功能、简单3D功能(装配、自动编程);若只允许检索、查阅,甚至可以只配备模型图档浏览工具。

3. 计算机辅助软件的选型

随着计算机软硬件技术的突飞猛进和CAX市场日益扩大,基于各种运行平台、技术核心,定位于不同性能价位的CAD、CAM软件百花齐放,性能及易用性更是长江后浪推前浪,令人眼花缭乱。对于以经济效益为核心的企业而言,只有最适合于自身产品开发的软件才是最有价值的,因此选型必须立足于自身产品,离开这一基本点,任何技术先进、功能强大的软件终将沦为“鸡肋”。

CAX结论与展望设计是工程的起始点,好的设计结果是整个工程顺利高效实施的基础;分析与仿真是保证最终产品一次制造成功,从而提高经济效益的关键。CAD与CAE是虚拟制造的两大基石。

以CAD、CAE等为代表的CAX技术有力地促进了机械制造自动化、CIMS及虚拟制造的发展。它们的效果是显著的,是革命性的,一方面,它们将人们从繁重的体力劳动中解放出来,提高了效率;另一方面,它们极大地提高了设计及制造的精度和质量,并显著地提高了经济效益。随着CAX技术应用水平的不断提高,机械制造业会有着无限广阔的发展前景,国民经济也必将从中大大受益。

4. DFX技术

面向产品生命周期各/某环节的设计(Design for X,简称DFX)是CAX技术发展的新领域。其中X可以代表产品生命周期或其中某一环节,如装配(M——制造,T——测试)、加工、使用、维修、回收、报废等,也可以代表产品竞争力或决定产品竞争力的因素,如质量、成本(C)、时间等等。包括:为采购而设计(Design for Procurement,简称DFP)、为制造而设计(Design for Manufacture，简称 DFM)、为测试而设计(Design for Test，简称 DFT)、为诊断分析而设计(Design for Diagnosibility，简称 DFD)、为组装而设计(Design for Assembly，简称 DFA)、为环境而设计(Design for Environment，简称 DFE)、为 PCB 的制造而设计(Design for Fabrication of the PCB，简称 DFA)、为服务性而设计(Design for Serviceability，简称 DFS)、为可靠性而设计(Design for Reliability，简称 DFR)和为成本而设计(Design for Cost，简称 DFC)等新的计算机辅助设计技术。

9.2.2 计算机集成制造系统(CIMS)

随着信息技术与制造技术的飞速发展与相互融合，计算机集成制造系统不仅是信息系统的应用领域，而且已经形成独立的综合多学科交叉融合的研究领域。CIMS 的发展直接影响到工业化、信息化的发展和工业化与信息化融合的能力，体现着国家的先进制造技术水平。我国十分重视 CIMS 的研究与应用，专门成立了“863 计划”CIMS 主题专家组，明确了将信息技术、现代管理技术和制造技术相结合，并应用于企业产品全生命周期(从市场需求分析到最终报废处理)的各个阶段，通过信息集成、过程优化及资源优化，实现物流、信息流、价值流的集成和优化运行，达到人(组织、管理)、经营和技术三要素的集成，以改进企业新产品开发的时间(Time)、质量(Quality)、成本(Cost)、服务(Server)、环境(Environment)，即 TQCSE，从而提高企业的市场应变能力和竞争能力。

1. 计算机集成制造系统的内涵

CIMS 概念提出至今经历了三十多年的发展，但是对 CIMS 的界定还不十分清楚，这不仅是由于其所涉及的学科在动态发展和所涉及的学科内涵在不断丰富，而且其应用领域不断拓宽，应用程度不断深入。

随着计算机在制造系统中的应用，其功能从 CAD/CAPP/CAM 不断向外延伸，借助于计算机的控制与信息处理功能，将企业制造过程运作的信息流、物流、价值流和人力资源有机融合，实现产品快速更新、生产率大幅提高、质量稳定、资金有效利用、损耗降低、人员合理配置、市场快速反馈和良好服务的全新的企业生产模式。通过企业市场分析、产品设计、加工制造、经营管理、售后服务等功能进行一体化集成提高企业综合竞争能力。

传统的 CIMS(Computer Integrated Manufacturing System)是计算机集成制系统的实现，是随着计算机辅助设计与制造的发展而产生的。它是在通信技术、自动化技术与制造技术的基础上，通过计算机技术和网络技术把分散在产品设计制造过程中各种孤立的自动化子系统有机地集成起来，解决了多品种小批量或单件生产方式的 TQCSE 问题，实现整体效益的集成化和智能化的制造系统。它把制造系统的范围扩展到了市场预测、产品设计、加工制造、检验、销售及售后服务等全过程，反映了集成化与自动化的广度。它不仅涉及物资流控制的传统体力劳动的自动化,还包括信息流控制的脑力劳动的自动化,体现了智能化与自动化的深度。可见,它的理念是在CIM的基础上形成的,是对CIM的具体实现。

当前,随着我国对CIMS的深入研究和广泛应用,在我国有许多学者将CIM与CIMS解释为"现代集成制造(Contemporary Integrated Manufacturing,简称CIM)"与"现代集成制造系统(Contemporary Integrated Manufacturing System,简称CIMS)"。这已在广度与深度上拓展了传统意义上CIM/CIMS的内涵。其中,"现代"的含义是计算机化、信息化、智能化;"集成"被赋予了更广泛的内容,它包括了信息集成、过程集成及企业间集成等三个阶段的集成优化,企业活动中三要素及三流(物流、资金流和信息流)的集成优化,制造过程有关的技术的集成优化及各类人员的集成优化等。CIMS不仅仅把技术系统和经营生产系统集成在一起,而且把人(人的思想、理念及智能)也集成在一起,使整个企业的工作流、物流和信息流都保持通畅和相互有机联系,所以CIMS是制造过程基础上的人、经营和技术三者集成的产物。

2. 计算机集成制造系统的发展趋势

现代制造企业随着信息技术的不断深入应用而飞速发展。推动着现代制造技术发展的内在动力是以信息技术的发展为支持,以满足制造业市场需求和增强企业竞争力为目的。现代集成制造技术未来将突出在以下8个方面具有进一步深化发展的趋势。

(1) 以数字化为发展核心

未来世界,数字化将势不可当。数字化不仅是信息化发展的核心,而且也是CIMS发展的核心。信息的数字化处理同模拟化处理相比,有着三个不可比拟的优点:信息精确、信息安全和信息容量大。数字化制造就是指制造领域的数字化,它是制造技术、计算机技术、网络技术与管理科学的交叉、融合、发展与应用的结果,也是制造企业、制造系统与生产过程、生产系统不断实现数字化的必然趋势。它包含了以设计为中心的数字制造、以控制为中心的数字制造和以管理为中心的数字制造三大部分。

(2) 以"精密化"为发展关键

所谓"精密化",一方面是指对产品、零件的精度要求越来越高,另一方面是指对产品、零件的加工精度要求越来越高。"精"是指加工精度及其发展,精密加工、细微加工、纳米加工等等,特别是纳米加工不仅确保产品的精细要求,而且改善产品的性能。

(3) 突出极端条件为发展焦点

"极"就是极端条件,就是指在极端条件下工作的或者有极端要求的产品,也是指这类产品的制造技术有"极"的要求。例如在高温、高压、高湿、强磁场和强腐蚀等等条件下工作的,或有高硬度、大弹性等等要求的,或在几何形体上极大、极小、极厚、极薄、奇形怪状的。显然，这些产品都是科技前沿的产品，其中之一就是“微机电系统(MEMS)”。可以说，“极”是前沿科技或前沿科技产品发展的一个焦点。

(4) 以自动化技术为发展前提

这是所讲的“自动化”就是减轻人的劳动，强化、延伸、取代人的有关劳动的技术或手段。自动化总是伴随有关机械或工具来实现的。可以说，机械是一切技术的载体，也是自动化技术的载体。自动化从自动控制、自动调节、自动补偿、自动辨识等发展到自学习、自组织、自维护、自修复等更高的自动化水平，而且今天自动控制的内涵与水平已远非昔比，从控制理论、控制技术到控制系统、控制元件，都有着极大的发展。制造业发展的自动化不但极大地解放了人的体力劳动，而且更为关键的是有效地提高了脑力劳动，解放了人的部分脑力劳动。因此，自动化将是现代集成制造技术发展的前提条件。

(5) 以集成化为发展方法

所谓“集成化”，一是技术的集成，二是管理的集成，三是技术与管理的集成。其本质是知识的集成，亦即知识表现形式的集成。如前所述，现代集成制造技术就是制造技术、信息技术、管理科学与有关科学技术的集成。“集成”就是“交叉”，就是“杂交”，就是取人之长，补己之短。

(6) 以网络化为发展道路

网络化是现代集成制造技术发展的必由之路，制造业走向整体化、有序化，这同人类社会发展是同步的。制造技术的网络化是由两个因素决定的：一是生产组织变革的需要，二是生产技术发展的可能。这是因为制造业在市场竞争中面临多方的压力：采购成本不断提高，产品更新速度加快，市场需求不断变化，客户订单生产方式迅速发展，全球制造所带来的冲击日益加强等等。企业要避免传统生产组织所带来的一系列问题，必须在生产组织上实行某种深刻的变革。这种变革体现在两方面：一方面，利用网络在产品设计、制造与生产管理等活动乃至企业整个业务流程中充分享用有关资源，即快速调集、有机整合与高效利用有关制造资源；另一方面，这必然导致制造过程与组织的分散化、网络化，使企业必须集中力量在自己最有竞争力的核心业务上。科学技术特别是计算机技术、网络技术的发展，使得生产技术发展到可以使这种变革的需要成为可能。

(7) 以智能化为发展前景

制造技术的智能化是制造技术发展的前景。智能化制造模式的基础是智能制造系统。智能制造系统既是智能和技术的集成而形成的应用环境，也是智能制造模式的载体。制造技术的智能化突出了在制造诸环节中以一种高度柔性与集成的方式，借助计算机模拟的人类专家的智能活动，进行分析、判断、推理、构思和决策，取代或延伸制造环境中人的部分脑力劳动。同时，收集、存储、处理、完善、共享、继承和发展人类专家的制造智能。目前,尽管智能化制造道路还很漫长,但是必将成为未来制造业的主要生产模式之一。

(8) 以绿色制造为发展趋势

所谓"绿色"是从环境保护领域中引用来的。人类社会的发展必将走向人类社会与自然界的和谐。人与人类社会本质上也是自然界的一个部分,部分不能脱离整体,更不能对抗与破坏整体。因此,人类必须从各方面促使人与人类社会同自然界和谐一致,制造技术也不能例外。

在制造业向全球化、网络化、集成化和智能化发展的过程中,标准化技术(STEP、EDI和P-LIB等)已显得愈来愈重要。它是信息集成、功能集成、过程集成和企业集成的基础。

3. 计算机集成制造系统的分类

无论是传统意义上的CIMS,还是现代意义上的CIMS,其本质和基础都没有变化,只是系统内涵更加丰富,集成对象与范围不断扩大。CIMS在企业中的实施往往还需要根据企业的特点、信息化基础定制,必须了解企业生产方式,明确CIMS的类型。

(1) 按生产工艺分类

制造业按生产工艺可分为离散型制造业、连续型制造业和混合型制造业三种。

离散型制造业是以订单方式安排生产计划,其制造过程的部分或全部任务可以分别在不同工位、车间或企业完成,然后总装形成产品,如机械、家电和汽车等行业都是离散型制造业。这种生产方式更需要通过CIMS有机地将生产过程以及企业间集成以提高效率与效益。

连续型制造业的特点是管道式物料输送,生产制造过程连续,生产工艺流程规范且固定,工艺柔性比较小,产品比较单一,原料比较稳定,如化工、发电和炼油等行业都是连续型制造业。这种生产方式通过CIMS可以更好地集成监控制造过程,减少制造过程的异常造成的损失。

一般认为混合型制造业是指在企业制造中既有连续性的,还有离散性的,如制药、化妆品、食品和酒类等行业,这类企业通过CIMS能更快适应市场需求的变化。

(2) 按体系结构分类

CIMS也可以分成集中型、分散型和混合型三种。这主要是根据CIMS中计算机结构体系分类,在实际构建系统时需要充分考虑企业地理分布、系统分布范围、信息流控制等级和集中处理程度等要素。

4. 计算机集成制造系统的功能结构

CIMS作为制造业信息化工程的理论指导与新兴学科,其功能不断增强,结构不断完善。在CIMS领域将管理信息系统作为其重要的功能组成部分,而在管理信息系统领域将CIMS作为融合与发展的趋势,如图9-11所示。

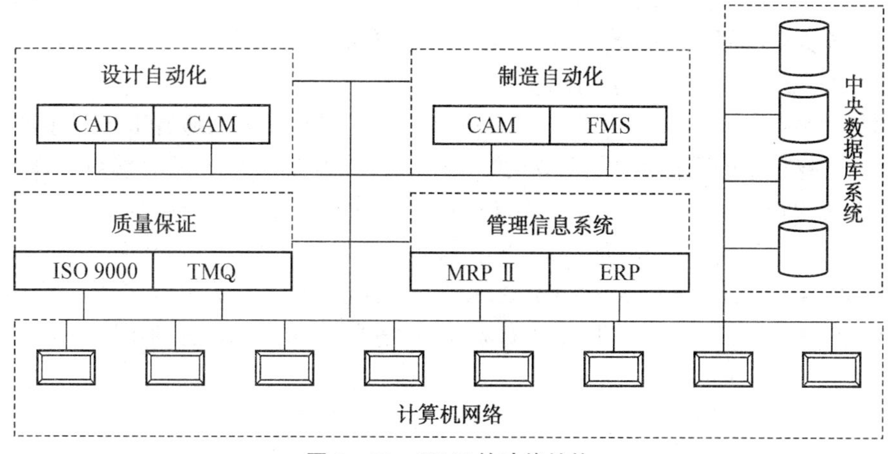

图 9－11　CIMS 的功能结构

（1）管理信息分系统

管理信息分系统具有预测、经营决策、生产计划、生产技术准备、销售、供应、财务、成本、设备、工具和人力资源等管理信息功能，通过信息集成，达到缩短产品生产周期、降低流动资金占用、提高企业应变能力的目的。

（2）设计自动化分系统

设计自动化分系统用计算机辅助产品设计、工艺设计、制造准备及产品性能测试等工作，即 CAD/CAPP/CAM 系统，目的是使产品开发活动更高效、更优质地进行。

（3）制造自动化分系统

制造自动化分系统是 CIMS 中信息流和物流的结合点。对于离散型制造业，可以由数控机床、加工中心、清洗机、测量机、运输小车、立体仓库、多级分布式控制（管理）计算机等设备及相应的支持软件组成。对于连续型生产过程，可以由 DCS 控制下的制造装备组成，通过管理与控制，达到提高生产率、优化生产过程、降低成本和能耗的目的。

（4）质量保证分系统

质量保证分系统包括质量决策、质量检测与数据采集、质量评价、控制与跟踪等功能。该系统保证从产品设计、制造、检测到后勤服务的整个过程的质量，以实现产品的高质量、低成本，提高企业竞争力。

（5）计算机网络分系统

计算机网络分系统采用国际标准和工业规定的网络协议，实现异种机互联、异构局域网络及多种网络互联。它以分布式为手段，满足各应用分系统对网络支持的不同需求，支持资源共享、分布式处理、分布式数据库、分层递阶和实时控制。

(6) 数据库分系统

数据库分系统是逻辑上统一、物理上分布的全局数据管理系统,通过该系统可以实现企业数据共享和信息集成。

对多数企业而言,CIMS应用是一个逐步实施的过程。随着市场竞争的加剧和信息技术的飞速发展,企业的CIMS已从内部的CIMS发展到更开放、范围更大的企业间的集成。如设计自动化分系统可以在因特网或其他广域网上异地联合设计,企业的经营、销售及服务也可以是基于因特网的电子商务(EB)、供应链管理(Supply Chain Management),产品的加工、制造也可实现基于因特网的异地制造。这样,企业内、外部资源得到更充分的利用,有利于以更大的竞争优势响应市场。

从上述介绍可知,CIMS是目前最高级别的自动化制造系统,但这并不意味着CIMS是完全自动化的制造系统。事实上,目前意义上CIMS的自动化程度甚至比柔性制造系统还要低。CIMS强调的主要是信息集成,而不是制造过程物流的自动化。CIMS的主要特点是系统十分庞大,包括的内容很多,要在一个企业完全实现难度很大。但可以采取部分集成的方式,逐步实现整个企业的信息及功能集成。

我国信息化工程是以制造业信息化工程和企业管理信息化工程为立足点,这对应于计算机集成制造系统和管理信息系统的实施。这两类系统都是概念系统,或称之为系统类名,只有其分系统的软件产品。这两类系统既有明确的应用技术与领域,但又有相互的交叉,这种交叉越来越趋向于融合。其结合越来越紧密,逐步渗透,已经形成你中有我,我中有你的局面。

5. 管理信息系统中的计算机集成制造系统功能模块

从MIS的原理可知,CIMS是MIS的一个重要应用领域,CIMS为MIS提供了管理对象最为直接的数据。通过CIMS中CAD、CAPP、CAM和CAQ等模块为MIS中的ERP、MRP、CRP、MQ、MC、MM等功能模块提供实现信息。

(1) CAD

MIS与CAD有着双向信息交流,CAD是制造企业生产经营的基础。通过CAD能及时为企业的生产管理提供相关信息。

①物料主文件。制造企业所涉及的所有物料的名称、型号、规格等物料的基本数据都是由CAD分系统设计确定的,也就是说CAD确定了制造企业将要生产什么和用什么生产。因此,MIS中的物料主文件的大部分数据是由CAD确定的,但是现实操作过程中,由于CIMS中的CAD是图形格式的复杂数据,而MIS中的物料主文件是简单数据。这给两类系统的数据格式转换带来一定困难,需要中间件软件实现实时沟通。

②物料清单。这是MIS中描述产品结构的信息,这类信息完全依赖于CAD产品设计的结束,CAD不仅确定了产品及其用料,还确定了产品的内部结

构。CAD的零部件图是明确了物料主文件的基本信息，而种类装配图确定了物料清单的基本信息。在CIMS向MIS提供信息时都会遇到数据格式与类型的转换。

(2) CAPP

CIMS中的CAPP确定了生产工艺和工序。MIS的生产现场管理和生产定额制定完全取决于CAPP设计结果，因此CAPP是MIS生产管理与生产现场管理的基础与依据。

①工艺路线。这类数据是由CAPP的工艺文件整理形成的，在工艺文件中不仅规定了制造过程的顺序与时间、加工装备的数量与技术参数指标，并且确定了加工精度、表面光滑度、物体形状要求。而MIS中的工艺路线仅需要加工顺序和提前期。

②工艺装备信息。通过CAPP为MIS的ERP提供设备管理需求信息，其中工艺装备信息中明确了设备型号、规格、数量和生产加工能力等技术参数指标信息。

(3) CAM

CIMS中的CAM是从制造实现的视角，通过计算机控制生产现场。CAM是MIS生产计划执行、生产作业调度和生产现场管理的基础与依据。

①作业日进程。通过CIMS的CAM分系统为MIS的现场管理提供作业进程数据，便于生产作业调度和客户订单跟踪。

②毛坯日需求。通过CIMS的CAM提供半成品或毛坯件完成记录，为MIS中的MRP车间作业执行提供信息。

③生产状态。CAM的生产状态不仅实时显示生产装备的运行状态，是不是处于完好运行、带病运行与故障停机或其他状态，CAM为MIS中的CRP设定与调整的工作中心能力提供依据。

④工夹具补给计划。CAM的FMS系统中往往含有万能工夹具库，制定合理的工夹具补给计划，为MIS的生产计划完成提供保障。

(4) CAQ

CIMS的CAQ为MIS提供了实时完整的质量基础信息，通过CAQ为MQ提供产品质量评价、质量成本核算等信息，为制定操作人员培训计划、全面提高产品质量提供依据。

9.2.3 制造执行系统(MES)

纵观我国制造业信息化系统的应用现状，建设的重点普遍放在ERP管理系统和现场控制系统(Shop Floor Control System，简称SFCS)两个方面。但是，由于产品营销在这一、二十年间从生产导向快速地演变成市场导向、竞争导向，因而也对制造企业生产现场的管理和组织提出了挑战，仅仅依靠ERP和现场控制系统往往无法应付这新的局面,工厂制造执行系统(Manufacturing Execution System,简称 MES)恰好能填补这一空白。MES 是近 10 年来在国际上迅速发展、面向车间层的生产管理技术与实时信息系统。MES 可以为用户提供一个快速反应、有弹性、精细化的制造业环境,帮助企业降低成本、按期交货、提高产品的质量和服务质量,适用于不同行业(家电、汽车、半导体、通信、IT、医药),能够对单一的大批量生产和既有多品种小批量生产又有大批量生产的混合型制造企业提供良好的企业信息管理。

1. 制造执行系统的内涵

制造执行系统是美国 AMR 公司(Advanced Manufacturing Research, Inc.)在 20 世纪 90 年代初提出的,旨在加强 MRP 计划的执行功能,把 MRP 计划同车间作业现场控制通过执行系统联系起来。这里的现场控制包括 PLC 程控器、数据采集器、条形码、各种计量及检测仪器、机械手等。MES 设置了必要的接口,与提供生产现场控制设施的厂商建立合作关系。

MES 是企业 CIMS 信息集成的纽带,是实施企业敏捷制造战略和实现车间生产敏捷化的基本技术手段。

AMR 公司将 MES 定义为"位于上层的计划管理系统与底层的工业控制之间的面向车间层的管理信息系统",它为操作人员/管理人员提供计划的执行、跟踪以及所有资源(人、设备、物料、客户需求等)的当前状态。制造执行系统协会(Manufacturing Execution System Association,简称 MESA)对 MES 所下的定义为:"MES 能通过信息传递对从订单下达到产品完成的整个生产过程进行优化管理。当工厂发生实时事件时,MES 能对此及时做出反应、报告,并用当前的准确数据对它们进行指导和处理。这种对状态变化的迅速响应使 MES 能够减少企业内部没有附加值的活动,有效地指导工厂的生产运作过程,从而使其既能提高工厂及时交货能力,改善物料的流通性能,又能提高生产回报率。MES 还通过双向的直接通信在企业内部和整个产品供应链中提供有关产品行为的关键任务信息。"

MES 的定位是处于计划层和现场自动化系统之间的执行层,主要负责车间生产管理和调度执行。一个设计良好的 MES 可以在统一平台上集成诸如生产调度、产品跟踪、质量控制、设备故障分析、网络报表等管理功能,使用统一的数据库和通过网络联接可以同时为生产部门、质检部门、工艺部门、物流部门等提供车间管理信息服务。系统通过强调制造过程的整体优化来帮助企业实施完整的闭环生产,协助企业建立一体化和实时化的 ERP/MES/SFC 信息体系。

2. 制造执行系统的形成

20 世纪 90 年代初期,中国就开始了对 MES 以及 ERP 的跟踪研究、宣传或试点,而且曾经提出了"管控一体化","人、财、物、产、供、销"等颇具中国特色的 CIMS、MES、ERP、SCM 等概念,但只是总结、归纳、宣传、坚持或者提炼,提升不够，发展势头不快。

国内最早的 MES 是 20 世纪 80 年代宝钢建设初期从 SIEMENS 公司引进的。中国工业信息化基本上是沿着西方工业国家的轨迹前进，只是慢半拍而已。几乎绝大多数大学和工业自动化研究单位，甚至于国家、省、市级政府主管部门都开始跟踪、研究 MES。从中央到地方，从学会到协会，从 IT 公司到制造生产厂，从综合网站到专业网站，从综合大学到专科院校，都卷入了 MES 热潮之中。

目前国外知名企业应用 MES 已经成为普遍现象，国内许多企业也逐渐开始采用这项技术来增强自身的核心竞争力。回到企业计划层与过程控制层之间的信息“断层”问题。我国制造业多年来采用的传统生产过程的特点是“由上而下”按计划生产，简单地说是从计划层到生产控制层：企业根据订单或市场等情况制订生产计划—生产计划到达生产现场—组织生产—产品派送。企业管理信息化建设的重点也大都放在计划层，以进行生产规划管理及一般事务处理，如 ERP 就是“位”于企业上层计划层，用于整合企业现有的生产资源、编制生产计划。在下层的生产控制层，企业主要采用自动化生产设备、自动化检测仪器、自动化物流搬运储存设备等解决具体的生产（制程）瓶颈，实现生产现场的自动化控制。

3. 制造执行系统的分类

伴随着国际 MES 市场的发展，MES 厂商犹如雨后春笋般地涌现出来，而他们的来源也主要分为以下 5 类：

（1）从自动化设备基础上发展而来

MES 的数据采集与指令执行就是和底层设备打交道，这些厂商进入 MES 领域有着天然的优势，对自动化设备了如指掌。这类厂商的代表有：GE Fanuc、SIEMENS、Rockwell Automation 等。

（2）从专业 SCADA、HMI 厂商发展而来

这些厂商多是从开发人机界面开始，然后扩展到 MES 领域的。这类厂商的代表有：AdAstra、Wonderware、Citech（已被收购，但独立运营）等。

（3）从专业 MES 发展而来

这些厂商一开始就专注于 MES 或者 MES 中的某一项功能，如自动识别、质量管理、组态系统、测控等，然后不断发展，不断积累。现在这些厂商面临的生存环境越来越恶劣，很多已经被并购，而并购者多是自动化设备供应商。如 SIEMENS 收购比利时的 Complex IT Plant Solutions 公司的 MES 产品 ProcX，GE Fanuc 并购 MES 软件产品的供应商 Mountain Systems，Rockwell Automation 对 Enterprise Technology Group、Datasweep 的收购。目前，这类厂商的代表有 Mfsoft、Honeywell、Camstar Systems 和 Tieto 等。

（4）从 PLM、ERP 等领域延伸而来

由于MES的专业性很强,所以目前PLM、ERP等厂商进入这个领域的并不多。这类厂商的代表有:UGS、SAP(捆绑德国的PSI)等。

(5) 从其他领域延伸而来

如Apriso是从数据采集和数据挖掘到1998年全面介入MES软件的开发。

4. 制造执行系统的功能

市场环境的变化和现代生产管理理念不断更新,一个制造型企业能否良性运营,关键是使“计划”与“生产”密切配合,企业和车间管理人员可以在最短的时间内掌握生产现场的变化,做出准确的判断和快速的应对措施,保证生产计划得到合理而快速的修正。虽然ERP系统和现场自动化系统已经发展到了非常成熟的程度,但是由于ERP系统的服务对象是企业管理的上层,一般对车间层的管理流程不提供直接和详细的支持。而现场自动化系统的功能主要在于现场设备和工艺参数的监控,它可以向管理人员提供现场检测和统计数据,但是本身并非真正意义上的管理系统。所以,ERP系统和现场自动化系统之间出现了管理信息方面的“断层”,对于用户车间层面的调度和管理要求,它们往往显得束手无策或功能薄弱。

MES具有生产监视、数据采集、工艺管理、品质管理、报表管理、生产排程、基础资料、OEE指标分析、薪资管理和数据共享等功能模块。MES处于计划层和现场自动化系统之间的执行层,主要负责车间生产管理和调度执行。一个设计良好的MES可以在统一平台上集成诸如生产调度、产品跟踪、质量控制、设备故障分析、网络报表等管理功能,使用统一的数据库和通过网络联接可以同时为生产部门、质检部门、工艺部门、物流部门等提供车间管理信息服务。系统通过强调制造过程的整体优化来帮助企业实施完整的闭环生产,协助企业建立一体化和实时化的ERP/MES/SFC信息体系。MES具有不下车间掌控生产现场状况工艺参数监测、实录、受控;制程品质管理,问题追溯分析;物料损耗与配给跟踪,库存管理;生产排程管理,合理安排工单;客户订单跟踪管理,如期出货;生产异常,及时报警提示;设备维护管理,自动提示保养;EE指标分析,提升设备效率;自动数据采集,实时准确客观;报表自动及时生成,无纸化;员工生产跟踪,考核依据客观;成本快速核算,订单报价决策;细化成本管理,预算执行分析等能力。

9.3 综合信息系统

9.3.1 办公自动化系统

办公自动化系统是利用信息技术的手段提高办公的效率,进而实现办公自动化处理的系统。它采用Internet/Intranet技术,基于工作流的概念,使企业内部人员方便快捷地共享信息，高效地协同工作，改变过去复杂、低效的手工办公方式，实现迅速、全方位的信息采集、信息处理，为企业的管理和决策提供科学的依据，深受众多企业的青睐。

1. 办公自动化系统的内涵

办公自动化系统(Office Automation System，简称 OAS)是运用信息技术、自动化技术提高办公效率的各种设备和软件的总称，也是现代化信息采集、处理、共享的研究领域。OA 从最初以大规模采用复印机等办公设备为标志的初级阶段，发展到今天的以运用网络和计算机为标志的现阶段，对企业办公方式的改变和效率的提高起到了积极的促进作用。

OAS 软件解决企业的日常管理规范化、增加企业的可控性、提高企业运转的效率等基本问题，范围涉及日常行政管理、各种事项的审批、办公资源的管理、多人多部门的协同办公以及各种信息的沟通与传递。可以概括地说，OAS 软件跨越了生产、销售、财务等具体的业务范畴，更集中关注于企业日常办公的效率和可控性，是企业提高整体运转能力不可缺少的软件工具。

虽然诸如 Lotus 1－2－3 和 MS Office 系列的许多应用软件可以提高办公效率，但是这仅仅是针对个人办公而言。办公自动化系统不仅兼顾个人办公效率的提高，更重要的是可以实现群体协同工作。协同工作意味着要进行信息的交流，工作的协调与合作。由于网络的存在，这种交流与协调几乎可以在瞬间完成，并且不必担心对方是否在电话机旁边或是否有传真机可用。这里所说的群体工作，可以包括在地理上分布很广甚至分布在全球上各个地方，以至于工作时间都不一样的一群工作人员。

办公自动化系统可以和一个企业的业务结合得非常紧密，甚至是定制的，因而可以将诸如信息采集、查询、统计等功能与具体业务密切关联。操作人员只需点击一个按钮就可以得到想要的结果，从而极大地方便了企业领导的管理和决策。

办公自动化系统还是一个企业与整个世界联系的渠道，企业的 Intranet 可以和 Internet 相联。一方面，企业的员工可以在 Internet 上查找有关的技术资料、市场行情，与现有或潜在的客户、合作伙伴联系；另一方面，其他企业可以通过 Internet 访问对外发布的企业信息，如企业介绍、生产经营业绩、业务范围、产品/服务等信息，从而起到宣传介绍的作用。随着办公自动化系统的推广，越来越多的企业将通过自己的 Intranet 联接到 Internet 上，所以这种网上交流的潜力将非常巨大。

2. 办公自动化系统的功能

办公自动化系统主要面向组织中的业务管理层，为各种类型的文案工作提供支持，通过应用信息技术，支持办公室的各项信息处理工作，协调不同地域之间、各职能间和各信息工作者间的信息联系，提高办公活动的工作效率和质量。

不同组织中的办公业务是不同的,所以不同办公自动化系统有很大的区别,但一般情况下,办公自动化系统都具有通过文字处理软件、桌面印刷软件、电子化文档进行文档管理,通过数字化日历、备忘录进行计划和日程安排,通过桌面型数据库软件进行数据库管理,通过电子邮件、语音信箱、数字化传真和电视会议等形式进行信息联络与沟通的功能。

办公自动化系统具有多种结构,它不仅有计算机结构、局域网结构、广域网结构,还有利用互联网为基础的服务器、浏览器结构。

3. 办公自动化系统的分类

办公自动化已经成为企业界的共识。众多企业认识到尽快进行办公自动化建设并占据领先地位,将有助于保持竞争优势,使企业的发展形成良性循环。如今企业的办公自动化程度可以划分为以下4类:

(1) 个人办公系统起步较慢,还停留在使用没有联网的计算机,使用MS Office系列、WPS系列应用软件以提高个人办公效率。

(2) 网络化办公系统已经建立了自己的Intranet,但没有好的应用系统支持协同工作,仍然是个人办公,网络处在闲置状态,企业的投资没有产生应有的效益。

(3) 电子邮件系统已经建立了自己的Intranet,企业内部员工通过电子邮件交流信息,实现了有限的协同工作,但产生的效益不明显。

(4) 信息共享办公系统已经建立了自己的Intranet;使用经二次开发的通用办公自动化系统;能较好地支持信息共享和协同工作,与外界联系的信息渠道畅通;通过Internet发布、宣传企业的产品、技术、服务;Intranet已经对企业的经营产生了积极的效益。现在正着手开发或已经在使用针对业务定制的综合办公自动化系统,实现科学的管理和决策,增强企业的竞争能力,使企业不断发展壮大。

办公自动化系统的实施应该考虑企业的实际情况,主要是企业的经济实力。按照上述分析,第一类企业进行办公自动化建设就需要较多的投入,既要搭建企业Intranet,又要开发办公自动化系统,需要企业有较强的经济实力才能完成;而对于第二、第三类企业,由于企业Intranet已经存在,只是没有或没有好的办公应用系统,所以只需投入相对网络投资少得多的资金即可开发通用办公自动化系统,产生较高的投资回报,即便一步到位开发综合办公自动化系统,其投资也要比网络投资少得多,而产生的经济效益更高;对于第四类企业,由于其办公自动化基础好,只需较少的投资即可达到目前办公自动化的最高水平。

4. 办公自动化系统的适用范围

那么,什么样的企业适合使用办公自动化系统?几乎所有企业都适合使用办公自动化系统,但不同企业使用的目的性会有所不同。

(1) 信息化尚未入门的企业

由于没有信息化应用基础，上办公自动化系统有着近乎100%的成功率，有利于提高企业各级人员的基本素质与计算机方面的实际操作能力，有利于今后业务领域企业信息化工作的开展。

(2) 信息化失败的企业

信息化失败，特别是大型业务管理系统失败，例如ERP，对企业方面的信心打击是十分沉重的，为了重塑信心或者一开始就回避一下风险，选择办公自动化不失为一种选择。

(3) 缺少信息化资金准备的企业

信息化投入一般比较昂贵，在没见到实际效果的时候，多数企业会犹豫不决。因此，对于谨慎型的企业或者资金不充裕的企业，先进行办公自动化有利于企业逐步了解企业信息化及其作用，减少今后信息化工作的盲目性。

(4) 已拥有业务管理系统的企业

办公自动化(OA)与业务管理系统互为补充，可以丰富并完善企业信息化工作的形式与内容。

9.3.2 运输管理系统

运输是物流运作的重要环节，在各个环节中运输时间及运输成本占有相当大的比重。现代运输管理是对运输网络和运输作业的管理，在这个网络中传递着不同区域的运输任务、资源控制、状态跟踪、信息反馈等信息。实践证明，通过人为控制运输网络信息和运输作业，其效率低、准确性差、成本高、反应迟缓，无法满足客户需求。随着市场竞争的加剧，对物流服务的质量要求越来越高，尤其是运输环节，运输管理系统就是在这样的前提下生产的。

1. 运输管理系统的内涵

运输管理系统(Transportation Management System，简称TMS)是一种“供应链”分组下的(基于网络的)操作软件。它能通过多种方法和其他相关的操作一起提高物流的管理能力，包括管理装运单位，指定企业内、国内和国外的发货计划，管理运输模型、基准和费用，维护运输数据，生成提单，优化运输计划，选择承运人及服务方式，招标和投标，审计和支付货运账单，处理货损索赔，安排劳力和场所，管理文件(尤其当国际运输时)和管理第三方物流。

2. 运输管理系统的特征

TMS运用信息系统，对物流进行统一的调度管理，具有如下特征：

(1) 专门设立集卡调度中心和整车零担调度中心，使调度管理更具针对性。

(2) 智能化调度提醒，实现人性化的调度，全面提升企业车辆利用效率。

(3) 专门设置值班调度，整合GPS、SMS数据，时时跟踪货物流向，及时调整并处理非正常业务运作。

(4) 通过符合运作要求的调度机制，从不同区域、车型要求、报关要求、货物属性、特殊业务类型等多种角度支持调度进行合理排班。

(5) 灵活的排班方式,支持订单拆分,支持委外派车处理,支持集中的派车单管理。

3. 运输管理系统的功能模块

TMS主要具有调度管理、车辆管理、配件管理、油耗管理、费用结算、人员管理、资源管理、财务核算、绩效考核、车辆跟踪、业务跟踪、业务统计、账单查询等功能模块。

(1) 建立基于网络的一体化业务操作流程

建立快速、准确的订单处理机制,网上EC订单处理与内部TMS无缝连接;统一委托受理平台,订单审核机制,保障业务数据的准确性;随时获取关键指标:委托处理差错率、委托响应效率;支持Excel等标准文档的信息读入;自定义的订单处理流程。

(2) 集中化的财务管理

统一的合约管理,保证系统自动、准确地生成费用;加强收付账款管理,完善的费用处理流程、备用金管理;支持多种对冲、应收付等核销方式;账龄分析、备用金结存情况分析;统一的财务处理流程。

(3) 对新技术的充分支持

TMS提供与GPS、SMS、IC、行车记录仪、门磁、自动加油机、轮胎检测等的接口支持,全面提升企业服务能力,为客户提供更加贴身的信息服务。

(4) 成本管理和预警管理

TMS支持对额定费用、易耗件库存、车辆维修以及进出库等相关成本费用的管理和预警,并且围绕运营业务,实现从维修到仓库进出库、业务到油料的全过程管理;考核单车单司机配件、轮胎、事故违章等KPI指标;其报表模块提供整体业务运营多角度、多方位的分析报告,并使用图形化的方式进行关键指标的直观图示。

4. 运输管理系统的运行设置

TMS是一个十分复杂、功能庞大的信息系统,但是物流运输系统的规模、结构和业务种类差异很大,在实际运用TMS时,需要根据运输企业的实际情况进行一系列设置。

1) 系统管理功能设置

(1) 用户管理模块

该模块主要是对具体使用者进行的管理和帮助。只有具有使用许可权的工作人员才可以凭密码登录本系统,进行具体操作,使用完成后,必须进行注销操作才能退出系统。

(2) 许可权角色管理模块

该模块主要是从保护企业的商业机密和数据安全出发,对不同级别的工作人员设置不同的系统操作许可权，只有具有相关许可权的人员才可以进行相关操作，充分保证了系统数据的保密性。

(3) 数据字典维护模块

该模块主要是对系统的设置、各大功能模块的维护和管理，起到保证系统运行的作用。

(4) 日志管理模块

该模块主要是对本系统的日常连续进行自动记录，系统管理人员凭许可权可以查询到工作人员所进行的具体操作，起到加强企业管理监督的作用。

2) 基本信息设置

(1) 客户信息管理模块

该模块包括客户信息的录入和更新，系统会根据客户信息进入的时间给客户设定一个专有的编码。客户信息输入系统后，企业相关人员可以在系统中查询到客户的名称、法人代表、经营范围、编码、地址、电话、传真、E-mail、主页和与公司交易的历史记录等。用户可以通过客户管理模块来对客户信息进行修改、查询等操作。客户信息管理中包含合同和报价模块。

(2) 车辆信息管理模块

该模块主要有车辆信息管理和车辆状态管理两大内容。车辆信息管理设置有车辆的牌照、型号、载重量、容积、司机姓名等信息。可以看到每辆车每天的出车记录(出车日期、客户名称、工作内容、吨位、单价、目的地、合同金额、已付金额、驾驶员、住勤补助、出差补助、出车小时、运行公里、此次出车工资、搬动费用、其他费用)，并生成派车单。在车辆状态管理中，可以显示出车车辆、待命车辆、维修车辆的信息。通过车辆信息管理模块，用户可以进行添加、查看、修改、查询及报废、故障等处理。

(3) 人员信息管理模块

该模块主要有人员信息管理、人员薪酬管理、操作员管理三大内容。人员信息管理有调度员、驾驶员、修理工、临时工、搬运工等的个人资料；人员薪酬管理，统计记载人员工资、奖金、福利等支取状况；操作员管理是指系统对不同的操作设置不同的操作许可权，只有相关人员才有权看到许可权范围内的数据，充分保证数据安全。

(4) 货物信息管理模块

该模块主要是以对货物信息的录入、查询和更改为主要内容。货物信息管理设置有每一单货物的编号、数量、规格、价值金额、运输时间要求等内容。在系统中，用户可以清晰明了地看见货物的有关信息，能够进行添加、修改、查询等操作。

基本信息中同时也包括运输线路的设置，有公司的组线架构、物流据点的结构、基础路线的设置。

3）运输作业设置

（1）订单处理模块

该模块提供关于运输订单的生成、录入、修改、执行等一系列功能。系统可以自动安排订单处理的提前期，为每一张运输订单设置“订单激活时间”，达到时间和订单自动处于“激活状态”，由系统生成连单并提示调度人员安排车辆执行。

（2）调度配载模块：

调度作业是运输的中心作业。系统根据货物、客户、车辆的信息，自动提示最佳的运货车辆和运输路线。采用尖端技术实现计算机辅助作业，优化车辆资源利用率，自动组合同类作业，确保实现车辆利用效率最大化。

（3）运输跟踪模块

对货品状态的跟踪与及时反馈是体现服务水平、获得竞争优势的基本功能。但对货物有效的运输跟踪是现代物流运输中的难点，也是提高客户服务水平的关键点之一。系统通过查看运单的执行状态，通过对运单的有效跟踪，可以看到货物的在途状况。系统能够按照不同的要求为客户提供定时的状态信息反馈。

4）财务管理设置

（1）应收应付管理模块

运输业务涉及的客户比较多，而且往来频繁，对于每个客户及分包方的管理显得尤为重要。运输业务的特殊性经常导致与客户之间台账的错误及混乱。系统提供每单业务的详细账单，也能提供针对不同客户及分包方的台账，并设有到期未付账款预警功能，可以进行应收账款统计、查询和应付账款统计、查询操作。

（2）统计报表管理模块

该模块主要有结算报表分析和应收应付报表分析两大功能。结算报表分析对客户、公司自身、车辆三方的经济往来有详细的记录，系统具有查询、统计功能。企业相关人员凭管理许可权可以看到这些数据，既方便了工作又安全可靠。另外，在对车辆的结算报表中可以看到车辆不同运输路线的货运价格。

综上所述，中小企业所需的TMS应该具备以上功能才能满足现代运输业发展的需要。但是，企业不能盲目地上软件，一定要结合本企业实际并带有一定前瞻性，综合考虑企业现实需求、未来发展、资金能力、人员素质等各方面因素才能做出正确决策。

9.3.3 统计软件

统计学是研究如何收集数据、分析数据并进行推断的学科。统计学的应用必然要涉及数据的收集、存储、整理以及各种统计方法的实际计算，这些都可以借助统计软件来完成。从电子计算机出现至今，统计软件已经有了长足的发展。一方面，经典的统计方法都已在统计软件中实现；另一方面，帮助统计学家实现新的统计方法的软件也极大地推动了新的统计方法的研究与开发。

1. 统计软件的应用

国内统计软件的应用得到广泛普及，特别是国家各级政府统计单位都已经运用统计软件高效、快速地处理各类数据，为国民经济建设决策提供科学的依据。这些年来统计软件的应用有着很大进步，先后引进了国外的 SAS、SPSS、S-Plus、Gauss、DASC 等统计软件。SAS 是一个集大型数据库管理、统计分析、报表图形、信息系统开发等多种强大功能为一体的大型软件系统，是国际上公认的优秀统计分析软件。S-Plus 是一种以 S 语言为基础的面向对象的统计编程与统计分析系统，具有强大的探索性数据分析功能，实现了很多最新的统计方法。用 S 语言编写统计计算程序相对而言易学易用，可以极大地降低统计计算程序的开发时间，方便了统计学家研究新的统计方法和进行统计计算。DASC 可以对国内外著名的计量经济学著作、应用多元统计分析著作、应用回归分析著作、数值计算著作中的绝大部分内容进行中文菜单傻瓜式计算。另外，还有一种开放的统计软件 R，它和 S-Plus 基本兼容。政府组织开展了一系列统计应用培训，统计软件成为管理者进行定量分析最有效的工具。

2. 统计软件的功能

社会各界对国家、企业、统计机构采集、处理、分析的统计信息的需求量迅速地增加，并提供快捷高效的信息交流平台。随着经济高速发展和市场经济需要变化，统计软件功能不断增加，性能不断提高，具有强大的数据存储、编辑和分析功能。

(1) 数据存储功能

统计软件一般均具有数据存储的功能，并且可以调用其他格式的一些数据。以 SAS 为例，该软件本身可以生成临时及永久数据集，同时可以调用其他格式的多种数据集，如 Excel 的. xls 格式的数据集、FoxPro 的. dbf 格式的数据集、Access 数据集，也可以导入纯文本(. txt)的数据文本文件等。外部数据的导入拓宽了统计软件的适用范围。

(2) 数据编辑功能

统计软件可以对已有的数据集进行修改，既可以修改数据集内部的变量名称、变量类型，增加、删除数据记录，对不同的数据集进行连接与合并以生成新的数据集，也可以利用已有数据集通过选择命令获得各种理想的子集。

(3) 常用统计方法的模块化

随着人们对于统计计算要求的不断提升，各种统计软件也在不断地进行自我的完善，在每一次的统计软件版本的升级过程中，不仅仅升级了软件自己的结构、语言设计，同时也会形成新统计方法的软件模块。SAS 中包含了统计检验、相关与回归分析、方差分析、聚类分析、主成分分析、判别分析、因子分析等常用统计方法模块，也包括时间序列的 ARIMA 分析、ARCH 分析、聚类分析等计量经济学分析模块，同时还包括质量控制、运筹学与线性规划、高级绘图等很多数据分析模块。模块化的软件对使用者的计算机知识的要求大大降低,使得很多以统计软件为工具的社会学科研究者使用软件更加方便。

(4) 编程功能

虽然各种软件的不断更新满足了绝大部分统计计算的需要,但在实际的使用过程中,由于数据集的特殊性、分析需要的特殊性等原因,软件在某些方面会显得不是十分的灵活,此时统计软件的编程功能就显得非常的重要,除了S、R语言这些开放式的具有较强编程功能的统计软件之外,SAS、SPSS等统计软件也有较强的编程功能,而且这些软件的编程语句除了特定的命令语句外,与常用的C语言等编程语言的编程格式基本一致,具有一定编程基础的人均可以很方便地入门。编程功能使得软件的使用可以更加灵活、高效,也增加了软件的适用性。

(5) 图形显示的功能

现有的统计软件可以制作二维、三维、曲线、折线、散点、直方图、饼图、块图等不同维数、类型的图形。通过数据的散点图分析可以发现数据的规律性、异常点等重要数据特征,从而开展探索性的统计分析。同时,通过在同一张图表中展现不同的数据曲线,可以对比数据的差异性,分析模型的拟合效果,寻找不同模型的差异性等。直观的图形展示可以让复杂的数据分析过程更让人更容易接受,也更具有说服力。

9.3.4 产品数据管理

随着计算机及信息产业的飞速发展,形形色色的数据正在以令人难以想象的速度急剧膨胀,对今天的企业形成了巨大的压力,出现了数据种类繁多、数据检索困难、数据流向不明、数据缺乏安全性、数据无法共享等现象,更为严重的情况是数据泛滥或曰"数据失控"。一个典型的产品研发流程中,可能会有各种产品数据,它们生成并存在于产品研发的各个不同的阶段,以多种不同的形式被存放于不同的地方,而且数量巨大。产品种类越多,使用时间越长,则数据量越庞大,管理难度也越大。

1. 产品数据管理的内涵

产品数据管理(Product Data Management,简称PDM)管理产品全生命周期中各种数据和过程,实现从概念设计直到产品报废全过程中相关的数据定义、组织和管理,保证数据的一致、最新、共享和安全。PDM支持并行工程,并且作为集成平台实现CAD/CAPP/CAM的集成以及与MRPⅡ/ERP系统的集成,用来管理所有与产品相关的信息(包括零件信息、配置、文档、CAD文件、结构、权限信息等)和所有与产品相关的过程(包括过程定义和管理)。

PDM是以软件为基础的技术,它将所有与产品相关的信息和所有与产品有关的过程集成到一起。产品有关的信息包括任何属于产品的数据,如CAD/

CAM/CAE 的文件、材料清单(BOM)、产品配置、事务文件、产品订单、电子表格、生产成本、供应商状态等等。产品有关的过程包括任何有关的加工工序、加工指南以及有关于批准、使用权、安全、工作标准和方法、工作流程、机构关系等所有过程处理的程序。PDM 涵盖了产品生命周期的各个方面,使最新的数据能为全部有关用户,包括从工程师、NC 操作人员到财会人员和销售人员均能按要求方便地存取。与 PDM 常常相关的术语有:电子数据库、过程或过程控制、结构、配置管理/改变控制、接口和集成等。

2. 产品数据管理的应用

在产品研发和生产过程中,数据的变化是必然的、经常性的。人们总是希望任何设计/工程任务的变更能够即时地反映到数据变更上来,而且人们需要及时得到最新的数据,希望就数据的变化进行实时的沟通,希望知道数据是否为当前可用数据。因此,协同设计环境是必不可少的。面对日趋复杂的产品开发任务,人们希望在基于计算机的产品研发过程中能够对产品的结构有一个清晰、形象的描述,能够了解产品结构和数据之间的物理及逻辑关系,能够管理产品和控制结构中每一个子项的版本。这样的产品定义应该特别符合人们对产品结构的一般认识规律:由总体到分支,由全局到局部,由产品到各个具体零件。

(1) 企业产品数据的归档

长期以来,企业将产品数据分门别类地归档到文件服务器上,限于网络操作系统所提供的有限功能,归档工作只能由专人负责,随着信息技术的广泛应用,归档工作烦琐乏味,甚至令工作人员不堪重负。国产 PDM 产品提供了方便的产品数据归档方法,只要用户提供必要的工程信息,该产品的数据就可以有条不紊地进入应用服务器上的产品数据库中。

(2) 企业使用统一编码

企业编码的实质是解决分类问题,产品零部件的有效分类恰恰是 PDM 技术要解决的主要问题,推行统一编码同时也是企业信息化的基础。然而,过去企业的编码标准表现在纸上,使用人员只能靠翻阅手册,有时还需要人工协调才能完成编码,因此企业推行使用统一的编码规则相当困难。国产 PDM 产品提供了有效的编码管理和辅助生成工具。一方面,利用编码管理工具,企业可以将编码规则定义到产品数据库中,以便使用人员随时在网络上查找浏览;另一方面,通过辅助生成工具,使用人员可以在单元应用软件中直接对生成的数据进行编码,保证编码的正确性。

(3) 企业产品结构的管理

产品结构(Product Structure)是跨越组织部门和经营阶段的核心概念,是 PDM 系统联结各个应用系统(如 CAD/CAPP/CAM/MRPⅡ)的纽带与桥梁。传统的基于文件系统的管理方法虽然可以按照产品结构进行归档,却无法使用。目前市场上流行的基于卡片式的档案管理系统由于缺少产品结构这样的概念,只能按照线性模式进行数据组织。国产PDM产品以产品结构为核心来组织工程数据,完全符合PDM系统的数据组织逻辑,企业的工程数据在明确的产品结构视图下层次关系清晰可见。同时,它还提供基于产品结构的查询、修改和数据组织工作,对企业产品数据的管理起到了"纲举目张"的作用。

(4) 技术部门的过程管理

随着"甩图板工程"的深入,企业技术部门的绘图工作在计算机上完成以后,企业原来基于纸介质的工作驱动方式在某种程度上阻碍了工程技术部门生产效率的提高。如何寻求一种适合企业的电子流程管理手段,成为企业需要进一步解决的问题,这也是PDM技术所要解决的关键问题。目前大多数国产PDM产品提供了技术部门的工作流程管理模块,企业可以根据自己的情况来定制工作环节,利用内嵌的浏览工具完成整个工作过程中的浏览与批注任务。

(5) 企业产品数据的处理

制造企业的工艺设计、生产组织、物资供应、物流管理、对外协作等经营活动都要使用基于产品结构的数据信息,其表现形式为企业现行的各种表格,这些造表工作复杂、烦琐并且容易出错。大多数国产PDM产品都提供了交互式自定义表格工具,可以生成任意复杂的企业表格,并且具有多种统计、汇总与展开方式等功能。

(6) 工程和生产领域的集成

国内企业的计算机应用一般是以部门为单位发展应用起来的,企业的工程设计部门和生产销售部门常常是采用两套系统(CAX和MRPⅡ)。工程技术部门产生的电子数据若被生产部门使用,通常还存在二次输入问题,这个非增值过程中的失误将导致严重的产品配套问题。

(7) 企业工程信息的提取

随着"甩图板工程"的不断深入,CAD软件(二维、三维)成为企业进行产品定义的主要工具。CAD文件中所包含的工程信息如何进入PDM系统,是提高设计生产率的关键环节之一。

3. 产品数据管理技术的发展

PDM技术的发展可以化为三个阶段:配合CAD工具的PDM系统、专业PDM系统和PDM的标准化阶段。

(1) 配合CAD工具的PDM系统

早期的PDM产品诞生于20世纪80年代初。在当时,CAD已经在企业中得到了广泛的应用,工程师们在享受CAD带来的好处的同时,但不得不将大量的时间浪费在查找设计所需信息上,对于电子数据的存储和获取新方法的需求变得越来越迫切了。针对这种需求,各CAD厂家配合自己的CAD软件推出了第一代PDM产品,这些产品的目标主要是解决大量电子数据的存储和管理问题,提供了维护"电子绘图仓库"的功能。

第一代 PDM 产品仅在一定程度上缓解了"信息孤岛"问题,仍然普遍存在系统功能较弱,集成能力和开放程度较低等问题。

(2) 专业 PDM 系统

通过对早期 PDM 产品功能的不断扩展,最终出现了专业化的 PDM 产品,如 SDRC 公司的 Metaphase 和 UGS 的 iMAN 等就是第二代 PDM 产品的代表。

与第一代 PDM 产品相比,在第二代 PDM 产品中出现了许多新功能,如对产品生命周期内各种形式的产品数据的管理能力、对产品结构与配置和管理、对电子数据的发布和更改的控制以及基于成组技术的零件分类管理与查询等,同时软件的集成能力和开放程度也有较大的提高,少数优秀 PDM 产品可以真正实现企业级的信息集成和过程集成。

第二代 PDM 产品在取得巨大进步的同时,在商业上也获得了很大的成功。PDM 开始成为一个产业,出现了许多专业开发、销售和实施 PDM 的公司。

(3) PDM 的标准化阶段

1997 年 2 月,OMG 组织公布了其 PDMEnabler 标准草案。作为 PDM 领域的第一个国际标准,本草案由许多 PDM 领域的主导厂商参与制订,如 IBM、SDRC、PTC 等,PDMEnabler 的公布标志着 PDM 技术在标准化方面迈出了崭新的一步。

PDMEnabler 基于 CORBA 技术,就 PDM 的系统功能、PDM 的逻辑模型和多个 PDM 系统间的互操作提出了一个标准。这一标准的制订为新一代标准化 PDM 产品的发展奠定了基础。

PDM 技术作为一门管理技术,管理着企业的全部知识资产。随着 PDM 技术的不断更新,为用户提供的功能越来越强大,必须有效地保护原有的资源。理论上 PDM 系统的改变可以通过 STEP 标准来保护原有的资源,可实际上由于 PDM 系统内巨大的数据量,往往这种转换是不可取的。因此,用户在选择 PDM 产品时要慎重,使用时要稳重,更新时要保重。

4. 产品数据管理技术的最新进展

20 世纪 90 年代末期,PDM 技术的发展出现了一些新动向,在企业需求和技术发展这两大推动力的推动下产生了新一代的 PDM 产品。

(1) 分布式技术

基于网络的分布式计算技术也是近年来获得了很大进步的技术之一。以分布式计算技术为基础,基于构件的系统体系结构将逐渐取代模块化的系统体系结构。

(2) Java 语言

Java 从出现的第一天就成为计算机界的一个热点。Java 语言具有高度的可移植性、健壮性和安全性等优点,这些使它一经推出就获得了广泛的支持。

Java不仅仅是一种新的计算机语言,同时还是一种移动式计算平台。Java语言的“一次编程,到处可用”的特点使它成了编写网络环境下的移动式构件的最佳选择。将分布式计算框架和Java技术结合起来将成为构造网络信息系统最理想的模式。

(3) 基于CORBA/Web的PDM系统

进入电子商务(E-Business)时代初期,各种计算机应用工具都在与此相适应,PDM系统也不例外,把PDM系统作为企业产品开发的电子商务解决方案是新一代PDM技术和PDMⅡ系统的目标,也是解决国内企业采用PDM系统时所遇问题的基础。美国MatrixOne公司的eMatrix和PTC公司的Windchill就是这类系统的代表。这类系统是跨越延展供应链的产品信息和生命周期过程管理的全面解决方案。它们使企业能够以Internet/Intranet的发展速度快速超越其竞争对手,得到重要的战略利益。

9.3.5 电子政务

电子政务运用计算机、网络和通信等现代信息技术手段,实现政府组织结构和工作流程的优化重组,超越时间、空间和部门分隔的限制,建成一个精简、高效、廉洁、公平的政府运作模式,以便全方位地向社会提供优质、规范、透明、符合国际水准的管理与服务。

1. 电子政务的定义

自20世纪90年代电子政务产生以来,关于电子政务的定义有很多,并且随着实践的发展而不断更新。

联合国经济社会理事会将电子政务定义为:政府通过信息通信技术手段的密集性和战略性应用组织公共管理的方式,旨在提高效率,增强政府的透明度,改善财政约束,改进公共政策的质量和决策的科学性,建立良好的政府之间、政府与社会、社区以及政府与公民之间的关系,提高公共服务的质量,赢得广泛的社会参与度。

世界银行则认为电子政务主要关注的是政府机构使用信息技术(比如万维网、互联网和移动计算),赋予政府部门以独特的能力,转变其与公民、企业、政府部门之间的关系。这些技术可以服务于不同的目的:向公民提供更加有效的政府服务,改进政府与企业和产业界的关系,通过利用信息更好地履行公民权,增加政府管理效能。因此而产生的收益可以减少腐败、提供透明度、促进政府服务更加便利化、增加政府收益或减少政府运行成本。

2. 电子政务的类型

电子政务的内容非常广泛。从服务对象来看,电子政务主要有这样几个类型:政府间的电子政务(G2G)、政府与企业间的电子政务(G2B)、政府与公民间的电子政务(G2C)以及政府与雇员间的电子政务(G2E)。

(1) 政府间的电子政务(Government to Government，简称 G2G)

G2G 是上下级政府、不同地方政府、不同政府部门之间的电子政务。G2G 主要包括电子法规政策系统、电子公文系统、电子司法档案系统、电子财政管理系统、电子办公系统、电子培训系统和业绩评价系统。

(2) 政府与企业的电子政务(Government to Business，简称 G2B)

G2B 是指政府通过电子网络系统进行电子采购与招标，精简管理业务流程，快捷迅速地为企业提供各种信息服务。G2B 主要包括电子采购与招标、电子税务、电子证照办理、信息咨询服务和中小企业电子服务。

(3) 政府与公民间的电子政务(Government to Citizen，简称 G2C)

G2C 是指政府通过电子网络系统为公民提供各种服务。G2C 主要包括教育培训服务、就业服务、电子医疗服务、社会保险网络服务、公民信息服务、交通管理服务、公民电子税务和电子证件服务。

(4) 政府与雇员间的电子政务(Government to Employee，简称 G2E)

G2E 是指政府与政府公务员(即政府雇员)之间的电子政务，也有学者把它称为内部效率效能(IEE)电子政务模式。

3. 电子政务的功能

电子政务是在现代计算机、网络通信等技术的支撑下，政府机构日常办公、信息收集与发布、公共管理等事务在数字化、网络化的环境下进行的国家行政管理形式。它包含多方面的内容，如政府办公自动化、政府部门间的信息共建共享、政府实时信息发布、各级政府间的远程视频会议、公民网上查询政府信息、电子化民意调查和社会经济统计等。

在政府内部，各级领导可以在网上及时了解、指导和监督各部门的工作，并向各部门做出各项指示。这将带来办公模式与行政观念上的一次革命。各部门之间可以通过网络实现信息资源的共建共享联系，既提高办事效率、质量和标准，又节省政府开支，起到反腐倡廉作用。

政府作为国家管理部门，上网开展电子政务，有助于政府管理的现代化，实现政府办公电子化、自动化、网络化。通过互联网这种快捷、廉价的通信手段，政府可以让公众迅速了解政府机构的组成、职能和办事章程以及各项政策法规，增加办事执法的透明度，并自觉接受公众的监督。

在电子政务中，政府机关的各种数据、文件、档案、社会经济数据都以数字形式存储于网络服务器中，可通过计算机检索机制快速查询、即用即调。

电子政务实现了以下功能：

(1) 政府从网上获取信息，推进网络信息化。

(2) 加强政府的信息服务，在网上设有政府自己的网站和主页，向公众提供可能的信息服务，实现政务公开。

(3) 建立网上服务体系，使政务在网上与公众互动处理，即“电子政务”。

(4) 将电子商务用于政府,即"政府采购电子化"。

本章小结

本章从企业管理信息化工程视角分别介绍了管理信息系统在产供销事务管理中的应用,重点介绍了客户关系管理(CRM)、电子商务(EB)、供应链管理(SCM)和企业资源计划(ERP)系统的内涵、原理、结构和特征,为企业高层领导开展管理信息化提供依据。

从制造业信息化的视角探讨管理信息系统的应用,重点介绍了计算机辅助设计、制造和测试等工作中的应用,强调了制造业信息化过程是信息系统的应用过程,并且具有准确、实时的信息管理内涵,还分别介绍了计算机集成制造系统和制造执行系统的内涵、原理、作用和方法。

最后从综合应用的视角分别介绍了办公自动化系统、运输管理系统、统计软件系统和产品数据管理系统的意义、作用、原理和方法。

思考题

1. 解释如下名词:ERP、CRM、SCM、CAX、CIM、CIMS、MES、OAS、TMS、TPS、SAS、SPSS、PDM、PLM。

2. 简述企业管理信息化工程的主要内涵。

3. 简述制造业信息化工程的主要内涵。

4. 简述办公自动化系统的作用。

5. 简述运输管理系统的作用。

6. 简述产品数据管理系统的作用。

7. 分别简述 ERP、CRM、SCM、CAX、CIM、CIMS、MES、OAS 和 TMS 的发展。

8. 分别叙述 ERP、CRM、SCM、CAX、CIM、CIMS、MES、OAS 和 TMS 的作用。

综 合 研 讨

一、请选择出其中正确的一个

1. 信息资源包括 ( )

A. 信息、物资、货币　B. 信息、信息生产者、设备

C. 信息、信息生产者、信息技术　D. 信息技术、信息生产者、货币

2. 管理信息系统的特点是 ( )

A. 数据集中统一,应用数学模型,有预测和控制能力,面向操作人员

B. 数据集中统一,应用人工智能,有预测和决策能力,面向高层管理人员

C. 数据集中统一,应用数学模型,有预测和控制能力,面向管理和决策

D. 应用数学模型,有预测和决策能力,应用人工智能,面向管理人员

3. 一个管理信息系统的好坏主要是看它 ( )

A. 硬件先进、软件齐全　B. 是否适合组织的需要

C. 投资力量是否最省　D. 是否使用计算机网络

4. 下面的系统中,哪一种系统是实时系统? ( )

A. 办公室自动化系统　B. 航空订票系统

C. 计算机辅助设计系统　D. 计算机激光排版系统

5. 银行自动取款机系统的数据处理方式是 ( )

A. 联机检索系统　B. 成批处理系统

C. 联机实时系统　D. 过程处理系统

6. 在管理决策中,非结构化决策是指那些________的决策问题。 ( )

A. 在决策前不能识别决策过程的各个方面,可以用固定决策规则来描述。

B. 在决策前能够识别决策过程的某些方面,可以用固定决策规则来描述。

C. 在决策前不能识别决策过程的某些方面,不能用固定决策规则来描述。

D. 在决策前不能识别决策过程的各个方面,不能用固定决策规则来描述。

7. 决策支持系统的特点是 ( )

A. 能提供决策时所需要的一切数据资料

B. 按事先规定的要求提供管理报告

C. 按随机输入的要求进行策略分析

D. 在决策过程中提供最佳选择方案

8. 信息系统是深化信息使用的重要手段,从使用深度变化上看,其发展经过六个阶段,标志计算机时代的结束和信息时代到来的转折点是在 ( )

A. 初装——扩展　B. 扩展——整体化

C. 控制——整体化　D. 数据管理——信息管理

9. 使用原型法开发系统时,使用、评价系统原型阶段的主要任务是　(　　)
   A. 修改和完善系统原型
   B. 扩展系统功能
   C. 研制者分析、评价已建模型
   D. 征求用户对系统原型的评价和改进意见
10. 一种从基本需求入手,快速构筑系统原型,通过原型确认需求以及对原型进行改进,最终达到建立系统的目的的方法称为　(　　)
   A. 生命周期法　　B. 原型法
   C. 面向对象法　　D. CASE法
11. 下列哪种设计属于生命周期法中的分析阶段　(　　)
   A. 总体设计　　B. 模块设计　　C. 逻辑设计　　D. 程序设计
12. 管理信息系统科学的三要素是　(　　)
   A. 物理的观点,数学的方法,计算机的技术
   B. 数学的观点,计算机的方法,信息的技术
   C. 系统的观点,数学的方法,计算机的应用
   D. 信息的观点,数学的方法,计算机的技术
13. 用生命周期法开发系统是属于________系统分析　(　　)
   A. 自上至下　　B. 自下至上
   C. 由点到面　　D. 上述几种都有
14. 下列________不是信息　(　　)
   A. 已知的考试内容　　B. 持股者的股票行性
   C. 政府工作报告　　D. 天气预报
15. 信息只有通过使用才能产生价值,这一特性称为　(　　)
   A. 完整性　　B. 分享性　　C. 转换性　　D. 转递性
16. 信息系统是深化信息使用的重要手段,从使用深度上的变化看,其发展经过六个阶段,标志计算机时代的结束和信息时代到来的转折点是在　(　　)
   A. 初装——扩展　　B. 扩展——整体化
   C. 控制——整体化　　D. 数据管理——信息管理
17. 用原型法开发信息系统,先要提供一个原型,再不断完善,原型是　(　　)
   A. 系统的概念模型　　B. 系统的逻辑模型
   C. 系统的物理模型　　D. 可运行的模型
18. 一张工资分配表相对于工资核算子系统而言,称为　(　　)
   A. 数据　　B. 信息　　C. 数据加工　　D. 数据传递
19. 在系统设计中使用U/C矩阵方法的主要目的是　(　　)
   A. 确定系统边界　　B. 确定系统内部关系
   C. 确定系统与外部的联系　　D. 确定子系统的划分

20. 系统设计的阶段性文档是 (　　)
    A. 可行性分析报告　　B. 系统说明书
    C. 系统功能结构图　　D. 系统设计报告书
21. 下列工作哪些都属于管理信息系统实施阶段的内容? (　　)
    A. 模块划分,程序设计,人员培训
    B. 选择计算机设备,输出设计,程序调试
    C. 可行性分析,系统评价,系统转换
    D. 程序设计,设备购买,数据准备与录入
22. 计算工资分配表业务,称为 (　　)
    A. 数据　　B. 数据存储　　C. 数据加工　　D. 数据传递
23. 系统规划的阶段性文档是 (　　)
    A. 可行性分析报告　　B. 系统说明书
    C. 系统功能结构图　　D. 系统设计报告书
24. 企业成功地实施了 ERP 系统,标志着企业管理信息系统进入________阶段。 (　　)
    A. 扩展　　B. 整体化
    C. 数据管理　　D. 信息管理
25. 根据职工考勤表计算职工工资分配的过程,称为 (　　)
    A. 数据处理　　B. 数据存储
    C. 数据检索　　D. 数据传递
26. 用原型法开发系统是属于________系统分析 (　　)
    A. 自上至下法　　B. 聚类法
    C. 由点到面法　　D. 上述几种方法存在
27. 下列不是________数据 (　　)
    A. 语音　　B. 图片　　C. 动画　　D. 计算机
28. 下列不是________网络拓朴结构。 (　　)
    A. 总线　　B. 连线　　C. 环型　　D. 星型
29. 根据职工工号从工资主文件中析取出一个职工工资情况的过程,称为 (　　)
    A. 数据处理　　B. 数据存储
    C. 数据检索　　D. 数据传递
30. 一个管理信息系统的好坏主要是看它 (　　)
    A. 硬件先进、软件齐全　　B. 是否适合组织的需要
    C. 是否投资力量最省　　D. 是否使用计算机网络
31. 用原型法开发信息系统,先要提供一个原型,再不断完善,原型是 (　　)
    A. 系统的概念模型　　B. 系统的逻辑模型
    C. 系统的物理模型　　D. 可运行的模型

32. 企业高层领导可以提供决策方案的信息系统称为 ( )
A. 决策支持系统 B. 事务处理系统
C. 数据处理系统 D. 办公自动化系统
33. 下列________不是管理信息系统的功能 ( )
A. 信息等级 B. 信息传递 C. 信息使用 D. 信息存储
34. 下列________不是信息的特性 ( )
A. 事实性 B. 分享性 C. 转换性 D. 安全性
35. 信息系统是深化信息使用的重要手段,从使用深度上的变化看,其发展经过六个阶段,最低阶段是 ( )
A. 扩展 B. 初装 C. 数据管理 D. 信息管理
36. 原型法的特点是 ( )
A. 系统严格按阶段开发
B. 事先作全面、详细的调研分析
C. 事先不需要作全面、详细的调研分析
D. 相对生命周期法,对系统开发人员知识要求高
37. 一张工资分配表相对于工资核算子系统而言,称为 ( )
A. 数据 B. 信息 C. 数据加工 D. 数据传递
38. U/C矩阵的主要作用是 ( )
A. 确定系统边界 B. 确定系统内部关系
C. 确定系统与外部的联系 D. 确定系统子系统的划分
39. 在系统分析中,________是一种能够全面描述信息系统逻辑模型的主要工具。 ( )
A. 功能结构图 B. 数据流程图
C. 业务流程图 D. 系统流程图
40. 系统对提高企业科学管理水平、增强企业竞争力以及提高管理人员素质等带来的收益属于 ( )
A. 直接经济效益 B. 间接经济效益
C. 系统收益 D. 投资回收效益

二、系统分析与设计

1. 已知产品出库管理的过程是:根据客户订单上的交货日期,销售部门开具的提货单、发票查询成品库,如果有货,则由仓库管理员填写发货单进行发货,同时将发货单转财务部门入应收账款,并通知客户,同时登记出库流水账和出库分类账,如果没货,及时通知销售部门联系客户,协商解决。请完成如下任务:

(1) 根据产品出库过程画出其业务流程,并根据产品出库管理业务处理的要求设计出产品出库管理数据库。

（2）分别写出数据库名、库内的表名，表内的字段名和各表之间的关联。

（3）画出系统功能结构图，从信息处理的角度画出三层即可。

2. 已知图书馆借书管理的过程是：新户首先建卡，然后可以持卡借书。借书时检查所借书数量是否超限，已借书是否过期，如果超量，则只能按规定数量借书，如果有过期书，则必须交迟还罚金，并还书注销后，书卡记录正常，才可以借书。请完成如下任务：

（1）根据借书管理过程画出其业务流程，根据借书管理业务处理要求设计出借书管理数据库。

（2）分别写出数据库名、库内的表名，表内的字段名和各表之间的关联。

（3）根据借书管理业务处理要求，画出借书管理功能结构图。

3. 已知学生毕业离校过程是：参加离校前的体检、学习年限已满四年，学分达到学校对该专业规定的学分，才能填写毕业生离校表，并分别到教材科、财务处、学工处、保卫处、图书馆和医院盖章，最后班长汇总到学院，领取离校资料。请完成如下任务：

（1）根据学生毕业离校处理过程画出其业务流程，根据毕业学生离校业务处理要求设计出学生离校处理数据库。

（2）分别写出数据库名、库内的表名，表内的字段名和各表之间的关联。

（3）根据毕业学生离校处理要求，画出毕业生离校处理的功能结构图。

4. 已知按教学计划确认每门课程的教材，按确认的教材订购，并要求签发订单，然后教材验收入库，学生按计划领书，每学期末，对本学期书款结账，预付下学期书款。请完成如下任务：

（1）根据教材管理过程画出其业务流程，根据教材管理要求设计出教材管理数据库。

（2）分别写出数据库名、库内的表名，表内的字段名和各表之间的关联。

（3）根据教材管理要求，画出教材管理信息系统的功能结构图。

5. 已知记录学生日常的考试考查成绩，参加各类比赛获奖情况，违纪记录情况，按学生管理条例计算学生的综合测评分，按班级对综合测评分降序排，选择前十名学习参加全班评优投票。投票结果前八名报学院。请完成如下任务：

（1）根据评优处理过程画出其业务流程，根据评优处理要求设计出评优处理数据库。

（2）分别写出数据库名、库内的表名，表内的字段名和各表之间的关联。

（3）根据评优处理要求，画出评优管理信息系统的功能结构图。

6. 已知新生报到的过程是：拿出录取通知书，查核学生姓名、考生号、专业，领取住宿钥匙及日程安排，填写新生注册卡，随后参加体检，输入新生注册卡，并与录取数据库核对正确，体检正常者正式注册，并分发到教务处、财务处、学工处、保卫处、档案馆和各相关学院。请完成如下任务：

(1) 根据新生报到过程画出其业务流程,根据新生报到业务处理要求设计出学生学籍管理数据库。

(2) 分别写出数据库名、库内的表名,表内的字段名和各表之间的关联。

(3) 根据新生学籍管理处理要求,画出学籍管理信息系统的功能结构图。

7. 已知图书馆还书管理的过程是:借书人持卡和书到图书还书,工作人员检查所借书有无损坏,如果有则按价的五倍赔偿,同时检查所还书是否超期,如果超期,则必须交迟还金(每天1角),并还书注销后,书卡记录正常,才可以继续借书。请完成如下任务:

(1) 根据还书管理过程画出其业务流程,根据还书管理业务处理要求设计出还书管理数据库。

(2) 分别写出数据库名、库内的表名,表内的字段名和各表之间的关联。

(3) 根据还书管理业务处理要求,画出还书管理功能结构图。

8. 已知产品入库管理的过程是:从生产车间将制造出来的产品连同填写好的入库单一起送至仓库,仓库检验员首先进行产品质量检验与入库单检验,不合格的产品和入库单退回车间,而合格的产品由保管员进行入库处理,同时登记入库流水账。请完成如下任务:

(1) 根据入库过程画出它的业务流程,根据产品的入库管理业务处理要求设计出产品入库管理数据库。

(2) 分别写出数据库名、库内的表名,表内的字段名和各表之间的关联。

(3) 根据产品的入库管理业务处理要求,画出产品入库管理功能结构图。

三、讨论

1. 论大数据技术拓宽了管理信息系统应用领域。
2. 论物联网技术拓宽了管理信息系统应用领域。
3. 论"两化深度融合"给管理信息系统应用研究提出了新的机遇。
4. 论管理信息系统提升企业竞争力。
5. 论领导在管理信息系统应用过程中的主导地位。
6. 论管理信息系统是信息时代不可忽缺的主要工具。
7. 论管理信息系统对企业发生深度影响。
8. 论管理信息系统推动社会进步。

四、管理信息系统课程设计

(一) 目的

管理信息系统是新兴的多学科边缘交叉性科学,具有很强的实时动态性和实务实践性。本课程设计的目的是让学生结合研发管理信息系统的实践,深刻领会管理信息系统研发各阶段的理论实质,提高信息资源利用的意识,培养学生正确的信息系统设计思维方式,使学生全方位受到结构化信息系统研发方法的系统训练,形成正确的信息系统设计观点,提高其对管理信息系统的感性及理性的认识。在信息系统课程设计过程中，通过为学生创造的实际开发管理信息系统的机会，使其深入了解企业环境，结合系统分析、系统设计的实践环节，进一步巩固和加强与管理信息系统密切相关的数据库技术、管理学知识、统计学原理等学科的理论知识，培养学生信息系统设计、数据处理与计算、系统结构与流程图绘图、数据与信息的文献查阅、报告撰写等基本技能，培养学生综合运用所学知识分析和解决实际问题的能力，巩固、深化和拓展学生信息系统应用的专业技能。

（二）要求

1. 课程设计采用项目小组的工作方式进行，小组人数控制在3—6人之间。实行组长负责制，组人员共同完成设计任务。在设计过程中，组长负责监督组员出席各类研讨会。小组成员既要有角色分工职责，又要有任务分工。组内保持联系畅通、密切合作，培养良好的互相帮助和团队协作精神。

2. 学生所选题目应尽量避免抽象、概念系统，提高系统开发的实用性和针对性。要选择学校、企业、商业等具体实务，并开展详细的调研分析。强调能解决某一实体企业或组织的实际问题。在报告题目中应突出企业或组织的名称，在报告内容中应全面围绕企业实际情况进行分析和说明，避免空洞及概念性的描述。

3. 在课程设计期间，学生要严格遵守纪律、规章制度、严格自律、树立严谨、严密、严肃的科学态度，每位学生必须按时、按量、按质完成课程设计。对有抄袭他人设计报告或者找他人代画、代做等弄虚作假者一律按照不及格处理。

4. 在设计过程中，2—3天组织一次阶段性汇报，课程设计结束必须对研发的软件进行展示性汇报。汇报要简明扼要，重点突出，条理清楚。每次汇报都要组织相互点评与打分，并做好汇总记录。

5. 设计结束后，每组交一份完整的设计报告，字数不少于5000字，内容包括：系统开发背景、可行性分析、业务流程调查（企业组织结构图、业务流程图）、数据流程调查（数据流程图、数据字典、处理模块说明）和系统设计方案（系统功能模块设计、代码设计、数据库设计、人机界面设计）。此外在报告中还要注明每个组员在设计中所起的角色和从事的工作内容，以及个人的体会和建议。

6. 设计报告应做到撰写规范，概念清楚，图表清晰，计算正确，结构合理，数据真实可靠。

（三）主要内容

1. 选题与系统规划，写出选题报告

题目可以从参考题目中选择，也可根据实践调查结果拟定，但必须征求指导老师同意。无论采用何种方式，题目均要从实际出发，能解决一定的实际问题，且一旦选定后不应该擅自更改。选题结束后应上交选题报告，包括以下内容：问题研究的背景、国内对此问题研究的现状、系统要解决的问题、约束条件、待开发系统的目标、待开发系统总体结构的设想等,最后得出结论。可以依据信息系统规划方法选题,在信息系统规划中可以使用相关应用软件实现人员安排、进度控制等内容。

2. 系统分析,写出系统分析报告

根据对企业或组织的详细调查结果,了解企业组织结构、岗位设置,人员职责,以及人、财、物等资源的配置情况,通过对实际业务过程和用户需求的了解,进一步明确新系统的功能及目标。在系统分析报告中应包括企业基本情况调查、企业现行系统的运行概况及存在的主要问题分析,系统开发的可行性分析、系统的组织结构图调查、TFD、DFD及数据字典、新系统的逻辑模型等。在系统分析时可以运用Office中的Word提供的图例绘制相关流程图,也可以选择使用Visio软件绘制。

3. 系统设计,写出系统设计报告

根据系统的逻辑模型设计出物理实施方案。为编写程序打下基础。在设计报告中应包括系统功能结构设计、数据库设计、代码设计、输入/输出界面设计等内容。注意事项:

(1) 在系统调研阶段,有时需要印制调查表进行问卷调查,调查表应附在报告后面。

(2) 在详细调查了解每个具体工作岗位业务的同时,还必须收集与该业务有关的所有报表、文件、技术文档等。可要求用户将其附在调查问卷之后。

4. 系统实施,写出系统调试报告

系统实施是课程设计的重点和关键。其主要工作是依据系统设计的IPO和功能模块通过程序设计实现。这些工作不仅要涉及系统的功能需要,还要涉及实现这些功能的算法和相关数据组织。

(1) 功能模块程序设计,写出程序说明书。对系统中所有数据输入,信息获取和信息加工处理等都要通过程序实现。为了便于分工合作,在编程前对程序的各种命名必须要制定一个规则,供程序员标准化引用。为了便于程序调试和维护,必须要有一个完整的程序说明书。

(2) 程序调试,写出程序调试报告。在程序调试前必须先做调试准备,设计调试方案,准备调试用例样本,做好程序调试切口。分段执行程序,检验程序运行结果。直到调试成功。

(3) 系统分调。将系统各功能模块按系统功能结构图,自上而下逐层组合或自下而上联合调试。主要试各模块之间的数据传递是否畅通和试功能调用是否正确。

(4) 系统总调,写出系统使用说明书。系统总调:主要调试系统已经实现的功能是否达到了系统分析时确定的目标,分析实现目标与期望存在差异的原因。

5. 系统总结,写出课程设计报告。报告不仅描述设计过程形成的正式文档,而是还要阐述所有人员各自的体会,以及对设计工作的建议。

(四) 进度安排

课程设计总时间往往控制在 1—3 周内。一般情况下,信息管理与信息系统专业时间最长,经济类专业时间最短。不论课程设计时间的长短,过程相同。课程设计需要经历选题、分析、设计和实现四个阶段,这四周的进度计划如图 1 所示,但是要求侧重点不同。所有非管理信息与信息系统专业的管理信息系统课程设计,可以参照信息管理与信息系统专业的进度相对缩短。

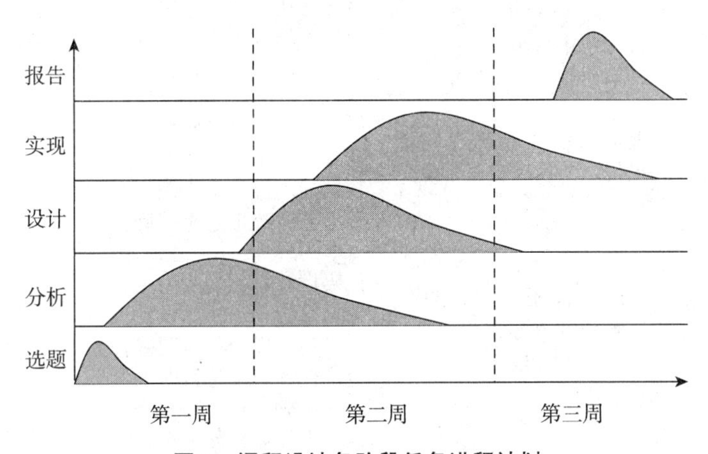

图 1　课程设计务阶段任务进程计划

在课程设计过程中必须明确组内人员的分工,人员分工从总体上可分成不同的角色。在课程设计过程中不同角色的进度计划如图 2 所示。人员角色分工是责任分工,而不是任务分工,组内每位学生都必须参与管理信息系统研发全过程,分担各阶段的任务,依次分派不同的任务。

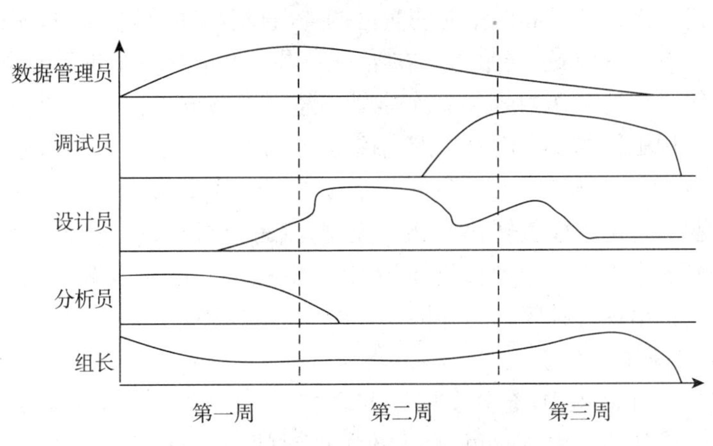

图 2　课程设计各角色任务进程计划

在课程设计过程中,每个阶段都必须在组内指定人员进行阶段性汇报,汇报工作也是课程设计的主要内容之一。课程设计组在第次汇报时分派阶段性汇报人和点评人。为使每位学生都能参与汇报和点评训练,组内实行轮换制度。而且在课程设计准备阶段都指定相应人员,在阶段汇报前由指导老师提前培训相应点评组人员。各阶段汇报主要内容和点评人员注意内容如表1所示

表1 阶段性汇报内容与点评要求

序	阶段	汇报内容	点评要点	时间点
1	选题	提交选题报告及系统可行性分析报告	选题工作量是否选中? 组内角色分工是否明确? 系统研发是否可行?	第一周 周四前
2	分析	上交系统业务流程调查报告、数据流程等,提交系统分析报告	研发需要是否明确? 业务流程是不清楚? 数据处理过程中否确定? 分析任务分工是否明确?	第一周 周五前
3	设计	系统功能模型、数据库、代码和输入输出设计,提交系统设计报告	代码设计方案是否确定? 数据结构和数据库设计正确? 输入输出界面是否明确? 设计任务分工是否明确?	第二周 周三前
4	实现	编制、调试程序和系统总调,展示详细的系统功能	程序设计任务分工是否明确? 不同用户进入系统能控制权限? 操作过程是否流畅? 实现功能与系统目标是否一致?	第三周 周三前

在课程设计过程中,指导教师做好指导工作,既要有适度的监控、跟踪和示范,还要给学生足够的自由创新空间。第一周主要工作内容是布置设计任务,指导学生进行设计选题和对企业的实地调查,收集相关数据、资料,明确系统研发的目的和意义,撰写选题报告。在第一周周三由指导教师进行开题答辩,考核学生在第一周的工作内容和工作质量。经允许后方可进行后续分析与设计工作。第二周工作的重点内容是围绕核心业务展开详细调查,找出原系统存在的问题,确定恰当的解决方案,建立新系统的逻辑模型,并且结合企业经济、技术、管理现状,将逻辑模型转化为物理模型,撰写分析与设计报告,为系统的实施奠定基础。第三周开始侧重指导学生实现系统,开展程序编制与调试,同时参与学生调试出现各种问题的分析。

(五)成绩评定参考

在课程设计过程中,充分发挥学生的主动性和积极性,发挥学生个性化的潜能。课程设计的集中时间短,个人攻关的时间长,而且最终每组只提供一份报告和一套软件,如何正确地给每位学生评定成绩,不仅关于到对学生的公平

性和客观性，也关系到学生的积极性传递。因此，课程设计的成绩主要考虑如下几方面的因素，在课程设计过程中严格把好考评关。

每位学生的课程设计成绩，首先从小组整体情况考核，每小组每次汇报评价成绩为全组整体成绩考核的第一要素，汇报测评没有达到过前二名，该组整体成绩低，组内不能出现优等级的个人成绩。按小组整体成绩按出现前二名的频数排名结果评定。出现前二名的频数越多，休整成绩越好。根据小组整体成绩，在组内拆分到小组人员的个人成绩。组内个人成绩的主要考核因素由组内排名、参与工作量，工作成效和工作态度四方面。个人成绩分优秀、良好、中等、及格、不及格五级记分。具体从以下几方面综合评定：

1. 学生的工作态度，独立完成设计的能力。(20%)
2. 课程设计的工作量、质量。(50%)
3. 组内排名。(20%)
4. 课程设计过程总结。(10%)

在报告中，如果内容不完整，不真实，根据具体情况，成绩按降档处理。

（六）设计题目

题目1:某高校成绩管理信息系统分析与设计

题目2:某高校学生档案管理信息系统分析与设计

题目3:某高校教材管理信息系统分析与设计

题目4:某高校教学计划管理信息系统分析与设计

题目5:某高校图书馆图书借阅管理信息系统分析与设计

题目6:某企业工资管理信息系统分析与设计

题目7:某企业资产管理信息系统分析与设计

题目8:某企业账务管理信息系统分析与设计

题目9:某企业销售管理信息系统分析与设计

题目10:某企业客户与供应商管理信息系统分析与设计

题目11:某企业库存管理信息系统分析与设计

题目12:某企业采购管理信息系统分析与设计

题目13:通用网络考试管理信息系统分析与设计

题目14:通用题库管理信息系统分析与设计

题目15:某企业商业网站的系统分析与设计

题目16:某高校旧物交易网站的系统分析与设计

题目17:某快递公司邮件管理信息系统的分析与设计

题目18:某家教网站信息系统的分析与设计

题目19:某市政策采购平台管理信息系统的分析与设计

题目20:某房地产公司房屋销售管理信息系统的分析与设计

参考文献

[1] S. Fountas, C. G. Sorensen, Z. Tsiropoulos, C. Cavalaris, V. Liakos, T. Gemtos. Farm machinery management information system. Computers and Electronics in Agriculture, Volume 110, January 2015, Pages 131 - 138

[2] Tian Min, Hu Yuanbiao, Liu Zhiguo, Zhu Wenjian. Development of Management Information System of Geo-drilling Construction. Procedia Engineering, Volume 73, 2014, Pages 118 - 126

[3] Sudarat Srima, Panita Wannapiroon, Prachyanun Nilsook. Design of Total Quality Management Information System (TQMIS) for Model School on Best Practice. Procedia-Social and Behavioral Sciences, Volume 174, 12 February 2015, Pages 2160 - 2165

[4] Maryam Ahmadi, Jahanpour Alipour, Ali Mohammadi, Farid Khorami. Development a minimum data set of the information management system for burns. Burns, In Press, Corrected Proof, Available online 2 January 2015

[5] R. D. McDowall. Laboratory Information Management Systems, Reference Module in Chemistry. Molecular Sciences and Chemical Engineering, 2013, Current as of 25 June 2014

[6] Lidia Ogiela, Marek R. Ogiela. Cognitive systems for intelligent business information management in cognitive economy. International Journal of Information Management, Volume 34, Issue 6, December 2014, Pages 751 - 760

[7] Jonna Järveläinen. IT incidents and business impacts: Validating a framework for continuity management in information systems. International Journal of Information Management, Volume 33, Issue 3, June 2013, Pages 583 - 590

[8] Ori Gottlieb. Anesthesia Information Management Systems in the Ambulatory Setting: Benefits and Challenges. Anesthesiology Clinics, Volume 32, Issue 2, June 2014, Pages 559 - 576

[9] Derek L. Nazareth, Jae Choi. A system dynamics model for information security management. Information & Management, Volume 52, Issue 1, January 2015, Pages 123 - 134

[10] Robert K. Perrons, Jesse W. Jensen. Data as an asset: What the oil and gas sector can learn from other industries about "Big Data". Energy Policy, Volume 81, June 2015, Pages 117 - 121

[11] Wenhong Tian, Yong Zhao. Big Data Technologies and Cloud Computing. Optimized Cloud Resource Management and cheduling, 2015, Pages 17 - 49

[12] Akshit Singh, Nishikant Mishra, Syed Imran Ali, Nagesh Shukla, Ravi Shankar. Cloud computing technology: Reducing carbon footprint in beef supply chain. International Journal of Production Economics, Volume 164, June 2015, Pages 462 - 471

[13] Oscar Rebollo, Daniel Mellado, Eduardo Fernández-Medina, Haralambos Mouratidis. Empirical evaluation of a cloud computing information security governance framework. Information and Software Technology, Volume 58, February 2015, Pages 44 - 57
[14] Miao Wang, GuiLing Wang, Jie Tian, Hanwen Zhang, YuJun Zhang. An Accurate and Multi-faceted Reputation Scheme for Cloud Computing. Procedia Computer Science, Volume 34, 2014, Pages 466 - 473
[15] Aslı Küçükaslan Ekmekçi, Seray Begüm Samur Teraman, Pınar Acar. Wisdom and Management: A Conceptual Study on Wisdom Management. Procedia-Social and Behavioral Sciences, Volume 150, 15 September 2014, Pages 1199 - 1204
[16] Christophe N. Bredillet, Kieran Conboy, Paul Davidson, Derek Walker. The getting of wisdom: The future of PM university education in Australia. International Journal of Project Management, Volume 31, Issue 8, November 2013, Pages 1072 - 1088
[17] Dorthe Sørensen, Kirsten Frederiksen, Thorbjoern Grøfte, Kirsten Lomborg. Practical wisdom: A qualitative study of the care and management of non-invasive ventilation patients by experienced intensive care nurses. Intensive and Critical Care Nursing, Volume 29, Issue 3, June 2013, Pages 174 - 181
[18] Shuai Ding, Chengyi Xia, Qiong Cai, Kaile Zhou, Shanlin Yang. QoS-aware resource matching and recommendation for cloud computing systems. Applied Mathematics and Computation, Volume 247, 15 November 2014, Pages 941 - 950
[19] 刘秋生,等. 管理信息系统研发及其应用 [M]. 2 版. 南京:东南大学出版社,2012
[20] MBA 智库百科. 客户关系管理[EB/OL]. http://wiki. mbalib. com
[21] 林杰斌,刘明德. MIS 管理信息系统[M]. 北京:清华大学出版社,2006
[22] 周山芙,汪星明,赵苹. 管理信息系统[M]. 北京:中国人民大学出版社,2004
[23] 陈景艳. 管理信息系统[M]. 北京:中国铁道出版社,2001
[24] 鲁晓莹,傅德彬. MIS 解决方案[M]. 北京:国防工业出版社,2005
[25] 王景中,徐小青. 计算机通信信息安全技术[M]. 北京:清华大学出版社,2006
[26] 周明全,吕林涛,李军怀. 网络信息安全技术[M]. 西安:西安电子科技大学出版社, 2003
[27] 俞承杭. 信息安全技术[M]. 北京:科学出版社, 2005
[28] 周祥. RFID 技术在物联网中应用的关键技术探讨[M]. 镇江:江苏大学, 2005
[29] 郭钢. 新产品数字化设计与管理[M]. 重庆:重庆大学出版社,2004
[30] 盛伯浩,陈宗舜. 机械产品设计与 CAD 技术[M]. 北京:清华大学出版社,2005
[31] 陈明亮. 客户关系管理理论与软件[M]. 杭州:浙江大学出版社,2004
[32] 罗频捷. 现代客户关系管理系统设计与实现[D]. 成都:四川大学,2008
[33] 崔巍巍. 中小型商业企业客户关系管理系统的设计与实现[D]. 苏州:苏州大学,2008
[34] 刘甫迎,党晋蓉. 数据库原理及 CASE 技术教程[M]. 北京:人民邮电出版社,2005
[35] 皮泊斯,容格斯. 客户关系管理[M]. 郑先炳,邓运盛,译. 北京:中国金融出版社,2006
[36] 管理信息系统,国家精品课程网,http://www.jingpinke.com/
[37] 刘秋生. 控制与优化:企业信息化工程实施、过程评价及案例分析[M]. 南京:东南大学出版社,2007

[38] 常晋义. 管理信息系统——原理、方法与应用[M]. 北京:高等教育出版社,2009
[39] 闪四清. 管理信息系统教程[M]. 北京:清华大学出版社,2007
[40] 刘秋生. ERP系统原理与应用[M]. 北京:电子工业出版社,2014
[41] SCM,CIMS,CIM,CRM,PDM等内涵,百度文库,http:// baike. baidu. com/view/XXXX. htm
[42] 仲秋雁. 管理信息系统[M]. 北京:清华大学出版社,2010
[43] 荆宁宁,程俊瑜. 数据、信息、知识与智慧[J]. 情报科学,2005(12):1786-1790
[44] G. 贝林杰,D. 卡斯特罗,A. 米尔斯. 数据、信息、知识、智慧[J]. 国外社会科学,2007(6):64-66
[45] 刘秋生,等. 数据库系统程序设计 Visual FoxPro[M]. 镇江:江苏大学出版社,2011
[46] 姜旭平. 信息系统开发方法、策略、技术、工具[M]. 北京:清华大学出版社,1997
[47] 薛华成. 管理信息系统[M]. 第4版. 北京:清华大学出版社,2000
[48] 物联网、云计算、TMS、CAX-百度文库,http://baike. baidu. com/view/XXXX. htm